青岛市社科规划重点项目

青岛市经济社会发展蓝皮书:2020

青岛市社会科学院
青岛市城市发展研究中心　编

中国海洋大学出版社
·青岛·

图书在版编目(CIP)数据

青岛市经济社会发展蓝皮书.2020/青岛市社会科学院,青岛市城市发展研究中心编.—青岛:中国海洋大学出版社,2019.12

ISBN 978-7-5670-2188-4

Ⅰ.①青… Ⅱ.①青…②青… Ⅲ.①区域经济发展—经济分析—青岛—2019②区域经济发展—经济预测—青岛—2020③社会发展—社会分析—青岛—2019④社会预测—青岛—2020 Ⅳ.①F127.523

中国版本图书馆 CIP 数据核字(2019)第 264324 号

出版发行	中国海洋大学出版社			
社　　址	青岛市香港东路 23 号		邮政编码	266071
出 版 人	杨立敏			
网　　址	http://pub.ouc.edu.cn			
电子信箱	coupljz@126.com			
订购电话	0532—82032573(传真)			
责任编辑	李建筑		电　　话	0532—85902505
印　　制	青岛国彩印刷股份有限公司			
版　　次	2019 年 12 月第 1 版			
印　　次	2019 年 12 月第 1 次印刷			
成品尺寸	164 mm×240 mm			
印　　张	23.25			
字　　数	409 千			
印　　数	1～1000			
定　　价	58.00 元			

发现印装质量问题,请致电 0532—58700168,由印刷厂负责调换。

编辑委员会

前　言

2019 年是中华人民共和国成立 70 周年。70 年来，中国人民发愤图强、艰苦创业，创造了"当惊世界殊"的发展成就，千百年来困扰中华民族的绝对贫困问题即将历史性地画上句号，书写了人类发展史上的伟大传奇。正如习近平总书记所说："历史照亮未来，征程未有穷期。我们坚信，具有 5000 多年文明历史、创造了新中国 70 年伟大成就的中国人民和中华民族，在实现'两个一百年'奋斗目标、实现中华民族伟大复兴中国梦的新征程上，必将书写出更新更美的时代篇章。"2019 年 7 月 24 日，中央全面深化改革委员会第九次会议审议通过《中国—上海合作组织地方经贸合作示范区建设总体方案》，建设"中国—上海合作组织地方经贸合作示范区"是上合组织青岛峰会取得的新的经贸成果，更是青岛的使命、责任和担当，开启了青岛深度融入"一带一路"建设、拓展提升与上合组织国家地方经贸合作、构建新时代全面开放新格局的新篇章。在即将到来的 2020，作为青岛市社科规划重点课题的《青岛市经济社会发展蓝皮书》已走过 19 个春秋，它是青岛市社会科学院、青岛市城市发展研究中心汇集青岛市社会各界专家学者的集体智慧而奉献给读者的精品力作；它选择青岛市经济社会发展进程中的重点、热点和难点问题，以科学、翔实的经济社会发展数据为分析预测基础，遵循理论与实践相联系、宏观研究与微观研究相结合的原则，真实、全面地分析了青岛市年度经济社会发展的形势，客观地预测下一年度青岛市经济社会的发展走势；它已成为每年青岛市"两会"人大代表、政协委员书写提案的必读书目，已成为青岛市社科界服务党委和政府决策的重要平台和联系社会公众的桥梁纽带，已成为青岛城市经济社会发展的历史见证。

2019 年，青岛市高举中国特色社会主义伟大旗帜，以马克思列宁主义、毛泽东思想、邓小平理论、"三个代表"重要思想、科学发展观、习近平新时代中国特色社会主义思想为指导，深入学习贯彻党的十九大和十九届一中、二中、三中、四中全会精神，深入学习贯彻习近平总书记视察山东、视察青岛重要讲话精神，立足青岛市经济社会发展实际，统筹推进"五位一体"总体布局、协调推进"四个全面"战略布局，坚定不移贯彻新发展理念，加快建设开放、现代、活力、时尚的国际大都市，青岛市经济社会各项事业取得令人瞩目的成就。

《青岛市经济社会发展蓝皮书：2020》是青岛市社会科学院、青岛市城市发展研究中心组织编写的第19本蓝皮书。"蓝皮书"以习近平新时代中国特色社会主义思想为统领，契合"建设开放、现代、活力、时尚的国际大都市"的总体要求，强调实事求是地反映2019年青岛市经济社会发展中取得的成果和存在的问题，在客观公正地分析研究的基础上，对2020年青岛市经济社会发展的趋势进行了较为科学的预测，并提出了具有较强可行性的对策建议。

2020年"蓝皮书"在框架体系上既继续保留以往的风格，又进一步完善创新，并形成新的特色。在体例上分为"经济篇""社会篇""区（市）篇"3个篇章，分报告由31个专题组成。"经济篇""社会篇""区（市）篇"既相互联系，又各具特色，共同构筑起2020年"蓝皮书"的整体框架，突出和保持青岛市"蓝皮书"的多层次、宽领域、更全面地反映经济社会发展形势的鲜明特色。

"经济篇"共设9个分报告，从经济全视角审视了青岛2019年经济发展情况并作了深入、客观的分析，对2020年经济发展趋势进行科学预测和展望。该篇以2019~2020年青岛市经济形势分析与预测为重点，对青岛市民营经济发展、海洋经济发展、地下综合管廊建设、创新驱动、国际航运中心建设、高端制造业发展、资本市场发展、小微企业发展等设立分报告进行专门分析及预测，以此作为对青岛市经济形势分析与预测的有力支撑，并尽可能全面反映出青岛经济在转方式、调结构中所呈现出的特点。

"社会篇"共设13个分报告，以2019~2020年青岛市社会形势分析与预测为重点，透过社会发展不同领域的具体情况，高起点、宽领域、多视角地展示出青岛市社会和谐发展的形势。如对青岛市乡村振兴攻势、就业、交通运输业、职业教育、体育事业、医养结合、优抚工作、高效青岛建设、城区分级诊疗制度、出租汽车行业、影视文化产业、"平安青岛"建设攻势等方面进行的分析预测和研究。

"区（市）篇"共设10个分报告，对青岛市各区（市）经济社会发展的现状作了细致分析，比较理性地预测了其走势，并在此基础上重点突出了各区（市）的特色。如市南区"五个中心"建设、市北区城市治理、李沧区科技引领城攻势、西海岸新区美丽乡村建设、城阳区"双招双引"工作、即墨区美丽乡村建设、莱西市拓展"莱西经验"情况、崂山风景区与社区融合发展、中国—上海合作组织地方经贸合作示范区建设、平度打好乡村振兴战役等方面进行的分析与预测。通过此篇，充分展现 2019 年青岛市城乡一体化协调发展的良好局面。

　　近年来，青岛市各级领导机关和有关部门，都十分注重对城市经济和社会发展状况的综合分析和科学预测工作，并取得了相应的丰硕成果，为城市发展宏观决策提供了参考。这对于率先走在前列，实现蓝色跨越，加快建设开放现代活力时尚的国际大都市的青岛来说，在决策的科学化方面发挥了重要的作用。正因为如此，"蓝皮书"的编写得到各方面领导的高度重视，也可以说是在他们的直接关怀和指导下完成的。中共青岛市委常委、宣传部部长孙立杰在百忙中对本书的编写作了重要指示；市委宣传部常务副部长丛培科也对本书的编写提出了许多有价值的意见；青岛市社科规划办也将"蓝皮书"列入青岛市社科规划重点课题；本书在编写过程中，还得到了青岛市各级党委与政府、有关部门和社会各界人士的大力支持。在此，我们谨表示衷心的感谢。

　　本书的编辑、校对工作由赵明辉研究员、于淑娥研究员、姜红编审完成；由市社科联副主席、社科院副院长杨华新审稿、统稿；由市社科联党组书记、社科院院长管习会审稿、统稿并最后定稿。王发栋负责本书的组织协调等工作。

　　需要强调的是，按照"蓝皮书"通常定稿时间为本年度 11 月末的惯例，作者对形势分析所采用的数字大部分截止到 2019 年的第三季度末，并在此基础上预测出全年的测算数字，2019 年全年的实际数字仍以青岛市统计局正式公布的数据为准；本书各篇文章的观点，仅代表作者本人，既不代表编者，也不代表作者所属的机构；同时，由于编写水平及时间所限，错误之处肯定存在，敬请广大读者不吝赐教。

编者

二〇一九年十一月

目　次

经济篇

社会篇

区(市)篇

CONTENTS

Economic Part

Social Part

District(County) Part

2020

经济篇

2019～2020年青岛市经济形势分析与预测

冷 静

2019年是全面建成小康社会、实现第一个百年奋斗目标的关键之年,也是积极谋划未来"十四五"规划期经济发展思路的探索之年。面对国内外风险挑战明显增多的复杂局面,青岛市坚持推动高质量发展,坚持以供给侧结构性改革为主线,坚持深化市场化改革、扩大高水平开放,加快建设现代化经济体系,着力激发微观主体活力,统筹推进稳增长、促改革、调结构、惠民生、防风险工作,保持经济运行在合理区间,进一步稳就业、稳金融、稳外贸、稳外资、稳投资、稳预期,提振市场信心,增强市民获得感、幸福感、安全感,保持经济持续健康发展和社会大局稳定,实现了经济发展速度、质量和效益的统筹兼顾。

一、2019年1～9月青岛市经济形势分析

2019年以来,面对经济运行稳中有变、变中有忧,外部环境复杂严峻,经济面临下行压力的困难局面,青岛以新旧动能转换重大工程为引领,以建设成为开放、现代、活力、时尚国际大都市为目标,迅速掀起十五大攻势,坚持精兵强将攻山头、典型引路稳阵地,迅速打开各项工作的突破口,经济持续健康发展,主要经济指标稳中向好。总体看,全市经济运行基本平稳,产业结构优化,投资结构改善,消费结构升级;外贸保持较快增长,财政金融运行平稳,绿色发展有序推进,物价总体稳定。预计将全面完成全年经济发展主要预期目标,为全面实现"十三五"规划各项任务奠定坚实基础。

(一)创新驱动战略顺利实施,创新青岛建设进一步加强

1. 国家级科技项目取得突破,中小企业数据库逐步充实

2019年全市有98个项目入列国家重点研发计划拟补助和奖励项

目名单,6 个项目入列国家科技重大专项补助和奖励拟支持名单。在 2019 年度国家重点科研项目(国家重点研发计划)名单中,中海大、海洋所、黄海所、海洋一所、海地所、省海仪所等涉海科研院所占据主导地位,在海洋环境安全保障、蓝色粮仓科技创新、深海关键技术与装备等多个科研专项中承担课题项目。中石大、山科大、青大、青农大、青岛能源所、中车四方、海尔科技、明月海藻等高校院所、创新型企业也承担了诸多课题,包括新能源汽车、干细胞及转化研究、深地资源勘查开采、政府间国际科技创新合作等科研专项。在 2019 年度国家重点科研项目(国家科技重大专项)名单中,中海大、百洋制药、海洋生物医药研究院、青岛能源所、青大等 5 家单位的 6 个项目入选,其中 4 个项目涉及重大新药创制,2 个项目涉及转基因生物新品种培育。出台科技型企业"百千万"工程 2.0 版实施意见,大力培育高新技术企业、科技型中小微企业和行业龙头创新型企业。2019 年以来,高新技术企业两批申报 1783 家,其中第一批 917 家通过论证进入现场考察阶段,国家科技型中小企业入库备案 1928 家。启动高新技术企业上市培育行动计划,首批遴选 35 家进入高新技术企业上市培训。成立高新技术企业上市服务联盟,组织券商、投资机构等资本中介机构开展上市前培育和专题辅导,促进科技企业与资本市场有效互动,引导更多高新技术企业在多层次资本市场挂牌上市。

2. 海洋科技取得丰硕成果,技术转移中心加快推进

2019 年以来,青岛市发起新旧动能转换、推动高质量发展的海洋攻势,积极构建以企业为主体、市场为导向、"政产学研金服用"深度融合的技术创新体系,抢占海洋科技创新制高点。2019 年 1～6 月青岛市共完成涉海技术交易 496 项,技术合同成交额 6.21 亿元,同比上涨 61.93%。根据统计数据,按照海洋科技服务业态分类,海洋技术开发合同成交额 25359.9 万元,同比增长 121.97%,合同成交额居第一位;海洋技术转让合同呈突飞猛进态势,合同成交额 2322.74 万元,同比增长 534.63%,增幅居各类之首。按照海洋专业划分,海洋环境技术成交额为 21811.18 万元,成交额居首位;海洋专业技术服务成交额达 16080.7 万元,同比增长 3948.72%,增幅居首位;海洋生物资源开发技术合同成交额 8694.65 万元,同比增长 1238.21%,增幅居第二位。目前,国家海洋技术转移中心已经孵化出 12 个专业领域分中心,实现海洋技术合同成交额 13625.11 万元,同比增长 180.56%,占青岛市海洋技术成交额的 21.92%。其中,中国科学院海洋研究所技术合同成交额 4291.73 万元,总量居各分中心首位;山东省海洋生物研究院技术合同成交额 1819 万元,同比增长 8995%,增幅位居各分中心第一、总量第二。

3. 创新型企业建设全省领先,创业孵化平台体系逐步强化

全市 10 家企业被认定为 2019 年山东省技术创新示范企业。此次全省共 88 家企业获认定,青岛市入选企业数量居全省首位。烟台 9 家企业入选,济南 7 家入选。靶向产业需求,集聚高端研发机构近 50 家、高端人才 8000 余人,搭建创新创业平台 100 余个,与近千家本地企业开展合作,带动仪器仪表、海工装备、航空航天、虚拟现实等新兴产业发展。深化与启迪战略合作,确定在军民融合、创新孵化、园区建设、产业集群等方面开展系列合作,各区(市)、部门相继与启迪签约项目 60 余个,促成启迪科服在即墨落户 10 亿元规模的启信金融科技创投基金。深化与中科院微电子所合作,推动中科院集成电路创新研究院青岛研发基地落户,打造北方地区集成电路及其应用领域极具影响力的高端新型研发机构及成果转移转化示范基地。出台《在青高校服务我市产业发展重点学科(专业)实施方案》,对动力工程与工程热物理等 10 个重点学科及 53 个科技创新和人才引进培养项目进行立项建设,促进驻青高校院所服务地方发展。加强高层次科技人才团队引进,5 个团队先后落地发展,引领微电子、生物医药等新兴产业加快发展。实施创业创新领军人才计划,突出科技成果产业化导向,共支持五批 256 人。创新人才发展体制机制,拟定事业单位人员调配工作实施意见,打破以往经费形式等流动限制,进一步畅通事业单位各类人才流动渠道。2019 年 1～8 月,全市集聚各类人才 17.5 万人,完成全年目标的 74.5%,全市人才总量突破 205 万。目前全市已建成国家级留学人员创业园、高层次人才创业中心、国际院士港、博士创业园等为主体的全链条、多层次、立体化的创业孵化平台体系。其中,中德生态园、古镇口军民融合创新示范区、国际邮轮母港、灵山湾影视文化产业区等功能区以职员化为主的人才管理体制改革取得初步成效,充分激发了人才干事创业活力。

4. 发明专利持续取得突破,商标工作品牌创新成效明显

上半年,PCT 国际专利申请量全省居前 3 位的市依次为青岛(514件)、济南(112 件)、潍坊和威海(均为 36 件);万人发明专利拥有量全省排名前 3 位的市依次为青岛(31.64 件)、济南(27.60 件)、淄博(12.90件);有效注册商标总量全省超过 10 万件的市有 3 个,依次为青岛(21.7万件)、济南(18.7 万件)、临沂(15.1 万件);青岛驰名商标 148 件,列全省首位;马德里国际注册商标 4099 件,占全省总量的 61.1%,列全国同类城市第一。由世界品牌实验室(World Brand Lab)公布的 2019年《中国 500 最具价值品牌》排行榜中,青岛市有 15 个品牌入围,海尔以品牌价值 4075.85 亿元居第 3 位,与上年持平,排行入选青岛企业的首位。其他依次是青岛啤酒 1637.72 亿元(第 22 位)、海信 536.97 亿元

（第 89 位）、双星轮胎 515.76 亿元（第 97 位）、赛轮 402.85 亿元（第 157 位）、崂山啤酒 327.09 亿元（第 178 位）、交运 209.51 亿元（第 276 位）、日日顺 195.56 亿元（第 299 位）、青岛啤酒博物馆 150.65 亿元（第 337 位）、半岛都市报 107.82 亿元（第 385 位）、青岛银行 105.89 亿元（第 386 位）、哈德门 84.61 亿元（第 417 位）、青岛地铁 79.65 亿元（第 439 位）、圣元 76.43 亿元（第 452 位）、海创汇 69.36 亿元（第 473 位）。

5. 软件名城建设进展加快，软件产业增长迅速

2019 年以来，全市落实"中国软件名城"部省市协同推进机制，青岛软件和信息服务业基地获评五星级国家新型工业化产业示范基地，4 家企业入选"2019 中国软件和信息技术服务综合竞争力百强企业"名单，分别为海尔集团、海信集团、中车四方所、东软载波，其中海尔、海信分别比上届提升 7 个、2 个位次，中车四方所、东软载波均为首次入选。截止到 2019 年 9 月底，青岛的中国百强企业数量累计达 5 家，实现了新的突破，入围数量全省领先。为加快培育提升软件产业"五名"（名品、名企、名园、名展、名人），高标准创建中国软件名城，全市组织开展了青岛市软件产业"五名"评选工作，确认基于 COSMOPlat 平台的大规模定制工业互联网 APP 应用解决方案等 58 件产品荣获青岛市软件名品称号，海尔集团等 28 家企业荣获青岛市软件名企称号，青岛软件科技城等 4 家园区荣获青岛市软件名园称号，青岛国际软件融合创新博览会等 3 个展会荣获青岛市软件名展称号。1～8 月，青岛软件企业达到 1812 家，在 15 个副省级城市中列第 7 位；软件业务收入 1639.02 亿元，同比增长 15.4%，在副省级城市中列第 7 位。其中，软件产品收入 531.42 亿元，同比增长 14.5%；信息技术服务收入 532.95 亿元，同比增长 16.2%；信息安全收入 37.65 亿元，同比增长 16.8%；嵌入式系统软件收入 537 亿，同比增长 15.4%，在 15 个副省级城市中的排名依次为第 8、10、4、2 位。软件企业利润总额 133.29 亿元，同比增长 13.3%，在副省级城市中列第 6 位。

（二）先进制造业保持持续增长态势，新旧动能接续转换进展顺利

1. 工业结构进一步优化，新兴产业发展势头良好

2019 年以来，全市高度重视工业企业发展，出台扶持政策，搭建平台，整合资源，形成发展生态，工业在转型中持续发展，结构不断优化。上半年全市工业增加值 2264.8 亿元，增长 2.1%，对全市 GDP 贡献率为 12.4%。从规模以上工业增长面看，规模以上工业生产涉及的 35 个行业大类中，20 个行业工业增加值实现不同程度的增长，行业增长面为 57.1%。从主要行业增加值看，铁路船舶航空航天和其他运输设备制造业、非金属矿物制品业、专用设备制造业、仪器仪表制造业、医药制

造业等行业增速较快,分别增长 39.6%、17.2%、14.7%、14.3% 和
10%,均保持两位数增长。企业效益有所改善,全市规模以上工业企业
利润率为 4.9%,同比提高 0.18 个百分点;规模以上工业企业利润总额
增长 3%。工业结构进一步优化,借力"高端制造业＋人工智能"攻势,
为传统制造业转型升级赋能,培育高端产业,推动制造业高质量发展,
新产业新技术发展势头良好。上半年全市高技术制造业增加值增长
8.3%,战略性新兴工业增加值增长 10.8%,装备制造业增加值增长
5.9%。新产品产量快速增长,锂离子电池生产增长 12.5 倍,化学纤维
增长 2.2 倍,工业机器人增长 41.2%,环境监测专用仪器仪表增长
38.9%,城市轨道车辆增长 35%。1～7 月,全市铁路、船舶、航空航天
和其他运输设备制造业增加值增长 43.7%,专用设备制造业增长
3.6%,化学原料和化学制品制造业增长 3.6%,电气机械和器材制造业
增长 2.8%。装备制造业增加值增长 5.5%,占比达到 51.7%,对工业增
长的贡献率为 52.1%,成为支撑全市工业经济的中坚力量。

2. 重大项目进展顺利,"四新"经济投资速度加快

2019 年前 8 个月,青岛在建投资项目数量、新开工项目数量均超
过 2018 年全年的水平,新开工 1 亿元以上产业项目增长 52%。其中,
6、7、8 三个月新开工项目是前 5 个月新开工项目之和的 2.6 倍。1～8
月,全市在建投资项目 4104 个,同比增加 477 个,增长 13.2%;全市新
开工项目 1782 个,同比增加 298 个,增长 20.1%;新开工 1 亿元以上产
业项目 491 个,同比增加 168 个,增长 52%。1～8 月,青岛工业在建项
目 1274 个,工业投资同比增长 7.7%,比上年同期大幅提高 25 个百分
点。一批含金量高的产业项目陆续开工建设,如总投资 21 亿元的歌尔
科技产业项目正建设集成电路芯片、微机电系统芯片及传感器、智能机
器人等内容的研发产业化项目,预计年内投用,拟引进 4000 名高端研
发人员,年申请专利 1000 项以上。与此同时,青岛海洋产业投资发展
势头强劲。1～8 月,青岛涉及海洋产业投资项目 97 个,同比增加 7
个,投资额增长 33.5%,快于全市投资增速 23.6 个百分点。"四新"经
济投资占比平稳提升。1～8 月,青岛"四新"经济投资在建项目 1693
个,同比增加 361 个,占全部投资项目的 41.3%,同比提升 4.6 个百分
点。1～8 月,青岛民间投资在建项目达 2641 个,同比增加 270 个,完
成投资额同比增长 11%,较上年同期提升 17.1 个百分点,占全市投资
的比重达到 51.1%,拉动全市投资增长 5.6 个百分点。

3. 制造业集群化趋势明显,产业竞争力显著提升

近年来,青岛立足实际,顺应产业趋势,以智能化、集群化为方向,
加快产业链延伸、创新链突破,壮龙头、强配套、提能级,重点发展优势
特色产业,集中力量培育具有国际竞争力的战略性新兴产业集群,成为

全市经济发展的一大亮点。国家发展改革委公布了第一批纳入国家战略性新兴产业集群发展工程的66个战略性新兴产业集群名单,全市轨道交通装备产业集群和以高效节能电器产业为主的节能环保产业集群入选。青岛轨道交通装备产业具有百年发展历史,是我国轨道交通装备制造业的摇篮和技术发源地。经过多年发展,已形成中车青岛四方机车车辆股份有限公司等4家龙头企业引领,53家规模以上企业集聚,330余家中小企业配套,产品谱系齐全、产业基础雄厚、市场占有率高、品牌影响力强、自主创新能力领先、拉动作用强劲的战略性新兴产业集群。以高效节能电器产业为主的节能环保产业集群是青岛的传统优势产业。经过30多年的发展,目前已成为我国高效节能电器领域研发实力最强、最具品牌影响力的产业集群,形成了以海尔集团、海信集团、澳柯玛集团等龙头企业为中心,以相关配套产业为基础的庞大产业群,带动近2000家配套企业发展,产业链产值超1000亿元。多年来,青岛高效节能电器产量一直保持高速增长,品牌影响力稳步提升,创新驱动能力持续增强,园区聚集发展成效更加显著,成为青岛制造业新旧动能转换的"领跑者"。

4. 市场主体总量取和突破,标准化改革深入推进

截至2019年9月,青岛市场主体总量已接近150万"大关",达到了149.02万户,企业则超过50万家。从新登记情况看,1~9月,青岛新登记市场主体23.27万户,这意味着青岛市场平均每天都会迎来852个新成员。上半年,青岛新登记民营企业增长率达31.09%,远远超过近两年来的平均值22.86%,达到了民企注册增长率的一个"峰值";而从1~8月的最新数据来看,全市新注册登记民营企业7.65万家,同比增长达到了32.55%,又创出一个新的高峰。2019年以来,青岛有5家企业入围中国民营企业500强,营收规模创历史新高;8家企业入围省民营企业100强,达到历史最好水平。并新增5家民营企业在主板和创业板上市。2019年1~8月,民间投资同比增长11%,占全市投资的比重达到51.1%;民营企业进出口额2238.9亿元,同比增长23.8%,占全市进出口总值的59.1%。2019年以来,青岛深入推进标准化改革,市政府下发相关实施意见,提出在新旧动能转换、乡村振兴、海洋经济和公共服务等领域推进114项标准化建设任务;市财政对标准化资助奖励资金的预算从1000万元提高到1970万元。截至2019年9月底,全市有关单位共承担了25个国际和全国专业标准化(分)技术组织秘书处,占全省的60%,数量居计划单列市首位。全市企事业单位参与制修订国际标准123项、国家标准1100余项、行业标准1300余项,涌现出海尔、海信、中车四方等国家标准化领域的标杆企业,为全市经济和社会发展提供了重要技术支撑。同时,青岛积极参与山东省国家标

准化综合改革试点工作,在全省开展的73项标准化试点建设重点任务中,与青岛相关的有48项。在2019年度山东标准行动计划中,青岛有130个项目入选,占总数的18%,居全省第一位;其中,国际标准13项、国家标准31项、地方标准69项、试点示范项目15个、创新基地2个。

5. 规模以上企业综合能耗明显下降,能源消费更加低碳清洁

2019年以来,全市持续加大煤炭消费压减工作,引导鼓励企业使用天然气、生物质等清洁能源,探索多种方式减少燃煤使用,有效推进能耗压减工作。前三季度,全市规模以上工业企业综合能耗为1058.3万吨标准煤,比上年同期下降6.1%,降幅比上半年收窄1个百分点,比上月收窄1.3个百分点。其中,采矿业能耗为0.3万吨标准煤,同比增长8.1%;制造业能耗为737.5万吨标准煤,同比下降4.9%;电力、热力、燃气及水生产和供应业能耗为320.5万吨标准煤,同比下降8.6%。前三季度,规模以上工业企业天然气消费量为8.3亿立方米,同比增长12.1%;电力消费量为140.3万千瓦时,同比增长1.5%;热力消费量为1857.6万吉焦,同比增长37.4%。随着清洁能源用量的加大,煤炭消费量明显减少,前三季度全市规模以上工业企业煤炭消费量为977.5万吨,同比下降3.1%。高技术产业等新经济活力增强,用电量增速较快。其中,装备制造业用电量增长4.8%,比规模以上工业平均增速快3.3个百分点;战略性新兴产业用电量增长4.2%,比平均增速快2.7个百分点;高技术产业用电量增长11.6%,比平均增速快10.1个百分点。全市持续推进高耗能行业高质量发展,重化工业等重点行业综合能耗平稳下降。前三季度,全市六大高耗能行业综合能耗为831.1万吨标准煤,同比下降8.6%,降幅较规模以上工业平均降速快2.5个百分点。其中增长较快的行业是有色金属冶炼和压延加工业,综合能耗为3.2万吨标准煤,增长10.2%。降幅较大的行业是石油、煤炭及其他燃料加工业,综合能耗为137.9万吨标准煤,下降25.7%。

(三)服务业综合改革试点顺利推进,服务业新动能加快形成

1. 服务业贡献率逐步加强,产业结构进一步优化

服务业"稳定器"作用突出,对全市GDP贡献率达76.1%,成为支撑和带动全市经济稳步增长的主要力量。上半年全市批发和零售业增加值增长6.2%,交通运输、仓储和邮政业增加值增长8.6%,住宿和餐饮业增加值增长4.4%,金融业增加值增长9.3%,营利性服务业增加值增长13.4%,非营利性服务业增加值增长12.8%。从财务指标看,全市规模以上服务业营业收入增长9.6%,其中租赁商务服务业增长30.4%,信息传输、软件和信息技术服务业增长13.4%,教育增长10.3%,均实现两位数增长。服务业高质量发展进一步突显。战略性

新兴服务业增加值增长9.5％,高技术服务业增加值增长25.3％,均高于服务业增加值增速。网络经济、平台经济、共享经济等新业态发展迅速,互联网和相关服务业营业收入增长84.8％,电商平台交易额增长5.9％,软件和信息技术服务业增长21.6％。1～8月,全市规模以上服务业营业收入增长10.3％,与上半年持平。其中,租赁商务服务业增长31.5％,信息传输、软件和信息技术服务业增长13.2％,科学研究和技术服务业增长11.9％,均实现两位数增长。规模以上服务业战略性新兴产业和高技术服务业营业收入也实现两位数增长。上半年青岛港实现货物吞吐量2.52亿吨,较上年同期增长6.3％;实现集装箱吞吐量1030万标准箱,较上年同期增长9.8％。1～9月,青岛港实现货物吞吐量4.29亿吨,较上年同期增长8.1％;实现集装箱吞吐量1569万标准箱,较上年同期增长9.4％。

表1　青岛港与国内部分港口2019年1～9月
货物、集装箱吞吐量情况

港口	货物吞吐量		外贸货物吞吐量		集装箱吞吐量	
	数值（亿吨）	全国排序	数值（亿吨）	全国排序	数值（万标准箱）	全国排序
宁波-舟山港	8.46	1	3.84	1	2126	2
上海港	5.00	2	3.01	2	3286	1
唐山港	4.79	3	2.04	6	191	19
广州港	4.56	4	1.06	11	1684	4
青岛港	4.29	5	3.16	3	1569	5
苏州港	3.92	6	1.10	9	469	9
天津港	3.72	7	2.08	5	1309	6
大连港	2.70	10	1.22	8	672	8
深圳港	1.92	16	1.33	7	1932	3

2. 商贸流通业发展态势平稳,消费结构升级趋势明显

上半年,全市完成社会消费品零售总额2410.9亿元,同比增长8.2％,增速比上年同期回落2.0个百分点,比全省平均增速高1.1个百分点。分季度看增速稳中有升,第二季度社会消费品零售总额增长8.2％,增速比第一季度加快0.1个百分点。社会消费品零售总额增速高于全市GDP增速1.8个百分点,消费品市场的稳定增长,继续成为全市经济平稳增长的重要支撑。上半年,限额以上大型超市、便利店、

百货店、专卖店、购物中心商品零售额同比分别增长 5.4％、38.0％、2.8％、9.2％和 8.4％,增速分别比限额以上单位商品零售额增速高 3.1、35.7、0.5、6.9 和 6.1 个百分点。线上线下融合发展,传统零售企业在"互联网＋"浪潮的推动下纷纷转型,充分利用大数据、人工智能和移动互联网等新技术改进销售模式,积极拓宽销售渠道,部分传统业态经营状况有所改善。1～8 月份,限额以上批发业商品销售额增长 14.6％,限额以上零售业商品销售额增长 3.1％,限额以上住宿业营业额增长 3.1％,限额以上餐饮业营业额增长 14.3％。消费热点聚集高科技产品,1～8 月份,限额以上零售业法人企业智能可穿戴设备类商品销售额 1841 万元,增长 220 倍;能效等级为 1 级和 2 级家用电器类商品销售额 50.8 亿元,增长 10.6％;智能家用电器类商品销售额 6.9 亿元,增长 50％;智能手机类商品销售额 21.5 亿元,增长 21.4％,上述商品销售额占限额以上零售业比重为 7.9％,拉动限额以上零售业增长 1.1 个百分点。

3. 旅游业发展步入快车道,假期消费成旅游新热点

上半年,全市文化、体育和娱乐业实现营业收入 17.8 亿元,同比增长 8.5％,文化体育和娱乐业投资增长高达 219％;接待游客 4205.73 万人次,同比增长 7.13％,实现旅游总收入 775.76 亿元,同比增长 13.06％,其中接待入境游客 723469 人次,同比增长 7.74％,实现外汇收入 49947.31 万美元,同比增长 7.3％;接待国内游客 4133.38 万人次,同比增长 7.12％,实现国内旅游收入 741.8 亿元,同比增长 12.75％。总投资 500 亿元的恒大水世界项目顺利签约,投资 300 亿元的德国新天鹅堡世界项目已签订战略合作意向书;蝎支洲岛金色岸线休闲文化项目、东庆童话总部项目、上海盛视天橙项目、港中旅新奥帆中心项目等重点招商项目扎实推进,全市 5000 万元以上在谈、签约、在建重点文旅项目达到 91 个。春节期间,全市 20 家重点商贸企业实现销售额 9.9 亿元,同比增长 10.1％,10 家重点餐饮企业实现营业额 9157.8 万元,同比增长 18.3％;"五一"期间,全市 20 家重点商贸企业(集团)实现销售额 5.6 亿元,同比增长 9.2％,10 家重点餐饮企业实现营业额 3820 万元,同比增长 15.5％;国庆节期间,全市重点商贸企业实现销售额 15.6 亿元,同比增长 5.7％,重点餐饮企业实现营业额 7609 万元,同比增长 16.2％。

4. 金融业实现新发展,创投风投取得突破性进步

上半年,全市金融业实现增加值 422.5 亿元,同比增长 9.3％,高于 GDP 增速 2.9 个百分点,占 GDP 和服务业增加值的比重分别为 6.5％和 11.3％。金融业实现全口径税收 85.0 亿元,同比增长 7.7％。上半年,全市证券经营机构实现交易额 19665.5 亿元,同比增长 33.0％。期

货经营机构实现代理交易额 19592.3 亿元,同比增长 52.1%。上半年,浙商银行青岛分行、东海航运保险青岛分公司、华创证券山东分公司、前海期货山东分公司等 8 家金融机构在青岛开业运营,全市金融机构达到 265 家。青岛金融机构体系更加完善、业态更加丰富。2019 年以来,2019 全球(青岛)创投风投大会的举办,国内创投风投行业体系最全、力度最大的"青岛创投风投十条"的发布实施,科创母基金的设立等,都极大激发了创投风投机构来青合作的热情。截至 8 月底,全市在中国证券投资基金业协会登记私募基金管理人累计达到 252 家,其管理基金 485 只,管理规模 771.11 亿元。2019 年成功举办 2019 青岛·中国财富论坛、金家岭财富管理论坛、财富管理大讲堂等活动,发布 2019 中国财富管理金家岭指数。推进与意大利的金融合作,市政府与意大利联合圣保罗银行签署战略合作协议。深化与英国的金融合作,参加"2019 伦敦金融周"并举办青岛分论坛,与渣打银行(中国)签署"一带一路"金融合作备忘录。推进与韩国、瑞士的金融合作,与韩国大邱银行、瑞银证券等签署合作协议。青岛"全球金融中心"指数排名升至第 29 位,连续 6 次跻身前 50 名。

(四)全面实施国际城市战略,全方位开放格局进一步确立

1. 国际城市战略加快推进,城市综合竞争力得到有效提升

由中国社会科学院和联合国人居署共同完成的《全球城市竞争力报告 2018—2019 全球产业链:塑造群网化城市星球》发布。在揭晓的全球城市竞争力榜单中,青岛经济竞争力排名第 85 位,可持续竞争力排名第 120 位。报告主要选取经济活力、环境质量、社会包容、科技创新、全球联系、政府管理、人力资本潜力和基础设施 8 个指标对全球 50 万人口以上的 1007 个城市进行了评估。其中,经济竞争力是指城市当前创造价值、获取经济租金的能力;可持续竞争力指城市通过提升其经济、社会、环境和技术优势,更好、更持续地满足城市居民复杂而挑剔的社会福利的长期可持续能力。报告显示,进入经济竞争力百强的中国城市依次为深圳、香港、上海、广州、北京、苏州、武汉、天津、南京、台北、成都、长沙、无锡、杭州、重庆、青岛、佛山和郑州。其中,青岛城市等级为 C+,经济竞争力指数为 0.616,排名全球第 85 位,与上年一致;青岛可持续竞争力指数为 0.4926,从上年的排名第 164 位跃升至第 120 位,在入选的中国城市里排名前十。

2. 国际贸易呈现快速增长态势,贸易结构持续优化

2019 年以来,上合组织示范区、自贸试验区等国家战略在青岛叠加,为青岛在更高层次、更高水平上配置资源,提供了重大平台和重要契机。1~8 月份,全市货物进出口额 3791.6 亿元,增长 14.5%,增速在

5个计划单列市中排名第一,比同期全国进出口总体增速高11个百分点,比山东省进出口额增速高6.8个百分点。其中,出口额2147.6亿元,增长8.8%;进口额1644亿元,增长22.9%。青岛外贸占全省比重上升至29%,对全省外贸的贡献度不断提升,拉动力越来越强,龙头作用进一步彰显。前8个月,青岛加工贸易进出口额768.3亿元,增幅仅为1.2%,占比从历史高峰时期的七成左右一步步下滑至20.3%。与此同时,更能代表"青岛制造"国际竞争力与青岛贸易结构优化的一般贸易表现不俗。前8个月,青岛一般贸易进出口额2330.6亿元,增速高达11.5%,占同期全市比重达61.5%。前8个月,青岛民营企业进出口额2238.9亿元,同比增长23.8%,高于整体增速9.2个百分点,占比进一步提高到59.1%,成为名副其实的绝对主力军;青岛对"一带一路"沿线国家进出口额959亿元,增速高达31.4%,比全市整体水平高出16.8个百分点;对欧盟、东盟、韩国和巴西进出口额分别增长14.3%、27.6%、8.7%和64.7%。截至目前,青岛全球贸易伙伴已经达到216个,几乎覆盖了世界所有经济实体,"一带一路"沿线市场基本纳入青岛贸易网络,一个全新的贸易格局正在形成。

3.上合组织示范区建设顺利推进,国际合作新平台积极搭建

抢抓上合组织地方经贸合作示范区建设总体方案获批契机,加快推进与"一带一路"国家间的互联互通,打造"一带一路"国际合作新平台,增创开放发展新优势。加快在上合国家推进重点项目建设,示范区胶州核心区已开工建设8.25平方千米,目前已开工项目24个,总投资约183亿元(含外资项目7个,投资额约13.8亿美元),年内将争取再开工9个项目;上合国际贸易大厦、博览中心等13个面向上合国家的载体类项目加速启动或建设,总投资137.6亿元;传化信息发布中心项目、韩国食品机械自动化项目、瑞典Alfa Laval工业及研发试验中心等完成项目主体。多式联运中心已开行国内外班列16条,初步构建起"东接日韩亚太、西连中亚欧洲、南通南亚联盟、北达蒙古俄罗斯"的国际物流大通道。上半年,完成集装箱作业量35.2万标准箱,同比增长55%。对"一带一路"沿线国家进出口高速增长,增长36.1%。对欧盟、东盟、韩国、日本、巴西分别增长16.1%、26.8%、12.2%、9.7%、73.2%。235家贸易企业聚集到上合示范区,实现进出口额10.8亿美元,同比增长32%。与交通银行等11家入驻机构代表签署合作框架协议,成立总规模100亿元的上合一号基金,其中一期10亿元资金已正式运营。与国家开发银行等11家入驻机构签署合作框架协议;成立总规模100亿元的旭蓝产业投资基金,一期规模10亿元;成立总规模10亿元的华润中科(青岛)人工智能产业基金和总规模10亿元的招华股权投资基金。

4. 自贸试验区顺利获批，对外开放迈上新台阶

8月26日，国务院正式发布《中国（山东）自由贸易试验区总体方案》实施范围共119.98平方千米，涵盖了济南、青岛、烟台三个片区。其中，青岛片区52平方千米（含青岛前湾保税港区9.12平方千米、青岛西海岸综合保税区2.01平方千米），东至前湾港，南至嘉陵江路，西至王台镇园区一路，北至龙门河路。青岛片区在面积上占山东自贸试验区实施范围的43.3％，全部位于西海岸新区，包括青岛前湾保税港区、西海岸综合保税区、青岛经济技术开发区、国际经济合作区（中德生态园）四个功能区，是中国（山东）自由贸易试验区面积最大、位置最重要、试点任务最集中的片区，为青岛在新的历史起点上继续深化改革开放、实现高质量发展提供了重大机遇。产业发展方面，青岛片区重点发展现代海洋、国际贸易、航运物流、现代金融、先进制造等产业，打造东北亚国际航运枢纽、东部沿海重要的创新中心、海洋经济发展示范区，助力青岛打造中国沿海重要中心城市。围绕国家和山东省赋予青岛的重大任务，充分挖掘青岛在开放引领、创新驱动、海洋资源禀赋等方面的比较优势，青岛片区将实施差异化发展，具体目标是：批复1年内，争取新增市场主体1.5万家；批复3年内，新增市场主体超过3万家，形成一批可复制、可推广的试点经验。经过3～5年的改革探索，建成投资贸易便利、金融服务完善、监管安全高效、辐射带动作用突出的高水平自由贸易园区。

5. 对外承包呈现新亮点，业务范围进一步拓展

上半年，全市对外承包工程企业新承揽对外承包工程项目24个，完成营业额21.02亿美元，同比增长7.6％，分别高出全省7.9个百分点、全国11个百分点，完成业务总额占全省36.9％、占全国3％。新签合同额26.88亿美元，同比下降15.9％，占全省31.5％、占全国2.5％。全市对外承包工程企业实现工程项下带动工程设备、原材料出口近3亿美元。全市对外承包工程企业在"一带一路"沿线国家新承揽项目10个，合同额25.56亿美元，同比增长49.8％，占全市同期总额的95.1％；完成营业额18.64亿美元，增长85.6％，占全市同期总额的88.7％。在建项目分布在24个"一带一路"沿线国家，新加坡、沙特阿拉伯、阿曼、巴基斯坦、科威特、土库曼斯坦、阿拉伯联合酋长国业务增长较快。全市在上合组织国家新承揽项目3个，合同额19.9亿美元，同比增加19.9亿美元，占全市同期总额的74％；完成营业额2.02亿美元，增长22％，占全市同期总额的9.6％。目前全市对外承包工程分布在亚洲24个国家和地区，非洲17个国家，欧洲3个国家，拉丁美洲4个，北美洲2个，大洋洲1个国家，业务涵盖"对外承包工程业务统计制度"11个大项目分类中的9类，电力工程建设、一般建筑项目、石油化工项目业务规模均超过 1 亿美元,完成营业额占全市对外承包工程总额的比重分别为 44.9％、41％、7.8％。山东电建三公司、青建集团、中石油天然气七公司等 3 家企业完成营业额均过 1 亿美元,累计达 19 亿美元,占同期总额的 90％。山东电建三公司、中石油天然气七公司、中启胶建公司、中青建安公司等公司业务规模实现较快增长。崂山区、市北区完成对外承包工程营业额继续保持在全市各区(市)领先地位。

6. 外商投资项目取得突破性进展,外资结构进一步优化

上半年,全市实际使用外资 29.3 亿美元,占山东省的 49％,较上年同期提高 2.1 个百分点,在我国 5 个计划单列市中居第二位。从走势上看,上半年青岛实际使用外资同比增长 5.8％,增幅高于全国 2.3 个、山东省 4.4 个百分点,势头良好。此外,青岛新签外资项目、投资额增长势头好:上半年青岛全市新设立外商投资企业 485 家,合同外资 64.3 亿美元,增长 20.9％。青岛第一外资来源的香港地区到账外资 22.1 亿美元,同比增长 7.4％,主要集中于新能源、清洁能源、港口物流、现代金融及商业实体等领域。德资到账 3.4 亿美元,主要投向智能制造、高端装备、高端化学等先进制造业领域;美资到账 1.2 亿美元,主要投向生物医药、设备制造、现代金融等领域;日资到账 1249 万美元,主要投向精密机械、商业服务业等领域。上半年,全市服务业实际使用外资 21.8 亿美元,引进了上合组织示范区嘉里物流、西海岸健康生态谷、招商铭华置业等重点项目;制造业引进了来易特精密机械、正威新材料、星河新型材料、蓝分子生物科技、庆隆宏源电力设备等重点项目,合计实际使用外资 7 亿美元。其中,高技术产业实际使用外资 4.68 亿美元,同比增长 11.6％。1～6 月,丰益国际、华润集团、正威国际等 10 家世界 500 强企业在青岛投资设立 15 个项目。

(五)乡村振兴战略全面推进,城乡融合发展格局进一步形成

1. 粮食生产取得新突破,都市现代农业涌现新动能

上半年,全市夏粮生产量质并进,全市小麦总产 142.6 万吨,增产 3.6％。小麦品种结构进一步优化,小麦优质率达到 87％。蔬菜总产 303 万吨,同比增加 2 万吨。实施农业"新六产"发展增效工程,全市建成高标准现代农业园区 1021 个,休闲农业和乡村旅游经营主体 751 家,带动 10 万多农民就近就业创业。开展"十镇百村"土地规模化经营。上半年,全市土地规模化经营面积 340 万亩,占承包耕地总面积的 57.4％。至 2019 年 9 月全市在建及 2019 度计划开工第一产业投资项目 77 个,年内计划总投资 47.23 亿元,2019 年计划完成投资 139.3 亿元。实施家庭农场培育计划,新培育家庭农场 100 家,上半年全市登记

备案的家庭农场已达到 1.2 万家,其中省级示范家庭农场 50 家、市级示范家庭农场 489 家。累计开展新型职业农民技术培训 8081 人次。上半年,全市市级以上龙头企业达到 289 家,过亿元龙头企业 114 家,带动农户 115 万户。全市农产品加工出口企业达到 1300 家,全市农产品出口额达到 191.7 亿元(人民币),同比增长 9.5%。积极推进智慧农业重点项目建设,实施"互联网+现代农业"行动计划,上半年全市建成现代农业物联网应用园区 140 个,农民合作社智能监测点 336 处。完善农产品质量安全监管追溯体系,将 1215 家生产单位、4800 多个产品及 4.7 万个农户纳入监管追溯系统,完成质量安全检测 24.7 万批次,全市地产农产品合格率稳定在 99% 以上。上半年,全市在工商部门登记的农民合作社达到 1.38 万家,其中市级以上示范社 818 家,注册成员 40.1 万户、辐射带动非成员农户 21.6 万户。上半年,全市农产品注册商标达到2.2万个,"三品一标"农产品达到 1065 个,其中国家地理标志农产品产品 51 个。

2. 农村改革全面深化,县域经济实现新进展

以确权、赋能、放活为方向,着力盘活农村资源要素,全市赋予农民群众更多财产权,促进集体、农民双增收。出台了《关于加快推进市级涉农资金统筹整合的实施意见(试行)》《青岛市市级涉农资金统筹整合操作规程》,从源头上减少或改变涉农资金交叉重复、使用分散等问题。坚持"一村一策",上半年,督促指导 194 个未完成改革村庄和 79 个未完成确权颁证的村庄,在保证质量的基础上加快推进。全市累计完成农村集体产权制度改革村庄 5821 个村,占总数的 96.8%,完成 4776 个村的土地确权颁证,确权面积 493 万亩,累计量化经营性资产 302.4 亿元,分红 2 亿元。完善政策性农业保险政策,上半年,全市政策性农业保险实现保费收入 1.27 亿元,赔付 6000 万元。上半年,青岛县域四区(市)生产总值实现 2335.56 亿元,占全市比重为 35.64%;即墨、胶州、平度、莱西生产总值同比分别增长 6.7%、7.6%、5.9% 和 6%;四区(市)社会消费品零售总额实现 865.64 亿元,占全市比重为 35.9%。1~8月,四市完成公共财政预算收入 231.63 亿元,占全市比重为 27.1%。2019 年 7 月,由赛迪顾问县域经济研究中心编制的《2019 赛迪县域经济百强研究》正式发布。该研究聚焦新时代县域高质量发展的新动力、新机制,全面解读了县域百强的区域格局和发展特征。此次赛迪顾问县域经济研究中心坚持五大发展理念,遵循科学、系统、客观、可操作、可对比的基本原则,建立地区生产总值超过 400 亿元、一般公共预算收入超过 20 亿元"双门槛",从除市辖区、林区特区外的 1879 个县级行政区划中筛选出 200 多个县(县级市、旗),最终评选出 2019 年中国百强县。山东省共有 19 个县上榜,低于江苏省的 26 席,与浙江省的 19 席

持平,并列全国第二位。青岛的胶州市排第 12 位,比上年提升 3 个位次,莱西市排第 35 位,平度市排第 42 位。

3. 城乡统筹取得新进展,新型城镇化取得阶段性经验

推动建筑业转型发展,上半年,全市完成建筑业总产值 1049.7 亿元,同比增长 19.9%;全市 9 家企业入选全省建筑业 30 强,入选数量居全省首位;完成出省出国产值 356.9 亿元,同比增长 26.4%;全市开建筑业保证保险 3648 单,盘活企业资金 23.8 亿元。促进房地产业健康发展,上半年,房地产开发完成投资 868.2 亿元,同比增长 19%;保持房地产市场平稳运行,加快制订住房发展规划和房地产"一城一策"试点方案。引导勘察设计业做大做强,数字化审图在全市推开,上半年,工程勘察设计行业营业收入 69 亿元,同比增长 19.8%。建设行业持续保持良好发展势头,上半年,实现税收收入 261.6 亿元,占全市税收收入的 26.1%。上半年,全市完成住房保障 4581 套(户),占年计划的76.4%;开工人才公寓项目 12 个,共计 72.3 万平方米;启动 1.9 万套棚改任务,占年计划 66.8%;农村危房改造 489 户全部开工,已完工 473户,完工率 96.7%;老旧小区整治改造开工 20.2 万平方米;节能保暖改造项目开工 146.7 万平方米。开工建设 350 万平方米新增城市集中供热配套项目。完工新建天然气管网 73 千米。高标准开展国家海绵城市和地下综合管廊建设"双试点"工作,上半年,海绵城市建设试点区达标面积约 23.5 平方千米,占总计划的 93%;综合管廊建设建成廊体49.16 千米,入廊管线 318.70 千米,完成投资 32.13 亿元。坚持绿色建造理念,大力推广装配式建筑、绿色建筑,促进建筑垃圾利用产学研用紧密结合,全市上半年开工装配式建筑面积 208 万平方米;利用建筑垃圾 1609 万吨,利用率达到 79%;平度犁沟山废弃物矿山生态修复试点深入推进。积极推进农村地区 4.7 万户清洁取暖建设,已开工 2.3 万户。全面开展农村生活垃圾分类,已有 7 个区(市)3100 个村庄(社区)开展了分类工作,占全市村庄(社区)总数的 56.8%。特色小镇建设深入推进,10 个美丽村居省级试点建设有序展开。

(六)服务经济发展的财政融资能力不断提升,资本支撑体系初步形成

1. 积极争取上级政策资金支持,财政统筹能力明显提升

全面落实减税降费政策,全市财政收入保持正增长,税比持续提升。1～8 月份,全市一般公共预算收入实现 854.6 亿元,增长 0.6%。税收收入 617.8 亿元,占一般公共预算收入比重为 72.3%。其中,增值税增长 6.8%,企业所得税下降 4.5%,个人所得税下降 36.0%。面对经济下行带来的财政收支压力,主动谋划拓宽渠道、集聚资源,通过借力

发展突破资金瓶颈。上半年,共争取中央、省支持资金83.8亿元,增长37.4%。争取新增政府债务限额311亿元,增长40%。其中,新增一般债务限额80亿元,在计划单列市中排第1位。成功入选首批国家土地储备项目预算管理试点。支持重大基础设施补短板。累计拨付358亿元,撬动各类金融资本、社会资本711亿元,支持新机场、地铁建设。多渠道筹集资金35.5亿元,保障新机场高速连接线、残疾人康复中心等项目建设。发挥政府引导基金的撬动作用,精准支持蓝色药库、新能源汽车等能够尽快形成产业链的重点项目。全面加快债券发行使用。上半年,发行债券147.8亿元,其中新增债券131.4亿元(其中一般债券57亿元、专项债券74.4亿元)。创新专项债品种,成功发行临空经济区建设等专项债。建立债券发行使用全市统筹推进工作机制和激励约束制度,推动加快形成投资实物量。提高政府与社会资本合作(PPP)管理及运作效率。上半年,全市纳入全国PPP信息平台管理库项目71个,投资额2332亿元,落地率76.1%,分别高于全国、全省21.9个和14.6个百分点。

2. 资本市场融资能力明显增强,企业融资难逐步缓解

截至9月末,全市本外币各项存款余额18096亿元,同比增长11.53%,比上年同期提高6.11个百分点,增速创33个月高点。前三季度,全市存款新增1972亿元,比上年全年增量还多出980亿元。存款增长主要靠居民存款和企业存款拉动。9月末,全市居民存款同比增长14.36%,同比提高8.57个百分点;全市企业存款同比增长20.98%,同比提高20.39个百分点。上半年,全市实现保费收入293.3亿元,同比增长18.0%,同比提高16.1个百分点,在5个计划单列市中保费规模居第2位,增速居第3位。保险业为全市提供风险保障金额15.0万亿元,同比增长29.5%,保险赔付达到67.1亿元。发挥保险资金运用平台作用,保险资金运用余额达到404.6亿元,较年初增加124.2亿元,有力支持了青岛经济发展。2019年以来,青岛银行、青岛农商行、青岛港、蔚蓝生物、中创物流、惠城环保、国林环保7家公司成功上市,7月18日青岛日辰食品公司IPO通过中国证监会审核,全市上市公司达到50家,居全省首位。在新三板挂牌的青岛企业达到107家;蓝海股权交易中心挂牌企业达到1541家,在全国34家区域股权交易市场中排名第六。上半年,全市实现直接融资916.0亿元,同比增长59.7%,其中,上市公司募集资金143.9亿元,新三板挂牌公司募集资金3.7亿元,蓝海股权交易中心挂牌企业募集资金4.6亿元,非金融企业发行债券融资318.7亿元。

表 2 2019 年 1～8 月地方财政收入情况表

指标名称	数值（亿元）	增长（%）
一般财政预算收入	854.6	0.64
♯ 税收收入	617.8	−4.69
♯ 增值税	244.1	6.76
企业所得税	116.0	−4.54
个人所得税	22.9	−36.05

3. 高质量投资水平进一步提升,服务实体经济发展的能力显著提升

2019 年以来,全市积极扩大高质量投资,投资对经济增长、结构优化、新旧动能转换等方面起到了关键性作用。上半年,全市投资增长 7.5%,比第一季度提升 1.2 个百分点。从产业看,第一产业投资下降 68.6%,第二产业投资增长 8.2%,第三产业投资增长 8.5%。从行业看,教育业投资增长 60.6%,科学研究和技术服务业增长 42%,交通运输仓储和邮政业增长 10.9%,租赁和商务服务业增长 8.7%。从投资主体看,民间投资增长 13.4%,比第一季度提升 1.7 个百分点,高于全市投资增速 5.9 个百分点。在加大基础设施投资的基础上,继续强化新动能投资。工业战略性新兴产业投资增长 11.5%,工业技改投资增长 9.5%,高技术制造业投资增长 38.1%,高技术服务业投资增长 59.3%,均高于全市投资增速。房地产开发投资增长 19%,1～8 月份,全市固定资产投资增长 9.9%,同比提高 5.7 个百分点,增速创近 30 个月新高,较上年同期提高 5.7 个百分点,较上半年提高 2.4 个百分点,高于全国、全省 4.4 和 19.3 个百分点,省内排名升至首位,在全国副省级城市排名上升至第 6 位,较上月提升 2 个位次。从重点领域投资看,工业投资继续向好,增长 7.7%,同比提高 25 个百分点。其中,工业战略性新兴产业投资增长 10.0%,高技术制造业投资增长 29.9%,工业技改投资增长 24.1%,均高于全部工业投资增速。截至 9 月末,全市本外币各项贷款余额 18064 亿元,同比增长 14.03%,增速同比提高 3.09 个百分点,已连续 7 个月保持 14% 以上的高位增速。前三季度,全市贷款新增 1926 亿元,比上年全年增量还多 233 亿元。从信贷投向结构看,银行业更加注重支持高质量发展。全市授信 1000 万元以下的普惠小微贷款增加 189 亿元,比年初增长 26.69%。制造业贷款降幅连续两月收窄,9 月份制造业贷款余额由降转升,当月新增 12 亿元。在贷款期限上,全市中长期贷款同比增长 15.58%,高于各项贷款增速 1.55 个百分点,中长期贷款增量占各项贷款增量的 3/4,主要用于固定资产投资等,反映了金融对稳增长、稳投资的支持加大。

表3 2019年1～8月份固定资产投资情况

	数值（亿元）	同比增长（%）
1. 固定资产投资	——	9.9
♯ 房地产开发投资	1144.5	21.7
♯ 住宅投资	776.2	18.5
2. 第一产业投资	——	−59.3
3. 第二产业投资	——	4.1
4. 第三产业投资	——	12.7

4. 财政支出结构调整幅度增强，保障和改善民生力度进一步加大

坚持以人民为中心的发展思想，把保障和改善民生作为财政支出的"优先选项"。上半年，全市财政用于民生方面的支出749.5亿元，增长14.9%，占全市财政支出的比重达75.9%，各项民生政策得到较好落实。社保和就业支出增长33.8%、教育支出增长15.1%、节能环保支出增长31.9%、住房保障支出增长63.2%。就业创业政策提标扩面，全市城镇新增就业40.2万人，帮扶困难人员就业1.83万人，政策性扶持创业1.92万人。优先保障教育发展。支持加大对平度、莱西10个经济薄弱镇教育专项补助，补齐教育"短板"。安排资金支持新建60所幼儿园、100所中小学标准化食堂。提高社会保障水平。稳步提高居民医疗保险财政补助标准和大病医疗保险、门诊统筹等医保待遇，惠及全市135万人。建立居民养老保险待遇确定和基础养老金正常调整机制，退休人员养老金提高5%左右，实现"十五连增"。加强基本住房保障。支持启动棚户区改造19115套（户）、完成住房保障4581套（户）、改造农村危房469户。大力支持脱贫攻坚。安排专项扶贫资金2亿元，巩固提升贫困人口、贫困村（经济薄弱村）脱贫"摘帽"成效。研究制定2019～2020年财政支持精准脱贫政策，出台《青岛市市级财政专项扶贫资金及绩效管理办法》配套措施，提升扶贫资金使用绩效。积极助力乡村振兴。为522个农业项目提供政策性担保贷款3.1亿元，担保规模、担保放大倍数均居全国同类城市首位。通过贴息政策，撬动银行为新型农业经营主体贷款2.1亿元。全面取消产粮大县小麦、玉米政策性农业保险县级财政保费负担。将粮食主产区利益补偿范围扩大到全市所有粮食主产区。

表4 2019年1～8月地方财政支出情况表

指标名称	数值（亿元）	增长（%）
一般公共预算支出	1158.2	12.17
♯ 一般公共服务	111.8	12.75

(续表)

指标名称	数值（亿元）	增长（%）
教育	175.6	13.54
社会保障和就业	136.1	33.65
医疗卫生	69.8	−6.67
城乡社区事务	276.0	3.16

二、2020年青岛市经济发展预测

2020年是我国实现第一个百年目标，全国建成小康社会的收官之年。面对经济运行存在的突出矛盾和问题，我们要紧紧围绕党中央、国务院和省委、省政府各项政策措施及市委、市政府总体部署，深刻认识"稳中有变"，善于把握走向，紧扣战略机遇期的新内涵，扎扎实实干好自己的事；深刻认识"变中有忧"，敢于直面问题和挑战，善于有效应对；深刻认识"忧中有机"，善于乘势而上，变压力为动力；深刻认识"机中有为"，勇于担当作为，努力将机遇转化成为率先走在前列的发展优势，坚持新发展理念，坚持以供给侧结构性改革为主线，进一步加大改革开放力度，突出问题导向，加强精准施策，破解短板问题，有效应对外部经济环境变化，推动经济继续保持平稳健康发展。

（一）继续实施创新驱动战略，全面推进创新青岛建设

2020年，青岛将坚持创新是引领发展的第一动力，抢抓新一轮科技革命和产业变革的机遇，牢牢抓住创新创业生态营造这个关键，强化问题导向，集聚优势力量，全力打好资本助力、人才支撑、平台建设、产业培育、科技服务五场攻坚战，激发全社会创新活力和创造潜能，营造良好市场化、法治化创新创业环境，使青岛成为新技术、新产业的重要策源地，打造长江以北地区创新创业高地。一是聚焦全市传统优势产业和新兴产业，坚持人才、项目、平台一体化推进，强化科技创新创业人才引进和培养。以培育壮大高新技术企业为抓手，着力培养创新型企业家，营造尊重企业家、鼓励企业家干事创业的良好氛围。围绕发展新型科技服务业态，引进和培育创业孵化、技术转移、科技金融等各类科技服务人才。二是大力发展创业风险投资，重点支持成果转化和高端科技型产业化项目培育。撬动社会创投资本加大投入，支持设立天使投资基金、孵化器种子投资基金等，支持引进海外天使投资人等国际创投资本和企业。鼓励龙头企业、知名投资机构与政府引导基金共同设

立专项产业基金,开展全产业链多阶段投资。三是加快青岛海洋科学与技术试点国家实验室建设,构建"核心＋网络"全球协同创新网络。加快推进中科院海洋大科学研究中心、中科院洁净能源创新研究院暨山东能源研究院、国家高速列车技术创新中心、国家深海基地等重大科技创新平台建设,依托青岛国际院士港、博士创业园等平台,加快引进集聚高端人才、技术和项目,构建资源整合平台和网络。发挥国家双创示范基地和孵化器、众创空间等各类双创平台作用,促进创新活动与产业发展深度融通。建设公共服务平台,完善公共研发服务平台体系,促进大型科学仪器开放共享,为科技企业、人才、机构提供优质公共服务。加快建立覆盖技术转移、创业孵化、知识产权、科技咨询等多领域的科技服务体系。

(二)继续深化服务业综合改革,全面推进服务青岛建设

2020年.青岛将以提高质量和核心竞争力为中心,努力构建优质高效、充满活力、竞争力强的产业体系,加快建设国家重要的区域性服务业中心城市。引进各类金融企业总部、专业子公司和创新型机构,争取设立法人保险、证券、期货、公募基金公司和外资金融机构。有序扩大合格境外有限合伙人、本土企业跨境融资、跨国公司资金集中管理等试点业务规模。积极争取放开国际船舶运输、船舶管理企业外资股比限制,支持外商独资企业从事国际海运货物装卸、集装箱站场和堆场业务,扩大国际中转集拼业务,增开国际集装箱直达航线。支持国际邮轮港与邮轮运营商、旅行社深度合作,争创国家级智慧旅游试点景区和省级智慧旅行社,用好外国人144小时过境免签政策,争取外国人邮轮入境15天免签政策。推动国内外银行机构在青设立专业化法人机构和分支机构、航运贸易相关专营部门以及国际结算、资金运作功能性机构等。培育引进专业保险机构和保险中介机构,支持国内外优质企业在青发起设立融资租赁公司,鼓励融资租赁行业拓展融资租赁业务。发展会计、法律、咨询评估总部管理、人力资源、会展、广告等行业,扩大内地与港澳合伙型联营律师事务所设立范围,构建与国际接轨的商务服务体系。深化公立医院综合改革,推进分级诊疗和医联体建设。发展精准医疗、健康咨询等新业态。深化国家医养结合试点,促进养老服务业连锁化、产业化发展。开展国家文化消费试点,做大创意设计、数字传媒、动漫游戏等产业。发展第三方电商平台,建设跨境电商产业园区、公共海外仓和境外展示中心。发展休闲度假主题酒店和特色民宿,提升餐饮业品质。鼓励发展新零售,建设时尚消费聚集区,争创国际消费中心城市。引导区(市)和经济功能区明确服务业主导产业,实现差异化发展。鼓励中心城区提升发展楼宇经济,鼓励各区(市)创建市级重点服务业集聚区。

(三)继续实施海洋强市战略,全面推进国际海洋名城建设

2020年,青岛将推进集装箱中转中心建设,拓展海运集装箱国际中转集拼业务。加密港口集装箱直达航线,集装箱航线持续保持北方港口领先地位,加快构建辐射东北亚港口群的中转网络。围绕港口产业链条,强化与世界500强、行业领军企业战略合作,建设大宗资源能源流通、加工基地。大力引进航空物流企业、船运公司、第四方物流和综合物流服务商等,形成集聚效应。探索建立基于仓单质押的融资平台,发展橡胶、棉花等大宗资源性商品贸易交易,建设大宗商品期货交易平台。统筹董家口等区域岸线资源和产业布局规划,预留船舶与海洋设备等重大项目用地,破解项目落户"瓶颈"。依托省船舶与海洋工程装备创新中心,争取创建国家级制造业创新中心。支持中船重工(青岛)海洋装备研究院、青岛豪华邮轮制造基地及低速柴油机总部基地建设。实施"蓝色药库"开发计划,依托青岛海洋生物医药研究院等,建设国内一流的海洋生物医药创新研制平台。严格执行化工项目进区入园制度,引导项目向董家口化工产业园和平度新河化工产业园集聚。支持重点企业、科研院所设立各类新材料研发平台。推进水产品加工向深加工、品牌化转型。推动海洋牧场优化升级,实施"深蓝渔业"开发计划,发展黄海冷水团养殖,创建国家深远海养殖示范区,建设中国极地渔业研发中心。实施渔船更新改造工程,打造远洋渔业船队,加快渔港更新改造。开发设计串联前海一线及周边区域的旅游线路和产品,实现海洋主题公园、大型旅游综合体等重大旅游项目突破。培育引进一批吞吐能力强的涉海商品批发企业、辐射能力强的涉海商品批发交易市场、集散能力强的电商平台。建设智慧海洋大数据共享支撑平台。

(四)继续加快新旧动能转换步伐,全面推进制造业强市建设

2020年,青岛将聚焦现代海洋、智能家居、高分子材料、轨道交通装备、新型纺织材料及装备等传统优势产业领域,统筹人才、企业、机构、平台、项目等创新资源,强化科技赋能,打造国内乃至全球的产业高峰。结合现有科研和产业基础,围绕微电子、5G、人工智能、新能源汽车、生物医药与医疗器械、轻型航空动力、仪器仪表、能源与新材料等重点发展产业方向,通过"双招双引"和政策扶持,推动新兴产业跨越发展。突出企业创新主体地位,实施"百千万"工程2.0版,大力培育高新技术企业、科技型中小微企业和头部科技企业,壮大科技型企业群体。遴选百家高成长性高新技术企业,建立上市培育库,开展挂牌上市行动,积极帮助企业对接资本市场。强化科技金融、高新技术企业认定、

专利运营等精准服务,推动"小升规""企成高",培育"瞪羚"企业和"独角兽"企业。全面推行研发费用加计扣除、企业税收减免优惠等普惠性政策,降低企业创新创业成本,促进科技型小微企业群体发展壮大。强化头部科技企业引领带动作用,通过搭建高端平台、实施重大专项、布局创新中心等方式,支持头部科技企业提升技术创新能力,带动产业链上下游企业创新发展。创新工作体制机制,提升高新技术产业集聚能力,以建设国家自主创新示范区、国家双创示范基地为抓手,推动青岛高新区创新提升,打造创新创业先导区。支持青岛蓝谷瞄准世界海洋产业新业态,集聚高端创新资源,壮大海洋新兴产业和科技服务业,打造优势特色海洋产业集群和海洋三次产业融合发展集聚区。支持青岛国际院士港按照"基础研究、应用研究、成果转化"三位一体的功能定位,建设面向世界开放、集聚全球创新要素的重要平台。

(五)继续实施国际城市战略,全面推进开放青岛建设

2020年,青岛将支持外资企业设立各种形式的研发、创新中心,设立联合创新平台,参与市科技计划项目,与在青高校、机构和企业合作参与重大科研和工程项目。提高企业利用境外资本市场能力,建设资本市场服务基地,优化境外上市、发行债券奖补政策,储备和推动一批重点企业赴境外上市和发行债券。扩大以并购方式利用外资,设立外资并购项目资源库。建立外资并购国有资本和社会资本投资促进服务平台,提供信息发布、政策咨询、对接洽谈等服务。增强自由贸易试验区功能,优化口岸服务环境,着力打造效率最高、服务最优、成本最合理的"三最口岸"。重点通过完善国际贸易"单一窗口"功能、发展过境贸易,有条件的货物分类监管、异地委托监管、企业备案制等举措,简化管理、便利通关、降低费用。完善发展保障机制,建立与贸易发展相匹配的知识产权保护和促进体系,完善健全风险预警和防控机制,建立与开放市场环境相匹配的产业安全预警体系。大力引入数字化贸易、文化贸易等新业态,大力发展技术密集型和文化、金融、医疗、教育等高端服务贸易,鼓励企业承接金融、工业设计等离岸外包高端业务;积极开展船舶、飞机等保税维修和高端设备再制造等业务,扩大融资租赁业务规模。大力开展油品贸易。结合二手车出口试点,做大二手车交易产业链。积极推广跨境电商、公共海外仓等新模式,加强国家级跨境电商综合试验区建设,建设中日韩跨境电商零售交易分拨中心;以橡胶、棉花等大宗商品和芝麻等特色商品为突破口,推动期货保税交割、现货保税和非保税交易、一般贸易、转口贸易联动发展;高水平建设特殊商品进口指定口岸。高水平建设中国—上海合作组织地方经贸合作示范区。

(六)继续实施乡村振兴战略,全面推进城乡融合发展

2020年,青岛将开展镇村整建制土地规模化经营,搭建土地流转服务平台,推广"公司＋合作社＋村集体＋农户"模式。加快建设300万亩高效粮食生产功能区,加快推进高标准农田建设。持续推进100万亩特色农业优势区建设,建设大沽河沿岸50万亩绿色蔬菜生产基地、北部山区30万亩优质果品生产基地、滨海一线和大小珠山20万亩优质果茶花卉生产基地。建设高端生态畜牧业发展区,发展蜜蜂等特色养殖。建设现代海洋渔业发展区,大力发展离岸深水网箱养殖、规模化海底造礁和立体生态养殖,发展壮大远洋渔业。创建农业"新六产"综合示范区,推进田园综合体建设,促进"农业＋"旅游、文化、创意、康养等融合发展。实施农业全产业链提升工程,做优农副食品加工千亿元级产业链,做强粮食、油料、果蔬、饲料、生猪、禽类、水产品等7条百亿元级产业链,做大葡萄、蓝莓、茶叶等15条十亿元级特色农业产业链。开展土地资源整理和农村闲散土地综合整治,完善农村承包地"三权分置"办法,提高土地经营权抵押贷款规模和质量,稳妥推进农村宅基地"三权分置"改革试点。健全农村集体资产管理制度,完善农村集体产权权能,开展集体资产股权质押贷款和农村"政经分离"试点。健全完善农村产权交易市场体系和交易规则,推进交易信息平台和产权登记备案平台联网一体化。推进农业政策性保险扩面、增品、提标,开展农产品价格指数保险,探索"保险＋期货"业务模式。稳步推进农民专业合作社信用互助业务试点,稳妥发展村镇银行、小额贷款公司。探索"政银担"合作机制,推动厂房、生产订单、农业保单等质押业务。

(作者单位:青岛市社会科学院)

2019～2020年青岛市民营经济发展形势分析与预测

毕监武

近年来,青岛市高度重视民营经济发展,通过一系列政策措施积极推动民营经济发展壮大。2019年,青岛市发起壮大民营经济攻势,在"学深圳、赶深圳"行动中,排查问题找差距、积极整改出成效,使民营企业真正感受到政府变化,也有了做好企业的信心,为实现青岛市高质量发展和建设开放、现代、活力、时尚国际大都市提供了重要保障和动力支持。

一、2019年青岛市民营经济培育和发展的基本情况分析

(一)2019年青岛市民营经济发展现状

近年来,青岛市民营经济发展取得了明显成效,在促进经济发展方面发挥了不可或缺的重要作用。2018年,青岛民营经济贡献了44.5%的GDP、51%的税收、52.8%的固定资产投资、76.8%的就业、97.6%的市场主体数量。到2019年6月底,新登记民营企业5.45万家;新增民营上市(挂牌)企业4家;民营经济税收650.8亿元,同比增长34.1%,占全市59.6%,企业家信心得到极大提升。

1. 民营市场主体活力不断激发

青岛市积极贯彻国务院进一步推动优化营商环境政策落实、加强金融服务民营企业的若干意见等一系列政策措施。特别是2019年3月27日,中办、国办印发了《关于促进中小企业健康发展的指导意见》,在营造良好发展环境、破解融资难融资贵问题等6个方面,提出的23条、86项具体举措,为民营经济注入新的活力。2019年上半年,青岛市新登记民营市场主体15.1万户,同比增长11.65%,其中新登记民营企业5.45万家,同比增长31.09%。截至2019年6月,青岛市实有民营市场主体140.95万户,同比增长12.5%,占市场主体总量的比重为

2. 民营企业投资信心坚定,投资意愿明显增强

习近平总书记明确指出:"我国基本经济制度写入了宪法、党章,这是不会变的,也是不能变的。任何否定、怀疑、动摇我国基本经济制度的言行都不符合党和国家方针政策,都不要听、不要信!""我国民营经济只能壮大、不能弱化,不仅不能'离场',而且要走向更加广阔的舞台。"这进一步增强了民营企业家发展信心和决心。2019 年上半年,青岛市民间投资增长 13.4％,较上年同期提升 22.5 个百分点,较第一季度提升 1.7 个百分点,占全部投资的比重达到 52.2％,拉动青岛市投资 6.6 个百分点。

3. 民营企业进出口占比持续提升且增势强劲

2019 年上半年,青岛市民营企业进出口总额 1645.3 亿元,同比增长 25.8％,比青岛市整体增幅高 8.6 个百分点,拉动全市进出口增幅 14.1 个百分点,占同期全市进出口总额的 58.6％,占比提高 3.84 个百分点,占同期全省民营企业进出口总额的 26.4％。其中,民营企业出口额 988.19 亿元,增长 16.6％;进口额 657.1 亿元,增长 42.8％。民营企业进出口比重持续提升。前三季度,青岛市民营企业进出口额 2528.7 亿元,增长 21.3％,占青岛市外贸进出口总值的 59％,提高 4.4 个百分点。机电产品、劳动密集型产品和农产品出口小幅增长。2019 年前三季度,青岛市机电产品出口额 1025.9 亿元,增长 6％,占青岛市出口总值的42.1％,下滑 0.3 个百分点,其中机械设备出口额增长 13.8％。此外,劳动密集型产品出口额 549.5 亿元,增长 3％;农产品出口额 290.3 亿元,增长 4.8％。

4. 民营经济税收和就业贡献持续提升

2019 年上半年,青岛市民营经济实现税收 650.8 亿元,同比增长 34.1％,占比达到 59.6％;民营经济新吸纳就业 31.9 万人,同比增长 8.8％,占新增城镇就业比重达 79.4％。

5. 惠企政策知晓度和影响力大幅提升

2019 年上半年,青岛市举办政策宣讲 16 场次,发放"政策一本通" 1.5 万册,32 万人通过直播在线参与了政策互动。上半年,有 821 项产品(技术)被认定为青岛市中小企业"专精特新"产品(技术),认定数量同比增长高达 58.5％,创新转型项目申报达到 351 项,是 2018 年申报数量的 2.5 倍。截至 2019 年 9 月底取得的突出成效有:在全国率先实施企业名称自主申报改革,企业登记全程电子化应用居全省首位。取消公章刻制网络服务费,增加印章材质种类和价位选择档次,印章刻制实现"全城通办""一次办好"。创新推行"建筑工程施工许可告知承诺制",完成《青岛市工程建设项目审批制度改革实施方案》(以下简称《实施方案》》起草，已上报市委深改委等待上会审议。打通电力接入业务办理系统与市行政审批大厅审批系统 VPN 网络专线，用电报装实现线上"一网通办"。不动产登记网上查询系统上线，实现 7 类常用信息网上查询"零跑腿"。用水报装、用气报装"线上办理"普及面进一步扩大。

6. 支持民营经济发展的措施更加精准

坚持把上级的决策部署、先进城市的经验做法同青岛市的实际相结合，研究制订作战方案、提出具体作战任务。认真贯彻落实习近平总书记的一系列重要讲话、指示精神和中央一系列政策措施，并吸收融合到青岛市发展部署中。系统梳理、认真比照了深圳民营经济发展政策，特别是对深圳近期出台的新政策、新措施，结合青岛实际，突出使市场在资源配置中起决定性作用和更好发挥政府作用，体现了市场化和法治化在破解民营经济发展难题中的主导作用。贯彻落实中央和省、市政策，强化落实青岛市《关于构建新型政商关系的意见》，从平台打造、生态营造、信念引导等方面入手，对制度政策再深化、再具体，形成市场化、法治化的政商交往制度体系，让企业家感到舒服，为持续优化青岛市营商环境提供支持。完善了领导干部联系民营企业制度，推进党政领导和部门与企业家常态化联系沟通机制，让政商关系自然而然、如鱼在水、如沐阳光、既"亲"又"清"。特别是建立民营企业参与相关决策制度，在制定涉及民营企业重大利益的政府规章、规范性文件和有关决策前，充分听取民营企业以及商协会意见。

（二）青岛市民营经济发展的主要问题和原因分析

1. 国际国内形势变化带来的不确定性

当前世界经济形势复杂多变，政治对经济影响显著加大，特别是中美贸易经济摩擦频繁发生，贸易增长对经济增长的拉动作用在减弱，经贸规则的重构对我国参与全球经贸规则制定的影响力和话语权构成严峻挑战。必须充分考虑深度调整这个特点，在具体安排上留有余地。

民营经济发展与企业预期和行为密切相关。总体而言，当前民营企业面临成本上升、结构调整压力没有改变，实际上是形成促进供给侧结构性改革的一定的倒逼压力。一方面保持稳定的必要的经济增速，使企业有起码的财力投入结构调整，另一方面又给民营企业形成一定的压力，倒逼企业苦练"内功"，付出很大的努力和代价。这就需要充分发挥市场配置资源的决定性作用，在充分竞争中实现优胜劣汰。各级政府应积极通过方案发挥引导作用，给有困难但又有条件的民营企业以帮助和支持。

2. 新型政商关系没有完全建立

政府的引导和支持是青岛民营经济发展的根本保障。要注意的是,还有部分部门和工作人员强调权力边界,推诿扯皮,缺少干事创业的热情,借口防止勾肩搭背,对创新型、创业型企业支持不够。部分部门缺乏担当意识,在不完善的追责制度下,部分区(市)基层单位抱着多一事不如少一事的态度,消极应付,效率低下。

权益保护方面。没有充分发挥司法、执法职能作用,尤其是对经济新业态的研究不够,强化刑事、商事保护,依法保护企业家的人身权益和财产权益力度不够,存在对民营企业合理合法诉求办理不力、政策执行不到位、工作进展缓慢的问题。

3. 受多种因素影响,创新性发展有可能成为民营经济发展的最大制约因素

从全球经济看,在当前复杂的世界经济形势下,新技术的突破带来产业转型升级的加快,信息产业迅速发展成为世界经济新增长点,新技术的孕育使主要经济体面临风险与机遇。机遇方面,技术创新和技术外溢在世界范围内的经济体系中产生重大影响,促进经济结构相应发生重大变化。信息技术和其他产业的有机结合,形成了多种新的业态;互联网技术迅速发展,推动互联网金融、物联网、云计算和大数据等一批新兴产业出现,改变了很多传统产业的业态。其他风险方面,大宗商品价格走低可能导致世界经济紧缩,宏观经济政策效应逐步退却增加世界经济不协调,人口结构变化和城市化进程增加了不确定因素。

在全市创新、创业政策推动下,创业活力有效激发,但存续时间在1年及以下的市场主体占比例高,存续时间短。主要原因可归结为创业者普遍存在缺少明确规划、对政策把握不准、对困难准备不足等问题,注销量一直维持较高水平。

4. 与同类城市比较基础差,赶超压力大,主要风险在政策工具的使用上

截至2018年底,青岛市民营企业总量45.9万家,深圳民营企业总量为190.1万家,是青岛市的4.1倍。从主体结构看,青岛市民营企业占民营市场主体的比重为35%,低于杭州17个百分点,低于深圳27个百分点。民营经济增加值5340.67亿元,占全市GDP的44.5%,增加值仅相当于深圳的一半,占比低于杭州16个百分点。实现税收1228.98亿元,占全市税收的51.01%,民营税收仅为深圳的24%、杭州的56%,税收占比分别比深圳、杭州低12个和15个百分点。尤其是金融信贷规模小。截至2018年底,青岛市小微企业贷款余额为3375亿元,深圳小微企业贷款余额为9439亿元,杭州为6288亿元,分别是青岛市的2.8倍和1.86倍。

最大的难点在于营商环境的根本改善。我们组织的问卷调查显示,企业关注度较高的是审批服务便捷度、政府履约诚信度、与政府部

门沟通顺畅度和依法行政等问题,民营经济发展局前期调研中企业家反映较为集中的公平竞争环境(41%)、融资难融资贵(33.4%)、政策落地慢(26.6%)、加大本地企业扶持力度(23.9%)等问题,结论基本一致,需要进一步聚焦,提出有针对性的解决方案。

5. 对外投资风险主要存在于投资的区域结构和行业结构方面

调研中发现,在贸易战背景下,部分商品进出口将持续低迷,港口货源面临大幅缩减,航运企业和机械制造企业亏损、倒闭情况可能增多。从风险点看,青岛市的许多产品的制造业都处在成熟期,有的甚至呈现衰退迹象,比如纺织品和制鞋,劳动力资源已经缺乏明显优势,但从实际运作来看,制造业对外投资比重却相对偏低,因此应逐步扩大制造业的对外直接投资的比重,同时更多地选择以合资、合作的方式对外投资,以期获得资金、技术和管理经验等方面的资源优势。例如,绮丽集团先后在美国、日本等设立海外公司,聘用当地设计销售人员,美国、欧洲、日本三大市场已有终端零售商,从追求出口规模向扩大出口效益转变。不利影响是,由于国内原材料价格,水电等能源价格、物流成本、土地成本以及劳动力成本的上涨促使部分企业将生产线转移至越南、柬埔寨等成本更加低廉的地区,对全市加工贸易进出口产生减量影响。

未来几年,青岛市民营企业的出口市场结构可能有所调整,市场分散化和多元化取得一定进展,但主要依靠美韩日的格局没有根本变化。因此,在空间布局、产业方案、开放战略上巩固青岛市现有的对日韩经贸合作优势,密切注视政治经济走势,继续扩大对外开放,全面提升对日韩经贸合作水平,推进中日韩地方经济合作示范城市建设,巩固和扩大优势市场仍是青岛今后一个时期的正确选择,应是提高青岛经济开放度的重要抓手。

园区转型升级和机制创新对民营经济发展的支撑作用会提高,不设硬性指标更利于发挥作用。近期,青岛市明确了引进深圳企业园区转型升级创新发展的指导方向、发展目标和措施意见,实现经济开发区进位、转型、升级和创新,应重点培育建设具有产业特色的主导产业集聚园区,加快推进新型工业化进程,促进工业产业集约化发展,逐步形成智能家电、汽车及零部件、通用航空、机械装备、新能源新材料、生物医药、信息技术等多领域产业集聚,全面提升经济园区的发展水平。

二、青岛市民营经济发展预测与建议

(一)2020年青岛市民营经济发展预测

当前,青岛市开展了提振信心、提质增量、破解难题、搭建平台"四大攻坚战",开辟了营造"四个环境"、实施"四个行动计划"、配置"五个重点要素"、搭建"五个平台"等 18 个战场,完成 106 项作战任务。提出的发展目标、主要任务和重大举措对过去工作全面梳理总结,问题找得准,对形势判断准确,风险可控。青岛市充分尊重市场主体地位,大力弘扬企业家精神,坚持市场化、法治化,以提振信心为前提,以提质增量为目标,以破解难题为重点,以搭建平台为保障,制定更有针对性更有效的政策,有的放矢地加大扶持力度,全力打造更加公平高效的营商环境,切实推动青岛市民营经济更好更快更大发展,助力青岛加快建设开放、现代、活力、时尚的国际大都市。

从发展趋势看,青岛市民营经济年内会取得突破性进展,在生产总值、税收、就业、投资等方面的占比和贡献度显著提升。预计到 2020 年,全市民营企业总量突破 80 万家,民营经济增加值占比达到 55%,民营经济税收占比达到 56%,民间固定资产投资占比达到 60%,民营经济新增吸纳就业占比达到 80%。

在市场主体方面,支持工业、服务业等符合"四上"标准的企业"小升规","四上"企业总量将达到 10 万家。完成规范化公司改制 1500家,通过股权融资、并购重组、债权、私募股权基金等方式,优化资本结构,提升资本运作能力,新增境内外上市民营企业达到 5 家。

当前矛盾集中在优化外部环境和创新发展方面,受内外多种因素影响,推进的难度较大:民间固定资产投资占比从 52.8% 达到 60% 以上,民营企业总量突破 80 万家,民营经济增加值占比达到 55%,民营经济税收达到 56% 以上还需要做更多的工作;对外投资呈现向双向国际投资合作转变态势,继续保持全国前列水平没有问题,且必须成为青岛民营经济最大亮点和新动力,风险主要存在于投资的区域结构和行业结构,应加强指导予以规避。

(二)对策建议

1. 以营造亲清新型政商环境为重点,优化营商环境

大力营造良好的社会环境、政商环境、市场环境和法治环境等"四个环境",努力在青岛形成尊商、重商、亲商、富商的良好环境,营造全社会重视、尊重、爱护、支持民营企业的氛围,坚持竞争中性原则。不论是之前的混合所有制改革,还是如今全面优化营商环境,政府在抽出调控双手的同时,也要极力消除各种隐性壁垒等非市场化的因素,维护市场主体地位,着力打破各种各样的"卷帘门""玻璃门""旋转门",在市场准入、审批许可、招投标等方面打造公平竞争环境,提供充足市场空间。

2. 聚焦重点,全力完成民营经济攻坚目标

围绕重点打好提振信心、提质增量、破解难题、搭建平台等四大攻坚战和 18 个战场。通过大力营造良好的社会环境、政商环境、市场环

境和法治环境等"四个环境",努力形成全社会重视、尊重、爱护、支持民营企业的氛围。通过实施"十百千万"行动计划、市场主体"升级"行动计划、"内招外拓"行动计划和"企业扎根"行动计划等"四个行动计划",推动做强存量、扩大增量、提升质量、激发变量,努力打造"头狼方阵"、形成"群狼之势"、推动"万马奔腾"。通过用市场化思维"配置五大重点要素",进一步抓"资金"、减"税费"、保"土地"、建"队伍"、落"政策",着力打好破解民营经济发展难题的攻坚战。通过搭建"双湾对接"平台、"创意青岛"平台、"创新创业"平台、"公共服务"平台和"人才成长"平台等"五个平台",进一步完善民营经济发展的服务机制。

3. 搭建沟通交流平台,提升民营企业政策知晓度

完善制度沟通平台。完善推进市级领导联系企业和商会制度,建立常态化的工作格局,做到"无事不扰、有事必到";建立领导干部联系异地青岛商会会长制度;建立民营企业家、商协会会长参加市委、市政府有关经济工作会议等,定期召开行业商协会会长专题会议,宣传政策、听取建议,进一步扩大惠企政策的受众面和知晓度。拓宽信息传递渠道。一是搭建平台,广泛布局信息传递出口,构建信息传递体系,扩大信息覆盖面,缩小信息传递半径,提高民营企业获取信息速率。二是借助公众平台传递政策信息,如微信平台、政府网站等。借助大众渠道开展政策宣传和信息传递。对民营企业发展中遇到的疑难问题"一事一报",并给予"一企一策"帮助。总之,通过以上措施,真正达到企业守法诚信,公职人员热情服务、业务精湛,不断赢得企业的信任,使企业办事感到舒服、满意。

4. 突出"内招外拓"重点,通过争取更大的回旋余地有效化解风险

扩大开放准入领域,有效激发民间投资活力。对市场准入负面清单以外的行业、领域、业务等,各类市场主体皆可依法平等进入,政府不再审批。同时,要优化对准入后市场行为的监管,特别是统筹考虑国家安全、生态环境、群众利益、安全生产等方面的因素,完善综合考核指标体系,建立安全审查监管追责机制,确保市场准入负面清单以外的事项放得开、管得住。支持、鼓励具有一定规模的民营企业进入电力、能源、电信、交通、市政公用等领域,通过参股、控股、资产收购等多种方式参与改制重组,构建共生共荣、互利双赢的企业生态。重点在医疗卫生、教育、养老等重点行业明确民间投资的市场份额、量化指标,明确发展方向、发展目标和工作重点,引导和促进民间投资提质增量、转型升级。

以搞活一座城为契机,在全国乃至全球发展格局中彰显青岛的独特地位,打造"一带一路"新平台。做强海外,光大中国建造品牌,围绕"促进我国产业迈向全球价值链中高端"攻关克难,通过重塑和发展具有国际标准和国际竞争力的传统产业和现代服务业,培育若干世界级

的先进制造业集群。

以民营企业专题招商、精准招商和引强选优为重点,突出招引"四新经济"等行业领军企业和高成长企业,加大跟踪服务,推进更多项目落地,不断提升经济贡献度。创新产业链招商、专业化招商、社会化招商等方式,加大对产业链关键环节企业的引进、培育和支持力度。依托异地商会、域外商会、行业商会、产业链条核心企业,搭建沟通联系平台,建立"双招双引"联络站、服务站,推动"以商招商"。支持民营企业参与国内外企业贸易投资合作,深化双边多边合作,不断增强创新能力和国际竞争力。打造 APEC 中小企业合作交流中心青岛平台,增强青岛市民营企业发展后劲。

5. 突破瓶颈,破解融资难题和创新引领

针对企业融资和债务等当前突出问题,建议积极推进地方金融组织创新发展。发挥好小额贷款公司、融资担保公司和民间资本管理公司等地方金融组织的作用,进一步丰富企业融资渠道。按照规范化、专业化、特色化、品牌化、集团化要求,培育、提升小额贷款公司发展层级。加快调整升级、做大融资担保机构规模,逐步构建适合小微企业融资需求的融资担保体系。推进民间资本管理公司实现区域全覆盖,推进民间融资规范化、阳光化,拓宽民间融资渠道。

建立涉企金融信息共享平台,进一步改善银企信息不对称,提高贷款可得性。整合"金企通"和"融资通"平台,实现常态化银企对接,打造永恒的融资产品服务平台。全面落实极具竞争力的"创投风投十条"政策,助力打造全球创投、风投中心。搭建风投创投机构与高成长民营企业嫁接平台,推动实现资本嫁接和动能转化。加强投资引导支持,争取国家中小企业发展基金子基金落户青岛市,配套设立一定规模的青岛市民营企业平稳发展基金,支持符合经济结构优化升级方向、有发展前景的民营企业。大力支持上市公司通过再融资和并购重组,盘活金融资本,注入优质资产,延伸产业链条。安排扩大青岛市民营经济发展专项资金,为全市民营经济发展提供资金支持和引导保障。

鼓励创新平台建设。一是加大创新平台投入。创新财政资金扶持方式,综合运用地方政府引导基金等市场化方式来配置财政资金,为企业创新提供支撑。二是加强共享资源利用。充分整合现有全市科技创新平台资源,鼓励相同领域企业创新平台有偿共用,创新成果有偿共享,加快提高科技资源集约利用水平。三是搭建融资平台。特别是为中小企业提供上市服务,包括系统理论培训和上市公司打造等,培训一批,扶持上市一批。

6. 聚焦落实学赶深圳,实施"双湾计划"

开展"胶州湾对接深圳湾民营中小企业行动计划",以深圳优质综合性创新平台为依托,搭建两地产业、技术、人才智库和资本资源的交流互通平台。同时,在青岛创建"深圳企业家创业园",推动两地优势产业与创新成果双向对接、优势互补、合作共赢。常态化组织企业、投融资机构、专业服务机构进行互访、互学和对接服务,帮助青岛市民营企业开阔视野,对接利用深圳的资本、技术和智力资源。探索组建双湾企业家沟通联络平台,成立"青深"青年企业家联盟和青年创新创业孵化基地,切实把深圳民营企业的发展理念、转型路径、环境资源等转化为推动青岛市民营经济发展的有效动力。

7. 加快服务体系和智库建设,提供人力智力支持

搭建跨部门的企业政策信息互联网发布平台,打造青岛市民营经济政策宣传解读第一门户。为行业协会、商会会长单位等有条件的民营企业设立金宏网户头,及时发送与企业、经济相关的政策文件。组建政策宣传服务队,依托民营经济大讲堂、企业家示范培训班、企业家沙龙等,定期邀请行业专家、有关部门全面宣讲惠企利民政策。建议由相关专业机构对此进行专题研究,对标国际先进城市,全面提升民营经济发展水平,强化城市国际竞争新优势。有重点地谋划青岛企业"走出去"和海外产业园区建设工作,加强对目标国家和地区政治经济形势、民族宗教矛盾、社会治安状况等信息的收集、评估,强化企业境外贸易和投资安全指导,加强对重点项目的跟踪服务,切实帮助企业解决开展对外投资合作中遇到的困难和问题。探讨与官方智库密切合作,运用基于政府信用和网络信息的大数据分析系统,建立科学且可比较话语体系,提振市场信心和城市影响力。

(作者单位:青岛市社会科学院)

2019～2020年青岛市海洋经济发展形势分析与展望

赵明辉

2019年以来,青岛市深入贯彻习近平总书记海洋强国战略思想和视察山东视察青岛重要讲话、重要指示批示精神,认真落实省委、省政府印发的《山东海洋强省建设行动方案》部署,在推动新旧动能转换"海洋攻势"、国际海洋名城建设上取得新成效,全市海洋经济呈现持续健康发展的良好态势。

一、2019年青岛市海洋经济发展形势分析

(一)青岛海洋经济继续保持快速增长,青岛海洋优势进一步增强

2019年第一季度,全市实现海洋生产总值696.8亿元,同比增长12.7%。其中,海洋第一产业增加值6.2亿元,同比增长2.2%;第二产业增加值360.3亿元,同比增长10.5%;第三产业增加值330.3亿元,同比增长15.4%。海洋生产总值占GDP的21.8%。海洋传统产业总体保持稳步增长,新兴产业发展活跃。滨海旅游业、海洋交通运输业、海洋设备制造业和涉海产品及材料制造业四个支柱产业共实现增加值399.6亿元,同比增长9.5%,占海洋经济的60.9%,拉动海洋经济增长8.9个百分点。海洋新兴产业发展势头良好,全年实现增加值83.3亿元,同比增长14.3%,占海洋经济的12%,拉动海洋经济增长1.7个百分点。2019年上半年,青岛市海洋生产总值1538.8亿元,增长6%。

(二)大项目快速落地,海洋领域招商引资成果突出

大项目是海洋经济高质量发展的"压舱石"。为了构筑海洋经济的核心竞争力,2019年以来,海洋发展领域深入贯彻落实市委"海洋攻势"和"双招双引"攻势,围绕主攻方向发力,大力实施海洋经济专项"双招双引",推动了一大批聚焦海洋重点产业的项目快速落地。截至

2019年8月,全市海洋领域在谈项目22个,新签约项目32个,项目计划总投资额795.7亿元,其中签约1亿元以上项目28个、5亿元以上项目12个、50亿元以上项目3个。签约项目涉及多个领域,包括海洋科技产业园区或孵化器建设、海洋设备制造、海洋生物制品、渔业及水产品加工、航运物流、新能源新材料、涉海服务业等,其中以海洋科技产业园区或孵化器项目、海洋设备制造项目为主,数量达到13个,约占签约项目总数的40%。在谈项目当中,涉及海洋科技产业园区、新能源、海洋设备制造等领域的项目共计13个,约占在谈项目的59%。这些大项目代表了青岛市海洋经济发展的主攻方向,是推动青岛市海洋产业转型跨越的重要依托。

(三)海洋特色产业发展亮点纷呈

海洋渔业生产转型积极推进,现代渔业发展持续升级。青岛市海洋发展局编制了全市养殖水域滩涂规划,优化渔业养殖结构,深入挖掘养殖潜力,提升渔业发展层次。研究制订了《青岛市新渔业发展建设项目实施方案》《青岛市新渔业发展专项资金管理办法》,正在制订《青岛市现代海洋渔业绿色发展攻坚方案》,争取中央渔业油价补贴政策调整专项转移支付项目资金4.12亿元,加快实施智能化深远海养殖、海洋牧场、减船转产等项目建设,支持发展生态良好、效益提升、产业融合、动能转换的新渔业。拓展远洋渔业,发展作业渔船130艘,2019年上半年,全市自捕水产品产量5.4万吨。加大渔业资源养护修复,争取各级财政资金2878万元开展增殖放流,累计放流10亿单位,有效提升了海洋渔业资源养护水平。

海洋设备制造业保持较快增长。近年来,海洋装备制造业异军突起。2018年青岛市海洋设备制造业实现增加值580亿元,同比增长14.4%,对海洋经济的贡献率16.2%。其中,海洋船舶设备及材料制造增长20.6%,海洋交通运输设备制造增长30.4%。2019年青岛市围绕"海洋攻势"的大方向,聚焦海洋装备制造业等蓝色新兴产业,大力发展海洋装备产业,推进海洋工程装备研究院,以及重大研发、实验验证平台建设。建设码头信息管理平台与智慧码头管理运营团队,扩大智慧装备应用,打造智慧青岛港。大力发展涉海装备研发制造、维修、服务等产业,为全市经济发展积蓄蓝色新动能。

青岛海洋生物医药产业发展态势良好。2019年,青岛市海洋生物医药产业继续呈现加速发展的态势,新药研发、招商引资、园区建设加快推进,创新药物、生物制品、仿制药发展成效明显,特别是海洋生物医药具有明显优势,青岛日益成为国家重要的海洋特色生物医药产业基地。2019年第一季度,青岛海洋生物医药产业实现工业产值同比增长

18.6％。重点企业增势强劲。黄海制药、正大制药、易邦生物工业产值均实现15～30％的增长,实现利税均进入全市工业企业利税30强行列。

涉海旅游业蓬勃发展,邮轮经济进一步拓展,启动了青岛新一轮海洋产业攻势。邮轮经济产业链长、经济带动性强,是以邮轮旅游为核心,以运输和旅游为纽带,集船舶制造、交通运输、港口服务、船舶供应、游览观光、餐饮酒店、金融保险、房地产、加工制造等相关产业活动于一体的经济形态。2019年青岛市政府工作报告明确提出:"推动国际邮轮港跨越式发展,深化与邮轮运营商、旅行社合作,快速提升青岛市在全国邮轮经济中的地位和作用。"并出台了《青岛市国际邮轮港综合规划》《青岛市扶持邮轮旅游发展政策实施细则》等具体政策。2019年以来,青岛港把发展邮轮产业作为落实"经略海洋"战略、打好新一轮海洋攻势的重要支点,联手各方推动青岛邮轮旅游。与上年同期相比,2019年青岛邮轮母港无论始发港邮轮还是访问港邮轮航次都增长明显,不仅首次实现邮轮在青常态化运营,而且实现了连续三年母港邮轮吨位品质提升。以"中华泰山号"为例,2019年3月、5月、7月,该邮轮在青岛运营18个艘次。

港口经济发展提速,世界一流的海洋港口建设步伐加快。2019年上半年,青岛港实现货物吞吐量2.52亿吨,比上年同期增长6.3％;实现集装箱吞吐量1030万标准箱,比上年同期增长9.8％。1～9月,青岛港实现货物吞吐量4.29亿吨,比上年同期增长8.1％;实现集装箱吞吐量1569万标准箱,比上年同期增长9.4％。2019年8月6日,随着山东省港口集团有限公司在青岛正式成立,一场历时两年的港口整合走向实质和纵深,全省沿海港口一体化时代终于开启,将进一步发挥港口作为区域经济增长极的引导和带动作用。青岛港充分发挥辐射带动作用,把握好山东港口协同化发展与上合经贸合作示范区的重大机遇,加快建设世界一流的海洋港口。

(四)海洋经济区域特色充分彰显

青岛蓝谷获批海洋示范区。2019年8月,山东省发展改革委、省自然资源厅、省海洋局联合发布《关于印发青岛蓝谷海洋经济发展示范区建设总体方案的通知》,标志着蓝谷建设海洋经济发展示范区的方案获批。《方案》提出,青岛蓝谷将重点在海洋科技源头创新、科技成果转移转化、发展优势特色海洋产业三方面探索新经验、试点新模式,着力构建高端研发机构和人才高度集聚、海洋科技创新成果不断涌现、战略新兴产业蓬勃发展和金融资本等生产要素活跃流动的发展新生态,将青岛蓝谷打造成全国海洋经济高质量发展的典范,为全国海洋经济发展提供借鉴。蓝谷管委会正在依托"国字号"科研平台和高校院所,集中兵力开展海洋领域"双招双引"、培育海洋强势产业,充分发挥高端平台的虹吸效应和资源优势。

青岛西海岸新区打造海洋经济高质量发展引领区。2019年9月5日,作为2019东亚海洋合作平台青岛论坛重要成果之一,总投资373亿元的10个海洋经济重点项目签约仪式在青岛西海岸新区举行。这批项目涵盖现代海洋、高端装备、国际贸易、新一代信息技术、海洋旅游、海洋新能源、海洋金融等领域,是新区发起新旧动能转换"海洋攻势"的重要实践和"双招双引"工作的重大成果,建成后将进一步提升海城共融发展水平,助力西海岸海洋经济高质量发展。具体是:在现代海洋产业项目中,总投资10亿元的中船重工海洋通用装备项目将研发生产通信导航、智慧海洋、轨道交通系统装备,并打造集新产品研发、技术成果转化、成熟产品调试测试生产于一体的产学研综合基地。山东海洋能源开发项目总投资12亿元,围绕液化天然气等清洁能源产业链,布局整合远洋运输、仓储物流、国际贸易一体化运营体系。总投资70亿元的七海集团总部项目将建设国际海工产业设计研发中心、青岛伦敦能源贸易与交易结算(服务)中心、新航运贸易中心,打造豪华邮轮民族品牌。医养健康产业领域的国药蓝色医谷项目总投资100亿元,将围绕医药器材、生物医药、生命健康产业和特色专科医院,打造国药健康科技谷,建设集"医疗健康、特色专科、国际综合医疗、科技研发"于一体的产城融合新城。

(五)海洋科技创新抢占制高点

2019年以来,青岛市发起新旧动能转换、推动高质量发展的海洋攻势,积极构建以企业为主体、市场为导向、"政产学研金服用"深度融合的技术创新体系,抢占海洋科技创新制高点。2019年1~6月,青岛市完成涉海技术交易496项,技术合同成交额6.21亿元,同比上涨61.93%。按海洋科技服务业态分类,海洋技术开发合同成交额25359.9万元,同比增长121.97%,合同成交额居第一位;海洋技术转让合同呈突飞猛进态势,合同成交额2322.74万元,同比增长534.63%,增幅居各类之首。按海洋专业划分,海洋环境技术成交额为21811.18万元,成交额居首位;海洋专业技术服务成交额达16080.7万元,同比增长3948.72%,增幅居首位;海洋生物资源开发技术合同成交额8694.65万元,同比增长1238.21%,增幅居第二位。这是青岛市发起海洋攻势之后在科技成果转化服务体系方面取得的重要成果。

自从国家海洋技术转移中心落户青岛,青岛已成为国家"2+N"技术转移体系内唯一兼具行业特色和区域性优势的技术转移集聚区。截至2019年6月,国家海洋技术转移中心已经孵化出12个专业领域分中心,实现海洋技术合同成交额 13625.11 万元,同比增长 180.56％,占青岛市海洋技术成交额的 21.92％。其中,中国科学院海洋研究所技术合同成交额 4291.73 万元,总量居各分中心首位;山东省海洋生物研究院技术合同成交额 1819 万元,同比增长 8995％,增幅居各分中心第一、总量第二。

青岛作为海洋科技名城,拥有全国最多的海洋相关研究机构和人才储备。截止到 2019 年 9 月底,全市拥有涉海科研机构 26 家,占全国19％;部级以上重点实验室、工程(技术)研究中心 34 家,占全国 33％;涉海“两院”院士约占全国 28％,三项指标均排名全国第一。在诸多海洋科研领域都代表着国家的最高水平。青岛蓝谷,已引进青岛海洋科学与技术试点国家实验室、国家深海基地、国家海洋设备质检中心等“国字号”重大科研平台 22 个和山东大学青岛校区、天津大学青岛海洋工程研究院、四川大学青岛研究院等 22 所全国知名大学建设的校区、研究院或创新园,新签约引进各类科技型企业 40 余家,引进院士及顶尖团队,在蓝谷设立院士工作站或开展科学研究。形成了高端科研平台竞相聚集、创新活力涌动迸发的海洋科研教育高地,一大批海洋领域“国之重器”逐渐形成了核心竞争力。西海岸新区则汇聚中科院青岛科教园、哈尔滨工程大学青岛创新发展基地等涉海高校科研机构,中科院海洋研究所联合中科院其他 12 家研究机构共同筹建的海洋大科学研究中心基本框架已经形成,未来将打造成为辐射全国乃至全球的重大海洋科技创新平台。

(六)海洋经济发展环境进一步优化

2019 年初,全省最大规模的海洋领域投资的产业基金——青岛市海洋新动能产业投资基金正式成立。该基金规模为 44.5 亿元,通过“母—子”基金架构设计放大资本效应,可带动 1000 亿元以上总投资规模,以期构建全国最具影响力的海洋产业资本运营平台,加速海洋产业新旧动能转换,助推青岛打造国际海洋名城。

检验检测产业是海洋产业链中的重要一环,对海洋产业招商引资、集群化发展有着重要意义。2019 年以来,青岛市夯实海洋检测产业基础,发起海洋装备质量、“双招双引”、军民融合发展三大攻势,加快塑造海洋产业高质量发展新优势。一是夯实根基。推进国家海洋设备质量检验中心、海洋水下设备试验与检测技术国家工程实验室、国家海洋设备重大产品研发和试验检测平台三个国家级创新平台验收,组建国家海洋设备检验检测联盟,为海洋装备制造、轨道交通等 12 个重点行业提供计量、标准化、试验检测等技术服务,夯实行业发展基础。二是瞄准高端。开展高端合作,与德国 TUV 莱茵签订国内首个国际检测认证互认合作备忘录,开展轨道交通装备、新能源装备的采信及互认,实现"一张证书、全球通行",支持"中国制造"走出去。推进高端项目,与中国标准化研究院、德国德凯检测等国内外顶尖机构,围绕轨道交通、风电检测、工业控制等项目开展合资建设。招募高端人才,与山东大学合作共建中国海检研究院,打造中国海洋检测人才培养新高地。三是规划建设。编制海上综合试验场技术方案,整合和引进稀缺性、排他性的重资产检验检测资源,构建代表国内最高水平的海洋设备综合试验检测平台。与海军计量中心、海军研究院、中船重工714所等军方及涉军单位就下一步军民融合合作达成意向,与青岛海洋科学与技术国家实验室开展合作交流推动军标民标融合研究,为统筹经济发展和国防建设贡献力量。

二、2020 年青岛海洋经济发展形势展望

2019 年以来青岛市海洋经济保持了持续健康发展的良好态势,但也存在不足和短板。2020 年,青岛市将深入贯彻习近平总书记关于经略海洋的重要指示精神,积极融入"一带一路"国际合作新平台建设,深入实施青岛市新旧动能转换"海洋攻势"作战方案(2019—2022 年),以打好海洋产业、海洋港口、对外开放、海洋科技、海洋生态、海洋文化"六场硬仗"为目标,在巩固提升海洋科研优势的同时,将深度挖掘海洋资源禀赋,加速科研优势向产业优势的转化,着力推动海洋产业由中低端向高端迈进,积极培育海洋优势产业集群,推动全市海洋经济高质量发展。到 2022 年,全市海洋生产总值突破 5000 亿元,占 GDP 比重超过31%,海洋新兴产业占海洋生产总值比重达到 16%。

(一)"海洋攻势"将全面深入实施,海洋经济发展质量将进一步提高

1. 海洋经济新旧动能转换将进一步加快

2020 年,青岛市将以海洋供给侧结构性改革为主线,优化要素供给,统筹产业布局,加快传统产业转型升级,重点推进海洋生物医药和海洋高端装备制造业发展,建设现代化海洋产业体系。将依托海洋科研平台集聚优势,以透明海洋、智慧海洋、海洋新材料等为合作领域,与国内外顶尖机构共同开展具有前瞻性的理论研究与关键技术开发工作,培育海洋产业高质量发展新动能。

2. 海洋战略性新兴产业将加速发展

2020 年,青岛市将着力推动海洋战略性新兴产业发展,重点发展海洋交通运输业、海洋水产品加工业、海洋生物医药业、海洋工程建筑业、海洋设备制造业、涉海产品及材料制造业、涉海建筑与安装业、涉海

批发与零售业、涉海服务业等海洋产业。鼓励发展海洋渔业、海洋船舶业、滨海旅游业、海洋科研教育服务管理业等产业。规范发展海洋化工、海洋农林业、海水利用业。深耕海洋微藻领域,助力海洋健康产业发展,打造海洋生物健康产业新优势。推进智慧海洋产业发展,加快智能海洋牧场、智能船舶、智慧港口、智慧滨海旅游等领域建设,推进传统海洋产业数字化升级,打造国际一流的智慧海洋高端装备产业基地。

3. 海洋产业集聚将进一步做大做强

2020 年,青岛市将海洋经济的发力点对准海洋产业集群,通过优化海洋产业布局,以海洋大项目为载体,以产业链为纽带,打通上下游配套,延伸完善海洋经济产业链,链接产业链内部合作,加快形成海洋产业领域的多方合力,打好产业集成"战役",推进海洋产业集约高效发展。华录山东总部与国家海洋大数据产业基地、智能航运先行示范项目、海洋工程装备科技园、前湾港区自动化码头二期三期工程等重点项目将加快建设发展。实施"蓝色药库"开发计划,建设国内领先的海洋医药科技创新产业集群。积极开发海洋生物应用新产品,培育海洋生物大健康产业生态圈,建设全国海洋生物制品生产基地。

4. 海洋经济区域发展优势将持续增强

产业大项目是海洋产业攻坚战攻势的重要发力点,2020 年,青岛海洋经济大项目的布局将仍然主要集中在青岛的蓝谷、西海岸新区和青岛高新区。2020 年,青岛蓝谷将加快建设发展国家海洋经济发展示范区,争创海洋特色国家级高新区。青岛蓝谷海洋科技创新、成果转化、战略性新兴产业培育能力将大幅提高,海洋科技成果转移转化的体制机制创新将取得显著成效,创新创业环境将明显优化,国际影响力将显著提升,到 2022 年青岛蓝谷将汇聚 100 个海洋科研创新平台,集聚 600 家以上海洋科技型企业。青岛西海岸新区将重点发展海洋设备制造、海洋生物医药、海洋交通运输等产业,争取综合实力和海洋经济发展水平在国家级新区争先进位。青岛高新区将建设海洋生物医药、海洋高端装备、新一代信息技术集聚区,实现海洋高新技术产业新突破。

(二)高标准推进海洋科技创新,创新实力和引领作用将进一步增强

1. 海洋科技创新标准将不断提升

2020 年,青岛市将聚焦世界海洋科技发展前沿和未来产业趋势,打造青岛未来发展竞争新优势。加强与国内外海洋高校和各类研究机构的合作,实现海洋关键领域技术突破,争取在海洋探测、海洋生命、深海资源等优势领域实现重大突破,在海工装备、仪器仪表、海洋生物医药、海洋新材料、海洋新能源等产业核心关键技术突破创新,壮大海洋领域高新技术企业队伍。依托国家海洋设备质量检验中心,组建中国海洋设备质量技术创新联盟。

2. 海洋科技成果转化效率将进一步提高

2020年，青岛市将进一步完善科技成果转移转化激励机制，探索职务科技成果权属改革试点，建立体现知识价值的分配机制；完善科技成果转化服务体系，推动一批重大海洋科技成果工程化、产业化；鼓励区(市)建设区域性海洋技术交易市场，支持高校院所建设专业化海洋技术转移平台。畅通海洋科学、技术、工程、产业、经济的完整链条，打造海洋科教融合、产教融合的先行区和示范区。

3. 海洋创新高端机构集聚优势更加显著

2020年，青岛市将围绕产业需求和科研机构短板，重点引进海洋科研院所，加快中科院青岛科教园、哈尔滨工程大学青岛创新发展基地等项目建设。推进天津大学青岛海洋技术研究院、西北工业大学青岛研究院、国家海洋计量研究中心等高端研发机构建设。强化海洋水下设备试验与检测技术、海洋物探与勘探设备等国家工程实验室和海洋涂料、海藻活性物质等国家重点实验室建设。鼓励科研院所、企业依托现有平台申建国家级、省级科研创新平台。探索建立跨平台信息共享和对接合作机制，加强协同创新和联合招商。

(三)搭建海洋经济发展大平台，助力海洋发展新动能的特色将更加突出

1. 建设顶尖创新平台力度继续加大

2020年，青岛市将把建设顶尖创新平台作为重点，争取青岛海洋科学与技术试点国家实验室入列国家实验室，中科院海洋大科学研究中心"两大国际顶尖海洋科技创新平台"在2020年正式运行。打造海洋新兴产业技术、海洋渔业科技、海洋大数据、国家海洋技术转移中心"四大国家级海洋技术创新及成果转化中心"。加快国家高速列车技术创新中心、国家深海基地等重大科技创新平台建设。依托国家深海基地、综合性可燃冰技术研发基地等打造深远海保障基地。

2. 聚合专业化平台，加快打造青岛海洋发展的靓丽名片

推动海洋生物医药、海水淡化、海洋高端装备制造、海洋渔业等重点行业成立产业联盟，促进海洋创新研发、产业链和市场合作。推进航运信息和交易平台建设，建设青岛国际航运中心现代航运服务信息化支持保障平台，整合各类航运数据信息，开展航运大数据信息服务。积极推进青岛国际海洋产权交易中心建立船舶交易信息平台，试点开展国际范围船舶交易。举办高层次多领域涉海国际性会议、展会，继续办好东亚海洋合作平台青岛论坛、中国国际海洋科技展览会、世界海洋科技大会、中国国际渔业博览会等国际性会议、会展。办好2020年夏季在

青岛西海岸新区举办的 2020 世界海洋城市·青岛论坛的"活力海洋·未来城市"主题论坛,将其打造成青岛海洋活力区国际化形象的新名片。

3."互联网＋渔业"体系建设进一步完善,青岛渔业品牌建设将再上新台阶

2019 年 10 月 15 日,青岛市海洋发展局、深圳市腾讯计算机系统有限公司、青岛市海洋渔业协会三方签署战略合作框架协议,确定打造短视频等新兴媒体平台,助力品牌打造营销全新升级。2020 年,青岛将充分整合三方的优势资源,推进互联网与青岛海洋渔业发展深入融合,发挥腾讯的平台优势、社交属性和连接器作用,全方位推介青岛海洋渔业优势资源,探索形成可复制、可推广的宣传体系,重点建设汇集青岛城市特色、海洋渔业文化、渔业生态养殖、休闲渔业、渔业品牌产品、海洋生物制品等方面的信息平台,探索构建"短视频＋渔业网红"产业生态青岛样板,发展新型营销业态,打造具有较强市场竞争力的青岛渔业品牌,全面提升青岛渔业品牌在全国的知名度和影响力。

(四)积极开展国际海洋合作,海洋国际合作水平将进一步提升

1. 海洋经济发展将高水平融入"一带一路"建设

2020 年,青岛市将继续加强与"一带一路"国家的战略对接,深化海洋领域的多元合作,依托海洋科研平台集聚优势,以透明海洋、智慧海洋、海洋新材料等为合作领域,与国内外顶尖机构共同开展具有前瞻性的理论研究与关键技术开发工作,培育青岛海洋产业高质量发展新动能,打造海洋经济发展示范区。

2. 鼓励涉海高校科研院所、国家实验室、龙头企业等与国外机构加强科研领域合作,共建海洋实验室和海洋研究中心,联合开展重大技术攻关。积极争取国际海洋组织在青岛设立办事处、分支机构等,提高青岛海洋领域国际影响力。搭建国际海洋基因组学联盟,定期召开联盟学术交流会议,共同发起国际合作科研大项目,收集并保存全球海洋生物资源,搭建海洋生物资源库,开展全球海洋生物测序服务。

3. 港口国际中转功能将继续提升,一流口岸环境建设继续发力

2020 年,青岛市将继续推进集装箱中转中心建设,加密"一带一路"沿线港口集装箱直达航线,推进铁矿石分拨中心建设、开展日韩矿石国际中转业务,争取国际船舶登记制度、拓展海运集装箱国际中转集拼业务。推进进出口货物提前申报,公开通关流程和口岸场内作业时限标准;推行口岸收费清单制度,实现收费公示全覆盖。到 2020 年底,集装箱进口环节合规成本将比 2017 年降低一半。推进青岛港智能化升级,打造智慧港口,加快大港区域由传统货物港向旅游港、贸易港转型。

4. 海洋成果国际性交流展示将不断加强

2020 年青岛会展将聚焦海洋科研、蓝色药库、青岛海西湾、深海智能高端装备、海洋生物、海洋渔业、海洋港口等板块,围绕打造世界知名海洋科技硅谷和海洋科教基地、海洋生物制品研发基地和产业集群等,搭建技术展示、产品推介、洽谈合作的国际性交流平台。

(五)海洋经济发展的支撑体系将更加完善

1. 涉海金融服务以需求为导向,助推海洋攻势高质量发展

为进一步拓宽企业融资渠道,推进海洋产业转型跨越,2020 年政府相关部门将加强涉海企业金融需求征集工作,通过企业走访、项目调研、重点项目跟踪、重点企业定向服务等方式深入了解企业需求。同时,青岛市将继续加大对海洋经济的资金支持,鼓励银行金融机构制定差异化的信贷管理政策。优化信贷审批条件。推动涉海企业上市和发行债券融资。加快涉海金融创新,重点发展海洋科技类金融机构、海洋产业基金、海洋装备融资租赁、航运保险等。鼓励金融机构在区内设立海洋经济金融服务事业部、业务部或专营机构,引进航运专业保险机构。

2. 引进培育海洋人才力度将进一步加大

2020 年,青岛市将围绕海工装备、海洋生物医药、海洋新材料等重点领域,实施顶尖人才奖励资助计划、科技创新高层次人才团队引进计划、创新创业领军人才计划、大学生聚青行动计划等,形成合理人才梯队。支持山东大学(青岛)海洋研究院建设,支持山东科技大学、青岛科技大学、青岛农业大学建设高水平海洋学院。支持青岛海洋技师学院创建国家级高技能人才培训基地,推进青岛工程职业学院等新设院校建设。建好青岛国际院士港、院士智谷、国际海洋人才港、中国海洋人才市场(山东)等人才集聚交流平台。落实人才奖补、住房、医疗、子女教育等优惠政策。

(作者单位:青岛市社会科学院)

2019～2020年青岛市地下综合管廊建设分析与预测

刘志亭

　　地下综合管廊即在地下建设一个隧道空间，将水、电、气、热、通信等各类市政管线综合集约化地铺设在同一条隧道内，并实施集中运行管理的大型综合性市政基础设施。随着城市规模不断扩大，公共基础设施承载力不断增加的需求和城市基础设施发展的速度及合理性之间的矛盾日益明显。建设地下综合管廊的思路起源于19世纪的欧洲，并首先在法国得以实现。我国在相关方面的理论和实践还处于起步阶段，在投资规模、建设技术、资金筹措、管理模式等方面与欧洲相比还有很大的差距。

　　近年来，我国逐步加快地下综合管廊的规划和建设进度，2014年国务院办公厅出台建设管理指导意见，开始在全国开展试点工作。2015年7月28日在国务院常务会议上，李克强总理专门部署推进城市地下综合管廊建设，提出了扩大公共产品供给提高新型城镇化质量的要求。指出针对我国长期存在的城市地下基础设施落后的突出问题，要从国情出发，借鉴国际先进经验，在城市建造用于集中敷设电力、通信、广电、给排水、热力、燃气等市政管线的地下综合管廊，作为国家重点支持的民生工程。这是创新城市基础设施建设迈出的重要一步，不仅可以逐步消除"马路拉链""空中蜘蛛网"等现象，用好地下空间资源，提高城市综合承载能力，满足民生之需，而且可以带动有效投资、增加公共产品供给，提升新型城镇化发展质量，形成经济发展新动力。

一、青岛市地下综合管廊建设发展情况分析

　　2008年，青岛市开始以高新区为突破口启动地下综合管廊的规划、建设工作。高新区作为一个经济新区，不但基础设施建设从零起步，可以实现全面科学规划，一张蓝图绘到底；而且能够从体制机制创新开始，为综合管廊的实施创造良好的体制保证。2011年，高新区建

成启用了青岛市第一条地下综合管廊,除需要单独建仓的燃气管网和需要按照重力流设计的排水管网外,市政、电力、通信、上水、中水、供热等6种管线全部纳入综合管廊,形成网状的地下综合管廊深埋绿化带地下,在主次干道上不见井盖,且管线的检修不需开挖道路,仅在管廊中就可完成。同时,为了监控管网的运行,管廊中还安装了排水、通风、照明、通信、安全监测等设施,热力和给水管网则加装了电动执行器,可以通过远程控制设备开关,高新区综合管廊一举成为国内应用示范样板工程。以此为契机,2016年3月在《青岛市地下综合管廊专项规划(2016—2030年)》中提出扩大试点范围,结合老城区改造、新城区开发和重点功能区建设,并选取位于李沧区、高新区、西海岸新区、即墨区以及胶州市等7个区(市)的17个综合管廊建设项目作为试点项目。2016年4月,青岛市通过国家的初审、竞争性评审等各个环节,以综合测评全国第四名的成绩,获批国家地下综合管廊第二批试点城市(共15个),国家每年给予3亿元,连续3年共计9亿元的专项补助资金。

在入选全国地下综合管廊试点城市之后,青岛市通过完善规划、建章立制、开展试点、实施样板工程等系列工作,探索可示范、可借鉴、可推广的建设模式,逐步扩大了全市地下综合管廊的建设范围。截至2019年9月末,全市共建成地下综合管廊约110千米(其中,2016年以后完成投资41亿元,建成管廊长度49千米),在部分新城区初步形成地下综合管廊网络,对城市的集约高效和转型发展起到了推动作用。取得这些成就主要得益于有关部门的勇于创新和大胆开拓的精神。

(一)提升组织保障,完善技术体系

1. 提升组织架构,充实工作团队

2015年底,以青岛市市政工程集团有限公司为班底,成立了青岛市政空间开发集团有限责任公司,作为青岛城市地下综合管廊、停车场及市政工程的建设运营主体,组建了3000多人具有丰富经验的专业队伍。该团队拥有50余千米的电力管廊工程代建和10千米的地下综合管廊工程建设经验,在组织上保障了地下综合管廊建设的快速有效推进。

2. 建立独具特色的技术体系"四部曲"

青岛市结合国家已出台的地下管线建设管理指导意见及地下综合管廊工程技术规范,按照地下管线普查、专项规划编制、技术导则完善、施工工法总结、运行维护安全管理等5个技术层面,形成了一整套完善的技术体系。包括编制地下综合管廊专项规划,涵盖全市10个区(市)、两个功能区,面积达到2000平方千米;完善《地下综合管廊技术导则》,从规划、工艺、附属设施、结构、施工验收及管理维护等多个方面

规范提升,制定低温混凝土浇筑、异形构件制作、预制箱涵安装、管廊渗水处置等 10 余项施工工法;建立地下管线信息管理系统,实现信息化、动态化、可视化管理,为规划建设和运营管理提供技术信息服务;通过全面分析管廊涉及的人、物、环境、管理四方面安全影响因素,维护地下综合管廊运行安全管理体系等。

(二)拓宽融资渠道,创新建设模式

1. 广泛拓宽融资渠道

2016 年开始,青岛市财政投入资金由每年约 3 亿元,增至每年 15 亿元,投入范围从高新区拓展至全市,并要求各区(市)筹措配套建设资金。在此基础上,综合运用专项债、银行政策性贷款、管廊基金、特许经营等融资渠道和手段,广泛吸引社会资本参与投资。通过创新管线占管廊面积比等指标,合理确定建设成本、运营成本的分担比例及股权比例,争取供电、水务、能源、通信等单位参与地下综合管廊的投资、建设、运营和管理,探索"共建共管共享"良性合作模式。青岛市在 2016 年之后建成的 21 个地下综合管廊试点项目中,采用纯政府投资模式项目只有 1 个,采用 PPP 模式项目 11 个,企业自筹项目达到 9 个。

2. 多方位创新建设模式

以创新为引领,探索出"老城区"管廊工程与地下空间资源开发利用相结合,"新园区"管廊工程与土地资源开发相捆绑的建设新模式。老城区引进企业独资建设地下综合体,合并实施地下综合管廊工程,如市北区威海路人防工程项目投资 16 亿元全部由企业独资建设,工程主体为地下 3 层,上两层为平战结合的人防设施,底层为地下停车和交通联络通道,同步建设约 2.5 千米的地下综合管廊工程,电力、通信、热力、给水、再生水等 5 种专业管线一并入廊。新园区在土地出让期间,一并将地下综合管廊建设成本纳入土地出让的前置条件,创造出"限地价、竞配建"、地下综合管廊产权抵押和"管廊基础建设基金"等多种新模式。

(三)合理确定管廊规格,集约利用地下空间

1. 科学划分干、支、缆线管廊等级

按照管廊内的管线承担功能,将综合管廊分为干线、支线和缆线管廊。干线管廊主要位于城市重要道路及规划管网较为集中的区域,起到管线转输、分配和区域间联系作用;支线管廊主要位于干线管廊横向辐射区域,向用户配套供给管线;缆线管廊主要用于老城区域,用于容纳电力电缆和通信线缆。干线管廊断面设计的标准及尺寸较高,为五舱设置,局部路段宽度可达 15 米,高度可达 4 米;支线管廊尺寸结合管

线直径变化相应调减,但设计断面尺寸均满足管线净距及人员通过、检修等使用要求;缆线管廊尺寸较小,采用浅埋沟道方式建设。

2. 集约利用地下空间

通过探索将专业管线全部入廊,或预留发展空间,实现集约化使用土地的目标。如青岛新机场将机场运营所需各类介质管线集约布置在综合管廊内,进行集中管理,实现管线的"立体式布置",替代了传统的"平面错开式布置",管线布置紧凑合理,不但减少了地下管线对道路以下及两侧的占用面积,而且避免了由于敷设和维修地下管线频繁挖掘机场场内道路而对交通和机场运营造成的影响和干扰。经测算,青岛市按照管廊工程敷设地下管线比分散敷设管线,可节约土地资源20%～50%。

(四)加强运维监管,打造智慧管廊系统

1. 创新运维监管模式

基于全市市政空间统一运作管理的思路,创新城市管廊运维监管机制,建立了市级、区(市)级、区域级三级中心、三级管理模式的城市级管廊运维监管模式,实现城市级管廊一体化、集约化、高效化运维管理。在国内第一个建立城市级管廊运行监管平台,不仅实现全市地下综合管廊的统一运营管理,而且通过管廊城市级平台与城市级应急平台的对接,实现与110、120、119等城市级应急联动部门的对接,并逐步实现与各区域监控中心数据对接。

2. 打造智慧管廊系统

高新区智慧综合管廊系统建成于2016年,包括7个子系统:供热管线泄漏监测集成监控系统,供水管线泄漏集成监控系统,综合管廊甲烷泄漏检测集成监控系统,综合管廊视频智能监控系统,供热、供水管线阀门远程关断系统,综合管线监控报警与视频和阀门关断的联动报警系统。通过这一系统,市政管理部门能够全面、实时、准确地掌握管网运行状态,及时获取地下管道泄漏情况、泄漏点位置、泄漏蔓延情况、现场照片、发生泄漏前后的录像、泄漏处理预案等,提高市政管网快速反应和安全防控能力,实现地下综合管沟的安全监控预警与一体化管理应用问题。

2018年8月,西海岸新区地下综合管廊监控中心建成,是集办公、监控、管理于一体的综合性基地,主要负责贡北路管廊系统状态监控、运营、维护,以及董家口片区地下综合管廊的综合运营管理,可实现设备运行信息、环境信息、安全防范信息、视频图像、预警报警信号、巡检信息等内容智能融合,全天候监控综合管廊运行情况。

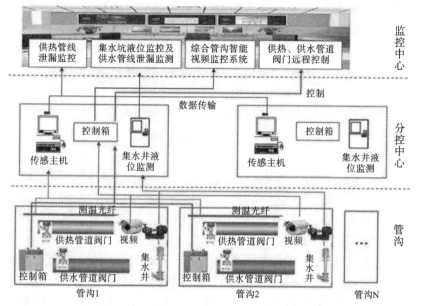

图1　高新区智慧综合管廊监控系统示意图

(五)根据地形地质特点,开展新技术新工艺研究

1. 开展重力流(污水)入廊技术工艺研究

青岛市属丘陵地形,重力流管线入廊具有较好条件,在不增加管廊埋深的情况下可以有效实现污水重力自流排放,有利于集约利用地下空间,为城市地下空间的开发提供便利条件。建设部门从设计技术、运营维护等角度对重力流(污水)管线入廊的先进经验进行总结分析,提出了重力流(污水)管线入廊的技术路径、设计要点、适用范围和注意事项,在全国范围内形成了可复制、可推广的技术经验,为住建部推进污水管线入廊提供了技术依据。

2. 加强防水防腐技术工艺研究

青岛市属沿海地区,地下水位高且存在一定的腐蚀性。建设部门结合实际地质和水利条件,全方位综合分析各试点项目防水工艺做法,总结提出了沿海地区综合管廊的防水设防等级要求和典型的防水设计方案,为青岛市后续管廊项目建设和其他同类型城市提供了可借鉴的"技术模板"。

3. 开发应用预制叠合装配式建筑

为落实国务院《关于大力发展装配式建筑的指导意见》,2018年3月开始在市北区第一条城市地下综合管廊——开平路(周口路—重庆路)地下综合管廊建设中开发应用预制叠合装配式建筑,采用双舱敷设方式,共容纳给水、中水、通信、电力、热力等5种管线。预制叠合装配式建筑具有以下优点：①建造速度快，工期短。②施工过程节能环保。③防水性能好。

二、青岛市地下综合管廊建设发展的制约因素

经过几年的探索发展，青岛市地下综合管廊建设尽管取得了较大的成绩，被国家有关部门认可，但目前看也遇到了发展瓶颈，主要表现在以下方面。

（一）相关法规和标准缺乏顶层设计

从实施层面看，各入廊管线单位普遍缺乏地下空间有偿使用和管线入廊收费的意识，要求他们一下子从无偿使用地下空间到有偿使用管廊转变较难，没有硬性规定更难解管线入廊难、收费难的局面。如青岛市建设部门虽然克服重重困难与相关管线单位签订了入廊协议，但企业积极性仍然不高，即使由财政拨款的排水等公益性基础设施部门，管线入廊的积极性也不是很高；电力等垄断企业以及燃气、热力等市场化程度较高的企业，实施入廊的意愿更弱。

综合管廊作为地下管线的综合体，每一类管线发生故障都会直接或间接影响其他管线的安全，甚至影响综合管廊整体安全。而国家层面缺少针对综合管廊运行维护方面的技术标准和安全标准，造成安全措施不规范、不统一局面，易形成安全隐患。且国家标准缺少管廊工程施工验收方面的内容，只能参照市政工程及地下工程标准进行管廊工程验收，验收程序不规范、不统一，影响管廊建设质量。

（二）主客观因素导致管线入廊难度增大

1. 地方层面协调力较弱

如电力企业属于垂直管理行业，地方协调难度较大，且电力线缆入廊现行标准规范要求与电力专业规范要求存在差异，其经常以无列支渠道、标准不完善为由拒绝入廊。

2. 特殊管线建设成本较高

如天然气管线入廊标准要求天然气管道应在独立舱室内敷设，以不影响其他管线安全，但单独设廊的建设和运营维护成本增加巨大，经测算建设成本为燃气管线直埋成本的 13 倍左右，面对高昂的成本易形成"燃气管线单位不愿入廊、管廊运营单位不愿接受入廊"的尴尬局面。

(三) 地下综合管廊的信息安全存在隐患

住建部、保密局《住房城乡建设工作国家秘密范围的规定》，只对地下管线的保密问题进行了规定，但未对地下综合管廊信息保密问题进行要求。目前的地下综合管廊监管信息平台，多依托互联网、物联网等技术应用，普遍缺乏信息安全与保密意识，从长远来看信息安全与保密问题比较严重。

三、青岛市地下综合管廊的建设预测和发展建议

目前，青岛市中心城区、崂山区、城阳区、西海岸新区、即墨区、胶州市、平度市及莱西市等城区的建设都已比较完善，不宜大规模规划建设地下综合管廊系统，只有结合旧区更新、老工业区及城中村改造、地下空间开发等，因地制宜、统筹安排全市综合管廊建设。而红岛经济区、蓝谷、上合组织示范区、临空经济区、自贸区、董家口港城等新区正处于开发建设初期，市政基础设施正在逐步推进建设，建设地下综合管廊条件相对成熟，可优先规划建设地下综合管廊。

(一) 青岛市地下综合管廊的建设预测

根据《青岛地下综合管廊专项规划(2016—2030年)》，"十三五"期间全市将新建地下综合管廊94千米，至2030年将新建196千米。其中，市内六区建设120千米，即墨区建设21.7千米，胶州市建设36.9千米，平度市建设9.4千米。争取到2030年，在规划区域内将供水、雨水、污水、中水、燃气、热力(制冷)、电力、通信等各类管线全部纳入地下综合管廊，使反复开挖地面的"马路拉链"问题明显改善，逐步消除主要街道的蜘蛛网式架空线现象。

1. 高新区地下综合管廊的建设预测

高新区规划建设地下综合管廊75千米，可覆盖全部交通主次道路的一半左右，目前已经投入使用55千米，管廊的系统网状布局大体完成，东部及中部区域管廊隧道工程基本完工。正在建设中的综合管廊主要分布于高新区西部区域，长度约为20千米。目前，西一号线地下综合管廊试点正在收尾阶段，监控中心主体已建成，到2019年底将完成综合管廊工程1.12千米的任务，并同时完成桥架安装、智能化平台等建设工作。待地铁8号线、青连铁路红岛站等一系列交通路网建成后，高新区西部综合管廊也将完成20千米。届时，一个由点、线、网辐射整个高新区的地下管廊将全部成形。

2. 西海岸新区地下综合管廊的建设预测

2016 年 10 月,西海岸新区管委印发了《关于加快推进城市地下综合管廊建设的实施意见》,同时编制了新区地下综合管廊专项规划。根据新区城市布局实际,规划干、支线管廊 150.2 千米,缆线管廊 26.35 千米,共计 176.55 千米,形成"一主三副"的空间布局。其中,一主为辛安、灵山湾、高铁商务区、海洋高新区连成一片,形成统一系统;三副为古镇口军民融合示范区、董家口经济区、中德生态园自成独立系统。预计到 2019 年底,西海岸将建成综合管廊 20.27 千米,监控中心投入使用;到 2020 年底,在有条件的区域扩大地下综合管廊建设,将建成并投入运营长度 35 千米。

3. 李沧区地下综合管廊的建设预测

2019 年底,李沧区安顺路地下综合管廊工程将投入使用,综合管廊南起汾阳路、北至衡阳路,建设长度 0.8 千米。同时投入使用的还有监控中心及智能化监控平台。

4. 蓝谷地下综合管廊的建设预测

蓝谷综合管廊项目主要包括山大南路、山大东路、硅谷大道和滨海公路 4 个路段的综合管廊项目。至 2019 年底,按计划建设的综合管廊工程共 8.46 千米将全部完工。

5. 新机场地下综合管廊的建设预测

2019 年底,新机场综合管廊项目将建成廊体 18.93 千米,各类管线入廊合计将达到 198.6 千米。2020 年,新机场监控中心与智能化平台也将投入使用。

从全市来看,"十三五"期间各区(市)地下综合管廊民间每年建设长度将超过 2 千米,青岛高新区、蓝色硅谷核心区每年建设长度不少于 3 千米;整个"十三五"期间,全市将完成超过 120 千米的地下综合管廊工程。

(二)推进青岛市地下综合管廊发展的建议

1. 加强地下综合管廊的顶层设计

一是由国家层面出台地下空间使用管理办法。综合管廊产权登记是保障投资主体权益和管线运营收费的根本,但由于缺乏国家法规依据,地方在推进地下综合管廊产权登记、产权抵押等工作上受到制约。建议国家出台地下空间使用管理办法,确立综合管廊等地下构筑物确权依据,明晰管廊投资形成有效资产的路径,增强社会资本进入管廊建设运营领域的信心,同时确立使用管廊周边地下空间的收费原则。

二是完善缆线管廊技术标准,在地下管廊系统布局、断面选型等方面规范干、支、缆线不同类型综合管廊的规划技术要点,形成干、支、缆线管廊多级网络衔接的管廊体系。

三是出台全国统一的管廊施工验收标准,规范土石方及地基基础、主体钢筋混凝土结构、模板、防水、附属构筑物、电气、照明、火灾自动报警系统、通风系统以及各类专业管线等工程施工验收工作。

四是尽快出台综合管廊运行维护技术标准和安全标准,指导地方运行维护管理工作,提升管廊的整体安全性。

2. 强化总体协调和制度安排

一是消除电力线缆入廊标准规与电力专业规范要求的差异,允许将电力管线入廊费和日常维护费纳入日常建设预算和成本,自上而下地协调电力管线入廊问题。

二是从经济、技术等多层面研究降低燃气入廊的标准和成本问题,规范确定燃气管线如何入廊。

三是修订完善《住房城乡建设工作国家秘密范围的规定》,明确地下综合管廊信息保密要求,规范监管平台开发、应用和日常运营管理的信息安全管理工作。

3. 进一步完善地方法规

加快制定相关的地方法规,并加强落实。严格执行新建、改建、扩建的道路交付后 5 年内,大修的道路竣工后 3 年内,不得开挖敷设管线。城市新区、各类园区、成片开发区域应当同步规划建设综合管廊;新建、改建、扩建城市道路和新区建设,按照综合管廊专项规划应当建设综合管廊的,要同步配套建设综合管廊。老城区在地铁建设、大型河道治理、旧城成片改造时,应当推行综合管廊建设。不具备管廊建设条件的,应当为综合管廊预留规划通道。

(作者单位:青岛市社会科学院)

2019～2020年青岛市创新驱动发展形势分析与预测

吴　净

创新是引领城市跨越发展的关键。当下，新一轮科技革命和产业变革加速推进，正在改变着地区和城市力量对比。青岛市依托创新驱动这个提升城市核心竞争力的重要引擎，借力科技引领城建设、"高端制造业＋人工智能"、"双招双引"等攻势，加快推动全市资源向高科技、新经济领域流动，创新引领发展态势良好，经济发展质量进一步提升，为开放、现代、活力、时尚的国际大都市建设提供了重要支撑。

一、2019年青岛市创新驱动发展形势分析

2019年，青岛市紧抓"市场化""科技创新"不放松，努力发挥市场对技术研发方向、路线选择、要素价格和各类创新要素配置的导向作用，不断激发全社会创新活力和创造潜能，营造良好市场化、法治化创新创业环境，为打造新技术、新产业重要策源地，以及长江以北地区创新创业高地积极打造"青岛样本"。

(一)产业创新不断发力，现代产业体系建设取得新成效

2019年，青岛市坚持以科技创新引领现代化产业体系建设，通过新技术、新业态、新模式，带动资源、要素、技术、市场需求的整合集成和优化重组，注重产业链延伸、产业范围拓展和产业功能转型，产业发展质量、效率、动力加快变革。

农村三次产业融合不断加速，农业作业效率、价值及产业链的协调性得到提升。工业在转型中持续发展，创新元素不断强化。截至6月底，全市高技术制造业增加值增长8.3%，战略性新兴工业增加值增长10.8%，装备制造业增加值增长5.9%。全市锂离子电池生产增长12.5倍，化学纤维增长2.2倍，工业机器人增长41.2%，环境监测专用仪器仪表增长38.9%，城市轨道车辆增长35%。服务业高质量发展进一步

突显。截至6月底,全市战略性新兴服务业增加值增长9.5%,高技术服务业增加值增长25.3%,均高于服务业增加值增速。网络经济、平台经济、共享经济等新业态发展迅速,互联网和相关服务业营业收入增长84.8%,电商平台交易额增长5.9%,软件和信息技术服务业增长21.6%。

(二)企业技术创新加快推进,创新创业活力不断勃发

2019年,青岛市积极实施企业技术创新工程,推进新产品新技术开发应用。截至6月底,全市立项实施企业技术创新重点项目853项,创新转型项目补贴比例由12%提高到20%,补贴上限从60万元提高至100万元。高端智能家电、海洋药物等2家山东省制造业创新中心通过验收认定,总数达到4家,占全省的50%。试点培育家电、橡胶、智能工程机械等3家市级工业设计研究院。实施新一轮"青岛金花"培育行动,首批27家品牌企业在央视集中亮相,63家品牌企业在各大主流媒体宣传推介。

2019年,青岛市实施大众创业提升行动,四级创业孵化体系不断完善。截至6月底,全市已建成2家国家级、12家省级创业孵化基地,孵化创业实体3700余家,带动就业近3万人。全市政策性扶持创业1.9万人,同比增长39.7%;发放创业类资金9412.5万元,同比增长36%。

(三)创新平台建设加快步伐,创新生态体系进一步完善

2019年,青岛市运用"平台思维",围绕全市产业发展需求,积极推进各类科技创新平台建设,各领域技术、信息、人才、资金、孵化、产业园区等资源优势进一步整合,涵盖科学研究、技术开发、产业化应用和创新服务的全链条创新平台体系不断完善,创新服务市场化、专业化水平不断提升,创新环境不断优化,良好的创新创业服务大生态逐步建立。

上半年,青岛市积极引入启迪控股、华夏基石、春光里、黑马等一批国内知名的咨询机构、孵化器和创新创业平台,为全市创新创业服务注入新活力。国家深海基地、海洋科学与技术试点国家实验室、国家高速列车技术创新中心、中科院青岛科技创新基地等国家级创新平台建设不断推进。围绕产业和行业发展需求,一批面向产业升级的技术创新平台和创新服务平台不断完善,在应用基础研究和产业共性关键技术研究方面不断取得突破。

(四)金融与科技不断融合,创新资源与资本实现高效对接

债权融资方面,通过担保、保险等手段,截至6月底,全市共为93

家次科技企业提供 3.05 亿元信贷支持。全省首家科技小贷——高创科技小额贷款公司发放贷款 15 笔,共计 1.02 亿元。股权融资方面,31只基金总规模达 25.3 亿元,形成了覆盖企业不同成长阶段的全链条股权投资体系,截至 6 月底,为 22 个项目共计投资 5600 万元。推动参股中国电信 5G 基金并设立北方基金,实现以资招商,服务高新技术产业发展。发布实施了"青岛创投风投十条",并出台具体实施细则,推动创投风投政策落地实施。设立 500 亿元规模科创母基金,首期 120 亿元,重点支持原始创新、成果转化及高端科技产业化项目培育。截至 7 月底,共有 97 家创投风投机构在青岛市完成工商注册,总规模达到 98.9亿元,分布在莱西、胶州、市南、即墨、崂山等区(市),初步形成创投风投机构快速聚集态势,科创母基金洽谈合作项目达到 80 余家,撬动作用初步显现。

(五)人才引进培养进一步强化,人才活力潜能不断释放

2019 年,青岛市坚持存量挖潜与增量提升并重,进一步健全以产业需求为导向的多层次创新人才体系。实施青年人才"留青行动",首次将住房补贴扩大至本科毕业生、"先落户后就业"扩大到专科毕业生。出台高层次技能领军人才引进培养奖励政策,在青岛港等试点开展企业技能人才自主评价。发布新旧动能转换技能人才紧缺急需 50 个专业目录和 100 个职业(工种)目录。首次搭建港澳境外引才引智平台,打造青岛在港澳引才引智新品牌。在中国人民大学等高校机构设立 4家国内引才工作站,靶向引进紧缺急需人才。举办"第三届海外院士青岛行暨青岛国际院士论坛"等活动,延揽海内外高层次人才。

截至 6 月底,全市引进聚集各类人才 11.5 万人,完成全年目标的52.3%。集聚各类知名人力资源机构企业 60 余家,上半年实现营业收入 12 亿元。市级创业创新领军人才增加 47 人,总数达 256 人。创建2 家世界技能大赛中国集训基地,举办青岛市第 15 届职业技能大赛,带动 8 万人参与岗位练兵和技能比武。

(六)国际科技合作实现新突破,开放创新格局不断拓展

2019 年,青岛市全面落实"一带一路"倡议,致力于将"一带一路"建成创新之路,以打造"一带一路"国际科技合作新平台为重要抓手,通过政府间科技合作项目、中外联合技术研发等方式,加强国际科技创新合作,在深度参与全球创新治理等方面做出积极探索和试验。截至 6月底,全市共拥有国家级国际科技合作基地 19 家,居计划单列市之首。已设立重点企业海外研发中心 48 家,海外联合实验室 5 家。拥有市级国际科技合作基地 94 家,山东省首批品牌国际科技合作基地 3 家。上

合国际创业孵化基地正式启用,清华紫光磁流变项目、十二导联智能心电检测仪等创业项目已进驻并进行研发中试。上合科技交流中心(西安交大青岛研究院)、国际人才公寓年内均将具备启用条件。上合特色创业园有序推进,璐璐农业装备等8家企业已明确进驻发展的意向。

(七)科技领域"放管服"不断深化,创新环境进一步改善

2019年,青岛市对标深圳,压缩办理时限,对办理免税的技术开发和转让合同实行当天办结,对其他技术开发、转让、咨询及服务合同由30个工作日缩短至7个。外国人工作许可办理由25个工作日缩短为10个。截至6月底,共办理外国人工作许可3378人,其中高端(A类)外籍人才641人,占全省的78%。积极为事业单位招聘引才"松绑",在文化、旅游、体育等领域创新实施主管单位自主招聘。深化功能区管理改革试点,积极探索经济开发区(功能园区)"管委＋公司"管理模式,激发事业单位干事创业活力。开展公立医院薪酬制度改革试点,建立以知识价值为导向的薪酬分配制度。在全省率先推出就业创业政策"一本通",实施新旧动能转换重大工程对接、重点建设项目就业联动、援企稳岗三项专项行动。

二、2020年青岛市创新驱动发展预测

从世界范围来看,力求在新一轮科技革命和产业变革中争得先机已成为全球共识。各国纷纷加大研发投入力度,在基因编辑、量子、人工智能等颠覆性技术领域和信息、能源、先进制造等基础性科技领域加强战略性和针对性布局,科技创新空前活跃,科技竞争态势日趋激烈。例如,美国在量子、人工智能、太空安全、进攻性网络安全和生物安全等领域加强战略布局,对军用量子技术和量子计算机研发尤为关注,力求在重点领域保持和扩大领先优势。英国发布《数字宪章》,推动数字经济领域的技术创新。德国发布《高科技战略2025》,提出2025年前研发投入将占GDP的3.5%。日本强化对前沿科技的基础研究,提出要积极发展空间科学与探索技术;加快推进大学改革,加强对人工智能、能源环境等领域的科学研究和人才培养。俄罗斯提出2024年前要确保科研投入增幅超过国内GDP增长,吸引更多国内外科学家留俄工作,并在重点科学领域跻身世界前五强。

从国内来看,党的十八大以来我国瞄准建设世界科技强国的奋斗目标,坚持走中国特色自主创新道路,积极融入全球科技创新网络,科技创新对经济社会发展的支撑和引领作用日益增强。重大创新成果竞相涌现,实现了历史性、整体性、格局性重大变化,科技实力正处于从量

的积累向质的飞跃、点的突破向系统能力提升的重要时期。习近平总书记强调,要尊重科技创新的区域集聚规律,加快打造具有全球影响力的科技创新中心,建设若干具有强大带动力的创新型城市和区域创新中心。这为国内城市实施创新驱动战略提供了难得机遇。

2020年,青岛市将继续顺应世界科技革命和产业变革发展大势,紧抓国内科技创新大有可为的历史机遇期,坚持创新是引领发展的第一动力,进一步解放思想、更新观念,超前谋划、合理布局、有序推进,深度激活各类创新资源,拓展转型发展新路径,塑造更多依靠创新驱动、更多发挥先发优势的引领型发展,不断增强经济创新力和竞争力。

(一)新产业新业态新模式将会不断涌现

1. 以数字经济为核心的新经济加速发展

2020年,青岛市将继续深入实施国家大数据战略,推动大数据、物联网、互联网、人工智能与实体经济深度融合,深化新兴产业精准招商,着力引进智能制造装备、大规模集成电路、航空航天装备、机器人和人工智能、工业大数据与云计算等产业龙头与关键配套项目,补齐高技术制造和新兴产业发展短板,打造一批有竞争力的特色产业集群。继续实施数字技术融合创新专项,在数字政务、数字化制造、数字贸易、数字金融、数字农业、数字社会治理等领域进行重大战略产品开发,构建具有青岛市特色的数字化技术和标准体系。

2. 传统产业提质增效加快推进

针对传统产业依然是青岛市制造业主力军这个基础和优势,2020年,青岛市将持续加速工业化与信息化深度融合,挖掘潜力,推进传统产业制造模式智能化转型,切实做好传统产业脱胎换骨提质增效这篇文章。围绕食品饮料、橡胶化工、纺织服装、现代农业等传统支柱产业,选择若干产业集聚度高、转型思路清晰、保障措施有力的区(市),打造重点传统产业改造提升领先样本,为全市乃至全省传统产业提质增效提供经验、树立标杆。

3. 新兴商业业态与模式加快培育壮大

2020年,青岛市将进一步挖掘集成应用创新和商业模式创新优势,加快发展平台经济、共享经济、分享经济、网络经济,积极培育众创众包众筹等新兴模式。积极推动传统电商向跨境电商、自营电商、社交电商等新兴业态与模式升级,打造具有国际国内影响力的电子商务产业中心。有序推动交通出行、物流快递、教育医疗、房屋租赁等生活服务和社会服务资源共享,促进供需高效对接。深入实施包容审慎监管制度,适当放宽互联网领域准入条件和企业设立门槛,着力消除新兴商业业态与模式发展壁垒。

（二）企业技术创新主体地位与主力作用将进一步凸显

1.科技型企业群体将进一步壮大

2020年，青岛市将继续优先布局建设企业重点实验室、技术创新中心等创新平台，支持科技型企业承担各类科技计划项目，鼓励科技型企业参与重大工程建设、重大产业技术研发行业共性技术攻关。进一步完善高新技术企业"入库一批、服务一批、认定一批"培育机制，以及建立和完善高新技术企业上市培育库，对入库企业实施跟踪服务和优先支持。全面落实企业所得税、城镇土地使用税、研发费用加计扣除等税收优惠政策。完善企业承担国家、省科技项目配套补贴政策，推动企业牵头开展科技创新。

2.新一轮企业技术改造提升行动将深入实施

2020年，青岛市将继续以装备升级、创新设计、智能制造、绿色制造为主攻方向，分行业选树推广一批示范企业、平台和重点项目，构建创新、品牌、质量和"工匠精神"协同发力制度体系，推进包括企业装备产品智能化、工业设计信息化、生产过程自动化、营销模式网络化、全面管理信息化等内容的全方位质量升级行动，支持企业加快高质量发展。通过创新创业大赛、创新挑战赛等方式，进一步完善企业技术需求平台建设，激发企业释放技术需求。鼓励行业龙头企业联合上下游企业和高校院所"抱团作战"，探索企业协同创新机制。

3."瞪羚"企业和"独角兽"企业将加快培育

2020年，青岛市将继续围绕数字经济、新能源汽车等领域，在众多高成长性企业中分类遴选一批种子企业，根据"创业—瞪羚—独角兽"等企业不同发展阶段所面临的实际困难和需求，搞好跟踪服务和深入挖掘，使其尽快成长壮大。扶持"两高四新"（高科技、高成长、新技术、新产业、新业态、新模式）型企业向"专精特新"方向发展，形成一批行业细分领域的国际及国内"单打冠军"。深化与 BAT 等互联网平台的战略合作，努力打造本土更多的工业互联网平台。

（三）科技金融深度融合将进一步加速

1.金融科技引领发展能力将进一步提升

2020年，青岛市将围绕数据、交易、支付等关键环节，加快支持数据存储、资产交易、预警监控等金融科技领域重大基础设施建设。围绕生活服务、城市治理、金融服务、安全监管等领域积极开展金融科技应用场景示范。将大力吸引从事金融科技底层技术创新和应用的企业在青岛市聚集，支持金融科技企业联合金融机构开展人工智能、大数据、互联技术、分布式技术、安全技术等底层关键技术创新。鼓励开展科技保险业务的保险公司在青岛市设立科技保险服务试点，鼓励保险机构发展专利保险等科技创新险种，提高科技保险产品创新能力。联合金融机构、企业、高校和科研机构，进一步推动科技金融联盟建设，引导社会资源不断涌入创新领域。

2. 科技信贷创新持续深化

2020年，青岛市将继续加大科技信贷支持力度，支持银行设立科技支行或科技金融事业部，开发"科技贷""人才贷""园区贷"等科技金融产品。按照差异化原则，加快建立完善与科技型中小企业特点相适应的贷款评审、风险定价、激励和奖惩制度，打造满足科技型中小企业需求的科技信贷专营机构。支持符合条件的企业通过信用贷款、知识产权质押贷款、股权质押贷款、应收账款质押贷款、担保贷款、并购贷款等科技信贷产品进行融资。支持企业通过融资租赁方式取得为科技研发和创新创业服务的设备、器材等。进一步完善科技信贷风险补偿资金池运作机制和信贷风险补偿机制。

3. 科技企业投资体系将进一步完善

2020年，青岛市将继续按照市场化原则引导政府创业投资引导基金向战略性新兴产业倾斜，定期对引导基金政策目标、政策效果及其资产情况进行评估，完善和提升引导基金运作方式和水平。加强培育和引进私募股权投资、天使投资、科技风险投资等科技型投资机构创新发展。深入推进科技企业上市培育专项行动，对后备上市科技企业给予优先支持并加强培育和辅导。鼓励科技型中小企业通过发行集合票据、私募债、项目收益债等产品进行融资。探索建立财政科技经费与创业投资协同支持科技型中小企业的机制，对创投机构和天使投资人向种子期、初创期科技型中小企业的投资给予一定风险补偿。

(四)创新创业生态系统将进一步完善

1. 政府服务能力加快提升

2020年，青岛市将持续深化"放管服"改革，规范"权力清单"的适用领域，加强政府战略规划、政策制定、监督评价、综合平衡等职能，最大限度地降低行政审批中的运行成本和社会成本，充分发挥市场在资源配置中的决定性作用。适应物质、技术和人文环境的变化，着眼于创新创业基础环境优化，加强制度规范和约束，为创新创业打造阳光空间。运用数字与网络技术手段加强政务公开与信息共享，推进审查事项、办事流程、数据交换等标准化建设，完善政府网络服务平台建设，提高政务运行效率。加强法治政府建设，提高执法、监督、信息透明等方面的治理水平。

2. 优秀企业家精神进一步弘扬

2020年,青岛市将继续优化对企业家的优质高效务实服务,加强对优秀企业家的社会荣誉激励,健全企业家容错帮扶机制。持续深度挖掘优秀企业家精神特质和典型案例,重点激发"创二代"和新生代创业者企业家精神,促进企业转型升级。营造公平发展环境,给予企业家充分的社会尊重,完善支持企业家专心创新创业政策体系,调动企业家的创造性、积极性和主动性,激励企业家持续创新、转型发展。加快在全社会倡导和培育"车库"文化、创客文化等创新文化价值,营造大众创业、万众创新的社会文化氛围,为草根创业者成长壮大创造良好"生境",全面激发全社会的创新活力。

3. 公共服务不断加强

2020年,青岛市将继续加快在科技领域投融资、技术标准、对外贸易、政府采购、财政资助、税收优惠等方面形成统一的创新激励制度,推动产学研互动合作。加快建立符合青岛市情的创新驱动发展战略决策专家咨询体系,广泛吸收科技共同体、产业人士的意见,实现从内部决策、精英决策向开放决策、大众决策的演进。支持中介服务组织繁荣发展,满足创新创业主体的融资、租赁、研发实验等多样化需求。继续加强知识和品牌的产权保护,完善创新创业维权处理机制。加强公共信息共享和服务平台集成建设,推动公共事务处理规范化、标准化和制度化建设。

(五)人才集聚效应将进一步显现

1. 人才结构将进一步优化

2020年,青岛市将继续深入实施高端人才团队引进办法,完善"领军人才＋创新团队"人才引进模式,吸引科技领军人才带团队来青创新创业。围绕全市科研实力、产业基础领先的海洋科技、石墨烯、高速列车、信息技术等领域,加快选好用好科研领军人物、顶尖人才等"关键少数",引领带动相关领域产业快速提升原始创新能力、抢占产业制高点。围绕"青岛制造2025"战略,加快培养引进以卓越工程师、"金蓝领"为代表的急需紧缺高技能人才。围绕驻青高校开展世界一流大学和一流学科建设,加速集聚世界范围内的"大师级"人物。以留学回国人员、高端外国专家为重点,加快引进培育一批掌握国际先进知识、技术和管理经验的海外人才。

2. 人才发展体制机制改革将进一步深化

2020年,青岛市将在人才公寓、孩子入学、医疗保障、创业融资、科研配套、团队支持等方面形成更加完备周全的服务体系,吸引更多人才扎根青岛、发展青岛。继续加快推进人才管理、培养、评价、激励、流动、引进和投入保障等机制改革,充分激发各类人才的创新创造创业活力。进一步改革完善职称评审方式,突出业绩贡献和自主创新能力,建立社会和业内认可的职称评审机制。加快下放职称评审管理权限,推动高等学校、科研院所和国有企业自主评聘,强化评聘事中事后监管。重视运用互联网、大数据、云计算等现代技术手段,推动高端人才社会化服务产品和形式转型升级。

3. 人才成长环境将进一步优化

2020年,青岛市将持续更新识才用人观念,在全社会形成鼓励创新、宽容失败、包容个性、尊重人才、尊重知识、尊重创新、尊重创造的良好氛围。进一步健全完善专业技术人员继续教育制度,全面推进高级研修、急需紧缺人才培养培训、专业技术人员继续教育基地建设,加快培养高层次、急需紧缺和骨干专业技术人员。充分利用高等院校、科研院所、重点实验室等师资力量和科研资源,分行业开展高层次专业技术继续教育。进一步完善产教融合、校企合作的技术技能人才培养模式。

(六)国际创新合作将进一步强化

1. 创新开放合作意识将更加强烈

2020年,青岛市将进一步强化全市在新时代国家开放战略中的责任担当意识,继续坚持以全球视野谋划和推动科技创新,积极主动融入全球科技创新网络,将国家战略落到实处、执行到位,努力打造"一带一路"国际科技合作新平台,进一步促进国际科技创新资源互补共享,更好地整合优化全球科技资源和要素,提升创新效率和水平,为深度参与全球创新治理及"一带一路"创新之路建设做出积极探索和试验。

2. 与"一带一路"沿线国家科技创新交流合作内容将会更加丰富

伴随信息化、网络化深入发展,科学技术加速在全球普及与扩散,科技创新合作的巨大潜力正在进一步显现。"一带一路"沿线国家普遍对科技创新合作持积极态度,将其视为谋求经济增长新动力、实现跨越式发展的重要推动力量。2020年,青岛市将继续发挥与"一带一路"沿线国家科技创新合作的基础优势,以"政府引导、市场运作,优势互补、互利共赢,突出主体、多方参与"为原则,加大政策支持力度和体制机制创新,在创新合作平台建设、创新合作项目合作、海内外人才资源交流、技术信息共享设施搭建、创新合作公共服务及专业服务体系完善等多方面做出积极探索。

(作者单位:青岛市社会科学院)

2019～2020年青岛市国际航运中心建设形势分析与展望

李勇军

2019年以来,全球贸易投资保护主义、单边主义抬头,中美贸易摩擦不断升级,世界贸易受到了严重影响。随着全球经贸发展不确定性增加,下行风险加大,我国经济增长放缓。在这样的国内外大环境下,青岛市发起了15个攻势,"国际航运贸易金融创新中心建设攻势"就是其中之一。随着山东自贸试验区获批、上合地方经贸合作示范区落户青岛,青岛建设国际航运中心迎来了历史性机遇。

一、2019年前三季度港口运行情况分析

(一)全国港口生产情况

虽然受到世界经济增长放缓、中美贸易摩擦升级、国内需求不足等影响,2019年前三季度,我国港口生产形势总体平稳,全国港口共完成货物吞吐量1030106万吨,较上年同期增长8.1％,按可比口径计算,全国港口货物吞吐量累计较上年同期增长5.2％。其中,沿海港口共完成货物吞吐量684297万吨,同比增速为3.6％。全国外贸货物吞吐量完成323118万吨,较上年同期增长4.1％,按可比口径计算较上年同期增长4.0％。沿海港口集装箱吞吐量完成19518万标准箱,同比增速为4.3％。

(二)我国大陆沿海港口完成货物吞吐量情况

从港口来看,2019年前三季度我国大陆沿海港口中货物吞吐量排名前十的港口,基本延续了2018年的顺序。宁波-舟山继续占据首位,其吞吐量为84560万吨,与上年同期相比增长了6.7％;其次是上海、唐山,其吞吐量分别为50037万吨、47878万吨,同比增速为－1.7％、3.8％。从排名前十的港口来看,广州港、烟台港高速增长;青岛港、宁

波-舟山港、天津港实现快速增长;唐山港、大连港实现小幅增长。上海港延续着上年的负增长。

表1　2019年前三季度我国部分港口货物吞吐量　　　　单位:万吨

排名	港口名称	2019年1~9月	增长(%)
1	宁波-舟山港	84560	6.7
2	上海	50037	-1.7
3	唐山	47878	3.8
4	广州	45587	11.8
5	青岛	42923	8.1
6	天津	37192	6.5
7	日照	34707	5.1
8	烟台	29079	11.3
9	大连	26986	2.2
10	黄骅	21530	1.2

数据来源:中华人民共和国交通运输部。

(三)我国大陆沿海港口完成集装箱吞吐量情况

自中美贸易摩擦以来,又经历了季节性因素和应对美国加征关税的"抢出口",我国外贸进出口下滑态势较为明显。凭借煤炭和矿石的"散改集"和海铁联运、铁水联运的快速发展,青岛港、天津港实现快速增长;上海港、宁波-舟山港、广州港实现较快增长;深圳港和连云港实现小幅增长;大连港和营口港大幅下滑。

表2　2019年前三季度我国部分港口集装箱吞吐量

单位:万标准箱

排名	港口名称	2019年1~9月	增长(%)
1	上海	3286	4.8
2	宁波-舟山港	2126	5.6
3	深圳	1932	1.1
4	广州	1684	5.6
5	青岛	1569	9.4
6	天津	1309	8.0
7	厦门	836	4.4
8	大连	672	-12.0

（续表）

排名	港口名称	2019年1～9月	增长（%）
9	营口	416	−12.8
10	连云港	363	1.3

数据来源：中华人民共和国交通运输部。

（四）青岛港口运行情况

2019年前三季度，青岛港度累计完成货物吞吐量42923万吨，仍处于全国第5位，同比增长8.1%（图1），较上年同期增速增加了4个百分点，高于全国平均增速（5.2%）。2018年青岛港的增速低于全国平均水平，2019年有了较为明显的改观。

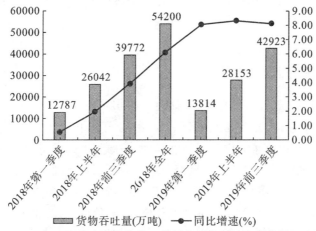

图1 2018～2019年青岛港货物吞吐量各季度累计绝对值及同比增速

2019年前三季度，青岛港完成集装箱吞吐量1569万标准箱，列全国第5位，同比增长9.4%，是前十位港口中增长最快的港口（图2）。

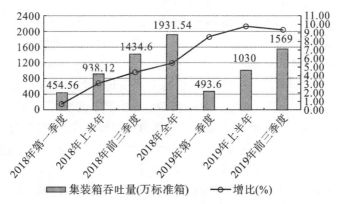

图2 2018～2019年青岛港集装箱吞吐量各季度累计绝对值及同比增速

二、2019 年青岛港发展形势分析

(一)枢纽港作用提高

2019 年青岛港"加快由传统的装卸港、目的地港枢纽港转型升级"。推进集装箱船公司总部战略,青岛港集装箱航线达到 165 条,其中外贸航线 136 条,直达东南亚、中东、地中海、欧洲、黑海、俄罗斯、非洲、澳洲的航线超过 70 条,航线密度居中国北方港口第一位。2019 年上半年新增 7 条航线,集装箱中转量同比增长 31%,提升了在中国北方,乃至在东北亚集装箱枢纽港中的地位。与巴西淡水河谷公司合作,开通了"矿山直达钢厂"原矿、混矿国际中转业务,打造干散货国际中转网络;与日本伊藤忠商事株式会社战略合作,开辟了干散货国际中转新通道。

(二)腹地辐射力提升

2019 年,新增 2 个内陆港、总数达到 12 个,新增 6 条海铁联运线路、总数达到 46 条,完成海铁联运箱量 68 万标准箱,较上年同期增长 32%,进一步提高了对山东、沿黄流域和中原腹地的辐射力。借青连铁路的通车之机,扩大"公路转铁路"业务量,抓住传统腹地客户,拓展了河南、山西、陕西等新市场。为开辟内陆港,青岛港推出了"减免空箱疏港费及青岛港场站操作费、提箱操作费","减免退关、换船、改港产生的搬移费、库场使用费","减免疏港拖车费","通关效率提升 25%"等优惠政策。

(三)重点项目建设加快

重点项目建设运营亮点遍及海内外。董家口输油管道二期及分输支线项目全面投产,直接连通 7 家炼油厂、覆盖山东省地方炼油厂约 1/4 产能,搭建了一条安全、环保、经济、便捷的绿色原油疏运网络,上半年完成输油量 770 万吨,带动青岛港原油码头装卸量较上年同期增长 8.9%,液体散货板块成为驱动青岛港业绩增长的重要动力。董家口港区输油管道三期、原油码头二期、原油商业储备库一期、前湾港区自动化码头二期等工程陆续开工建设,青岛港设施将更加完善,发展空间更具成长性。意大利瓦多利古雷港码头建设稳步推进,缅甸马德岛原油码头管理项目运转顺利,海陆国际码头运营管理公司正式运营、委派管理技术团队协助阿联酋阿布扎比码头成功开港,国际化布局全面推进。

(四)建设智慧化港口

自动化码头,创出了单机平均效率 43.23 自然箱/小时的世界纪录,全面超越人工码头,正在全力推进自动化码头二期工程的建设。完成全球首例 5G 智慧码头方案验证,成功测试了基于 5G 连接的自动化码头岸桥吊车操控,推动自动化码头技术再度升级,进一步巩固了青岛港在全球自动化码头领域的领军地位。加入 GSBN(全球航运商业网络)区块链联盟,成为中国沿海港口仅有的两家会员单位之一,与全球港航业巨头深度融合,共同致力于打造基于港航大数据的开放平台,增进业务协同与合作。对部分桥吊、轨道吊等传统码头设备进行半自动化改造,实现了远程操控、自动纠偏,进一步提高了操作准确性和作业效率。

(五)获批自由贸易试验区

2019 年 8 月,国务院印发《中国(山东)、(江苏)、(广西)、(河北)、(云南)、(黑龙江)自由贸易试验区总体方案》,青岛申报自由贸易试验区的工作终于取得了成功。根据方案,青岛片区将重点发展现代海洋、国际贸易、航运物流、现代金融、先进制造等产业,打造东北亚国际航运枢纽、东部沿海重要的创新中心、海洋经济发展示范区,助力青岛打造我国沿海重要中心城市。

批复 1 年内,青岛片区争取新增市场主体 1.5 万家;批复 3 年内,新增市场主体超过 3 万家,形成一批可复制、可推广的试点经验。经过 3～5 年的改革探索,建成投资贸易便利、金融服务完善、监管安全高效、辐射带动作用突出的高水平自由贸易园区。

(六)打造上合组织示范区

2019 年 10 月,国务院正式批复了《关于中国—上海合作组织地方经贸合作示范区建设总体方案》。在青岛建设中国—上海合作组织地方经贸合作示范区,旨在打造"一带一路"国际合作新平台,拓展国际物流、现代贸易、双向投资合作、商旅文化交流等领域合作,更好发挥青岛在"一带一路"新亚欧大陆桥经济走廊建设和海上合作中的作用,加强我国同上合组织国家互联互通,着力推动东西双向互济、陆海内外联动的开放格局。《总体方案》特别注明,"充分发挥现有上合组织成员国交通部长会议机制作用,推动地方交通部门开展政策法规、规划标准等领域合作交流。支持青岛港对接上合组织国家的重要港口以及日本横滨港、福冈港和韩国釜山港、仁川港等港口,开展面向上合组织内陆国家的海铁联运服务合作。支持企业在上合组织国家主要城市建设国际物流节点,拓展国际物流业务。"

位于示范区内的青岛多式联运中心,已开行国内外班列 16 条,其中 6 条国际班列、2 条国际回程班列、7 条国内班列、1 条胶黄小运转循环班列,2019 年上半年,完成集装箱作业量 35.2 万标准箱,同比增长55%。

(七)优化营商环境

启动了"改革创新、提升服务"专项行动,主动实施"降费、提速、减证"等行动,进一步优化口岸营商环境,使港口整体运作效率不断提升。打造更加多元化、链条化的产业服务体系,为广大进出口客户提供定制服务、集成服务,构建更加高效便捷、开放包容、更具现代意识和国际水准的服务新体系。今后,青岛港的通关效率再提高 25%以上;代理班轮直靠率达到 85%以上,在港作业时间再降 10%;"门到门"全程服务综合成本低于客户分段外包成本 10%以上;提供贸易代理"零息服务"。

(八)国际化步伐加快

青岛港加快国际化的步伐,不仅仅局限于航线、运力等方面的提升,青岛港正加快与全球港航业巨头的深度融合。与中远海运集团,双方不只是在业务上有合作,还有更多资本合作以及"一带一路"合作,抱团出海,共同走向世界。2019 年 2 月,中远海运集团与青岛港共同成立了中远海运(青岛)有限公司。青岛力争以更大的格局、更开阔的视野,搭建合作的大平台,打造港航物流的生态链,构建贸易新格局。

2019 年 1 月,在海南博鳌中远海运暨海洋联盟港航交流大会上,青岛港正式加入航运业首个区块链联盟——全球航运商业网络(GS-BN)。全球航运商业网络(GSBN)是港口集团和班轮公司携手推动行业数字化标准、提升行业协作的高端平台。青岛港加入后,会员单位达到 13 家。目前,中国大陆沿海港口仅有两家会员。成功加入基于港航大数据的开放平台,青岛港将拥有更多航线和资源,进一步提升在全球港航界的地位和影响力,加速在数字航运时代的创新发展。

青岛港围绕"一带一路"建设,通过资本输出、管理输出布局全球,成为国际化码头运营商和综合物流服务提供商,在世界运输脉络中重新定义青岛港的位置。

(九)青岛港合并威海港

自 2015 年以来,国内各省陆续开始港口整合:浙江省于 2015 年成立浙江省海港集团,整合宁波-舟山港、温州港、台州港等港口,整合后的宁波-舟山港实力大增,稳居全国货物吞吐量第一、集装箱吞吐量第二的位置;2017 年 5 月 22 日,江苏省港口集团挂牌成立,省内 8 市国有港口企业并入该集团;2019 年 1 月,辽宁省成立了辽宁港口集团。

2019 年 7 月,青岛港与威海港宣告合并。在主营业务上青岛港与威海港存在一定程度的同业竞争。青岛港的主营业务为集装箱、金属矿石、煤炭、原油等货物的装卸和配套服务、物流及港口增值服务、港口配套服务、金融服务等,威海港的主营业务为集装箱、金属矿石、煤炭等货物的装卸和配套服务、物流及港口增值服务、港口配套服务、融资租赁服务、客滚班轮运输业务等。青岛与威海两地相距不足 300 千米,尽管吞吐量相差甚大,但二者之间宛如山东港口竞争的缩影——主业高度重合,彼此竞大于合。整合将打破条块分割、各自为政的格局,消除港口资源的垄断和限制,避免低水平重复建设和无序竞争,进一步提高物流效率,共同做大做强。

8 月 17 日,"中创威海—青岛集装箱航线"正式首航,新航线开通将有利于优化威海—青岛集装箱海上运输航线布局,为区域内广大生产和贸易客户提供更多元的物流服务选择。今后青岛港将发挥东北亚港口群中心位置的区位优势,加快构建东北亚地区以港口为枢纽的现代化集疏运体系,推进国际航运中心建设,打造中国北方对外开放新高地,加快建设世界一流的海洋港口。

三、2020 年青岛加快建设国际航运中心展望

(一)创新发展金融服务业

利用自贸试验区建设优势和港口资源优势,研究探索新业务、新模式。积极推动设立航运保险公司,探索开展融资租赁等新兴业态,发展自贸区离岸金融业务。加强风险管控,推进产融深度融合,促进金融产业与其他产业的互相支撑、共同发展。

鼓励有开展航运金融的国内银行在青岛设立航运金融部;鼓励国际航运企业在前湾设立离岸账户,在前湾进行国际结算;借鉴上海、天津等航运产业发展基金投资经验,推进设立由民间资本主导的、市场化运作的航运产业基金,投资船舶、近岸设施、码头、航运资产;全面引入产业资本、私募股权投资、风险投资、银行、券商、信托、保险、担保等各类社会金融资源,推动设立主要服务于港航、物流企业的贷款公司和融资担保公司;探索建立船舶资产交易市场,鼓励航运衍生品业务创新。

(二)借力自贸试验区政策

1. 积极发展港航服务业

大力发展外轮代理、外轮理货、拖轮等传统港航服务业,拓展新的发展空间,形成牢固竞争优势。充分发挥自贸试验区制度创新优势,以山东自贸试验区青岛片区为载体,积极推动航运业扩大开放,完善商务休闲等人性化功能设施,加快促进航运金融、航运保险、航运交易、航运咨询、海事等航运要素聚集。积极吸引大型船公司和航运机构在前湾注册、建立分支机构。积极申报自由贸易港区,实现中国特色资本和货物的"自由"流动,大力发展中转加工和转口贸易,扩大青岛港的辐射影响能力。

2. 完善口岸营商环境,促进贸易便利化

优化对外贸易的营商环境,加快形成与其他港口相比更加具有综合成本优势的"便捷、高效、廉洁"的口岸营商环境,促进国际贸易便利化。首先,贸易便利化需要信息便利化,通过信息共享,提高通关、退税等业务效率;其次,贸易便利化需要服务便利化,借助信息技术服务于终端货主,降低货主时间成本;再次,港口运营商应加强与物流相关方合作,寻求改进贸易便利化的机会,提供个性化的增值服务。当前,加大改革创新力度,通过信息化手段加快进出口流程优化和再造,将是进一步优化跨境贸易营商环境的有效措施。加快推进实现口岸全程无纸化,在全面推行设备交接单电子化的基础上,加快推进提货单电子化全覆盖,依赖于船公司、船代、货代、车队、码头等参与方之间信息的相互认证和数据共享,有效实现提货信息的对碰和追溯,确保物权安全转移。

(三)大力发展邮轮经济

统筹国际邮轮母港的邮轮与滚装业务发展,进一步调整优化邮轮业务布局,完善邮轮服务配套设施,提高邮轮接待能力和服务水平。建立和完善邮轮运输服务标准体系,全面提升邮轮运输服务质量。深入研究邮轮经济发展特点和趋势,加强与邮轮公司合作,丰富国际航线,使邮轮目的地多元化,探索开辟无目的地公海游。拓展延伸邮轮产业链条,推动邮轮物资采购、供船业务便利化,拓展邮轮相关金融、法律、保险、理赔、培训、咨询等增值业务,在服务邮轮产业发展的同时,为国际游客提供多元化服务。推进海空联运,畅通全程绿色通道,不断提升游客服务体验。

(四)高效应用大数据

大数据管理是基础,应用是目的。对企业来讲,从业务驱动转到数据驱动,是一个跨越,只有大数据高效应用走在前列,才能在竞争中处于优势地位。大数据在应用层面主要包括以下几方面功能。

分析研判历史数据。通过分析研判航运市场历史数据,不断挖掘稍纵即逝的商机,才能有机会创造更大的价值和新的价值;通过分析研判航运企业的经营数据,为企业的市场预测、航线安排、运力规划、船队组织、船舶交易、风险管控、成本控制、效益分析等提供决策依据和经营方向;通过分析研判海事事故,归纳事故各种各样的诱发因素,评估航运安全风险等。

实时数据计算监测。通过分析计算航运市场供需关系和大宗商品贸易数据,评估航运市场经营状况,实时提供航运经济运行趋势监测信息;通过航行计划、船舶航速、气象水文等方面数据综合计算,实时提供增效节能方案,对海事风险提供预警信息等。

未来发展预测评估。根据数据分析预测未来各贸易区域的运力分布情况、主要港口的货物库存情况、大宗商品的贸易流向趋势,以及船舶动态和滞期情况;通过分析港口货物运量的变动信息,观察各个地区或国家的经济消长态势和产业结构的变动趋势,掌握世界贸易和航运市场变化方向,及时调整港口经营布局和战略规划等。

(五)搭建航运服务平台

平台经济是市场经济发展到了一定程度的必然产物,当市场中相对独立的经济要素积累到一定规模后,便可以通过相互之间的交流创造经济价值,且这一经济价值的量级将远超传统模式。平台经济是创造和聚集价值的桥梁,而港口航运服务恰恰是架起全球海运贸易和全程物流的桥梁,因此,发展平台经济模式的航运服务,形成充满活力的航运生态是建设全球一流航运服务基地的必然选择。

成立专门的研究机构,联合外部学术资源,就航运服务平台的商业模式、发展规律、政策需求、企业融入和风险防控等开展研究,最大限度挖掘发展潜力和空间,同时争取宽松的政策支持,清除产业间规制障碍,营造开放包容的发展环境,吸收不同领域、不同体制的组织或个人参与进来。

普及航运服务平台的理念和运营模式,筑巢引凤,以优惠政策吸引一批复合型人才投身平台建设和发展,鼓励一批具备市场竞争力的中小企业融入平台,培育一批航运服务领域的"独角兽"企业,形成平台经济集聚效应。平台的成功搭建将产生强大的向心力,整个航运产业的价值必然向平台倾斜,平台在航运产业发展中将占据引领地位。

(作者单位:青岛市社会科学院)

2019～2020 年青岛市高端制造业发展状况分析与展望

刘俐娜

2019 年初青岛发起"高端制造业＋人工智能"攻势,立足山东,强化率先走在前列的使命担当,争创全国人工智能和实体经济深度融合先导区;力促高端制造业与人工智能双向突破、融合共生,对青岛培育壮大制造业高质量发展新动能、构建智能经济生态、实现由"制造大市"向"制造强市"再向"智造强市"的转型和跨越具有重要战略意义。

一、高端制造业内涵及分类界定

高端制造业是工业化发展的高级阶段,是具有高技术含量和高附加值的产业,其显著特征是高技术、高附加值、低污染、低排放,具有较强的竞争优势。从行业的角度讲,高端制造业是指制造业中新出现的具有高技术含量、高附加值强竞争力的行业;从所处产业链的环节上讲,高端制造业处于某个产业链的高端环节。

目前,学术界对高端制造业缺乏明确的统计分类标准,本文借鉴国内通用的比较方法以及青岛市"高端制造业＋人工智能"攻势作战方案,初步界定高端制造业包含新一代信息技术、新能源汽车、生物医药、高端智能家电、轨道交通装备、智能制造装备、船舶海工装备高端等 7个领域。依据《国民经济行业分类》(GB/T 4754—2017),分列出高端制造业全部小类及所属大类,对只涉及高端环节的部分行业小类,按照国家通用方法对其设置参考系数。根据国家行业分类目录标准,依据全市规模以上工业基础数据,对高端制造业的相关指标进行了分类测算。

二、2019 年高端制造业发展现状及特点

经过多年的培植、引进和科技创新体系建设,无论是大型装备、交

通运输装备还是海洋工程,青岛都已具备了一定的生产能力和产业规模,青岛市高端制造产业具有一定的优势和较强的国际竞争力。

(一)新一代信息技术产业

新一代信息技术分为六个方面,分别是下一代通信网络、物联网、三网融合、新型平板显示、高性能集成电路和以云计算为代表的高端软件。新一代信息技术不只是指信息领域的一些分支技术如集成电路、计算机、无线通信等的纵向升级,更主要的是指信息技术的整体平台和产业的代际变迁。

新一代信息技术产业作为青岛市"十三五"期间推进经济转型升级、加快新旧动能接续转换的重要突破口,2019 年青岛市加快推进新一代信息技术产业布局,突破一批核心关键技术,强化信息安全保障,构建高速、泛在、普惠、安全的信息网络,推动下一代互联网、物联网、云计算、大数据、人工智能、虚拟现实等通用技术在各领域的融合集成应用,加快商业模式创新,培育新兴业态,推动电子信息产业转型升级取得突破性进展。2019 年上半年,全市新一代信息技术产业完成产值同比增长 15%,产业转型步伐进一步加快。

(二)新能源汽车产业

新能源汽车是指除汽油、柴油发动机之外所有其他能源汽车。包括燃料电池汽车、混合动力汽车、氢能源动力汽车和太阳能汽车等四大类。

经过多年的政策引导和市场培育,新能源汽车正在释放强大的市场空间。从 2015 年引进北汽新能源,到一汽解放新能源商用车基地、上汽通用五菱、一汽大众华东基地的相继落户,青岛新能源汽车制造产业驶入了发展快车道。2018 年全市新能源汽车产业完成产值同比增长 13.2%,生产纯电动汽车 9 万多辆。2019 年 9 月底,新能源汽车产业包括 4 家整车生产企业,7 家关键零部件企业,产品以纯电动汽车为主,整车总产能 48 万辆,未来规划产能 58 万辆。

(三)生物医药产业

制药产业与生物医学工程产业是现代医药产业的两大支柱。生物医药产业由生物技术产业与医药产业共同组成。近年来,青岛市大力推动生物医药产业的创新发展,已拥有 11 所与生物技术相关的高校和科研机构,建成各级重点实验室、工程技术研究中心 50 余家。一批以生物医药为重点的园区相继规划建设,先后培育了黄海制药、正大制药、东海药业、博益特、杰华生物等生物医药科技创新企业。伴随着青岛"蓝色药库"开发计划的出台,青岛生物医药产业进入了发展的快车道。2019 年 1~9 月,生物医药产业完成产值同比增长 23.4％,远高于高端制造业其他行业。

(四)高端智能家电产业

高端智能家电是将微处理器、传感器技术、网络通信技术引入家电设备后形成的家电产品,具有自动感知住宅空间状态和家电自身状态、家电服务状态,能够自动控制及接收住宅用户在住宅内或远程的控制指令;同时,智能家电作为智能家居的组成部分,能够与住宅内其他家电和家居、设施互联组成系统,实现智能家居功能。

作为全国首批"家电及电子信息"国家新型工业化产业示范基地,以及国家数字家庭应用示范产业基地创建城市,面对全球信息化进入全面渗透、跨界融合、加速创新的历史机遇期,海尔、海信、澳柯玛三家企业围绕新产品、新技术、新业态、新模式,大力发展智能家居专业服务、增值服务,实施智能家居应用示范工程,引领全市智能家电产业由单品向平台、生态的跨越式创新进步。2019 年 1~9 月,全市智能家电产业完成产值同比增长 3.2％,占全市规模以上工业总产值的 19.7％。全市智能家电产品产量占比达到 25％。传统家电企业产品正逐步向高端、智能化迈进。

(五)轨道交通装备产业

轨道交通装备是铁路和城市轨道交通运输所需各类装备的总称,主要涵盖了机车车辆、工程及养路机械、通信信号、牵引供电、安全保障、运营管理等各种机电装备。

2018 年,青岛轨道交通产业示范区落户城阳,区域内集聚了中车四方股份、中车四方有限、青岛四方庞巴迪等三大龙头企业,相关轨道交通配套企业 200 余家,产品本地配套率 43％左右。2019 年上半年,示范区加快项目招引和建设步伐,新签约项目 14 个,计划总投资 130 亿元以上;拟开工项目 13 个,计划总投资 300 亿元以上;重点在谈项目 30 个,计划总投资 500 亿元以上。2019 年 1~9 月,轨道交通装备产业完成产值同比增长 15.1％。青岛市形成了完整的高速列车及轨道交通装备技术创新体系和产业集群,在轨道交通车辆、关键系统设备等方面的研发能力处于全球领先地位。

(六)智能制造装备产业

智能制造装备是指具有感知、分析、推理、决策、控制功能的制造装备,它是先进制造技术、信息技术和智能技术的集成和深度融合。

智能制造是推进新旧动能转换,实现制造业高质量发展的重要途径。2019 年以来,青岛以培育新业态新模式为突破口,以智能制造为主攻方向,将互联网创新基因融入产品全生命周期,促进传统制造业向价值链高端延伸转型。在推进智能制造过程中,跨界融合实现新突破。由海尔自主研发的 COSMO 平台汇聚了众多创业创新孵化器资源、风投机构、产业资源,为用户提供了一整套的互联网智能制造解决方案,从而实现共创共赢的生态架构;双星集团打造橡胶轮胎云制造服务平台,与山东恒宇科技有限公司战略合作,推进行业整合,成立的双星全球研发中心成为从有效供给到创造需求的典范,进一步支撑云制造服务平台的全球化战略;互联网工业平台企业三迪时空充分发挥 3D 云制造资源整合能力,研发投产的国内首台微型金属 3D 打印机,填补了国内相关领域的空白,为 3D 打印技术融入智能制造突破了装备瓶颈。

(七)船舶海工装备产业

海洋工程装备主要指海洋资源(特别是海洋油气资源)勘探、开采、加工、储运、管理、后勤服务等方面的大型工程装备和辅助装备,具有高技术、高投入、高产出、高附加值、高风险的特点,是先进制造、信息、新材料等高新技术的综合体,产业辐射能力强,对国民经济带动作用强。

截止到 2019 年 9 月底,青岛市已规划建设了黄岛(海西湾)、即墨、胶南三个错位发展的船舶及海洋工程集聚区,总占地面积 30 平方千米,8 座 10 万吨级以上船坞,11 条海洋工程滑道,年造船能力国家批复 288 万载重吨。聚集了中海油海洋工程、中石油海洋工程等知名企业和研发中心,是我国重点规划建设的三大造修船基地之一。近年来,面对全球船舶海工市场持续低迷的局面,全市船舶海工行业总体保持稳定增长态势,2019 年 1～9 月,行业累计完成产值同比增长 9.3%,出口交货值同比增长 20.4%。青岛正以科技创新为引领,引导船舶与海工产业由"中国制造"向"中国创造"转型,推动船舶海工驶向深蓝,为建设海洋强国贡献青岛力量。

三、2020 年青岛高端制造业发展预测与建议

(一)2020 年青岛高端制造业发展预测

2020 年,以人工智能为核心驱动力的新技术、新产业、新业态、新模式蓬勃兴起,高端制造与人工智能融合度将持续提升,智能制造成为推动制造业新旧动能转换的主引擎,智能经济成为引领制造业高质量发展的主动能。

（1）新一代信息技术与制造技术深度融合，人工智能、集成电路、5G通信、高端软件等软硬件基础继续夯实，培育壮大数字经济，打造特色鲜明的新一代信息技术产业新高地。

（2）新能源汽车产业加大轻量化材料、高续航电池、智能车联网等关键技术攻关，逐步向轻量化、新能源化、智能网联化方向发展，带动汽车产业链共建新生态。

（3）生物医药产业充分利用生命科学、生物技术与信息技术融合发展机遇，坚持仿创并举、引育共进的推进路径，完成部分仿制药质量和疗效一致性评价，着力推动新药和医疗器械获批上市，培育行业龙头企业，打造国内知名的海洋生物医药研产基地。

（4）高端智能家电将引领家电产业高端化、智能化升级潮流，以发展智能家电、新型显示、智能家居为主线，推动家电产业高端迈进、智能升级。2020年，青岛市高端智能家电产量占比将达到30％，并全力向建设全球高端智能家电研发制造基地目标迈进。

（5）轨道交通装备以标准化、谱系化、智能化为发展方向，提升整车制造、补齐产业短板，加快建设国家高速列车技术创新中心，巩固提升青岛轨道交通产业示范区领跑优势，在国内承建无人驾驶城轨车辆应用示范线，2020年青岛市轨道交通装备产业继续保持快速发展，打造国际领先的轨道交通装备研发制造和集成服务基地。

（6）智能制造装备突出数字化、网络化、智能化发展导向，培育机器人与增材制造装备、开发智能仪器仪表与测控设备、突破重大成套设备与装备短板，打造国内重要的智能制造装备产业基地。

（7）船舶海工装备瞄准大型、高端、深水、智能目标，开发高技术船舶，发展海洋工程装备，推动船舶海工装备企业与研发机构资源共享、优势互补，提升研发设计、总装建造、关键系统集成和设备自主配套能力，智能化船舶与船舶智能化建造能力力争达到国际先进水平。

（二）促进青岛市高端制造业加快发展的建议

1. 以现有大企业为引领，加快推进高端制造业集群集聚发展

发挥现有大企业对高端制造业发展的领军带动作用，做强做大一批主业突出、拥有自主知识产权和自主品牌、具有国际竞争力的龙头骨干企业。加快形成与龙头骨干企业开展社会化分工与协作，形成若干各有特色、重点突出的产业链和以技术、品牌、零部件为主导的成长型中小企业群，增强产业配套能力。促进龙头骨干企业与中小配套企业协调发展，加快形成以骨干企业为龙头、以产业链条为纽带、以产业集聚区为载体，规划布局科学、专业特色鲜明、品牌形象突出、服务平台完备的若干高端制造产业聚集区。

2. 以定向招商为抓手,切实增强大项目建设发展后劲

把引进国内外先进技术和理念,作为推进青岛市高端制造业转型升级的一条重要途径。重点跟踪发达国家和地区高端制造业结构调整和技术转移趋势,加大定向招商力度,重点引进高端制造业世界 500 强企业、行业龙头企业的大项目、大投资,吸引更多实力雄厚、带动力强的大型跨国企业参与重大成套装备项目的开发生产。建立高端制造业重点项目库及重点项目跟踪调度制度,重点推进一批支撑青岛市高端制造业实现高端化、高质化、高新化发展的重大项目,着力增强高端制造业发展后劲。

3. 以提升企业自主创新能力为突破口,努力构建完善的高端制造业技术创新体系

依托青岛市现有国家和省市认定企业技术中心、工程技术研究中心和重点实验室等创新载体,集中优势力量,有计划、有重点地研究开发重大技术装备所需的关键共性制造技术、精密加工工艺、工业自动化和信息化技术,集中突破一批核心技术,培育一批具有自主知识产权的世界级产品和国际知名品牌。引导企业立足于开放式的自主创新,加强对外交流与合作,吸引国内外一流的高校、科研院所与青岛市重大装备制造企业合作建立研发中心和成果转化基地,为重大技术装备行业技术创新及其产业化提供平台和支撑,实现高起点、跨越式发展。加快推进信息技术与高端制造业发展融合,提高高端制造产品的"两化"融合水平,壮大制造业链条环节的高端化。加快培育和引进高端制造业的中高级技工队伍、研发专家和团队、高级经营管理人才,造就一支高素质的企业家队伍,集聚一批领军人才,为产业发展提供智力支撑和人才保障。

4. 以体制机制创新为保障,健全完善现代高端制造业服务体系

加强组织协调,及时研究解决推进高端制造业发展过程中出现的各种问题和困难,研究制定推动产业健康有序发展的政策措施,努力搭建融资担保、创业指导、教育培训、市场推介、技术支持、信息共享等服务平台,为青岛市高端制造业发展提供良好的环境。强化土地、资金、水、电、气等要素保障,积极推进高端制造业定向招商重点项目的规划定点、征地、环评等前期工作,简化项目审批程序,提高办事效率,促进项目早日落地。鼓励金融机构加大对高端制造企业的支持力度,支持符合条件的高端制造企业通过上市融资、发行企业债券等方式筹集资金,为企业提供更多、更好的服务。

5. 突出重点,加大对高端制造业支持力度

整合现有工业类发展专项扶持资金,加大对高端制造业的支持力度,重点支持装备制造企业关键技术创新及产业化项目。落实好国家

和省高端制造业调整和振兴规划等政策,鼓励企业加大技术改造力度,加快装备更新。支持企业申报国家、省首台(套)重大技术装备试验、示范项目及国家高端制造业专项资金项目,积极争取国家专项资金的支持,实现青岛市高端制造业整体跃升。

(作者单位:青岛市统计局)

2019～2020年青岛市资本市场发展形势分析与展望

周建宁　李　迅

2019年对于中国资本市场而言,是在激烈震荡与深刻变革中艰难前行的一年。由于中美"贸易战"的加剧和上市公司股权质押风险的纾困艰难,导致国内资本市场风险加剧、震荡剧烈。而随着科创板的推出,从沪深港通到纳入MSCI、富时指数,从开启沪伦通到取消QFII额度限制的取消,一系列扩大资本市场开放、吸引外资的政策持续落地使外资加速流入国内资本市场。截至9月底,沪深港通北向资金累计流入8000亿元人民币,外资持股占A股总市值的4%左右,与其他新兴市场比,这一比重还有较大提升空间,而外资增量资金的持续、加速流入国内资本市场,将会驱动A股交易量提升,券商、金融科技作为基础设施的提供方也将直接受益。而在此期间,青岛市的资本市场继续在规范健康持续发展的快车道中运行,尤其是发行上市呈现厚积薄发之势,一批优质的上市公司脱颖而出。

一、2019年青岛市资本市场发展状况分析

(一)青岛辖区发行上市呈现强劲发展势头

2019年发行上市工作势头强劲,A股"青岛军团"不断扩容。继青岛银行、青岛农商银行、青岛港三家公司首发融资额率先突破20亿元以后,蔚蓝生物、中创物流、惠城环保、国林环保、日辰食品等先后通过了IPO的发审会成功上市,而海尔生物也通过了上交所科创板的审核。截至9月底,2019年青岛市新增境内上市公司8家,实现首发融资额84.36亿元,仅次于北京、江苏和上海,居全国第4位,上市公司总数已突破50家,呈现出厚积薄发之势。

1. 青岛银行股份有限公司、蔚蓝生物

2019年1月16日,备受关注的青岛银行成功登陆A股,成为山东

省首家 A 股上市银行和全国第二家"A＋H"股的上市城商行,募集资金总额 20.38 亿元。巧合的是,于 2018 年 12 月 21 日晚间获得 IPO 核发批文的蔚蓝生物"后来居上"与青岛银行同日挂牌 A 股。

青岛银行股份有限公司本次发行新股 45097.73 万股,发行价 4.52 元/股,募集资金总额 20.38 亿元;证券简称为"青岛银行",证券代码为"002948"。

作为青岛本地知名城商行的青岛银行,目前也是山东省资产规模最大的城商行,资产总额已达 3000 亿元规模。备受关注的青岛银行成功登陆 A 股,成为山东省首家 A 股上市银行和全国第二家"A＋H"股上市城商行,此举也改变了山东这个位居全国 GDP 第三的省份尚无银、保、证三大金融股的历史。

2. 青岛港国际股份有限公司

2019 年 1 月 21 日,青岛港(601298)A 股在上交所上市成功,并成为上交所首家 2019 年 H 股回归 A 股的上市公司,标志着公司"A＋H"股双资本平台构建完成,而为这一刻青岛港人等了逾 5 年的时间。公告显示,青岛港本次发行新股 45437.6 万股,发行价格为 4.61 元/股,募资总额为 20.95 亿元,主要投资于董家口港区港口设施建设、青岛港港区智能化升级等 5 个项目及用于补充流动资金。随着正式挂牌上交所,青岛港成为青岛辖区第 32 家 A 股上市公司和第三家"A＋H"同步上市公司,这也是 2019 年青岛辖区第三家 A 股上市公司。

3. 青岛农商银行股份有限公司

2019 年 3 月 26 日,青岛农商银行在深交所正式敲响 A 股上市铜钟,成功登陆资本市场,成为 A 股最年轻的上市银行和 A 股市场规模最大的农商银行。青岛农商银行本次发行新股 5.56 亿股,发行价格 3.96 元/股,募集资金 21.5 亿元,是 2019 年以来募集规模最大的上市企业。募集资金将全部用于补充资本金,以提高该行的资本充足水平。证券简称为"青农商行",证券代码为"002958"。青农商行是经国务院批准,全国副省级城市中 7 家全市农村信用社整体改制的农商银行之一,2012 年 6 月挂牌开业。截至 2018 年末,该行资产总额 2941 亿元,存款总额 1926 亿元,贷款总额 1369 亿元,五级分类不良率 1.57％,拨备覆盖率 290.05％;2018 年,办理国际业务结算量 130 亿美元,上缴各项税收 12.1 亿元。

4. 惠城环保

继中创物流之后,惠城环保(300779)于 2019 年 5 月 22 日在深圳证券所上市,发行价格为 13.59 元/股。惠城环保此次募集资金主要用于 3 万吨 FCC 催化装置固体废弃物再生及利用项目,1 万吨年工业固废处理及资源化利用项目及补充营运资金及偿还银行贷款。

5. 日辰食品股份有限公司

2019年8月28日，日辰股份成功登陆上交所。日辰股份是国内最早的专业复合调味料生产商之一，旨在为食品加工企业、连锁餐饮企业提供专业的定制化调味料解决方案。公司于2017年6月首次现身IPO预披露名单，开启上市排队之旅，谋求上交所主板上市；2019年7月18日，日辰股份成功过会；8月2日，公司顺利拿到IPO批文；8月28日，终于"圆梦"A股。日辰股份此次公开发行新股2466万股，发行价格15.70元/股。公司股票简称"日辰股份"，股票代码为"603755"。募集资金净额3.43亿元，主要用于年产15000吨复合调味品生产基地建设项目、年产5000吨汤类抽提生产线建设项目、营销网络建设项目和技术中心升级建设项目。

除2019年已成功上市的8家公司外，梯次推进、后备资源丰富也成为青岛市企业发行上市工作中的一大独具的特色。青岛市尚有青岛百洋医药、威奥轨道交通、青岛双鲸药业、青岛征和工业等8家企业先后上报了中国证监会首次发行（IPO）申请材料；尚有德才装饰、冠中生态、德盛利等13家企业在青岛证监局进行了辅导备案。青岛市的重点拟上市企业超过了100家，拟上市资源储备规模超过200家，已形成厚积薄发、梯次发展之势。

（二）科创板上市实现了"零的突破"，成果显著

2019年7月30日，青岛企业的科创板"首考"终于来到。此前备受关注的青岛海尔生物医疗股份有限公司（简称"海尔生物"）顺利首发过会，此举意味着青岛迎来首家科创板过会企业。随着海尔生物顺利"闯关"，青岛离正式迎来首家科创板上市企业可谓"咫尺之遥"，山东也将有望迎来第二家科创板上市企业，同时青岛A股上市公司有望增至38家。

海尔生物的前身，是成立于2005年10月的青岛海尔和特种电冰柜公司出资设立的海尔医用科技公司。从2011年起，公司通过对国内外进行多起并购，成功实现了在医用低温存储设备领域的快速成长。海尔生物的生物医疗低温存储设备在下游应用领域被广泛使用，最终用户涵盖医院、生物制药公司、高校等科研机构、检测中心、疾控中心等。截至2019年7月，公司拥有7家子公司（3家境内子公司和4家境外子公司）和2家参股公司；海尔生物市场占有率居国产品牌第一位。

除海尔生物以外，青岛的华夏天信物联股份有限公司首次公开发行并在科创板上市申请获得了上海证券交易所的正式受理，进入审核阶段。

（三）上市公司收购兼并、产业整合工作稳步推进

2019 年，青岛辖区上市公司继续加大并购整合、资本运作与产业推进方面的工作力度，在产业整合、收购兼并及资本运作方面都实现新突破，以产业结构的调整与布局、转型发展、收购兼并来打造公司的核心竞争力。

1. 威海港股权无偿划转青岛港集团，山东港口集团整合拉开序幕

2019 年 7 月 9 日，青岛港（601298）发布公告，威海市国资委将其持有的威海港 100％股权（不含非经营性资产及对应负债）无偿划转给青岛港集团。本次无偿划转完成后，青岛港集团将持有威海港 100％股权，威海港将成为青岛港集团的全资附属公司。

此次股权划转完成后，青岛港与威海港将发挥东北亚港口群中心位置的区位优势，加快构建东北亚地区以港口为枢纽的现代化集疏运体系，推进国际航运中心建设，打造中国北方对外开放新高地，加快建设世界一流的海洋港口。

2. 引入大湾区地方国资，东软载波实控人向广东顺德控股转让 20％股权

2019 年 9 月 8 日，东软载波发布公告称，公司实际控制人崔健、胡亚军、王锐与广东顺德控股集团有限公司（以下简称"顺德控股"）于 9 月 7 日签订了《股权转让框架意向协议》，顺德控股或其指定的第三方拟受让东软载波不超过 20％的股份，此举旨在增强与东软载波的业务合作，为东软载波集成电路业务和智能化业务提供最优理想化应用场景和市场未来空间。

顺德控股此次入股将分两批进行，其中在 2019 年度内，崔健等人拟向顺德控股方面转让其持有东软载波 12.6536％的股权，并在 2020 年度内完成剩余 7.3464％的股权转让。根据当前市值测算，东软载波上述股权市值在 14 亿元左右，转让完成后，崔健等三人持股比例将降为 30.6144％，但仍为东软载波实控人。

作为青岛知名 A 股上市公司，东软载波主营业务为低压电力线载波通信芯片产品，包括宽带高速载波芯片的研发和生产，以及在此基础上进行各类电表、集中器、采集器通信单元的开发。而成立于 2010 年 5 月的顺德控股，目前为佛山市顺德区国有资产监督管理局全资子公司。定位打造粤港澳大湾区高端制造业创新龙头城市的顺德地处粤港澳大湾区"地理中心"，顺德工业基础雄厚、工业体系完备、工业门类齐全。能够成功引入颇具实力的大湾区国资，有利于优化东软载波公司股权结构，有助于为公司引进更多政府、产业等战略及业务资源，加快公司战略布局，为公司集成电路业务、智能化业务、综合能源管理业务、

微电网系统提供较大的市场机会,促进公司整体业务发展。

3. 特瑞德控股股东可交换债债券换股完成,平稳化解了股票质押风险

特锐德(300001)是专门从事户外箱式电力设备、新能源汽车充电网和新能源微网的研发制造业务的上市公司。公司控股股东德锐投资为支持上市公司的业务发展,近年来一直高比例质押所持有的上市公司股份进行融资,导致了资金链紧张,股票质押平仓风险高企。在青岛证监局的督促推动下,德锐投资主动寻求国资支持,于 2018 年 11 月向山东国惠和青岛巨峰创盈 2 家国有平台公司非公开发行 4 亿元可交换公司债券,有效地缓解了资金压力与质押平仓风险。根据原定方案,本期可交换债券换股期于 2019 年 5 月 15 日开始,山东国惠与青岛巨峰创盈先后完成换股。两家公司占特锐德总股本的比例均为1.38%,德锐投资持股比例由之前的 44% 降至 41.24%,控制权保持稳定,股票质押率降至 80% 以下,风险得以有效化解,而通过国有股东的引进,还为上市公司整合各地优质市场和政府公共资源,加快推进充电业务布局提供了平台支持,实现了各方共赢。

(四)面向国际的财富管理中心雏形初现,各类金融业态蓬勃发展

"面向国际的财富管理中心"是青岛金融业的一张特色名片。

2019 年 9 月 26 日,光大理财公司新产品发布暨战略合作启动仪式在青岛国际会议中心举行。仪式上,落户青岛的光大理财公司正式揭牌成立。光大理财公司落户,无疑是对青岛打造面向国际的财富管理中心城市又一提振。在青岛市政府与光大集团举行的战略合作签约仪式上,崂山区、城阳区分别与光大理财有限责任公司、光大证券股份有限公司签署战略合作协议,市民政局、市文化和旅游局、市贸促会、市水务管理局分别与光大集团有关方面签署合作协议。

光大理财公司落户青岛,不仅带来 50 亿元注册资本金,成为青岛截至 2019 年 9 月底落户的最大规模金融机构,更表明"资管新规"实施后,青岛在全国新一轮金融改革浪潮中走在了前列。

光大理财开业后,主要从事发行公募理财产品、发行私募理财产品、理财顾问和咨询等资产管理相关业务,未来将秉持"打造全球一流的资产管理机构和领先的资管科技平台"的战略愿景,更好地服务客户和实体经济发展。

自 2014 年 2 月起,青岛市财富管理金融综合改革试验区获批,青岛成为全国唯一以财富管理为主题的金融综合改革试验区。经过 5 年发展,试验区多项改革创新经验在全国复制推广,全国首单从韩国银行机构贷入人民币业务试点、深交所首个绿色资产证券化债券等都是从

财富管理试验区发起；全国首家获批的股份制银行理财业务子公司、全国首家外商独资财富管理公司等具有引领带动意义的财富管理机构落户，显现资源集聚效应，财产保险、消费金融、金融租赁等多个业态填补了法人金融机构空白。

二、2020 年青岛市资本市场发展形势展望

(一)中国资本市场对外开放的力度将进一步加大

证监会近期将陆续推出一揽子对外开放的务实举措：一是推动修订 QFII/RQFII 制度规则，进一步便利境外机构投资者参与中国资本市场。二是按内外资一致原则，允许合资证券和基金管理公司的境外股东实现"一参一控"。三是合理设置综合类证券公司控股股东的资质要求，特别是净资产要求。四是适当考虑外资银行母行资产规模和业务经验，放宽外资银行在华从事证券投资基金托管业务的准入限制。五是全面推开 H 股"全流通"改革。六是持续加大期货市场开放力度，扩大特定品种范围。七是放开外资私募证券投资基金管理人管理的私募产品参与"港股通"交易的限制。八是研究扩大交易所债券市场对外开放，拓展境外机构投资者进入交易所债券市场的渠道。九是研究制定交易所熊猫债管理办法，更加便利境外机构发债融资。这 9 条举措涉及资本市场对外开放的方方面面，将在 2020 年逐步出台实施，对于推动中国资本市场的对外开放发挥重要作用。

(二)青岛资本市场的发展将迎来历史性发展机遇

2018 年、2019 年习近平总书记两次亲临青岛，主持了上合组织峰会后，宣布支持在青岛建设中国—上合组织地方经贸组织示范区，为上合组织成员之间经济合作提供新平台，要求青岛市"办好一次会，搞活一座城"。以"南深圳、北青岛"在青岛建设中国—上海合作组织地方经贸示范区，旨在打造"一带一路"国际合作新平台，拓展国际物流、现代贸易、双向投资合作、商旅文化交流等领域合作，更好发挥青岛在"一带一路"新亚欧大陆桥经济走廊建设和海上合作中的作用，加强中国同上合组织国家互联互通，着力推动东西双向互济、陆海内外联动的开放格局。而这一战略举措的实施，未来青岛国际化大都市的建设，将会给2020 年青岛资本市场的发展提供历史性机遇。

(三)青岛市资本市场上市工作继续呈现良好发展态势

经过持续不懈的努力，迄今为止青岛市已储备了一大批优质的上

市资源。除 2019 年已经成功上市的青岛银行、青岛农商银行、青岛港及蔚蓝生物等 8 家公司以外，目前尚有在中国证监会排队等待过会企业 7 家，其中，青岛双鲸药业、青岛威奥轨道交通、青岛百洋医药、青岛酷特智能、青岛森麒麟轮胎审核状态为已受理，其他为预先披露更新状态，这些企业将成为青岛市 2020 年发行与上市工作的生力军。

（四）以青岛地区多家上市公司入选富时 GEIS 首批标的为契机，未来青岛资本市场与国际资本市场紧密度日益加强

2019 年以来，国内外资本市场的结合度日益紧密，2019 年 5 月底，全球知名指数编制公司富时罗素宣布正式启动将 A 股纳入其旗舰指数——富时全球股票指数系列（GEIS），并公布了首批纳入指数的 1097 只 A 股标的，青岛辖区共有 9 家上市公司入选，分别为青岛啤酒、海信电器、海尔智能、赛轮轮胎、青岛金王、汉缆股份、海联金汇、特锐德、东软载波。从 2020 年及以后展望而言，A 股的上市公司纳入富时 GEIT 指数将会加速促进 A 股市场的国际化，青岛辖区上市公司质地优良、发展后劲足，未来将与国际资本的紧密日益加深，2020 年将在改善投资者结构，为青岛市资本市场的发展带来稳定的预期发挥重要作用。

（五）青岛地方国有金融控股平台取得长足发展，未来将成为青岛资本市场中的重要组成部分

近年来，青岛市的地方国资金融控股平台，如青岛城投金控、国信金控、地铁金控、西海岸金控等深耕资本市场而取得了长足发展，在资本市场中发挥着越来越重要的作用。

债权融资方面，青岛城投金融控股集团有限公司率先在上交所发行了 30 亿元私募公司债券和 10 亿元公募公司债券，从而成为山东省内首家发债成功的金融控股平台。其中由中信证券担任主承销的公募公司债发行利率为 3.82％，创下了 2017 年以来山东省内发行利率的最低水准。由青岛城投金控控股的青岛市恒顺众昇集团股份有限公司（300208）更名为"青岛中程"，未来将继续布局和深耕"一带一路"沿线国家，树立"中国资本"在海外市场的优质形象。

恒顺众昇创立于 1998 年 3 月，于 2011 年在深交所上市。公司发起人为清源投资、奕飞投资、荣信股份、马东卫、龙晓荣和青岛福日。2019 年 2 月，青岛城投金控控股"恒顺众昇"后，将公司更名为"青岛中资中程集团股份有限公司"。在 2020 年的战略布局中，"青岛中程"正在从早期的电力设备制造商，逐步转变为国内以电力设备研发制造及大型成套设备组装和销售为主，海外围绕电力优势布局矿产运营、园区开发以及电力项目 EPC 总承包等多元化、多层次、综合性跨国企业，公司将以混合所有制企业的身份，紧跟国家"一带一路"建设，代表中国企

业亮相海外市场，突出国有资本在现阶段中国经济转型与产业升级过程中的担当与责任，继续布局和深耕"一带一路"沿线国家。拟变更的新名称能更准确地反映公司的企业性质，全面且有效的代表公司在海外市场的中资身份。将有利于提升中资企业，尤其是中资国有企业在国际市场上的知名度与美誉度。

此外，成立于2013年、注册资本达37亿元青岛国信金融控股有限公司正在与意大利联合圣保罗银行一起合资筹建山东省首家中外合资证券公司，有望在2020年获得批准筹建。此前青岛国信金控控股的青岛银行股份有限公司、青岛农商银行业已在深交所成功上市；由其控股的"中路财险"作为青岛市唯一一家法人财产保险公司，也取得了长足发展。青岛全球财富中心开发建设有限公司也在资本市场实施购并战略，控股了腾信股份（300392，上市公司），并成为天目药业（600671）的第二大股东，2020年公司将依托上市公司平台，着力于深耕资本市场，实现跨越式发展。

[作者单位：周建宁，中信证券（山东）有限责任公司；李迅，中信期货有限公司青岛分公司]

以减税费促进青岛市民营经济平衡高质量发展研究

张梦谦　刘建明

一、新时代减税费政策与平衡高质量发展的积极意义

(一)减税降费政策的现实意义与特点

减税降费是近年来党中央、国务院根据我国政治、经济、和社会发展以及国际新形势等方面的情况作出的一项重大决策,是应对经济下行、中美贸易摩擦、激发市场活力、稳定发展预期的实招硬招。

从国际层面看,近年来,减税已成为各国促进经济增长的重要政策选项。从国内层面看,我国经济已经进入新常态,由高速增长阶段转向高质量发展阶段。减税费,给市场主体让利,能够直接、快速、有效地激发经济活力,可以有效减少效率损失,已成为包括发达国家在内的许多国家青睐的刺激经济的重要手段。减税降费的作用日益突出,一系列的减税降费政策取得的成效,又推动了更大规模的减税降费。其特点如下:

1. 政治引领,减税费目标明确

全面性减税降费政策是从 2016 年全面推开"营改增"开始的,自2018 年中央经济工作会议明确提出"积极的财政政策要加力提效,实施更大规模的减税降费"后,减税降费政策上升到政治高度,全力保证减税降费政策落地生根。2018 年当年为企业和个人减税降费约 1.3 万亿元。2019 年的《政府工作报告》在"确保减税降费落实到位"部分中,更史无前例的明确了"全年减轻企业税收和社保缴费负担近 2 万亿元"的任务目标,彰显了党中央、国务院促进经济平稳运行的决心。

2. 各种优惠方式同时发力

一系列减税降费政策内容多,变化快。减税政策包括增值税、企业

所得税和个人所得税三大主体税种,基于不同税种属性差异,优化选择实施各类优惠方式并有机组合,既有税率式减税,也有税基式减税,还有税额式和递延式减税,达到了良好的减税效果。但同时,也增加了纳税人掌握并熟练享受优惠政策的难度。

3. 普惠式减税和结构性减税并举

直面经济运行中突出问题,聚焦实体经济、创新驱动、小微企业、对外开放及民生改善等领域,普惠式减税和结构性减税并举,持续释放减税红利,助力经济高质量发展和激发市场活力。重点是减轻制造业和小微企业税收负担,支持实体经济发展。财政部、税务总局于2019年1月发布《关于实施小微企业普惠性税收减免政策的通知》,就是针对小微企业的普惠性税收减免政策。深化增值税改革,选择性降低制造业等部分行业税率,都是针对性强的结构性减税。

(二)民营经济高质量发展的重要作用

改革开放以来,我国民营经济从小到大、从弱到强,不断发展壮大。截至2017年底,我国民营企业超过2700万家,个体工商户超过6500万户,注册资本超过165万亿元。概括起来说,民营经济具有"五六七八九"的特征,即贡献了50%以上的税收,60%以上的国内生产总值,70%以上的技术创新成果,80%以上的城镇劳动就业,90%以上的企业数量。在世界500强企业中,我国民营企业由2010年的1家增加到2018年的28家。我国民营经济已经成为推动我国发展不可或缺的力量,成为创业就业的主要领域、技术创新的重要主体、国家税收的重要来源。

1. "稳就业"的主战场

国际金融危机后,中国经济增速从11.3%的高点降到目前6.4%的中高速,但调查失业率稳定在5%左右。这背后原因在于每天近1.9万家的新企业成长起来,托起了整个就业市场,其中绝大多数是民营经济企业。

2. 激发市场活力的主力军

民营经济运行机制最接近于市场经济的运作机制,价值规律、供求规律、竞争规律体现得最充分,优胜劣汰,效率不断提高。众多的民营经济是激发市场活力的源泉,是提振国内消费市场的主力军。同时,对国有经济的改革具有一定的借鉴作用。

3. "双创"的主要载体

民营经济的市场主体大都是小微企业,一家大企业通常都有小微企业的历程。小微企业是创业的主要形式,更是创新的天然发源地,创新需要正、负双向的激励机制,也就是动力和压力。

（三）平衡发展理论及其借鉴意义

平衡发展理论，是以哈罗德—多马新古典经济增长模型为理论基础发展起来的。平衡发展理论认为，由于各经济要素间的相互依赖性和互补性，因侧重某一个部门或地区的投资影响了其他部门和地区的发展，则落后部门和地区的阻碍作用导致所有部门和地区都不会得到很好发展。因此，所有的经济部门和地区应该齐头并进，共同发展。平衡发展理论的实践意义在于注重促进社会公平、缩小地区间发展差距和维护社会稳定，在经济发展到一定阶段的时候有利于区域和产业协调发展。

当前，促进民营经济高质量发展，必须解决好民营经济面临的市场景气度下降、转型升级压力、融资成本高、市场不公平待遇、优惠政策落实不到位等诸多问题。这绝不是一地一域或某个部门的事，而是全国上下通盘考虑，统筹推进，为民营经济企业营造公平、透明、法治和可预期的发展环境。借鉴平衡发展理论的积极意义，着重营造公平的营商环境，主要包括公平的政务环境、市场环境、社会环境、政策环境、人才环境、开放环境、税收环境等，齐头并进，多管齐下，培育支持民营经济高质量发展的土壤。

公平的税收环境，重点体现在各个纳税人的税负与其负担能力相适应，并使纳税人之间的负担水平保持平衡，条件相同者缴纳相同的税，对条件不同者加以区别对待。因此，除了在税制上设计合理，强调在税收执法上公正，特别应严厉打击税收违法违规行为，因为低成本的违法违规行为不可避免地引发"破窗效应"。在税收优惠政策中，从税制角度看，普惠式减税降费相比结构性减税降费，税率式减税相比税基式减税等其他方式，更能促进企业公平发展，更能有效引导预期，激活市场潜力。从落实角度看，低成本的用足用好优惠政策，能够直接降低企业成本，促进企业发展。

二、青岛市民营经济减税降费效应分析

2019年颁布的一系列税收政策，主要包括以下内容：一是增值税小规模纳税人提高起征点；二是减征增值税小规模纳税人"六税两费"，最高按50％的幅度减征；三是放宽小型微利企业标准加大企业所得税优惠力度；四是扩展初创科技型企业优惠范围；五是深化增值税改革有关政策。

从政策实施效果看，提高增值税小规模纳税人起征点、企业所得税小微企业标准的进一步放宽（普惠式减税政策）和深化增值税改革政策

中降低部分行业税率(税率式减税)减税效果较为明显。新优惠政策下,符合条件的企业应纳税所得额 100 万元以下,企业所得税实际税负为 5%,100 万～300 万元之间的企业所得税实际税负为 10%,远远低于法定税率 25%。

截至 2019 年 7 月末,青岛市民营经济税务登记户数为 99.5 万户,占全部登记户数的 95.2%;1～7 月份实现税收收入 488 亿元,占全部单位纳税人税收收入的 63%。民营经济已成为实体经济的坚实基础、税收贡献的主要力量,在助推全市经济转型、吸纳就业等方面发挥了突出作用。实施更大规模减税降费以来,持续释放的减税红利为民营经济发展注入了新的活力,"稳就业"作用凸显。

(一)减税降费基本情况分析

1.民营经济受益最大

2019 年 1～7 月份青岛市新增减税降费 116.1 亿元,剔除个人所得税等自然人享受的减免后,属于单位纳税人享受的减免税费为 78.9 亿元。其中,民营经济为 57.3 亿元,占比为72.5%,国有、涉外经济占比分别为 14.2%、13.3%。民营经济新增减税占比远超其他经济类型。

从减税占比与入库占比的对比情况看,民营经济新增减税占比高于其税收入库占比 9.1 个百分点,国有、涉外经济减税占比分别低于其入库占比 6.5 个、2.6 个百分点。民营经济享受减税的力度更大。

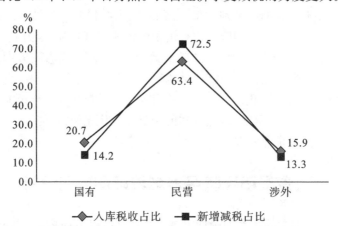

图 1 1～7 月份青岛市各经济类型新增减税占比与税收入库占比对比情况

2.提高增值税起征点政策对民营经济影响最大

小微企业绝大多数属于民营经济。2019 年 1 月份实施的小微企业普惠性减税政策兼顾了民营经济数量大、类型多、分布广等特点,使民营经济普遍享受到了减税红利。从各项减税政策中民营经济占比情况可看出,小微企业普惠性减税三项政策明显高于其他政策。其中,提高增值税小规模纳税人免税标准政策中民营经济占比最高。该政策将起征点从 3 万元提高到 10 万元,惠及民营经济 3.8 万家,减免增值税税额近 4 亿元,家数和减免税额占比均高达 99%。

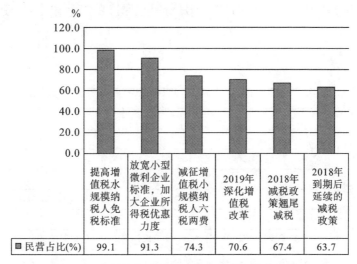

图 2　1～7 月份各项减税政策中民营经济占比情况

3. 小微企业扩围政策对民营经济减税效果显著

小微企业扩围政策放宽认定标准,降低小微企业所得税税率,不仅使享受减免的民营企业家数增加,更是将减税力度翻倍。一是减税总额、家均减免税额均翻倍。按旧政策,享受小微企业所得税减免的民营企业合计减免税额 3.5 亿元,新政策施行后新增减免税额 4.3 亿元,增幅为 122.9%;家均减免税额由 0.90 万元提高到 1.87 万元,增幅为 107.5%。二是实际税率降幅逾 60%。1～7 月享受小微企业所得税减免的民营企业 4.2 万家,若按旧政策计算,企业所得税平均税率为 14.2%;按新政策计算,平均税率为 5.6%。税率降幅超过 60%。

表 1　民营经济小微企业扩围新旧政策比较

政策减免	减免家数(万家)	减免税额(亿元)	实际税率(%)
新政策	4.2	7.8	5.6
往年政策	3.9	3.5	14.2
增量	0.3	4.3	−8.6

(二)民营经济享受减税降费政策效应分析

减税降费有效降低了企业税费成本,直接提升了企业赢利水平;改善了营商环境,提振了市场信心。民营经济创新创业活力显著增强。

1. 新办户数明显增长

减税降费激发了民营经济投资创业的热情。1～7月份青岛市民营经济新办户数同比增长18.8％,涨幅明显。同时,每月新办户中民营经济占比明显上升,特别是2～7月份一直保持在97％以上,处于近3年的高位。

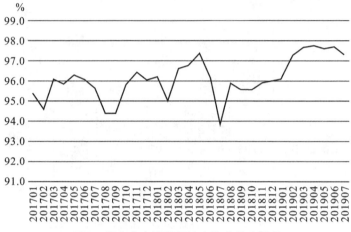

图3 新办户中民营经济占比分月度情况

2. 创新意愿稳步增强

减税降费提高了民营企业的营业利润,进而增强了企业研发创新的意愿。从重点税源数据看,1～7月份,全市逾640家赢利的重点税源民营企业利润总额为233.8亿元,同比增长11.5％;同期研发费用支出17.8亿元,同比增加3.9亿元,增长28.4％。

3. 投资规模趋稳

增值税发票数据显示,受减税降费政策红利影响,1～7月份青岛民营经济设备投资额为1562.4亿元,同比增长4.5％,其中4～7月份同比增长9.6％。设备投资的增长表明民营经济扩大生产意愿增强,彰显了企业家的信心。

4. "稳就业"作用显著

从税收相关数据看,民营经济就业人数增量远超非民营经济的总和。2019年上半年,在经济形势面临下行压力的情况下,青岛市城镇新增就业40.2万人,同比增长8.9％。民营经济成为吸纳劳动就业的稳定器。

(三)存在的主要问题

1. 小微企业减税政策缺乏稳定性预期

民营经济的绝大部分是小微企业,我国支持小微企业发展的系统化的法律文件是《中华人民共和国中小企业促进法》(2017 年修订)，配套法律制度几乎没有，《国务院关于进一步促进中小企业发展的若干意见》(2009 年颁布)和中共中央办公厅、国务院办公厅印发《关于促进中小企业健康发展的指导意见》(2019 年颁布)最多属于行政规章，法律地位较低。现行小微企业税收政策的特点是内容多、规定散、补充繁、变化快。支持小微企业发展的税收法律文件是碎片化的，这种状况虽然体现出了税收政策的灵活性，及时反映了国家的政策意向，但从整体上说，这样的税收优惠显然缺乏系统性，也不够规范，税收政策的严肃性和可操作性因此大为降低。如减税降费政策中，很多带有执行时间限期，造成临时性措施的感觉，例如，最新小型微利企业所得税优惠政策、增值税加计抵减政策等都是 2021 年 12 月 31 日到期，直接或间接影响企业的长远规划，不利企业快速修复投资信心。

2. 现行小型微利企业界定与促进稳就业定位不符

小型微利企业的范围最新定义在"335"，即应纳税所得额不超过 300 万元，从业人数不超过 300 人，资产总额不超过 5000 万元。其中从业人数不超过 300 人，与小微企业是吸纳就业主力军的定位不符。假设小微企业仅因"从业人数超过 300 人"不能满足享受税收优惠政策，势必导致企业裁员，与国家"稳就业"政策存在不和谐音符。

3. 部分减税政策没有充分考虑公平性问题

一是政策性原因增负行业的困境。深化增值税改革产生了部分政策性增负行业，不利于公平竞争。如某公司，若全部开具 9%(按政策下降一个点)的销项发票，而进项发票中 13%(按政策下降 3 个点)的发票金额占全部进项发票金额比例过高，导致销项端税负下降小于进项端税负下降幅度，从而导致政策性增税负。经测算，假设增值税税率调整前后含税价格不变，不考虑其他税率抵扣因素，保持税负不变的平衡点在 36.68%，即 13%进项发票金额占比在 36.68%以下增值税税负才下降。二是部分税收优惠政策享受主体范围有待商榷。一般纳税人会计核算健全，成本核算真实，承担的社会责任也大，但"六税两费"地方税费减半征收未能优惠到与享受政策的增值税小规模纳税人同等规模的一般纳税人。三是"滥用税收规则"引发的不公。部分纳税人为享受小微企业优惠，特别是小规模纳税人月度 10 万元(季度 30 万元)以下的增值税免税优惠，通过"一址多照"形式设立多个小微企业或将原企业进行拆分变为小微企业，增加了税收流失风险。更重要的是挫伤了同行业纳税人合法纳税的荣誉感，容易发生"破窗效应"的连锁反应。

4. "多、杂、专、快"阻碍减税降费政策顺畅公平落实

纳税人对减税降费政策的多样性、复杂性、专业性、变化快以及享受后果难以尽快掌握并存有疑虑。一是理解政策有误，怕担责。减税

降费政策出台频率快,内容多,专业性强。要求纳税人方面,主要是财务人员素质要高,一旦掌握不深不透,出现适用错误易导致税收行政处罚。因此,对于民营经济企业的财务人员来说,对涉及税款较少且较为复杂的事项,往往采取"多一事不如少一事"的态度,不愿享受,以免担责。二是享受优惠多时,怕增负。享受税收优惠政策,纳税人惯性思维是易导致事后监控力度加大,审核评估次数增多,导致机会成本增加,因此,一些民营企业权衡优惠税款和机会成本后不敢享受。三是限制条件过多,难享受。如增值税增量留抵退税制度,前置条件包括自2019 年 4 月税款所属期起,连续 6 个月增量留抵税额均大于零,且第 6 个月增量留抵税额不低于 50 万元等五项条件,符合条件者甚少,特别是民营企业。

三、基于税收角度进一步提高青岛民营经济平衡高质量发展的建议

(一)根据税收法定性原则,尽快制定支持小微企业发展的配套法律法规

借鉴美国经验。1953 年,美国颁布了《小企业法》,确定了小企业的法律地位和国家对小企业的基本政策与管理措施,成为支持小企业的基本法。此外,美国还颁布了《机会均等法》、《联邦政府采购法》、《小企业创新发展法》及《小企业就业法案》等诸多配套法律制度,将技术创新和解决就业确立为小企业两大功能,不断优化小企业的外部环境。建议以此次减税降费为契机深化财税体制改革,一是明确统一小微企业适用范围,突出小微企业的吸纳就业功能,放宽或取消从业人员指标限制,并和相关法律法规条款接轨。二是上升支持中小企业发展有关文件的法律层级,制定支持中小微企业发展的配套法律法规制度,特别是财税制度类,形成小微企业税收优惠的长期预期,持续激发微观主体的活力。

(二)营造公平税收环境,进一步促进公平执法公平施策

一是对政策性漏洞产生的后果及时评估,采取限制性措施,遏制"滥用税收规则"势头蔓延。大力宣传诚信纳税行为,营造纳税光荣的氛围,避免出现"破窗效应"的窘境。二是适度扩大并规范进出"黑名单"范围,提高违法成本,营造良好的税收环境。三是普惠性优惠政策应充分考虑享受主体负担能力相当的重要性,不能简单地以纳税人资格为划分标准。为简化统一税制,便于政策的操作,同时激励中小企业的成长发展,鼓励公平竞争,建议将与财税〔2019〕13 号文件、国家税务

总局 2019 年第 4 号公告适用于小规模纳税人的优惠政策扩展到所有增值税纳税人,包括一般纳税人。四是关注税负增加行业或领域的增负持续性,加快增值税"三档并两档"改革,体现税收公平性原则。短期内建议采取扩大增值税加计抵减范围等过渡性措施针对性降负。

(三)关注个性化需求,进一步提升服务水平分类施策精准应对

一是分类施策,满足合法需求。税收优惠政策的受众不同,必然税法宣传、政策辅导的方式及方法也不尽相同,否则极易造成"一人感冒,全家吃药"的现象。大力提高税法宣传的精准度,探索建立以"互联网＋政策解读和演示视频"为主体的税法宣传模式,可以建立同行业财务微信群的形式,鼓励企业之间互相交流解决财务具体问题。二是坚持"无事不扰"的原则,对享受优惠政策的纳税人,强化"信用＋风险"动态监控管理,健全以信用为基础的税收监管机制。如除专案稽查、举报检查、发票协查、高风险预警外,A 类企业 3 年评估一次,B 类企业 3 年评估一次,其他企业 2 年评估一次,且评估为全税种评估。三是充分考虑税收优惠政策时间限定带来的影响,建议短期内可以在政策到期前 3 个月公告提醒延期或废止,长期来看尽量采用"税改"的形式,保持政策连续性的良好预期。四是合理放宽临时性优惠措施的享受条件,惠及更多纳税人特别是小微企业且利于征纳双方执行。建议增值税增量留抵退税政策中,增量进项税额"连续 6 个月"减少到"连续 3 个月"。

(作者单位:国家税务总局青岛市税务局税收科学研究所)

2020

社会篇

2019～2020年青岛市社会形势分析与预测

于淑娥

2019年,青岛市坚持以习近平新时代中国特色社会主义思想为指导,深入贯彻落实习近平总书记对青岛工作的重要指示批示精神,抓攻势、建平台、引项目、促投资、优环境,全市经济社会继续保持总体平稳、稳中有进、结构趋优的良好态势。前三季度,青岛市实现国内生产总值(GDP)9768.93亿元,按可比价格,同比增长6.4%。10件27项市政府市办实事总体有序推进,其中6项已完成年度目标,大部分项目进入收尾阶段。

一、2019年青岛市社会建设成效显著

(一)城乡居民收入稳步提高,消费能力同步提升,居民消费价格指数(CPI)温和上涨

居民收入跑赢GDP增速,社会保障持续改善,获得感、幸福感进一步提升。上半年,城镇居民人均可支配收入27251元,同比增长7.4%;农村居民人均可支配收入14180元,同比增长7.5%。

2019年前三季度,青岛CPI同比累计上涨2.6%,与上年同期相比扩大了0.3个百分点。从主要分类变动情况来看,食品价格上涨8.6%,非食品价格上涨1.2%;消费品价格上涨3.2%,服务价格上涨1.6%。

八大类商品价格"七涨一跌"。从构成CPI的八大类来看,前三季度食品烟酒价格同比累计上涨6.4%,影响CPI上涨约1.88个百分点。其他用品和服务、教育文化和娱乐、医疗保健、衣着、居住、生活用品及服务价格分别上涨4.8%、4.4%、3.0%、0.6%、0.5%、0.5%;仅交通和通信价格下降,降幅为2.7%。

(二)社会民生事业投入持续增加,公共服务能力进一步增强

2019年,青岛市持续加大社会民生事业投入,积极扶持就业,支持

发展公平优质教育,深化社会保障制度改革,提升基础设施领域补短板力度,提升公共文化服务水平,公共服务能力进一步增强。同时,积极推动医疗卫生、教育、科技、农业生产等基本民生领域市与区(市)财政事权和支出责任划分改革,科学划分民生领域财政事权和支出责任,提高基本公共服务的供给效率和均等化水平。

2019 年 1～6 月份,青岛市一般公共预算收入完成 668.6 亿元,同比增长 0.6%;一般公共预算支出 986.9 亿元,同比增长 17.4%。其中,全市财政用于民生方面的支出 749.5 亿元,同比增长 14.9%,占全市财政支出的比重超过 75%,各项民生政策得到较好落实。社保和就业支出同比增长 33.8%,教育支出同比增长 15.1%,节能环保支出同比增长 31.9%,住房保障支出同比增长 63.2%。

1. 强化公共就业服务,促进城乡就业创业,就业局势稳中有升

2019 年,实施积极就业创业扶持政策,对企业吸纳就业的社会保险加大补贴力度,扩大社会保险补贴范围;对招用就业困难人员、毕业年度高校毕业生的,在原补贴养老、医疗、失业保险基础上,增加工伤、生育保险补贴。对符合条件努力稳定就业的参保企业,返还 50% 失业保险费;延长创业孵化载体奖补期限,扩大创业补贴受益范围,取消一次性创业补贴、一次性创业岗位开发补贴申领条件中关于缴纳社保时限的要求;推进创业担保贷款小微企业信用贷款试点,降低创业融资担保门槛。

优化就业创业环境,完善公共创业扶持政策。一是出台《关于在青高校在校大学生就业能力提升补贴申领发放有关问题的通知》(青人社函〔2019〕25 号),鼓励在校大学生拓展技能,提高就业能力。对自青人社规〔2018〕21 号文件实施之日(2018 年 12 月 15 日)起,在青高校统招全日制非毕业年度专科及以上学历的本市生源在校大学生,在读期间通过青岛市职业技能鉴定中心取得相应职业资格证书的,可享受在青高校在校大学生就业能力提升补贴。二是出台《关于做好青岛生源特困家庭应届毕业生一次性求职创业补贴申领发放工作的通知》(青人社函〔2019〕26 号),对青岛生源特困家庭应届毕业生发放一次性求职创业补贴每人 1000 元。三是加大政策解读力度,如就职业能力建设相关政策体系解读、支持企业开展新录用人员岗位技能培训政策解读、企业新型学徒制培训政策解读和青岛市首席技师评选奖励等企业技能人才就业政策解读、《青岛市高校毕业生就业、落户政策》解读、青岛市就业创业政策解读等,在网上发布青岛市人力资源和社会保障局惠民政策百问(2019),就有关就业政策进行全面解答,为实施就业、创业搭建政策平台,为提高有关人员的就业创业能力起到了很好的指导作用。1～9 月份,全市城镇新增就业 62.09 万人,占年计划的 207%;帮扶困难人

员就业 2.94 万人;完成政策性扶持创业 2.76 万人,占年计划的 184％;完成技能提升培训 2.39 万人,占年计划的 79.7％。

2. 持续优化城乡教育资源配置,义务教育均衡发展取得新成效

2019 年,青岛市支持发展公平优质教育。保持财政教育投入持续稳定增长,巩固城乡统一、重在农村的义务教育经费保障机制,改善乡村学校办学条件。提升教育服务水平,支持在全市小学按需开展课后校内托管基本服务,着力解除家长后顾之忧。截至 9 月底,59 所幼儿园已开工,占年计划的 98.3％;100 所食堂已全部开工,占年计划的 100％,其中 81 所已完工,占年计划的 81％;新学期开学后,共有约 19.2 万名小学生参加校内免费托管,占总数的 33.5％;举办家庭教育公益讲座 296 场,培训家庭教育指导师 352 人,分别占年计划的 148％ 和 176％;10 处婚姻家庭辅导中心已建成投入使用,占年计划的 90.9％。

3. 成立青岛市医疗保障局,出台多项惠民政策,建立医保标准动态调整机制,着力提高青岛市居民的医疗保障水平

2019 年 1 月 15 日,青岛市医疗保障局正式挂牌。医疗保障围绕"建立多层次全民医疗保障体系,增进岛城人民健康福祉,率先走在全国全省前列"这条主线,建设"惠民医保、智慧医保、诚信医保",不断提升全市人民的医疗保障水平。截至 9 月底,年计划 20 处急救站建设站点全部完成选址,其中 16 处完成基础设施建设,19 处完成人员招聘和岗前培训,13 处已并网试运行,占年计划的 65％。完成"第一响应人"应急救护培训 19790 人,占年计划的 99％。

1 月 1 日起,提高居民医保财政补助标准和保障待遇相关政策正式实施。截至 9 月底,全市共有 807 万人次(168 万人)享受相关保障待遇。其中,居民基本医保基金支付 33.47 亿元,大病保险资金支付 2.59 亿元,全民补充医保资金支付 1.01 亿元。

(1)抓好医保惠民利民重点实事。"把更多救命救急好药纳入医保报销","全力抓好医保精准扶贫","创新完善长期护理保险制度","加强慢性病门诊保障","提高儿童病、重度精神病患者医疗保障水平",实现职工医保个人账户省内"一卡通行"、"扩大异地就医直接联网结算范围"等,实现医保对外服务事项 100％"一次办好",群众"零跑腿率"达到 70％ 以上,应用移动支付、人工智能等新技术手段为群众提供个性化、贴心化服务等。起草《医疗保障信用信息管理办法(试行)》,正在向社会征求意见。

(2)探索将长期护理保险功能向应对老龄化的前端延伸,着力预防和延缓老年人失智失能。出台《关于开展长期护理保险延缓失能失智工作的意见(试行)》,探索"长护险"延缓失能失智保障机制,惠及轻中度失能失智人员和高危人群。截至 9 月底,"长护险"共惠及全市 6 万

多完全失能和重度失智人员,累计支付资金 17 亿元,过去"医院不能养、养老院不能医、家庭无力护"的困局发生根本性改变,社会化照护难题得到有效解决。

(3)正式启动按疾病诊断相关分组(DRG)医保付费国家试点工作。2019 年,青岛成为全国 30 个 DRG 付费国家试点城市之一,也是山东省唯一的试点城市。这是继长期护理保险全国试点之后,青岛承担的第二项全国医保改革试点任务,标志着青岛医保付费制度进入了全新的改革发展阶段。DRG 是国际上公认的医疗服务质量管理工具,也是医保、医院和医务人员均认可的管理工具,具有病种覆盖全面、医疗成本可量化、医疗质量可比较、医保支付可调控等特点。目前已有超过 40 个国家和地区的医保对住院医疗服务使用 DRG 付费。通过DRG 付费的杠杆作用,将促进青岛分级诊疗体系加快形成。

(4)首批医保工作站试运行,参保人可享"家门口的医保服务"。6月 1 日,青岛市首批 27 家医保工作站开始对外服务。首批医保工作站设在青岛市医保定点社区医疗机构,可提供门诊大病申请受理、医保异地安置报备、异地长期居住报备等业务,参保人可享受"家门口的医保服务"。这将进一步引导参保人员到基层看病就医,助推分级诊疗体系建设。

(5)医保精准扶贫"兜底线"保障能力增强。第一季度全市 5.7 万人获医疗救助 8300 余万元。其中,救助低保家庭 51632 人,发放医疗救助金 5605 万元;救助特困供养人员 3114 人,发放医疗救助金 461 万元;救助低保边缘家庭 1227 人,发放医疗救助金 783 万元;救助其他家庭 670 人,发放医疗救助金 1487 万元。

4.多措并举,民生保障能力进一步提升

2019 年,青岛市完善与经济社会发展相适应的社会保障制度动态调整机制,将基础养老金待遇向 65 岁及以上参保人适当倾斜,建立居民养老保险待遇确定和基础养老金正常调整机制,退休人员养老金实现"十五连增"。

基础设施领域补短板力度提升。规范完善主城区棚改债务市、区两级负担机制,建立健全棚改资金统筹、棚改成本控制、资产有效运营等长效机制。完善轨道交通建设筹资和运营补贴机制、公交运营补贴机制等,合理划分政府与企业、市与区(市)的责任,提高基本公共服务供给质量。继续推进社会民生建设全域统筹,便民利民工程取得新成就,群众获得感、幸福感、安全感不断增强。

截至 9 月底,已启动棚户区改造 25762 套(户),占年计划的 92%;完成住房保障 5632 套(户),占年计划的 93.9%;节能保暖改造开工598.3 万平方米,占年计划的 119.7%。其中,275.3 万平方米已完工,占年计划的 55.1％;农村危房改造 489 户已全部完工,占年计划的100％;全面开展农村生活垃圾分类,已有 7 个区(市)3100 个村庄(社区)开展了分类工作,占全市村庄(社区)总数的 56.8％。10 个美丽村居省级试点建设有序推进。截至 9 月底,已完成失能失智困难老年人评估 1.47 万人,占年计划的 98％;194 家养老机构已开工建设养老机构消防安全提升工程,占年计划的 80.5％。

(1)充分发挥项目建设牵引作用,公共服务水平显著提升。聚焦城市功能短板弱项,2019 年青岛市加快重点项目建设,建成市社会福利院、市创业就业实训基地等一批公共服务项目,有效提升城市公共服务功能承载力、保障力。全力推动城市路网建设,构建环湾一体的高快速路网体系:新机场高速连接线(双埠—夏庄段)工程完成项目初步设计方案及概算编制。春阳路打通、李王路拓宽改造工程按计划顺利推进。高效建成新疆路—渤海路匝道工程及景观节点。完成上海路天桥建设。年计划打通的 20 条未贯通道路上半年已开工 17 条,完工 6 条。完成 27 条市政道路提升工作,占全年计划的 54％。此外,加快推进 17所学校、幼儿园建设,主城区教育基础设施配套更加完善。加快停车场建设,统筹开展停车场建设改造、信息联网管理等工作,禹城路人防、东方饭店地块停车场改造等项目已建成投入使用,新增停车泊位 2700 余个。强化建设工程质量和安全监管,住宅工程渗漏、开裂专项治理两大行动攻坚战深入开展,安全生产风险隐患双重预防体系建设持续推进。

(2)丰富拓展绿色发展创新实践,城市环境功能日趋完善。坚持内外兼修,多措并举,健全常态化、长效化工作机制,努力让城市“里子”更厚实、“面子”更靓丽。高标准开展国家海绵城市和地下综合管廊建设“双试点”工作。截至 6 月底,海绵城市建设试点区达标面积约 23.5 平方千米,占总计划的 93％;综合管廊建设建成廊体 49.16 千米,入廊管线 318.70 千米,完成投资 32.13 亿元。加强历史城区保护更新,组织协调推进红瓦屋顶修复,启动大学路、沂水路、广兴里周边等片区综合整治提升工程,示范带动全市老街区复兴。坚持绿色建造理念,大力推广装配式建筑、绿色建筑,促进建筑垃圾利用产学研用紧密结合,全市上半年开工装配式建筑面积 208 万平方米;利用建筑垃圾 1609 万吨,利用率达到 79％;平度犁沟山废弃物矿山生态修复试点取得显著成效。加强超低能耗建筑技术国际交流合作,第四届亚洲被动房大会在青岛市召开。持续加大建设工地扬尘治理力度,保持严管重罚高压态势,加强现代技术运用,全市建设扬尘整治取得明显成效。市区生活垃圾分类、“厕所革命”有序推进。截至 9 月底,公共机构和相关企业生活垃圾分类覆盖率达到 90.6％;共有约 164 万户居民开展了生活垃圾分类,覆盖率达到 89％;新增和改造公厕 93 座,占年计划的 77.5％;开放公厕

201 座,占年计划的 100.5%;设置如厕专用临时停车标志牌 120 个,施划泊位 300 个,占年计划的 100%。

(3)城乡居民出行更加便捷安全。截至 8 月底,已提前超额完成年度交通微循环和设施提升目标任务。截至 9 月底,完成 10522 辆公交车驾驶区安全防护隔离设施安装和一键报警装置升级改造,占年计划的 131.5%;完成 3516 辆公交车(3985 个公交站点)公交导盲硬件设施安装及系统升级,占年计划的 87.9%。其中 772 路、675 路、470 路等50 条线路的 655 辆公交车(1474 个站点)已正式上线运行,视障人士可以下载"叮叮巴士"手机 APP 预约乘坐;地铁 1 号线首列车已调试;第二条海底隧道正式立项;青岛胶东国际机场已经基本完成机场主体工程的建设,建成后可起降空中客车 A380、波音 747-800 等目前最大机型,新机场转场时间已上报中国民用航空局审批;海湾大桥胶州连接线在确保安全和工程质量的前提下将工程提前至 2019 年 10 月份完工,有望与新机场同步开通,通车后胶州市至青岛主城区距离将缩短至 20千米。

(4)继续推进文化体育惠民活动。开展文化消费促进活动,设置共享智慧书屋和书亭,建设健身场地,公共文化服务水平进一步提升。支持开展文化消费促进活动,通过政府补贴、专属折扣、积分奖励等形式,对看电影、看书、看演出和参与文化艺术培训与体验等活动的市民给予补贴,更好地满足城乡居民的文化消费需求。积极推进青岛老城区申报世界文化遗产工作,全力保障青岛万国建筑博物馆建设和市博物馆扩建工作。截至 9 月底,共有 13.9 万余人次参与活动,发放文化惠民消费补贴资金 1972 万元,实现优惠 1633.1 万元;已设置共享智慧书屋书亭 87 处,占年计划的 87%,其中,智慧书亭 82 处、"城市书坊"智慧书屋 5 处;建成健身场地 49 处,占年计划的 49%,其中,笼式足球场和多功能场地 46 处、体育公园 2 处、儿童健身乐园 1 处。

5. 创建美丽乡村示范村,加大新型职业农民技能培训,乡村振兴战略顺利实施

截至 9 月底,美丽乡村建设已开工 89 个村庄,占年计划的 89%;其中,51 个村庄已完工,占年计划的 51%。累计组织新型职业农民技能培训 19835 人,占年计划的 99.2%;其中,19790 人已完成培训,占年计划的 99%。

6. 公共安全保障能力进一步提升

2019 年,青岛市继续抓好食品安全监管,开展食品安全定性定量检测,创建星级农贸市场。截至 9 月底,完成定性定量食品安全检测59953 批次,占年计划的 92.2%,已出数据总体合格率为 95.83%;组织开展了各月份星级农贸市场创建实地测评和市民满意度调查,并公示

测评结果,确保居民吃得放心。

(三)持续加大社会民生大项目投入和建设,公共服务水平进一步提升

大项目是经济社会发展的重要支撑,是发展的"生命线",是实现走在前列、高质量发展的支柱。2019年,青岛市级重点项目共有200个、总投资6368亿元。其中,基础设施和社会民生项目6个,总投资701.3亿元。重点前期项目182个,总投资3698.7亿元。其中,基础设施和社会民生项目8个,总投资321.8亿元。截至6月底,基础设施项目开工在建2个,完成投资148.1亿元,完成年度计划投资的74.9%;教育卫生等社会事业项目新开工2个,开工在建2个,完成投资4.8亿元,完成年度计划投资的24.6%。

(四)人才建设多措并举,结构进一步优化

2019年,青岛市优化人才创新创业生态环境,通过提升人才政策综合效能,拓展人才创新创业平台,人才总量明显增长,人才结构有效改善。据不完全统计,2019年1~8月,全市集聚各类人才17.5万,完成全年目标的74.5%,全市人才总量突破205万。

1. 以全新的人才新政引"凤凰"

大力推进实施《关于实施新旧动能转换五大工程的意见》(2018),这个被誉为青岛有史以来含金量最高、创新突破力度最大的人才新政,涵盖了引才、育才、助才、成才、留才等各个方面,确定了五年集聚100万人才的目标,为实现人才驱动创新发展奠定了基础。发布青岛人才引进落户政策并于2019年8月1日起实施。对符合《关于印发青岛市高层次人才服务实施办法的通知》(青人社发〔2018〕27号)的高层次人才,具有相应文凭的学历人才和相应职称或职业技能等级的技术技能人才引进落户。

2. 创新人才载体,建设集政策、资金、产业等优势于一体的创业平台和科技孵化器,引才成效显著提升

吸引人才离不开创新载体和创业孵化器等各类人才事业发展的平台载体。截至9月底,全市已建成国家级留学人员创业园、高层次人才创业中心、国际院士港、博士创业园等为主体的全链条、多层次、立体化的创业孵化平台体系。其中,中德生态园、古镇口军民融合创新示范区、国际邮轮母港、灵山湾影视文化产业区等功能区以职员化为主的人才管理体制改革取得初步成效,充分激发了人才干事创业活力。青岛博士创业园已发展为城阳、市北、李沧三个园区,总面积约4万平方米。2019年前三季度,城阳园区累计吸纳27批共277家企业入驻,吸纳博

士人才 372 名,目前在孵博士 139 名。为入驻企业提供全方位的创业支持,量身打造"博士全＋服"孵化服务体系,助力企业加速成长。2019年 5 月 20 日,青岛国际博士后创新创业园在城阳区开园。园区一期运营面积共 5.6 万平方米,不仅为初创期博士后项目提供孵化空间,也为成熟期博士后项目提供了产业加速空间。截至 9 月底,园区引进了来自清华大学、浙江大学、德国耶拿大学、日本丰田工业大学等国内外知名高校的博士后项目 25 个、博士后等高层次人才 50 余人,涵盖了海洋经济、物联网、智能制造、电子信息、新材料、医疗健康等新旧动能转换重点产业。

3. 西海岸新区成为 2019 年人才引进的大赢家

西海岸新区(以下简称新区)2018 年出台《关于实施"梧桐树"聚才计划的若干政策》,该政策在 2019 年实现了"小爆发":1～9 月份,新引进国家级人才 12 人,引育省级以上人才 29 人,引进硕士以上高层次人才 2820 人,大学生及各类专技人才 3.9 万人,海外人才 720 余人。

新区发挥古镇口融合创新区等平台载体和各功能区产业集聚优势,招揽高端人才。国际经济合作区已建成世界上规模最大的海洋基因库,汇集了 20 多个国家的 200 多名科学家。截至 9 月末,园区聚集人才总量达 9000 余人,其中外籍和海外人才达 428 人。古镇口融合创新区已引进国家级人才 16 人,集聚各类高层次和紧缺人才 2300 余人。

一系列高质量、有特色的人才项目洽谈活动也是新区招才引智的"梧桐树"。2019 年 6 月,新区承办了中国首席人才官高峰论坛,鼎链金融、众峰基金等 6 个产才融合项目由此落户新区。9 月举办的"凤凰归巢"系列活动中,一批产才融合项目落户。同时,新区还建成 13 家境内外招才引智工作站,先后赴中国香港和英国、俄罗斯、荷兰、日本等地对接洽谈产才融合项目,香港理工大学轨道交通联合研究中心等 5 个项目签署合作协议,曼彻斯特大学人才交流合作等 8 个项目达成合作意向,香港城市大学青岛科创中心等 4 个项目已成功落地。

165 家市级以上重点实验室、工程技术研究中心,24 家国家级创新创业载体,20 所知名高校……这是新区招引人才的"聚宝盆"。青岛明月海藻集团建成的海藻活性物质国家重点实验室集聚了以马小军为代表的高层次人才团队,突破了褐藻胶内毒素、杂蛋白去除等关键技术,带动海藻行业的转型升级,提高产品附加值。新区新引进的"冰鉴"全球人才配置中心,通过区块链技术,建成集聚高端人才的"冰鉴人才云"人才交互平台,计划 5 年内成为年成交额 100 亿元的猎头产业集群。

截至 9 月底,新区已按照"五有"标准建成两家产业"博士邨",成为配套服务完善的产业高端人才集聚区;成立了人才创投联盟,瞄准优秀人才项目进行投资布局;对标深圳等一线城市,联合智联招聘,高标准建设综合性人才公共服务平台西海岸新区"梧桐树"聚才港。

(五)时尚青岛建设迈出坚实步伐

2019 年,青岛积极对标深圳,加快建设开放、现代、活力、时尚的国际大都市。以产业为带动,青岛涌现出大批的文旅项目,即墨古城、温泉小镇、科普文旅小镇、世界动车小镇、马文化产业园等,不仅填补了该领域的市场空白,同时也拉开了城市高端文旅产城融合项目的序幕,让诗与远方的和弦,在此觅得归处。

1. 岛城各具特色的文旅小镇如雨后春笋般涌现

影视、音乐、科普、动车等时尚化、年轻化的元素,持续拉动着相关产业发展,不仅提升了城市乡村原有的面貌,也通过"文旅＋"的产业融合形式,丰富着这座城市的文旅基因,促进区域进一步协调发展。

(1)世界第二、亚洲首个"伊甸园"——青岛东方伊甸园落户高新区。该项目总占地面积 86940.8 平方米,规划建筑面积 62254 平方米,将以集生态环保、海洋文明、文化娱乐、科研教育、论坛等于一体"水"主题公园的形式,打造崭新的文化旅游体验项目,实现诗与远方的进一步融合。

(2)青岛东方小镇落户西海岸新区。该项目不仅拥有目前全国规模最大、风格多样化的特色民宿集群,风情商业街、文化展馆、美物馆、环湖休闲街区等也都将在此得以展现。文化是文旅小镇的切入口和驱动力,能为这个地区聚集稳定且高质量的人流,从而带来更深层次的经济价值和文化价值。

(3)"文旅＋影视"发掘影视 IP 的巨大潜能。从《流浪地球》《疯狂的外星人》,到最近正在拍摄的《封神三部曲》《号手就位》,一年几十部影片的拍摄计划,让拥有百年光影历史的青岛同电影的关系愈发密不可分。2018 年,总投资 50 亿元、规划占地 1500 亩的藏马山外景地正式开工建设。

(4)"文旅＋音乐"推进产业同文旅的双向带动。2019 年,由乐都音乐谷主办的首届青岛海洋国际音乐季,不仅邀请来了叶小纲、吕思清、阎维文等音乐界大咖,首次成立的节日乐团 70％以上的成员是国内外一流的演奏家、指挥家、乐团首席。乐都音乐谷也因此次活动再次叫响了知名度,并将逐步成为中国交响乐新作品发布地、中国交响乐作品展演基地、中国国家级音乐会议中心、中国新歌剧作品发布中心和全国音乐版权保护中心。同时,乐都音乐谷还是一处音乐、文化、旅游等全生态产业链的音乐产业平台。通过音乐季等形式多彩的活动,逐渐将音乐谷打造成为多元文化交融和文化创意创新的平台,以"音乐＋"为发展主轴,通过"一个平台、六大载体、八大板块"分步建设,打造山东乃至全国的音乐文化新地标、音乐产业新平台、音乐旅游新胜地,争创国家级音乐文化产业基地园区。截至9月底,乐都音乐谷已完成文化中心、会展中心、文创汇、音乐共享空间、乐都音乐公园、海景花苑五星级酒店、八音坊、人才公寓等设施建设,形成了一定规模。中粮大悦城、居然之家、社区邻里中心等一批商业配套项目正在加快建设。

2. 青岛商业:"引爆"城市活力时尚

在建设开放、现代、活力、时尚的国际大都市的进程中,青岛商业扮演更加重要的角色。2019年,着眼于消费升级和体验式消费的趋势,围绕培育壮大消费新动能,重点加快建设活力时尚街区,努力打造时尚化、年轻化的城市商业品牌。截至9月底,青岛已形成市北区中央商务区、邮轮母港休闲服务区、西海岸中央活力区、古镇口军民融合创新示范区、蓝谷中央商贸区、李沧交通商务区等六大商贸聚集区,中山路、台东、李村、香港中路、西海岸香江路、崂山金家岭、红岛经济区等七大商圈,拥有万象城、金狮广场、银座、凯德MALL等10余座大型商业综合体。截至9月底,青岛市商贸领域累计利用外资3.34亿美元,引进外来流通企业53家。其中,引进世界500强和著名跨国零售企业14家、外资餐饮企业4家、跨国企业采购中心6家。外资零售企业销售额占社会消费品零售总额的6%左右。

3. 商业价值更加丰富,新业态新模式迭出,幸福感攀升

新业态、新模式层出不穷,打造城市购物品牌,发展"夜经济",培育社区商业和便利连锁店,商业已成为能够带给人幸福感的"梦工厂"。

6月,台柳路1907音乐街、情人坝酒吧街、城阳区鲁邦国际风情街、崂山区星光里时尚休闲街、西海岸新区金沙滩啤酒城等特色街区相继开街,将青岛带入了"夜经济"时间。在这里,音乐、精酿、雪茄、脱口秀、即兴表演等各种主题酒吧涌现,书吧、酒吧、咖啡吧、Livehouse等经营业态不断引入,为青岛商业注入了更多时尚化、年轻化的元素。9月,市北卓越大融城中心广场上演了一场"中日韩泰海鲜烹饪国际大赛",这是2019青岛城市购物节的重头戏。购物节提出将"青岛购物"打造成具有一定国际知名度、强大吸引力和影响力的城市品牌。通过线上线下联动、商旅文体协同、体验消费融合等方式来营造良好的消费体验,发展"购物休闲、特色餐饮、文化娱乐、演艺体验、观光旅游"五位一体的商业模式。在"智慧零售""新零售"语境下,青岛培育社区商业和便利连锁店,为市民创造更加便利、快捷、时尚、休闲的生活价值。9月,青岛保利广场、利群商厦万达店开门纳客。

4. 2019"山情海韵"青岛崂山文创大赛为区(市)文化产业提质发展提供了借鉴

"山情海韵"文创大赛的主旨是要大力强化文化建设的引领作用,

创新创作一批充满崂山底蕴、承载崂山故事、满足市场需要、贴近群众需求的文创精品，充分体现传统文化、崂山元素的有机融入和艺术表达，加快崂山文化产业提质发展。"山情海韵"文化创意设计大赛要求以"现代时尚·创意融合·山海情怀"为主题，主要包含产品设计类和专项命题类两大参赛类别。产品设计类文创产品要求从崂山的历史文化、风土乡情、风物特产、故事传说、风景名胜、民间曲艺、民俗非遗、地方美食、特色产业、标志建筑等角度和视角出发，创造性转化、艺术性呈现崂山的特色地域文化资源和文化符号。产品范围涵盖文化礼品（伴手礼）、数码产品、动漫卡通、家具家居、服装服饰等。专项命题类包含标志性雕塑、崂山旅游、特色文化三个命题。其中，特色文化命题文化创意产品要求立足于崂山本土红色文化、红色资源、红色记忆、红色故事，适用于实体渠道，如印刷出版、动漫影视、社会宣传等，具有较强的独创性、流行元素和浓郁的红色文化气息。

（六）智慧城市建设步伐加快，社会治理现代化稳步推进

1. 新时代社区治理呈现新局面

2019年，青岛市以推动"民政事业改革创新实验区"发展为契机，以习近平总书记视察青岛上流佳苑社区重要讲话精神为指导，以城阳区"民政事业改革创新试验区"为载体，以居民需求为导向，通过手机APP、融媒体、"社区论坛"等方式，广泛征求社区居民的"微实事"项目，实现公共资源向社区聚集、公共财政向社区倾斜、公共服务向社区延伸，突出抓好社区养老服务、居民慢性病运动干预、社区大食堂、残疾人康复、学生托管、临时救助、文化活动等与居民生活密切相关的服务项目，把服务居民、造福居民作为城乡社区治理的出发点和落脚点，适应人民群众多样化、多层次、多方面需求，以精细管理和良好服务造福居民，实现了服务在基层拓展、矛盾在基层化解、民心在基层凝聚，大力推进全市城乡社区治理体系和治理能力建设，开创新时代社区治理新局面。

（1）以政策创新指导工作。出台《关于加强和完善城乡社区治理工作的实施意见》《青岛市社区专职工作者管理办法》和《青岛市关于完善社区专职工作者薪酬体系的指导意见》，以"探索建立村改居社区靶向治理新机制，打造新型阳光社区，推动转型融合发展"为主题，创建全省社区治理实验区，以解决"村改居"社区突出问题为突破口，建立"新老融合、管理科学、服务优良"的社区精准治理新机制。

（2）以城阳区为试点，"四社联动"不断深化。2019年，城阳区财政投入550余万元，对新成立的区级、街道级的枢纽型社会组织，分别给予5万元和3万元的一次性奖励。对引进的5A、4A级社会组织分别给予15万元左右的奖励。向北京协作者、白沙湾社工、锦湖社工、托普

社工、母婴关爱协会、瑞阳心语等社会工作服务机构购买服务项目,打造出"快乐同行""生命之初1000天""暖心港湾"等服务品牌,产生了良好的社会效益。发挥全市登记的7998家社会组织和持证的数千名社会工作人才以及115万名志愿者的作用,各(市)采用公益创投和打包购买等方式引入专业服务,创建项目化运作机制,形成政府出资引导、社区支持监督、社会组织承接、专业社服务、社区志愿者参与的联动服务模式,精准对接居民需求。统筹协调各类组织和社区居民共商区域发展、共担社会责任、共享发展成果、共建美好家园。发挥社会工作行业组织作用。推行社区志愿者注册登记制度、志愿服务记录制度、志愿服务储蓄制度和服务效益评估制度等,加强社区志愿者队伍管理,"四社联动"机制得到进一步深化。

2. 进一步加强社会组织监督管理,促进社会组织健康有序发展

认真贯彻落实《关于改革社会组织管理制度促进社会组织健康有序发展的实施意见》(青办发〔2018〕15号),进一步加强社会组织监督管理,促进社会组织健康有序发展。

(1)强化社会组织党建引领,优化社会组织发展环境。城阳区在全省第一个出台《关于加强社会组织党的建设实施意见》,全面理顺社会组织党建工作机制,形成"行业主管、民政直管、街道兜底"的党建新模式。通过"互联网+党建""业务+党建""模块化+党建"等方式,实现了城阳区65个直管社会组织95%党组织覆盖和100%党的工作覆盖。优化社会组织发展环境,加强知名社会组织和社工人才引进。截至9月末,城阳区已引进知名社会组织5个,探讨推广"5+X"(乡贤参事议事会、社区义警协会、乡风文明理事会、志愿者服务会、邻里纠纷调解会)标准化社区社会组织建设模式,重点发展自治型、参与型、协调型、公益型社会组织,提升了社会组织服务社会的能力。

(2)创新社会组织矛盾化解机制,率先试点社会组织人民调解委员会制度。6月,出台《青岛市社会组织人民调解工作方案》,明确在市社会组织联合会和城阳区、崂山区率先成立社会组织人民调解委员会试点工作计划。7月,城阳区在区中小企业协会产生山东省首家行业协会人民调解委员会,发挥在社会组织内部矛盾排查、预防、化解、控制等方面作用,做到小问题不出协会、大问题不出部门,实现了"问题不上交"的目标。

(3)创新扶贫方式,积极动员社会组织参与对口协作精准扶贫。7月,市民政局召开"引导动员青岛市社会组织参与脱贫攻坚和乡村振兴工作推进会议",向全市社会组织和广大爱心人士发出了打好脱贫攻坚战的倡议,有效地带动社会组织参与脱贫攻坚工作。城阳区积极动员区时尚饰品协会等社会组织参与贵州关岭县、甘肃成县和山东巨野县

的精准扶贫工作。该协会工艺品加工项目成功落地关岭县,投资 600
万元,解决了当地 130 多人的就业;其他 3 家社会组织在关岭县达成合
作意向 3 个。城阳区慈善会联合其他社会组织共同开展 3 个慈善公益
扶贫项目,6 家慈善公益组织积极参与甘肃成县、贵州关岭县的精准扶
贫工作,累计捐款捐物 95 万元。

(4)以点带面,典型引路。将社会组织年检制度改为年度报告制
度,由"一次办好"转变为全程网办。对 4 类社会组织实行直接登记,提
高登记效率。下放社会组织行政许可事项 3 项,取消行政许可子项 8
项,非行政许可审批事项全部取消。出台《促进社会智库健康发展的意
见》,制定社会智库引进规划,提出 22 项举措。对收费标准超过四挡的
125 家行业协会商会进行整改,规范涉企收费目录清单,减轻会员企业
负担。加大打击非法社会组织力度,全市查处非法社会组织 49 家;对
连续两年未参加年检申请保留的 23 家社会组织举行听证会;"双随机、
一公开"专项执法检查稳步推进。

二、2020 年青岛市社会发展形势预测

中央决定在青岛建设中国—上海合作组织地方经贸合作示范区,
打造"一带一路"国际合作新平台,赋予了青岛东西双向互济、陆海内外
联动的对外开放战略地位。同时"15 个攻势"全面起势,"学深圳、赶深
圳"加快实施,"双招双引"成效逐步显现,投资呈现恢复性增长,大项目
不断增多,等等。2019 年第四季度和 2020 年,青岛市将以习近平新时
代中国特色社会主义思想为指导,认真践行党的十九大提出的以人民
为中心的发展理念,高质量完成 2019 年拟定的各项改革和建设任务。
2019 年第四季度和 2020 年,将以满足人民日益增长的美好生活需要为
出发点和落脚点,继续全面深化改革,加大民生领域投入,提高保障和改
善民生的水平。创新社会治理,着力改善城乡环境,进一步提升人民群
众的幸福感、获得感,使人民对美好生活的向往和期待得到更大满足。

**(一)继续增加民生投入,公共服务能力将得到进一步提升,居民获
得感将进一步增强**

1. 继续实施积极的就业创业政策,就业质量和人数将有较大提高

2019 年第四季度和 2020 年,青岛市将出台新的鼓励就业创业政
策,搭建和完善就业创业平台,扶持各类孵化器发展,提升公共就业服
务能力,满足供需双方多层次、多元化的就业创业服务需求,实现更高
质量的充分就业。预计 2020 年实现新增就业人数同比增长 10%以上,
就业结构、质量进一步优化,民营经济仍将是新增劳动力的主要阵地。

2. 继续统筹城乡义务教育科学均衡发展

继续推进实施《青岛市普通中小学高水平现代化学校建设实施方案》《青岛市普通中小学高水平现代化学校建设评估方案》，继续探索义务教育学校采用城区学校帮扶农村薄弱学校、城乡学校一体化捆绑式评估的方式，促进农村义务教育薄弱学校内涵发展。积极践行《教育信息化2.0行动计划》，推进信息技术与教育教学深度融合创新，切实将"以学习者为中心"理念贯彻到课堂教学行为当中，进一步促进信息技术与课堂教学的深度融合。提升教育教学质量和促进教育公平。2020年全市90％以上的中小学将达到市中小学高水平现代化学校建设标准。

3. 医疗卫生服务体系建设将有新成果

(1)2020年居民医保筹资待遇将实现"双提标"。《关于调整2020年度我市居民医保筹资与待遇有关政策的通知》规定，自2020年1月1日起，青岛市居民医保筹资标准和待遇水平将实现"双提标"。一是居民医保筹资标准适当提高。2020年度，适当调整城乡居民个人缴费标准。财政补助标准每人每年提高30元；适当提高个人缴费标准。二是提高居民医保门诊大病和门诊统筹基层报销比例。2020年1月1日起，为进一步提高参保居民门诊保障水平，着眼于促进分级诊疗体系建设，报销政策重点向基层医疗机构倾斜。本次调整对参保居民在社区医疗机构（含一级医院）的门诊大病超限额部分给予报销30％。同时，对二档成年居民在社区医疗机构（含一级医院）发生的普通门诊医疗费报销比例由40％调整为50％。此项政策调整预计每年可减轻全市参保居民负担2000余万元。

(2)调整后的医保支付政策将有效实施。2020年，通过适当拉开不同级别医院起付标准，提高基层医院市内转诊患者大病保险报销比例，优化双向转诊医保支付政策，建立转出转入医院联动机制，深化医保支付方式改革等综合举措，积极发挥医保对医疗资源配置的引导作用、对人民群众医疗健康的保障支撑作用，加快形成"基层首诊、双向转诊、急慢分治、上下联动"的分级诊疗体系。自1月1日起，将适当提高部分三级甲等综合医院起付标准，拉开各级定点医院医保起付标准，参照国内、省内同类城市情况，青大附院等6家三级甲等综合医院的医疗费起付标准由目前的800元提高到1000元，其他三级综合医院和专科医院，维持起付标准800元不动。调整后，全市各级医疗机构的起付标准形成四个档次，有利于三甲医院集中医疗资源收治重症患者，在一定程度上缓解大医院"住院难"问题。同时，采取市内转诊"正向激励"政策，即对全市参保职工和参保居民，经具有市内转诊资格的基层定点医院转诊到三级医院住院治疗的，大病保险支付比例提高5个百分点，以体现对重病患者转诊治疗的倾斜保障;未经转诊自行到三级医院住院治疗的,其医疗费报销比例不予提高。据测算,此项调整预计将减轻市内转诊患者负担1200余万元。综合考虑参保人异地就医需求多元化、居住工作状态变化等因素,对参保人市外异地转诊报销相关规定进行调整。自2020年1月1日起,参保人离开本市到异地就医时,按规定应到本市具有异地转诊资格的医院办理转诊手续,按情况进行管理,在结算程序上均可实现异地住院直接联网结算,以减少参保患者外出就医垫资压力。

(3)将扎实做好按疾病诊断相关分组(DRG)付费试点工作。2019年第四季度和2020年,青岛将按照"规范管理、模拟运行、实际付费"三步走的工作思路,进一步明确三级医院和一级、二级医院服务功能定位,逐步实现同城、同病、同治、同质、同价支付管理,用3年左右的时间分阶段扎实推进试点工作,促进分级诊疗体系加快形成。创造出可借鉴、可复制、可推广的实践经验,打造全国、全省DRG付费样板城市。

(4)医保工作站将全面实施。医保工作站可提供门诊大病申请受理、医保异地安置报备、异地长期居住报备等业务,为参保人提供便利。在市内六个区试运行基础上,将扩大到全市范围,实现全市参保人不出街道,在家门口就能办理医保业务。同时,市医保局将逐步增加医保工作站服务事项,实现全部医保窗口服务事项可在社区医疗机构直接办理。

4. 社会保障将更加完善

2019年第四季度和2020年,继续坚持以人民为中心思想,不断完善各项社会保障措施,养老设施将不断提质增量;养老平台将发挥更主要的作用;政府购买社会组织事务性工作、服务性工作和其他服务工作将有新进展。《关于积极推行政府购买服务 加强基层社会救助经办服务能力的实施意见》将在2020年全面实施,政府向社会力量购买社会救助服务工作全面推行,基层社会救助经办服务能力将显著增强。

5. 城乡居民出行条件将进一步得到改善

(1)农村公路"三年集中攻坚"将在2020年10月前保质保量完成"四大工程"(路网提档升级工程、自然村庄通达工程、路面状况改善工程和运输服务提升工程)所有建设任务,全面提升农村公路路网整体水平。到2020年底,提升改造"窄路基路面""畅返不畅""油返砂"路段,逐步消除路网中"断头路""瓶颈路"以及简易铺装路面,具备条件的自然村率先实现全部通等级油(水泥)路,全面改善农村群众交通出行条件。

(2)城市交通路网将更加完善。地铁1号线是构建大青岛格局的动脉线路,在2020年将全线贯通,串联起西海岸新区、市南区、市北区、李沧区、城阳区等多个区域,与2号线、3号线、13号线等多条线路进行换乘。地铁2号线(一期)西段将于2019年12月开通运营,设海信桥站、台东站、利津路站、泰山路站四个站点,届时,青岛地铁2号线将真正实现西海岸新区、市南区、市北区、崂山区、李沧区五大城区一线跨越;地铁4号线预计2021年底全线完工,全线通车后将在人民会堂站、错埠岭站与3号线实现换乘,在泰山路站、辽阳东路站与2号线实现换乘;青岛地铁8号线大洋站车站正式封顶,沿线主要经过胶东国际机场、胶东镇、大沽河、河套、红岛火车站、红岛街道、青岛北站、嘉定山等区域,止于市南区五四广场,线路长约60.9千米,预计2020年6月开通胶州北站到青岛北站段,2021年全线竣工通车;地铁12号线和14号线已经纳入青岛市轨道交通规划,拟于2019年开工建设;第二条海底隧道正式立项,即将进入实质性建设阶段。第二条海底隧道相比胶州湾隧道的7.8千米,长度增加了近一倍,第二条海底隧道采取双向六车道标准,设计车速80千米/小时。

(二)一批大项目建设将稳步推进

1. 文化休闲商务项目将相继建成开业

(1)青岛宜家家居商场预计2020年3月开业。青岛宜家家居商场位于深圳路以东、合肥路以南、青银高速以西地块,商场总建筑面积为9万多平方米,项目采用综合体项目开发模式,建成后将成为山东省最大的宜家商场,并跻身全国宜家商场前五位。

(2)青岛啤酒文化休闲商务区项目预计2019年底开业。项目建设地点位于市北区规划青啤路、道口路、登州路、宁海路围合区域。总建筑面积约5.99万平方米,其中,地上建筑面积约2.62万平方米,地下建筑面积约3.37万平方米,配建停车位594个。中粮大悦城是集大型购物中心、甲级写字楼、服务公寓、高档住宅等于一体的城市综合体,具有购物、娱乐、观光、休闲、餐饮等功能。随着青岛地铁多条线路的开通,该项目致力于打造成台东地标型商业项目,将对台东商圈转型升级起到积极作用。

(3)永旺梦乐城预计将于2019年底开业。该项目位于珠江路南侧、滨海大道北侧、峨眉山路两侧,项目总建筑面积约22万平方米,预计配建停车位2600个,总投资约14.3亿元。

(4)海天中心预计2020年投入使用。海天中心项目位于香港西路48号,总建筑面积49万平方米,总投资137亿元,为青岛在建的"第一高楼",高度达369米。

2. 科教项目将加快推进

(1)青岛科技馆项目将建成使用。该项目占地面积132亩,总建筑面积16万平方米,预计总投资约23.5亿元,力争2019年投入使用,届时将填补青岛市级大型综合科技馆设施的空白。

（2）中国海洋大学海洋科教创新园区（西海岸校区）将加快建设步伐。西海岸校区的建设，将结束海大长期以来没有海岸线和综合性滨海实验基地的历史，为学校发展特别是涉海学科特色优势的拓展释放和应用学科服务能力的集成提升提供更加广阔的空间。同样是以"经略海洋"为使命，中国海洋大学与西海岸新区的发展战略高度契合，相得益彰，中海大将深度融入区域经济社会发展，形成协同创新、互动发展的良好格局。根据规划，西海岸校区确定了五大功能定位，分别是滨海实验基地和海上试验场、工程技术学科群和高新技术研发基地、海洋发展战略研究协同创新中心、融合发展创新示范区、体制机制创新试验区，这五大功能定位都具有鲜明的海洋特色，体现了创新发展的理念。一期建成后，信息科学与工程学院、工程学院、材料科学与工程学院、食品科学与工程学院将首批迁入新校区。

3. 青岛市医疗卫生项目将有序推进

青岛市公共卫生中心项目即将开工建设，该项目为市政府重点项目，总建筑面积 9.9 万平方米，总投资约 8.9 亿元，项目将在原青岛疾病防控中心的基础上进行改建；加固第六人民医院病房楼 C 座；青岛西海岸新建三甲医院 2019 年底投入使用；青岛军民融合医院正在建设中，该医院位于古镇口军民融合创新示范区，占地 226 亩，总投资 20 亿元，总建筑面积 36.4 万平方米，设计住院床位 1700 张，集医疗、教学、科研于 体，为非营利性大型医疗机构，预计 2019 年底投用。

（三）青岛文化领域供给侧改革将迈出新步伐

继续实施《青岛市文化领域供给侧结构性改革实施方案》，在增强文化供给能力，完善文化设施网络，深化文化体制改革，推动文化产业升级，补齐文化发展短板等方面加大工作力度。

1. 积极实施文化惠民政策

继续推进公益文化场馆免费开放，做好公共图书馆、文化馆（站）、博物馆、纪念馆、美术馆免费错时开放和自助开放服务项目。继续开展"领读 百天改变人生路""全市农民读书节"等全民阅读活动。2020年各区（市）公共图书馆（室）图书藏量要达到本区域常住人口人均 1.8 册以上。支持城市数字影院升级改造，2020 年全市影院达到 100 家、银幕 630 块，实现票房收入 8.5 亿元。继续实施流动服务提升工程，每个公共图书馆、文化馆至少配备一辆流动服务车，面向基层和农村开展流动服务。

打造特色公共文化服务惠民品牌。继续强化"东亚文化之都""电影之都""音乐之岛"等城市文化品牌建设，广泛开展"市民五王大赛"

"微演艺六进""欢乐青岛广场周周演""市民文化艺术节""文化大讲堂""雅乐惠民""银龄欢歌大舞台"等系列群众文化活动,2020年累计打造10个以上具有广泛影响力和示范带动效应的市级文化品牌。

2. 继续推进公共文化服务均等化

继续实施青岛市舞台艺术精品工程,加强公共文化产品的创作与生产,实施影视精品推进工程。继续加强图书馆、文化馆总分馆制建设,加强公共博物馆建设,推进公共文化服务均等化。2020年,全市博物馆累计达到100家以上,全市80%以上的博物馆实现免费开放。

(四)将提升人才政策综合效能,提高人才与产业发展匹配度

推动青岛高质量发展,发起"15个攻势",需要大批高素质人才。要广开进贤之路、广纳天下英才,让各类人才的创造活力在青岛竞相迸发、让所有人才的聪明才智充分涌流。

"双招双引"是"一把手工程"。2020年,青岛市将通过拓展人才创新创业平台,推进全民招才引智工程,构建人才、产业融合机制,优化人才创新创业生态环境等,实现人才总量明显增长,人才结构明显改善,营造尊才爱才用才氛围,提高人才与产业发展匹配度。"双招双引"攻势,必将让引进来的资本、技术、人才、市场、观念、管理等要素与青岛既有的优势资源重新优化组合,实现更高水平的优化配置。

将加快推进《关于实施新旧动能转换技能人才支撑计划的意见》的贯彻落实,实施"金种子""金蓝领"等培育资助项目,构建多元化的技能人才引进集聚平台体系,对全职引进的技能领军人才给予奖励和补贴。继续优化技能人才落户政策,畅通就业落户、毕业落户、积分落户渠道,重点支持行业企业引进紧缺急需技能人才。到2022年,全市技能人才突破110万,其中高技能人才突破35万,重点支持培养引进技能大师100人、首席技师500人、产业技能领军人才1000人、"金蓝领"骨干技能人才1万人。继续实施技工院校新旧动能转换技能人才培养奖补试点工作。

(五)时尚青岛建设将迈出更大步伐

1. 藏马山外景地将被打造成为青岛旅游经济增长的新支点和重要文旅项目

该项目的五大功能板块2019年底将全部主体封顶。按照"一轴一带五区"规划设计布局,未来,整个藏马山外景地将以原始森林体验区为轴,以特色植被观赏区为带,欧洲老工业街区、民国老北平街区、老上海及石库门街区、古装拍摄区五大功能板块相继投入使用,满足不同剧组的拍摄需求。不同于其他外景地一次性的情境设计,藏马山外景地所引入的国内领先的装配式外景设计理念,可根据剧组实际需要,对建筑外立面进行场景变换和艺术再创作。同时,在影视拍摄之外,集旅游、实景互动体验及商业功能于一体的综合型影视外景地规划图景也颇为亮眼,连锁型酒店、餐饮、商业、办公、道具置景车间、库房等,可以满足剧组日常办公生活以及游客游览的各项需求。另外,该项目将发掘影视拍摄背后潜藏的文旅价值,充分融入电影IP元素,通过电影情景再现等形式,不断提升游客的体验感,从而成为青岛旅游经济增长的新支点。未来,外景地的部分建筑会具备实际使用功能,如酒店、餐饮、商铺等,满足游客基本需求,同时也会策划各类影展、演出、实景娱乐等活动,丰富外景地文旅内容。

2. 发起新攻势:拉升城市活力时尚的"起爆点"

上合组织峰会在青岛成功召开,浮山湾畔流光溢彩。青岛发起新攻势,不仅要让浮山湾的美丽延续,还要将峰会效应转化为消费新动能,为建设开放、现代、活力、时尚的国际大都市提供有力支撑。青岛市城市品质改善提升攻势作战方案(2019—2022年)提出,启动新一轮消费中心建设,编制商业网点布局规划,优化升级浮山湾时尚消费中心、灵山湾影视文化消费中心、即墨国际商贸城消费中心。培育特色街区,提升建设啤酒街、咖啡街、音乐街、文化街、风情街等5个以上时尚特色街区。《青岛活力时尚街区规划建设攻势行动方案》提出将打造一批以各类资源集聚、文化底蕴深厚、特色鲜明突出、商业模式先进、环境舒适便捷、知名度美誉度高为主要特色的活力时尚街区。力争通过三年攻坚计划,在18条高品位步行街、18条特色美食街和若干活力时尚节点的穿引下,率先打造形成18处"活力时尚中心街区",带动全市形成布局合理、层次清晰、功能完善、优质高效、特色凸显的"活力时尚街区"发展体系。1处以上成为全国高品位步行街、3处以上进入山东省高品位步行街区行列。"活力时尚街区"消费总量、结构、品质跃上新台阶,对胶东半岛乃至全省、全国外溢辐射效应持续增强,成为拉升城市活力时尚的"起爆点"。

3. 智慧城市建设将上新台阶

《青岛市推进便捷支付城市建设工作实施方案(2018—2020年)》将在2020年得到全面落实。卡支付、手机支付、可穿戴设备支付、基于识别技术的支付系统在各行业领域普遍应用,市级综合支付云平台和市级智慧市民服务云平台应用基本普及,建成便捷高效城市治理模式和智慧生活方式的创新区、示范区,最终实现通过一个APP即可解决市民所需。

(作者单位:青岛市社会科学院)

2019～2020年青岛市发起乡村振兴攻势形势分析与预测

沙剑林

为深入贯彻习近平总书记关于实施乡村振兴战略的重要论述和视察山东视察青岛重要讲话、重要指示批示精神，认真落实省委"工作落实年"部署和市委十二届五次全会要求，2019年，青岛市认真谋划并全面发起乡村振兴攻势，聚焦打赢乡村产业转型升级、拓展"莱西经验"暨基层党组织振兴、乡村生态宜居、乡村人才集聚、乡村文化兴盛、农村改革创新等六大攻坚战，积极探索土地规模化经营、村庄布局调整、土地资源整理、美丽乡村、田园综合体建设与乡村"五个振兴"统筹推进机制，推动全市在打造乡村振兴齐鲁样板上取得重要进展，乡村振兴攻势取得初步战果。全省农村人居环境整治暨农村改厕和生活污水治理现场推进会议、全省加强乡村治理体系建设工作会议先后在青岛市召开，总结和推广了青岛市乡村振兴的有关经验做法。

一、2019年青岛市发起乡村振兴攻势形势分析

（一）取得的成绩

1. 乡村振兴攻势作战方案向社会发布，工作推进机制进一步健全

经过深入调查研究，广泛征求意见，举行公开答辩和市委、市政府决策研究，《青岛市乡村振兴攻势作战方案（2019—2022年）》制定完成，并通过媒体向社会公开发布。《作战方案》坚持以习近平新时代中国特色社会主义思想为指导，牢固树立新发展理念，坚持城乡融合发展，聚焦乡村振兴的重点难点痛点堵点，确定2019～2022年间实施六大攻坚战、共22项攻坚任务，明确了强化责任落实、强化投入保障、强化项目支撑、强化督导考核四项保障措施。在推进机制上，青岛市深入落实"五级书记抓乡村振兴"要求，成立了由市委主要领导任主任的市委农业农村委员会，研究重大问题、决策重大事项、推进整体工作。建

立了五个乡村振兴工作专班,每个专班分别由两名分管市领导担任组长、2～3个工作部门牵头抓总,多个工作部门共同参与。市委、市政府分管领导每月召开一次乡村振兴现场推进会议,总结经验,发现问题,推进工作。实施了乡村振兴百日攻坚行动,截止到9月底,已完成年度重点任务3项,其他各项工作正按计划有力推进。

2. 乡村产业转型升级攻坚战推进情况

市农业农村局、市发展改革委牵头,推进以土地规模化、组织企业化、技术现代化、服务专业化、经营市场化为主要任务的乡村产业转型升级攻坚战。西海岸新区、胶州市、平度市获评全国首批三次产业融合发展先导区创建单位,西海岸新区张家楼镇、即墨区灵山镇花乡药谷获评省级乡村振兴齐鲁样板示范区。土地规模化方面:在13个镇启动土地整镇流转试点,新流转承包地30万亩,全市土地规模化经营面积达368万亩、占比62.3%。认定市级畜禽标准化规模养殖场63家,畜禽规模化养殖达87%;建成崂山湾海域、灵山湾海域等5个国家级海洋牧场示范区,顺利启动第二批国家海洋牧场创建;完成300万亩粮食生产功能区划定,建成高标准农田22万亩。西海岸新区省级现代农业产业园、即墨区现代种业产业园获评省级现代农业产业园,莱西店埠镇(胡萝卜)、平度崔家集(粮油蔬菜)获评国家农业产业强镇。出台田园综合体培育计划和标准,13个田园综合体项目已开工建设。组织企业化方面:落实优企惠民政策,优化发展环境,促进农业新型主体蓬勃发展。农业"双招双引"力度全面加大,全市引进投资过1亿元的农业项目67个,其中总投资16亿元的中荷现代农业智慧产业园项目、总投资70亿元的中国建材凯盛浩丰智慧农业项目、总投资20亿元的中国建材智慧农业田园综合体、总投资40亿元的新希望六和200万头生猪一体化项目已开工建设。本土企业持续壮大,推荐青岛鑫海丰食品有限公司申报全国农业产业化重点龙头企业,全市农业产业化龙头企业达289家,其中过1亿元企业114家。农产品加工出口企业1300家,出口额290.3亿元,同比增长4.8%。技术现代化方面:深入开展农业科技展翅行动,推进国家农业高新技术产业示范区、国家主要农作物生产全程机械化示范市创建。成功举办亚洲规模最大的2019中国国际农业机械展览会,聚力打造世界农机展示和交流合作的"国际客厅",全市落实国家农机购置补贴8000万元,小麦全程机械化99%以上,玉米机播率99%以上。智慧农业加快发展,全市建成现代农业物联网应用园区142个。农产品质量安全监管追溯体系进一步完善,6217家规模化经营主体、4.5万个农户被纳入监管追溯系统。服务专业化方面:围绕解决"谁来种地"问题,探索开展镇级农业社会化服务平台建设,推广金丰公社、丽斌合作社等社会化服务模式,提升土地托管服务水平。开展示范创建活动,新评选 100 家市级示范农民合作社和 100 家市级示范家庭农场,带动提升农业社会化服务水平。全市农民合作社达 1.38 万家,其中市级以上示范社 817 家;家庭农场 1.2 万家,其中市级以上示范农场 567 家。经营市场化方面:加快建设以农产品批发为龙头、以农村电商为先导,产销市场相衔接、现货期货配套的农产品市场流通体系,中国供销·青岛平度农产品物流园开业;董家口北方水产品交易中心启用,年水产品交易量可达 300 万~600 万吨。全市规模以上农产品批发市场达 46 家,年交易量 1520 万吨,年交易额达 547 亿元。建成农村电商区(市)级公共服务中心 3 处,镇级中心 46 个,村级服务站 2360 个。加大"青岛农品"品牌形象宣传推介力度,全市农产品注册商标 2.2 万个,"三品一标"农产品 1065 个,其中国家地理标志农产品 51 个。

3. 乡村人才集聚攻坚战推进情况

由市人力资源和社会保障局、市委组织部、市农业农村局牵头,建立了议事决策会议、重点工作调度、重要工作督办三项制度和重点任务台账,全市乡村人才培育工作扎实推进。在农民培训方面:按照《青岛市 2019 年新型职业农民技能培训实施方案》,完成新型职业农民培训 20572 人,占全年任务的 102%。创新乡土人才评价机制,新型职业农民职称评审试点工作有序开展。在农村劳动力向非农产业和城镇转移培训方面:全市参加劳动预备制培训、就业技能培训、企业在职职工岗位技能提升培训的农村劳动者已达 1.2 万人。创新开发 10 多项本土特色职业能力考核项目,将 59 项专项职业能力考核项目纳入就业技能补贴范围。在涉农人才引育和扶持农民工返乡创业方面:成功举办"招才引智名校行"、"全球博士青岛研修营"和"百所高校千名博士青岛行"专项活动,投放 535 个涉农岗位,19 个专业 100 名涉农博士达成意向。扶持农民工返乡创业 3454 人,招募"三支一扶"人员 71 人,建成省级服务基地 3 家。

4. 乡村生态宜居攻坚战推进情况

由市生态环境局、市农业农村局、市住房和城乡建设局牵头,明晰重点任务台账,推进工作责任落实。在美丽村居和美丽乡村建设方面:印发《青岛市美丽村居建设实施方案》,10 个村庄入选省级美丽村居建设试点。积极创建卫生城镇,全市新创国家卫生镇(街道)16 个、省级卫生村 1209 个。完成 2017、2018 年省级示范村评估验收,20 个省级、100 个市级美丽乡村示范村全部开工,61 个市级美丽乡村示范村完工。在农村环境整治方面:开展"百镇千村万巷"环境整治百日攻坚行动和秋冬战役,累计清理垃圾及"四大堆"25.5 万吨、清理河塘 7000 余个、清理私搭乱建 7900 余处。开展"千吨万人"级农村水源地突出环境问题清理整治活动,建成141个镇(街道)空气站。推行"两次四分法"垃圾分类模式,在7个涉农区(市)4254个村庄10.3万户开展生活垃圾分类,占村庄总数的78.7%。美丽庭院示范户达到5.6万户,建成率5.3%,超额完成省定5%的任务目标。在农业绿色发展方面:推进畜禽粪污无害化处理和综合利用,规模化养殖场设施配建率达100%,养殖专业户粪污设施配建率达50%,粪污综合利用率达80%。在农村基础设施建设方面:农村公路工程完成投资11.64亿元,完成路网升级60.5千米、路况改善519.3千米、自然村庄通达6.9千米。农村改厕顺利推进,完成无害化厕所改造90万座、问题整改5.81万处,129个村庄建成标准公厕。涉农区(市)编制完成8个《农村生活污水治理实施方案》和1个《农村生活污水连片治理实施方案》,130个行政村启动生活污水治理。

5. 乡村文化兴盛攻坚战推进情况

由市委宣传部、市文化和旅游局牵头,建立工作体系、突出工作重点、凝聚服务资源,有力有序推进。在新时代文明实践中心建设和乡村文明新风尚培育方面:新时代文明实践中心建设全域展开,区(市)级新时代文明实践中心建设实现全覆盖,镇(街道)新时代文明实践所建成131个,村(社区)新时代文明实践站建成3334个,新时代文明实践活动实现常态化。开展社会主义核心价值观示范点创建活动,推动社会主义核心价值观进农村、进社区。组织开展"文明市民"评选活动,指导推进文明村镇创建工作,开展社科普及讲座进基层、社科图书展销等活动12场次。推进移风易俗,建成各级新时代结婚礼堂99个,组织230余对新人举行婚礼。推进殡葬改革,制定《农村丧事服务标准化流程》,规范农村丧葬服务流程,开展无火祭祀、文明殡葬试点。在基层文化设施建设方面:涉农区(市)建成8个公共图书馆、8个文化馆,全部为国家一级馆。建成镇(街道)综合文化站95个、村(社区)综合性文化服务中心5121个,农村基层文化设施基本实现全覆盖。推荐169处省级"乡村记忆"工程,7个传统文化村落、3处传统民居、4处"乡村记忆"博物馆入选山东省乡村记忆工程文化遗产名录。新建区级图书馆2家、改扩建文化馆3处,改扩建镇综合文化站11处、村文化活动中心168处。在农村公益文化活动开展方面:面向农村组织文化活动4万余场、完成送戏下乡演出4286场次。出台《青岛市文联乡村振兴工作规划》,开展文艺大讲堂、乡村题材文艺创作、送文艺下乡等活动,以文化振兴推动经济社会发展。在扩大农业宣传方面:青岛主流媒体全面报道乡村振兴开新局、谋新篇、快起势的典型做法和重大成果。截止到9月底,共刊登自采稿件172篇,发布"青岛农品"宣传推介稿件525篇,播发乡村振兴各类新闻报道110多篇次,播发涉农监督类报道15条,推动农村人居、生态环保、村集体债务纠纷等11个问题得到解决。

6. 深化拓展"莱西经验"暨基层组织振兴攻坚战推进情况

市委组织部、市民政局牵头,聚焦重点任务,发挥统筹作用,强力攻坚突破,以组织振兴统领乡村全面振兴。在优化农村基层组织体系方面:按照"建强镇党委、做实农村社区党委、优化农村基层组织网络"的思路,对镇(街道)扩权赋能,推进"大部制"改革,全面建强镇党建办和"两新"组织综合党委;在镇和村之间全面建立农村社区党委,规范农村社区运行机制,配齐配强工作力量,加强对所辖村庄的管理,发挥抓区域化党建、产业发展、乡村治理、为民服务的作用。在增强村党组织的政治功能和组织力方面:实施了理论武装质量提升、村党组织书记队伍建设质量提升、党支部标准化规范化建设质量提升、党员队伍建设质量提升四项工程。成立青岛农村干部学院,已培训 800 名村党组织书记和 94 名涉农镇(街道)组织委员。组织 200 名优秀村党组织书记,赴浙江大学、成都村政学院开展示范培训。为解决村党组织书记来源单一、质量不高的问题,制定了《关于加强村党组织书记队伍建设的意见》和《关于激励广大干部到村担任村党组织书记的若干政策》,面向全市公开遴选 200 名村党组织书记。细化党支部评星定级实施细则和评价标准,持续抓好软弱涣散村党组织整顿。全面实行发展党员负面清单审查制度,规范党员量化积分管理。在推进村庄融合发展方面:印发合村并居村庄规划编制方案,完成村庄布局概念性规划编制,科学引导村庄布局优化调整。坚持以区域化党建引领经济融合、治理融合、服务融合,盘活村庄资源,推动抱团发展。莱西通过村庄组织融合,将 861 个行政村减少到 142 个,其他区(市)正试点先行、有序进行。崂山区构建了"一核引领、八小支撑、五级联动"的"185"新型乡村治理体系。在全省加强乡村治理体系建设工作会议上,省委对青岛深化拓展"莱西经验"的做法给予充分肯定。

7. 深化农村改革攻坚战推进情况

由市农业农村局、市发展改革委牵头,坚持先行先试,持续深入推进。在农村集体产权制度改革方面:全市 5836 个村完成农村集体产权制度改革,占村庄总数的 97%,界定集体经济组织成员 466 万人,量化集体资产 303 亿元。推广"公司＋合作社＋村集体＋农户"模式,村党支部领班土地股份合作社达 529 个。在强化金融和财政支农方面:加大农业龙头企业等新型经营主体金融服务力度,研究引导工商资本投资农业农村的激励政策,全市银行业涉农贷款余额 2556 亿余元,较年初增长 6.14%。其中,普惠型涉农贷款 335.4 亿元,较年初增长 11.52%。加快农村资产资源流动,农村土地经营权抵押贷款发放额累计 15 亿元,农村集体资产产权交易额累计 25 亿元。完成涉农资金整合 11.9 亿元。创新财政支农方式,农业信贷担保在保余额 5.6 亿元,累计担保金额 8 亿元。在深化"放管服"改革方面:落实"一次办好"要求,除较大资金支出、合同项目等重大事项外,镇级其他管理和决策事项全部下放到农村社区。梳理 121 条支持政策,选择 160 个村开展中央财政资金扶持发展壮大村级集体经济试点,38 个扶持项目已全部开工建设。

(二)存在的问题

尽管青岛市全面发起乡村振兴攻势取得了初步成果,但对照打造乡村振兴齐鲁样板的目标和开创乡村振兴新局面的要求,对照人民群众对美好生活的期盼,对照"三农"工作必须完成的硬任务,仍存在一些问题和不足。

1. 工作进展不平衡

一方面,青岛市涉农区(市)自然条件、资源禀赋、经济发展和地域文化各不相同,农民群众思想认识、生活习俗也有差别,不同区(市)发起乡村振兴攻势的工作基础、发展理念、实施路径和推进方式也不尽相同,节奏和成效也不平衡;另一方面,乡村振兴攻势涉及六大攻坚战、22 项攻坚任务,一些重大政策、重要工程和重点工作推进起来也难以做到完全协调。比如,财政涉农资金整合推进难度较大,目前整合率还不到30%;个别区(市)美丽乡村示范村建设进展缓慢,不达进度要求;农村人居环境整治统筹推进机制不完善,长效管护机制还不健全,农村卫生厕所改造后续管护不到位,农村生活垃圾分类和生活污水处理设施投入不足,农业面源污染治理难度大。

2. 主体活力待激发

乡村振兴是一盘大棋,下好这盘大棋,需要调动方方面面的积极性,激活市场主体活力,统筹推进农村各项改革,促进要素合理流动、有序配置。目前来看,青岛市在将小农户纳入现代农业发展轨道方面做得还不够,新型农业经营主体与小农户尚未普遍建立起紧密的利益联结机制;农村集体资产股份退出、继承、抵押、担保等权能拓展方面还有待突破;吸引工商资本投资农业农村和吸引优秀人才到乡村去的激励机制还有待进一步健全,扶持政策有待进一步强化;针对村庄数量多、规模小,"空心化"趋势明显的现状,推进土地向规模经营集中、产业向园区集中、生活向社区集中势在必行,但在规划引领、项目带动、资金保障尤其是农民自身意愿激发方面还需发力。

3. 典型培育有差距

培育一批叫得响、立得住,可看可学、可复制、可推广的典型,发挥典型的示范引领带动作用,是推动乡村振兴的一个重要方法。但与久负盛名的"诸城模式""潍坊模式""寿光模式"相比,青岛市在农村改革发展上还缺乏相应的标杆引领;在"齐鲁灵秀地、品牌农产品"价值塑造方面,青岛市相应的农产品在规模和影响力方面还难以与金乡大蒜、沾化冬枣、肥城蜜桃、章丘大葱、烟台苹果、日照绿茶、安丘出口蔬菜等相媲美,在国家级特色农产品优势区和国家级现代农业产业园创建上,青岛市至今尚未实现零的突破;在党支部(书记)领办合作社壮大村集体经济和用足用好土地增减挂钩政策稳步推进合村并居等方面,青岛市比省内一些先进地市还有差距。

二、2020 年青岛市乡村振兴攻势趋势预测

2020 年,是青岛全面发起乡村振兴攻势的第二年,具有承上启下的重要意义。青岛市将坚持以习近平新时代中国特色社会主义思想为指导,把实施乡村振兴战略作为新时代"三农"工作总抓手,进一步完善政策规划体系,强化支持政策和措施,深入实施六大攻坚战,高质量推进乡村振兴攻势全面起势,为打造乡村振兴齐鲁样板贡献青岛力量。

(一)以"五化"为突破口,农业产业化和高质量发展水平将有新提升

坚定不移推进土地规模化、组织企业化、技术现代化、服务专业化、经营市场化,走质量兴农、绿色兴农、科技兴农、品牌强农的路子,加快推进农业由增产导向转向提质导向,努力让农业获得社会平均利润率。持续开展整镇土地流转试点,开展农业社会化服务中心建设试点,支持农村党支部领办土地股份合作社,提高土地规模化经营水平。加快推进农业功能区建设,提升高标准农田、畜禽养殖标准化示范场、田园综合体和现代农业园区的承载力和示范引领力。持续加大龙头企业、合作社、家庭农场等新型经营主体培育力度,推进农业"新六产"示范县、"新六产"示范主体和乡村振兴齐鲁样板示范区创建。深入推进青岛国际种都核心区项目建设,大力发展节水农业,推进农业机械化示范县创建,推广智慧农业新模式。持续深化农村电商示范镇村创建,培育青岛知名农产品品牌、区域公用品牌,提升青岛农产品质量安全水平和美誉度。

(二)以美丽乡村建设为重点,农村生活环境和生态环境质量将有新提升

深入推进农村人居环境整治,加快镇级垃圾处置站点建设,提高农村生活垃圾无害化处理率和垃圾分类覆盖率,积极创建"洁净乡村"、国家卫生镇(街道)和省级卫生村。加快推进生活污水治理、农村公路改建和养护,改善农村基础设施。扎实推进省级美丽村居建设试点,开展农村新型示范社区、美丽乡村示范村和达标提升村建设,提升美丽乡村

品质。持续加强农业面源污染防治,提高畜禽粪污综合利用率。加快推进农药包装废弃物回收、病虫害专业化统防统治和有机肥替代化肥等项目,开展农田残留地膜回收和可降解地膜试验,推进农作物秸秆综合利用,提高农业绿色发展水平。

(三)以深化拓展"莱西经验"为引领,村级党组织建设水平和集体经济发展水平将有新提升

深化拓展"莱西经验",强化农村基层党组织核心地位,深入推进构建区域化农村党组织工作新格局,开展城乡基层党组织联建共建,以组织融合推动村庄融合发展。加强村党组织负责人选配,完善党组织领导的乡村治理体系,推进村委会规范化建设,完善城乡社区治理工作,推广"一村一法律顾问"信息在线管理,健全村级组织运转经费保障机制。实施村级集体经济壮大工程,加快消除集体经济薄弱村。

(四)以乡村人才集聚为导向,农民技能水平和收入水平将有新提升

坚持把人力资本开发放在首要位置,持续推进农村能人回乡、优秀青年下乡、科技人员兴乡。完善职业农民培育办法,加快培育新型职业农民,壮大农村创新创业人才队伍。实施高校毕业生就业创业促进计划,深入开展"专家服务基层"活动。创新乡土人才评价机制,继续推行乡镇专技人才直评直聘政策,出台乡村人才激励办法。实施新一轮就业创业政策,扶持农民工返乡创业。全力保障农民财产权益,赋予农民更多改革红利,释放农村发展活力,推动农民收入持续增长。

(五)以乡村文化兴盛为目标,乡村文化内涵和旅游功能将有新提升

扎实推进新时代文明实践中心建设,丰富实践内容,提高服务实效,提升县级及以上文明村镇达标率。建好农村公共文化阵地,持续开展村镇文体设施标准化创建,出台村(社区)综合性文化服务中心建设和服务规范,创建一批综合性文化服务中心示范站(点)。弘扬农村优秀传统文化,启动非物质文化遗产数据库,建立健全农村文艺扶持奖励机制,推出一批农村题材优秀文艺作品。推进乡村文化与旅游深度融合,打造一批精品旅游线路,引进精品旅游项目,培育挖掘乡土文化人才,让更多群众在乡村文旅结合中受益。

(六)以产权制度改革为抓手,农村资源活力和金融服务水平将有新提升

深化农村土地制度改革,开展土地资源整理和农村闲散土地综合整治,在平度市开展农村宅基地所有权、资格权和使用权"三权分置"试点,在城阳区、西海岸新区、胶州市开展集体建设用地建设租赁住房试

点,在平度市、莱西市开展乡村产业发展"点状供地"试点。深化农村集体产权制度改革,在平度市开展农村集体资产股权质押贷款等试点,提高农村产权交易额。深化农村金融支农制度改革,调整和扩大种植业政策性保险险种,提高能繁母猪、育肥猪保险额,继续开展马铃薯价格指数保险试点,在平度等区(市)稳步推进农民专业合作社信用互助业务试点,通过持续深化改革,进一步激活主体、激活要素、激活市场,助力乡村振兴。

(作者单位:青岛市农业农村局)

2019～2020年青岛市就业形势分析与预测

宋　平　于文超

　　2019年以来,面对经济增速放缓、结构调整深化以及中美经贸摩擦等新情况,青岛市按照党中央、国务院的决策部署,把"稳就业"作为六稳之首,将稳定和扩大就业作为重大政治任务和长期战略任务,按照全国就业创业工作座谈会及人力资源社会保障部的一系列安排部署,实施就业优先政策,放大坐标找不足,提高标准找差距,深化改革强服务,全市就业形势持续稳定。

一、2019年青岛市就业状况分析

(一)2019年青岛市就业形势分析

1. 新增就业持续增长

　　1～9月份,全市城镇新增就业62.1万人(全口径统计,包括本市户籍城乡劳动者、外来劳动者),同比增长2.4%。其中,本市劳动者就业33.1万人(本市城镇劳动者就业15.3万人,本市农村劳动者就业17.8万人),同比增长1.5%,外来劳动者在青就业29万人,同比增长3.4%。

2. 服务业和民营经济发挥吸纳就业主渠道作用

　　1～8月份,服务业吸纳就业41.1万人,同比增长4.7%,占就业总量的66.3%,所占比例上升1.5个百分点。其中,商务服务业吸纳就业9.5万人,同比增长5.3%;居民服务业吸纳就业9.4万人,同比增长4.3%;批发零售业吸纳就业9万人,同比增长1.8%。从民营经济发展情况看,民营企业吸纳就业48.8万人,同比增长4%。

3. 城镇登记失业率保持低位

　　1～9月份,新增城镇登记失业人员5.91万人,同比下降21.2%。期末城镇登记失业率为2.94%,与上年同期基本持平,控制在4%的目标以内。

4. 创业人数大幅增加

青岛作为首批全国创业先进城市、全国小微企业创业创新示范城市,实施促进"双创"发展的一系列政策效果初步显现,民营企业、中小微企业数量增加。1～9月份,全市政策性扶持创业2.8万人,同比增长89.4%,带动就业2.5万人;发放创业扶持资金2.3亿元,同比增长354.5%;发放创业担保贷款4.19亿元,同比增长61.4%。

5. 人才集聚效应不断显现

1～9月份,全市吸纳就业人员中,大专及以上学历27.6万人(其中35岁以下大专及以上学历22.1万人),同比增长5.7%。其中,本市劳动者12万人,同比增长3%;外来劳动者15.6万人,同比增长7.9%。

6. 人力资源市场供求基本平衡

1～9月份,青岛市各级人力资源市场岗位需求32.2万个,求职人数25.2万人,求人倍率1.28,岗位需求量高于求职人数。

(二)青岛市就业工作基本情况

青岛作为国务院评定的首批全国创业先进城市,是全国小微企业创业创新示范城市,连续13年获省政府就业目标考核优秀等次。特别是2019年以来,青岛市就业创业工作得到省政府领导的高度肯定,并作出批示要求全省推广。2019年,青岛市实施"六大行动"助推就业创业持续增长、结构优化。

1. 实施就业创业体制机制促进行动

一方面,构建青岛稳定和扩大就业政策体系。结合学、赶深圳,将稳定和扩大就业融入全市新旧动能转换重大工程,出台《关于进一步稳定和扩大就业的实施意见》,提出22条稳定和扩大就业新政,打出青岛就业创业政策"组合拳"。出台《关于进一步简化流程优化服务加快落实就业创业政策有关问题的通知》,对涉及的创业补贴、稳岗返还等10项政策纳入一个文件体系,统一规范经办流程,全面推行全程网办、全市通办,形成了具有青岛特色的就业创业政策"一本通"。目前,青岛市各项就业创业政策均实现了城乡一体化、同城同待遇,外来人员可与本市市民同等享受政策,体现了包容开放的城市特质。另一方面,构建稳定和扩大就业工作协调机制。将原促进就业工作领导小组调整为就业工作领导小组,将退役军人局、民营经济局、大数据局等部门纳入小组,扩充工作职责,加强部门联动,构建起更加完善的促进就业工作机制。

2. 实施大众创业工程升级行动

将创业作为稳定和扩大就业的重要途径和推动就业转型发展的有力抓手,重点在创业政策、创业载体、创业服务方面发力。一是创业政策升级。大幅提高创业政策支持力度,将在青岛创办小微企业的补贴由1万元提高到最高3万元,将创业担保贷款提高到最高45万元,小微企业最高可贷300万元。全面降低补贴申领门槛,取消创业补贴社保缴费时限要求,取消现场核实和扶持期限规定,突出鼓励创业、宽容失败的政策导向。二是创业载体升级。按照"政府推动、社会支持、市场导向"原则,构建起国家和省级、市级、区级、街道(镇)级四级创业孵化体系,对认定的市级创业孵化载体,给予最高 500 万元奖补资金;被认定为省级、国家级的,再分别给予 100 万元、200 万元奖补资金。出台创业孵化补贴新政,对享受以上奖补期满的,根据创业孵化效果再给予每个基地最高 150 万元的补贴,补贴期限 3 年。2019 年 4 月,海尔创业孵化基地获评第四批全国创业孵化示范基地。全市已创建市级及以上创业孵化载体 23 家(其中国家级 2 家),累计孵化 3700 余家创业实体,其中,孵化年营业收入过 1000 万元企业 76 家,培育上市挂牌企业 66 家。三是创业服务升级。连续举办两届优秀创业项目遴选活动,在全国范围内评选优质创业项目并推动在青岛落地,对已评选出的 100 个优秀创业项目,给予每个最高 10 万元奖励。创新性举办创业训练营、创业典型推荐评选活动,评选出"青岛市十佳创业明星""青岛市十佳大学生创业之星"等典型人物,营造浓厚的创业环境氛围。

3. 实施重点群体就业保障行动

突出抓好高校毕业生、就业困难人员、农民工、退役军人等重点群体就业工作。一是优化高校毕业生政策和服务供给。大幅降低城市落户门槛,将青岛市"先落户、后就业"政策,扩大到专科及以上学历高校毕业生。对高校毕业生在青岛市落户就业的,给予每月 400 元的就业补贴、每月 500～1500 元的住房补贴和最高 15 万元的一次性安家费补贴。实施青年就业见习补贴政策,扎实推进离校未就业大学生实名制管理,率先在青岛行政区域内探索取消高校毕业生就业协议书鉴证、网上登记、调整改派等手续,毕业生落户与档案脱钩,助推高校毕业生来青就业创业。二是开展就业援助活动。完善就业困难人员认定制度,实施就业困难人员 ABCDE 分类帮扶机制,通过社会保险补贴、灵活就业补贴、公益性岗位安置等措施综合施策,确保零就业家庭中"动态消零"。加强失业人员就业帮扶,建立失业保险金标准与最低工资标准挂钩联动机制,2019 年调整为最低工资标准的 80%(失业保险金每月净增 257 元)。保障生活困难下岗失业人员基本生活,落实一次性临时生活补助政策。三是拓宽农民工就业渠道。积极开展"春风行动""民营企业招聘月"等公益性招聘活动,动员各类市场主体开展有组织的劳务协作,保障农民工等群体合法权益。

4. 实施职业技能提升行动

一是推进职业培训领域"放管服",加大职业培训服务供给。出台《关于做好就业技能培训工作有关问题的通知》,将政府补贴培训项目全部向具备资质的职业院校和培训机构开放。简化承担政府补贴培训机构认定程序,将公开招标改为申报签约,承担补贴培训学校增加到77个。扩大政府补贴培训职业(工种)范围,将可开展职业资格鉴定考核的48个职业(工种)和59项专项职业能力,全部纳入政府补贴培训范围,更好满足劳动者培训需求。二是推进技能人才供给侧改革,促进技能人才集聚。坚持需求导向,采取购买第三方服务的方式,调查发布新旧动能转换技能人才紧缺急需50个专业和100个职业(工种)目录,配套出台《关于实施技工院校新旧动能转换技能人才培养奖补工作的通知》和紧缺工种培训补贴适当上浮政策,用市场的办法引导各类社会培训资源与产业发展、企业岗位需求有效对接。聚焦高端引领,出台《青岛市引进和培养高层次技能领军人才奖励实施细则》,实施全职引进安家补贴、柔性引进薪酬补贴、培养和引进一次性奖励三项政策,加大高层次技能领军人才培养引进力度。坚持开放办赛理念,出台《青岛市职业技能竞赛奖励办法》,充分调动政、校、企、协多元办赛,形成了行业性、区域性、综合性竞赛协调互补、蓬勃发展良好局面。全年安排竞赛计划140多项,截至9月底,已经完成87项。三是出台《青岛市落实终身职业技能培训制度有关问题的意见》,积极打造职业技能培训体系升级版。围绕贯彻国家、省终身职业技能培训制度,坚持问题导向,明确扩面、提标、创新培训政策8项,努力为终身职业技能培训提供有力的政策支撑。强化协调配合,着力推行双目录(职业培训目录、政策目录)管理制度,积极探索建立职业技能培训大数据信息平台,努力实现培训数据共享、协同管理。制订《青岛市职业技能提升行动实施方案(2019—2021年)》,并建立职业技能提升行动专账。实施新一轮企业新录用人员岗位技能培训政策,发挥企业主体作用,凡取得相应职业资格证书的,均可按规定享受补贴。

5. 实施家庭服务业扩容提质行动

全面落实习近平总书记"把家政服务业做实做好,办成爱心工程"的指示要求,将家庭服务业作为促进就业新的增长点。一方面,创新家庭服务业政策供给。在全国首创政府和机构共同"买单"保险模式,实施家庭服务业商业综合保险补贴政策,由家庭服务机构为员工制、非员工制人员购买商业综合保险,政府按照每人100元标准给予补贴,120元保险最高可获50.4万元保险理赔,消除企业发展后顾之忧。率先将非员工制人员纳入家庭服务业岗位补贴范围,按照每招用1人350元标准给予补贴,鼓励家庭服务机构吸纳就业。支持家庭服务业稳定就业,对家庭服务机构员工制从业人数达到30人以上的,按每人每年1000元标准给予稳定就业岗位奖励。另一方面,实施家庭服务业"五个一批"计划。以培育家庭服务业生态为目标,出台《关于做好新形势下促进家庭服务业发展有关问题的通知》,在全国、全省率先启动家庭服务业"五个一批"评选行动（培育一批家庭服务业诚信机构、品牌机构、培训基地、创业平台，选树一批家庭服务明星），促进家庭服务业规范化、职业化、诚信化、品牌化发展。截至9月底，已登记家庭服务业机构545个，从业人数2.8万人，同比分别增长56％、86％。青岛市做法得到发展家庭服务业促进就业部际联席会议肯定并推广，中央电视台新闻频道给予宣传报道。

6. 实施公共就业创业服务精准化行动

大力推进全方位公共就业服务，改进服务手段，提高服务效能，提升公共就业创业服务精准化。一是建立"三项清单"制度。青岛市自2015年起，在全国率先发布就业创业政策、服务、机构"三项清单"。2019年以来，按照国务院、省政府统一部署，对"三项清单"进行了完善和修订，将21项就业创业政策和全市180个基层公共就业服务机构联系电话、监督电话一并公开，方便群众更精准地了解和享受政策。二是开展"政策找人"服务。聚焦解决企业和群众反映强烈的办事难、多头跑等问题，以创业补贴、担保贷款、社保补贴、稳岗返还等9项政策为试点，依托大数据技术，主动比对分析符合相关政策的服务对象，并由公共就业服务机构通过入企入户、电话、短信、微信等形式主动推送、主动联系，着力打造"政策推送准、落实效率高、服务质量优、群众获得感强"的公共就业创业服务环境，政策落实效率显著提升。比如，采取主动推送的方式，前三季度全市共为61家困难企业发放稳岗返还590万元。三是设立就业人才服务专员。青岛市采取政府购买服务的方式，设立就业人才服务专员，对用工量较大的重点用工企业精准化提供招才引智、用工招聘、政策对接等服务，将职工最大限度"稳"在企业。在全市抽取3000家企业进行就业失业动态监测，紧密跟踪中美经贸摩擦对就业影响，及时将受影响人员纳入就业创业政策扶持范围，保障就业形势总体平稳。四是推行"智慧就业"。率先启用市级就业智慧大厅，实现就业登记、社保登记、劳动用工备案"三口合一"。依托大数据技术，全面推行全程网办和全市通办，就业失业登记、失业保险待遇审核等36项事项实现全程网办，34项服务事项实现全市通办，青岛市就业创业业务网通率达到84％，通办率达到80％。其中，有10项业务做到仅凭一张身份证即可办理，7项业务实现全程无人干预的"秒批"。

(三)就业工作存在的问题

当前，青岛市面临着新旧动能转换、产业转型升级等压力和挑战，稳定扩大就业工作面临"就业难""招工难""稳就业难"的三难问题。一是就业难。青岛市每年需要解决约70万人的就业问题(本市户籍40万人左右，外来人员30万人左右，含7万名左右高校毕业生)，才能实现比较充分的就业。二是招工难。企业用工需求与人力资源市场供给之间不适应、不匹配矛盾日益复杂,"招工难"问题逐步显现。三是稳就业难。中美贸易摩擦、经济下行压力等都对就业工作带来不确定性,青岛市由于出口企业较多,经济对外依存度较高,经济发展和就业情况更容易受经贸摩擦影响,稳就业形势比较复杂,需要提前做好政策储备、跟踪服务、风险防范。

二、2020 年青岛市就业形势展望

2020 年,青岛市将按照习近平总书记关于就业创业工作的重要讲话和重要指示批示要求,进一步提高政治站位,增强为民情怀,围绕"稳就业、促创业、兜底线、防风险"的工作主线,稳住就业这个最大的民生工程、民心工程、根基工程。

(一)新一轮就业创业政策将全面落实

青岛市将广泛开展就业创业政策宣传,组织开展赴民营企业、赴高校、赴企业宣传活动,提高政策知晓度。组织开展基层平台工作人员培训班,提高经办人员政策熟悉度。向社会公布就业创业政策清单、申办流程、服务机构联系方式等,保障各项政策能够规范、便捷惠及服务对象。

(二)高校毕业生留青聚青行动进一步推进

将实施高校毕业生留青、来青、回青行动,出台大学生就业创业政策"一本通",实施更有力度、更有针对性的政策措施,促进驻青高校毕业生在青就业创业。

(三)继续打造高端创业平台,提升创业能力

突出平台思维,打造集高端创新、大学生创业孵化等于一体的创新创业综合体。组织好大学生创业竞赛活动,打造青岛特色的创业生态,推动创业带动就业。

(四)就业创业风险防控得到进一步加强

加强就业失业研判,全面掌握企业减员情况,对受中美经贸摩擦影响的企业等,及时落实政策,做好就业帮扶,如出现大规模减员情况,将按照应急预案及时启动相应措施。

(作者单位:青岛市人力资源与社会保障局)

2019～2020年青岛市交通运输形势分析与预测

柳　宾

2019年,青岛市贯彻落实《交通强国建设纲要》,按照高质量发展要求,牢固树立交通引领城市发展理念,奋力发起交通基础设施建设、国际航运贸易金融创新中心建设攻势,努力构建覆盖全域、城乡一体、沟通内外的综合交通网络,打造"立体、多元、无缝"的大交通体系,为加快建设开放、现代、活力、时尚的国际大都市,打造山东面向世界开放发展的桥头堡、长江以北地区国家纵深开放新的重要战略支点,提供了强力支撑。

一、2019年前三季度青岛市交通运输发展状况分析

(一)加快推进项目建设,优化全域交通网络

1. 公路

一是加强胶东机场转场保障。截止到9月底,胶东机场高速公路主体工程已基本完工,交通安全设施等附属工程建设加快推进。同时,作为机场周边国、省道重要配套工程项目的204国道(城阳胶州界至219省道段)和双元路拓宽改建等工程建设统筹推进。至9月上旬,204国道改造工程已完成路基工程64.15%、路面工程46.45%,完成桃源河桥52%、大沽河钢便桥48.05%,李王路至站前大道约13千米已半幅通车;双元路拓宽工程已完成项目投资8000万元,占工程总量的14%,双元路与双积路节点立交桥建设工程已完成合同总量约20%。

二是高速公路改扩建工程进展顺利。济青高速改扩建工程土建部分基本完成,其中,小许家枢纽以东段于7月份通车;小许家枢纽以西段右幅(北幅)于9月底通过交工验收,青岛至济南方向全线贯通。沈海高速公路(莱西平度段)大中修工程开工建设。此外,青兰高速(双埠至河套段)改扩建、董梁高速(董家口至沈海高速段)、明董高速(平度市

明村至董家口）、潍坊至青岛高速公路前期工作加快推进。

三是公路管理水平稳步提高。上半年，共完成6条高速公路及相关国、省道路整治提升；完成全市普通国、省道路网命名编号调整；推进迎国检普通国、省道大中修工作。

四是中心城区北部快速路项目启动前期工作。北部快速路项目定位为北部城区连接蓝色硅谷和胶东机场的东西向快速通道，东起滨海公路，经即墨、城阳、新机场、胶州至沈海高速，全长约62千米。该路建成后将填补中心城区北部横向快速通道的空白，承担城阳区北部与蓝色硅谷、即墨区、胶州市之间的快速交通联系功能。

2. 铁路

一是潍莱高铁青岛段加快建设。潍莱高铁是济青高铁与青荣城际铁路的重要连接线，是胶东半岛连接内陆地区的快速便捷通道，对于进一步完善山东省高铁路网布局，推动区域经济发展具有重要意义。2019年以来，潍莱高铁施工进度不断加快，跨省道48米、跨新潍高速公路80米、跨胶东调水渠100米连续梁等关键连续梁工程先后顺利完成，9月16日平度北站站房开工建设，9月29日平度东制梁场正式完工，为年底全面完成主体工程建设奠定了坚实基础。

二是济青高铁机场站和红岛站基本建成。济青高铁机场站为新增车站，截止到6月底已基本建设完成，该站与红岛站将在胶东国际机场转场时同步开通。济青高铁红岛站为青岛地铁8号线、10号线、12号线与济青高铁四线换乘枢纽车站，截止到9月底，站房主体结构已经完工，北广场地下结构和北广场高架进出站通道也已完成，进入地面附属建筑施工阶段。

三是青日高铁、高速磁浮示范线等涉铁协调工作有序推进。

3. 港航

一是修订《青岛港总体规划》，并报交通运输部、省政府审批。本次修订，通过对接国家区域发展战略、优化调整港口功能布局、拓展提升港口功能、解决融合港产城发展等关键问题，将为青岛港实现持续、健康、和谐发展提供科学有力的保障。9月上旬，《青岛港总体规划（2018—2035年）》开始第一次规划环境影响评价公示。

二是青岛港5G智慧港口建设领先全球。2019年2月，在西班牙巴塞罗那举行的2019世界移动通信大会（MWC）上，作为全球首家应用5G技术的港口，青岛港应邀出席"全球首个5G智慧港口发布会"，分享技术应用情况，推广智慧港口建设经验，赢得与会代表的广泛肯定和赞赏。6月，青岛港与华为签署战略合作协议，双方将共同建设智慧港口示范工程，打造具有国际化竞争力的世界一流强港。

三是青岛港荣膺"亚洲品牌500强"。8月2日在香港召开的"亚洲品牌大会"上揭晓了 2019 年《亚洲品牌 500 强》排行榜,这是世界品牌实验室(World Brand Lab)第 14 次对亚洲品牌影响力进行的测评,共有 22 个国家和地区的 500 个品牌入选,其中青岛港是此次入选的亚洲唯一港口企业。

四是青岛港董家口港区原油码头(二期工程)加快推进。青岛港董家口港区原油码头二期工程,位于董家口嘴作业区西防波堤二期工程外侧。工程于 5 月 1 日顺利完成引桥 8 个桥墩、共 58 根钢管桩全部施工,6 月 8 日完成 14 个大型混凝土沉箱的预制浇筑施工,8 月 25 日完成了 14 个沉箱安装,9 月 17 日完成了全部沉箱 56 个扇形块安装。

五是青岛港海铁联运班列连接城市超过 30 个。5 月 28 日,广平—青岛港班列在河北邯郸东部(广平)货运中心正式开行,这是青岛港海铁联运班列首次挺进河北地区。至此,青岛港已与全国超过 30 个城市开通了多式联运班列 46 条。

六是董家口船舶交通管理系统正式运行。6 月 18 日,经过半年试运行后,董家口船舶交通管理系统(VTS)正式运行。该系统按照"政府投资管理、海事履职指导、港口参与受益"理念,形成"政府＋海事＋企业"的"三位一体"运行新模式,集中办公,提前介入船舶通航态势进行交通组织,实现信息共享、协调高效,为船舶航行安全提供信息服务,高效服务地方经济发展。

七是胶东国际机场全面进入精装修收尾阶段。截止到 8 月初,胶东国际机场航站楼主体结构、二次结构、玻璃幕墙工程、屋面钢网架工程已经施工完成,全面进入精装修收尾和设备调试阶段。

4. 物流

一是山东高速西海岸智慧物流产业园、董家口铁路物流园建成投产,中外运(上合)智慧物流产业园等 9 个项目开工建设。其中,董家口铁路物流园于 3 月 8 日开始试运行,该物流园打通了董家口港区集装箱、件杂货等多式联运物流大通道,进一步密切了内陆市场与董家口港区的物流联系,为腹地企业提供更多元的物流选择,让董家口港区成为连接海上航线、陆上通道的重要枢纽。

二是即墨济铁物流园开园。8 月 29 日,青岛即墨济铁物流园正式开园,即黄内贸班列顺利开行。即墨济铁物流园是全国 42 处物流基地之一,也是青岛地区唯一的大型综合铁路物流园区。该物流园以铁路货物运输为核心,建设多式联运货运枢纽节点、产业集聚型物流供应链服务基地、集城市配送和专业市场于一体的综合物流园,功能布局为"五区一中心",即商品车功能区、集装箱功能区、公铁联运服务区、钢材流通加工区、民生市场服务区和综合服务中心。

(二)加快提升物流产业,推动发展方式转变

1. 港航服务

一是研究发布中韩、中日等青岛特色航运指数,开工建设青岛国际航运中心现代航运服务信息化支持保障平台。

二是首创港航交易新模式,实现交易平台到电商平台再到供应链平台的转型。港航产业联盟会员近50家,赢得更多行业话语权。

三是青岛港生产稳步上升。2019年上半年,青岛港港口货物吞吐量和港口集装箱吞吐量均为山东省第一、全国第五位,其中港口货物吞吐量较上年同期增长8.3%,港口集装箱吞吐量较上年同期增长9.8%。据统计,1~8月,水路客运量143.29万人次,客运周转量1427.58万人千米;水路货运量1665.59万吨,货运周转量6547348.86万吨千米;港口吞吐量38005.17万吨,集装箱吞吐量1393.37万标准箱。

2019年1~8月青岛港吞吐量统计表

名称	1月	2月	3月	4月	5月	6月	7月	8月
港口吞吐量(万吨)	4535.12	4575.57	4703.31	4617.74	4841.5	4880.18	4922.76	4928.99
集装箱吞吐量(万标准箱)	162.33	158.99	172.28	176	180	180.66	180.28	179.83

四是邮轮母港发展势头强劲。2019年上半年,青岛邮轮母港排在全国第六位,发展势头在所有邮轮母港中最为强劲。与2018年同期相比,青岛邮轮母港始发港邮轮和访问港邮轮航次都增长明显,不仅首次实现邮轮在青常态化运营,而且实现了连续三年母港邮轮吨位品质提升。数据显示,2019年1~8月,青岛邮轮母港接待出入境旅客5.3万人次,同比增长53%,成为2019年以来国内增幅最高的邮轮港口。9月10日,"歌诗达-赛琳娜号"邮轮由青岛邮轮母港前往日本长崎,这是国际知名邮轮公司首次在青岛、在山东实现常态化运营。同月,星梦邮轮旗下"探索梦号"将其北方地区首航设在青岛,开启了"青岛—下关—福冈—青岛"航程。

2. 机场空运

一是空中航线不断增加。2019年上半年,先后开通了青岛—巴黎、青岛—迪拜航线,新增航线26条,其中国际及地区航线7条;加密7条,其中国际航线5条,航线总数达到200条。8月29日,青岛澳门

直航航线正式开通,标志着青岛将全面实现同港澳台地区常态化的航班往来,是青岛航空运输发展史上又一个值得纪念的里程碑事件,对进一步提升青岛市航空对外联通能力、完善区域航空枢纽网络布局、促进岛城经济文化发展、便利市民出境旅游需要等均具有重要意义。

二是航空运输持续发展。1~8 月,青岛空港航空旅客吞吐量、货邮吞吐量分别达到 1708.44 万人次、16.13 万吨。

三是圆满完成重要节日交通运输任务。据统计,2019 年元旦 3 天,青岛空港旅客吞吐量 17.68 万人次,同比增加 0.29%;春运期间,青岛空港共运输旅客 269.4 万人次,同比增长 3.9%;清明节期间,青岛民航运输 18.89 万人次;端午节期间,青岛民航吞吐量 27.59 万人次,同比增加 1.33%。

3. 现代物流

一是成功入选 2019 年国家物流枢纽建设名单。国家物流枢纽是物流体系的核心基础设施,在全国物流网络中发挥关键节点、重要平台和骨干枢纽作用。9 月中旬,国家发改委、交通运输部联合印发《关于做好 2019 年国家物流枢纽建设工作的通知》,青岛成功入选,成为"生产服务型(港口型)国家物流枢纽"。按照规划,青岛将建设的生产服务型(港口型)国家物流枢纽选址在西海岸新区,将以青岛西海岸新区内的制造产业集聚区为依托主体,以青岛前湾保税港区、董家口循环经济示范区为重点区域,打造服务于青岛制造业的物流集成平台,进一步发挥青岛"一带一路"枢纽城市和重要港口城市的标杆作用。

二是开通中欧(青岛—明斯克)国际班列。4 月 2 日,中欧(青岛—明斯克)国际班列正式开通,该班列起点位于胶州的中国—上海合作组织地方经贸合作示范区青岛多式联运中心,途径二连浩特口岸出境,经过蒙古、俄罗斯,最终到达白俄罗斯首都明斯克。这一线路可以延伸到立陶宛,打通波罗的海通道,形成"西联中亚欧洲、南通南亚东盟、东接日韩亚太"的国际多式联运贸易大通道,成为中亚及上合组织国家面向日韩、亚太市场的"出海口",以及日韩货物走向中亚的国际多式联运转口贸易通道。

三是中创物流成为省内首家主板上市综合型民营物流企业。中创物流股份有限公司服务网络遍及国内主要港口和北京、西安、济南等内陆口岸城市,主营综合性现代物流业务,为进出口贸易参与主体提供基于国内沿海港口集装箱及干散货等多种货物贸易的一站式跨境综合物流服务。4 月 29 日,该公司在上海证券交易所主板上市,募集的资金将用于投资沿海运输集散两用船舶购置、散货船购置、跨境电商物流分拨中心(天津东疆堆场)、物流信息化建设、大件运输设备购置项目。

四是推进货物运输结构调整和全国绿色货运配送示范工程创建。

上半年,无车承运整合运力 1.7 万辆。

(三)加快发展城市交通,提升市民出行品质

1. 常规公交

一是做好公交都市创建验收筹备工作,完成市区公共汽(电)车运营服务年度考核,开展隧道公交线路优化、即墨至市区公交线路开通等工作。6 月 12 日,3 条即青跨区大站公交线路开通试运行,这 3 条线路有效覆盖了进出即墨区的经济开发区 204 国道、城区墨城路(原烟青路)、通济新经济区天山一路等主要通道,线路走向和站点设置充分考虑了与周边轨道交通站点、公交枢纽和大型居住区等的衔接问题,与主要客流方向一致;同时,线路周边也是即墨区服装、汽车制造等支柱和新兴产业集聚区,较好满足了市民通勤出行需求。

二是推进常规公交与地铁线路衔接方案实施,上半年调整优化公交线路 29 条,迁改公交站点 37 处。

三是公交服务"青岛模式"走向全国。4 月 27 日,《城市公共交通运营服务系列团体标准》在青岛发布,自 5 月 1 日起开始实施。该标准由青岛公交集团主导起草,深圳市东部公共交通有限公司等公交企业参与编纂,其发布实施意味着城市公交运营服务的"青岛模式"正式推向全国。

2. 轨道交通

一是地铁建设快速推进。1 号线:8 月份已实现工作重心由土建施工向设备系统安装的转换。2 号线一期工程西段:4 月 29 日全线贯通,8 月 30 日通过验收,9 月 1 日开始试运行。4 号线:进入土建施工大干阶段。8 号线:至 6 月中旬,过海段开挖支护累计完成 71%,北段土建工程已进入最后攻坚阶段,北段 11 个新建车站已全部封顶,机电设备、弱电系统、装饰装修等工作全面展开;9 月上旬,该线胶东机场站开闭所和牵引混合所送、受电一次成功,顺利完成预期工作。

二是开展轨道交通运营企业年度考核,发布地铁运营分析报告。报告显示,截止到 2018 年底,青岛市共开通试运营地铁线路 4 条,分别为 3 号线、2 号线(东段)、11 号线和 13 号线,运营里程约 171.4 千米,共计 79 座车站,其中换乘站 3 座;2018 年地铁线网总客运量达 1.55 亿人次、日均客运量 41.9 万人次,旅游季日均客运量达 50.6 万人次。

三是加快利用国铁开行市域(郊)列车工作。7 月 10 日,从青岛北发往岚山西的 D8135 次列车正式开动,标志着岛城利用国铁开行的市域(郊)列车全部顺利开行。至此,每天从青岛北站开往青岛西、董家口方向的列车达到 6 对,基本上实现"公交化"运营,为往返青岛主城区和西海岸新区西部地区的市民提供了交通便利。

3. 出租汽车

一是进行巡游出租车行业改革,规范巡游出租汽车经营关系,落实网约车规范政策,促进出租车行业健康发展。

二是开展百日专项整治行动。2019 年 2 月 15 日～5 月 25 日,在全市范围内开展了出租汽车客运市场百日专项整治行动,共计查处出租车各类违法 633 起,罚款 185.3 万元。对查处的严重违规车辆依法依规从严从重处罚,对 1 名违法情节严重、影响恶劣的出租车司机吊销了服务资格证;对其中 152 部违法违规车辆进行了公开曝光。

三是启动行业服务品质提升行动。7 月 19 日市交通运输局印发《青岛市出租汽车行业服务品质提升行动工作方案》。根据方案,到 2019 年底,“驾驶员培训覆盖率达到 100%;企业对车容车貌、驾驶员营运行为自检自查率达到 100%;车容车貌合格率不低于 90%;‘拒载’‘绕路’‘高收费’等突出问题有效整改;查实的违法违规行为惩处率达到 100%;完成单车考核、企业考核办法完善修订工作,形成覆盖企业、车辆、驾驶员的三方考核体系,建立‘红黑名单’诚信制度。发挥信息化、大数据作用,增加监管平台管理服务功能。”到 2020 年底,“驾驶员培训覆盖率,企业对车容车貌、驾驶员营运行为自检自查率继续保持100%;车容车貌合格率不低于 95%;驾驶员职业素养、服务意识显著提升;查实的违法违规行为惩处率继续保持 100%;企业、车辆、驾驶员的三方考核和‘红黑名单’诚信制度全面推行,对巡游出租车经营权进行动态全过程监管。探索研究智能终端与监管平台有效衔接。”

(四)加快转变管理理念,推进交通运输转型发展

1. 坚持依法治理

一是不断提高审批时效,绝大部分许可业务审批时限由 10～12 个工作日提速到 5～7 个工作日,达到或超过深圳标准;行政权力和公共服务事项全部实现“一次办好”,审批时限全国领先。

二是自觉接受社会监督,督导口岸企业落实收费目录清单公示制度,督促企业落实新的港口收费计费办法并公示。

三是严格文明规范执法。上半年,查处车证 970 起;开展出租车行业百日整治行动,查处违章 633 起;强化网约车监管,清理不合规车辆约 6 万车次,排查注销 420 余辆。

2. 坚持绿色发展

一是完成绿色交通城市创建任务。2019 年 6 月,青岛市创建绿色交通城市区域性项目顺利通过交通运输部考核验收。据测算,创建项目实施后每年可产生节能量 2.4 万吨标准煤,替代燃料量 4.4 万吨标准油,减少二氧化碳排放 13.7 万吨。

二是交通运输信息化水平不断提高。2019 年上半年,实时播报综合交通运行状况 18 次,推进 GTC 运控系统数据交换与共享;市区所有公交车已具备微信、支付宝、银联等主流移动支付方式并实现互联互通,刷卡机具支持移动支付种类数量全国最多。市辖高速公路收费站扫码、刷卡等通行费移动支付实现全覆盖。

三是开展"绿色出行宣传月"活动。9 月 16 日上午,2019 年青岛市绿色出行宣传月启动仪式暨第三届绿色出行挑战赛举行。绿色出行宣传月期间,主办方还策划实施了绿色出行挑战赛、绿色出行进社区、"献礼 70 年,我身边的出行变革"趣味答题、"我的绿色出行 Vlog"征集评选等一系列绿色出行活动,并免费发放 50000 张地铁定制票,在公交出行宣传周期间免费乘坐地铁,倡导市民选择绿色交通方式出行。

3. 坚持安全底线

一是开展危货运输大检查、重大活动综合整治等专项活动 10 次,检查企业 900 余家。推进风险分级管控和隐患排查治理体系建设、"双随机一公开"监管检查。市区 5400 余辆公交车安装完成驾驶区安全防护隔离设施和一键报警装置。

二是推进国、省道安全隐患整改提升工程建设。组织开展胶州湾大桥、地铁运营市级专项综合演练,指导机场、火车站开展综合演练。

二、青岛市交通运输发展趋势

2019 年 8 月发布的《青岛市交通基础设施建设攻势作战方案(2019—2022 年)》(以下简称《方案》),明确了交通基础设施建设的攻坚任务,提出要打赢世界一流的海洋港口建设、面向世界的东北亚国际枢纽机场建设、国家沿海重要的铁路枢纽建设、四通八达的现代化公路体系建设、内畅外达的市政路网体系建设、引领城市发展的地铁建设、一体衔接的综合枢纽建设等 7 场硬仗,明确了积极推进轨道交通可持续发展模式、积极稳妥推进道路运输行业改革、建立胶东机场综合交通中心(GTC)运营管理体制、加快空管终端管制区建设、拓宽资金筹措渠道等 5 项改革事项。今后一个时期,青岛市将围绕《方案》确定的目标和任务,加快推动各项交通基础设施建设,形成和不断完善空地一体、陆海联运、通达全球的立体运输网络。

(一)世界一流的海洋港口建设

根据新修订的《青岛港总体规划(2018—2035 年)》,青岛港将以集装箱干线运输和原油、矿石等大宗物资运输为主,积极发展邮轮经济,加快现代物流、大宗商品交易、航运服务等要素聚集,兼顾海洋装备制造和海洋资源开发支持保障基地等功能,着力调整结构、优化布局,逐步发展成特色鲜明、设施先进、功能完善、高效便捷、绿色智慧、港城协调的现代化、综合性的世界一流强港。

依据这一规划和《方案》,到 2022 年,全市生产性泊位增加到 131 个,1 万吨级以上泊位增加到 93 个;港口货物吞吐量、集装箱吞吐量实现新突破,加快由门户港向枢纽港、由物流港向贸易港转型。到 2025 年和 2035 年,青岛港总吞吐量将分别达到 6.7 亿吨和 8.2 亿吨,届时,青岛港将形成"一湾两翼辖六区"的总体发展格局,即青岛港将环胶州湾和南翼董家口、北翼鳌山湾布局发展,下辖老港、黄岛、前湾、海西湾、董家口和鳌山湾共六大港区,其中前湾、董家口及鳌山湾为重点港区;六大港区形成码头岸线总长约 68 千米,可布置生产性泊位 241 个,综合通过能力约 10.4 亿吨。

为实现上述目标,青岛将不断推进重点项目建设,完善港口、航运、物流和配套服务体系,全面提升港口基础设施服务能力,增强港口群整体国际竞争力。同时,将通过推进集装箱中转中心建设、加密港口集装箱直达航线、加快构建辐射东北亚港口群的中转网络、推进原油区域贸易中心建设、推进"内陆港"建设等措施,不断提升港口枢纽功能。此外,还将通过高速公路建设、港口大宗货物运输"公转铁"、完善青岛前湾港铁路集疏运配套设施等措施,不断完善港口集疏运体系。

(二)面向世界的东北亚国际枢纽机场建设

1. 胶东国际机场建设将加快推进

目前,胶东国际机场建设已经进入收尾阶段,今后一段时间将强化统筹协调,全面完成航站区、飞行区及配套区建设,完成系统调试检查、竣工验收、行业验收、试飞校飞等工作。在此基础上,经过国家民航局审批后进行转场。

2. 胶东国际机场周边道路体系将逐步完善

胶东国际机场周边地面道路体系将按照"先通后畅、先急后缓、逐步推进"原则,加快推进配套路网规划建设,确保新机场高速公路工程等各重点项目按期完工。

目前,胶东国际机场高速连接线(双埠—夏庄段)工程规划已经出炉,工程西起女姑口大桥,东至青银高速,全长约 9.8 千米,同步实施青银高速互通立交 1 座、双流高架连接匝道及重庆路西侧临时接地匝道 2 对、高架辅路位于南流路东侧接地,预留远期重庆路互通立交和黑龙江路匝道建设条件。根据规划,高架主路为城市快速路,全线主路保障全封闭双向 6 车道规模贯通,近、中期采用双向 4 车道+应急停车带管理模式,设计速度 100 千米/小时。地面道路为城市主干路,设计车速为 60 千米/小时,其中下穿胶济铁路节点 50 千米/小时。该连接线建设工程将在 2019 年底前正式启动,预计 2021 年建成通车。作为连接青银高速和青兰高速的"大动脉",该连接线将大幅缩短青银高速至青兰高速的通行时间,为市民便捷出行提供更多选择。

3. 莱西通用机场将加快建设

莱西通用机场位于莱西市店埠镇驻地东北 1.7 千米,规划占地约 550 亩,建筑面积 12 万平方米,规划投资总额 6 亿元。根据规划,将主要建设航空服务基地、航空综合培训楼、800 米低空飞行跑道、停机坪、塔台及物流园等,建成后主要从事飞机试飞、飞机组装维修保养、飞行员培训、短途运输、商务服务、旅游观光、应急救援、灾害监测等。该项目已被山东省政府列入"十三五"规划和 2022 年前建设的 A1 类通用机场。

(三)国家沿海重要的铁路枢纽建设

1. 潍莱高铁

潍莱高铁项目起自济青高铁潍坊北站,终至青荣城际莱西北站,正线长度 122.6 千米,设计时速 350 千米/小时,将新建莱西北站、平度北站、昌邑南站三座铁路站房,计划于 2020 年底竣工通车。项目建成后,将结束平度市不通高铁的历史,平度到济南仅需 55 分钟,到北京 2 个半小时,通过青荣城际进入青岛北站仅需 37 分钟,将使平度真正融入青岛半小时经济圈。

2. 鲁南高铁将实现临沂与青岛联动发展

鲁南高铁是山东省"三横五纵"高铁网络的重要组成部分,是国家"八纵八横"高速铁路网的重要连接通道,也是山东省有史以来建设里程最长、投资规模最大、建设条件最复杂、沿线人口最多的铁路项目。鲁南高铁在日照接入青盐铁路,实现了与青岛的高铁通道。根据安排,鲁南高铁将在进行联调联试后于 11 月 26 日开通运营,其建成通车,意味着临沂将加快与青岛联动建设国家物流枢纽的步伐。

(四)四通八达的现代化公路体系建设

根据《方案》,到 2022 年,高速公路六车道及以上比例提高到 24% 以上,优良路率提高到 93%;普通国、省道一级公路比例提高到 45%。

1. 青兰高速(双埠至河套段)拓宽改建工程

青兰高速公路(双埠至河套段)改扩建工程将沿既有青兰高速向西拓宽改造,拟按双向八车道高速公路技术标准改扩建,施工期间将采取半幅施工方式,保持道路通行。目前正在推进前期工作中,预计建设工期 3 年。

2. 潍坊至青岛高速公路

潍坊至青岛高速公路(及连接线)是济南至青岛中线高速公路的一部分,主线起自济潍高速与潍日高速交叉处的营丘枢纽,止于胶州湾营海互通以南3.5千米处的胶州湾高速,路线全长约83.2千米;连接线工程起点位于济潍高速与潍日高速交叉处的营丘枢纽,止于北孟镇侯家屯东侧青银高速,全长46.8千米。主线及连接线采用双向六车道高速公路标准,设计速度120千米/小时,路基宽度34.5米;计划投资约225.9亿元、工期36个月。

3. 董梁高速

董梁高速公路董家口至沈海高速段起点位于董家口港区内与疏港一路顺接,终点位于蟠龙村西北沈海高速,路线全长3.7千米,投资估算9.7亿元。项目拟于2019年年底开工,建成后将极大提高董家口港区的集疏运能力,是构建董家口港区综合交通运输体系的需要,对提高青岛港口综合服务功能、促进临港产业快速发展、加快建设世界一流海洋港口具有重要的意义。

4. 明董高速公路

明董高速公路(平度市明村至西海岸新区董家口),自北向南途经诸城市百尺河镇、辛兴镇、林家村镇、桃园生态旅游发展区4个镇(园区),全长约126千米,设计最高时速120千米,双向六车道。根据规划,工程将于2020年底开工,2023年底建成通车。项目建成后,自北向南可实现与S21新潍高速、S16荣潍高速、G20济青高速、潍坊至青岛机场高速(规划)、G22青兰高速、董家口至五莲高速(规划)、沈海高速共7条高速的便捷连接。

(五)内畅外达的市政路网体系建设

《方案》提出,到2022年,城市快速路网体系进一步优化完善,全市主次干道路网增容提效,关键道路节点运行效率提高。东岸城区新增快速路12.2千米,规划快速路网建成率达到60%;贯通道路关键节点3处;打通市北区、李沧区、崂山区未贯通主次干道23条;其他区(市)完成30余条主干道建设任务。

按照计划,一是加大城市快速路建设和项目储备力度。建成仙山路快速路,串联起环湾路、双流高架、青银高速等高(快)速路和双元路、重庆路、黑龙江路等城市主干道,实现北部湾区东西贯通;实施杭鞍高架二期工程(南京路至福州路段),提升环湾路交通向东快速疏解能力。将胶宁高架银川路下桥口改造、银川路快速路、海尔路银川路立交等3个项目列入市级项目储备库,适时启动项目建设。加快推进辽阳路快速路、胶州湾大桥接线二期(海尔路至滨海大道)、第二条海底隧道等3

个项目前期工作。二是贯通关键节点。建成新疆路—渤海路匝道工程,解决周边市民出行难、绕行远等问题;启动环湾路—长沙路立交桥建设,解决欢乐滨海城周边市民出行难问题;实施莱阳路海底世界人行过街通道工程,解决海底世界门前人车混行拥堵问题。三是提升主次干道通行能力。开展未贯通道路打通攻坚行动,打通市北区、李沧区、崂山区 23 条未贯通主次干道;深入挖潜既有道路资源,结合实施市政道路大中修工程,适时对福州路等主要道路横断面进行优化改造,进一步提升道路通行能力。四是统筹全域市政路网建设。统筹相关区(市)实施 30 余条主干道建设,实现主干道与周边公路网和交通枢纽的快速衔接,进一步提升辖区路网综合承载能力及对外辐射能力。

(六)引领城市发展的地铁建设

根据规划,到 2021 年,青岛城市轨道交通将通车 8 条线,运营里程达 330 千米,日客运量达到 200 万人次,地铁出行占公共交通出行总量比例达到 35%,初步建成青岛市轨道交通骨干网络。

按照计划,各条线路建设将加快推进。其中,1 号线全线土建主体 2019 年将基本完工,铺轨完成 50%,预计 2020 年底全线开通,通车后将实现青岛北岸城区、东岸城区和西岸城区的快速通勤。2 号线一期工程将于 2019 年底前全线通车,西延段(泰山路站至轮渡站)将开工建设。4 号线将于 2022 年开通,通车后将形成贯穿市区中部的东西向骨干线路,与 8 条线路换乘,设 12 座换乘站,覆盖众多人口密集区和客流集散点。6 号线(一期工程)力争 2019 年开工建设,将打造列车自主运行系统(TACS)国家示范工程,助推青岛西海岸新区加快发展。8 号线北段(青岛北站至胶州北站)将于 2020 年下半年通车,从而实现铁路青岛北站至胶东机场站 35 分钟到达;2021 年底前全线通车,实现中心城区与青岛胶东国际机场快速通勤,五四广场到达胶东机场将缩短到 50 分钟。

到 2025 年,青岛市城市轨道交通将建成通车 13 条线,运营里程达 531 千米,形成轨道交通网络化运营,有效支撑城市发展战略。

(作者:青岛市社会科学院)

2019～2020年青岛市职业教育发展状况分析与预测

姜 红

2019年李克强总理在《政府工作报告》中指出，"加快发展现代职业教育，既有利于缓解当前就业压力，也是解决高技能人才短缺的战略之举。""要以现代职业教育的大改革大发展，加快培养国家发展急需的各类技术技能人才，让更多青年凭借一技之长实现人生价值，让三百六十行人才荟萃，繁星璀璨。"推动职业教育发展，培养高素质劳动者和技能人才已成为当前建设现代化经济体系、推动经济高质量发展的必然要求。

一、2019年青岛市职业教育发展状况分析

2019年以来，青岛市坚持以教育高质量发展为主线，努力建设更加公平、更加多元、更加适合的教育体系，在职业教育领域大力推进职业学校规范化管理，办学模式改革快速推进，办学水平不断提升。2019年上半年，在全国职业院校技能大赛中获得金牌31枚、银牌52枚、铜牌28枚，奖牌数量位居全国前列。

（一）职业教育发展基本情况

1. 职业教育政策扶持与宣传力度加大

2019年5月，青岛市教育局、市人社局等10部门联合印发《关于新时代职业教育发展的意见》（以下简称《意见》）。根据《意见》，新时代青岛市职业教育将以"建设全省职业教育创新发展示范区，全面提高青岛市职业院校人才培养质量，率先实现更高水平职业教育现代化，更好地服务人的全面发展，更好地服务城市发展战略"为总目标，通过统筹职业教育高质量发展、教育教学管理、产教融合校企合作、对外开放、高素质"双师型"队伍建设、职业教育服务国家战略、保障体系等，全面规划新时代青岛市职业教育的发展蓝图、重点工作和奋斗目标。

举办第四届职业教育活动周。4月27日,在青岛高新职业学校举行2019年全市职业教育活动周启动仪式暨青岛市高中阶段学校招生咨询会。市教育局领导、有关职业学校代表、学生代表、企业代表分别发言。约有70所中职学校、普通高中在招生咨询会上向学生及家长提供关于中考招生相关政策咨询。有近3万名学生和家长参与现场咨询活动,共有80余所职业院校及其合作企业、近20万学生参与"职业教育活动周"活动。

2. 完善现代职教体系,办学模式改革快速推进

(1)"3+4"试点获得新突破。从2013年青岛市在山东省率先开展"3+4"对口贯通分段培养工作以来,对"3+4"人才培养模式的研究不断加强,在2018年引导本科高校修订完善了多个七年一体化人才培养方案、开发116门中职与本科衔接课程的基础上,2019年,青岛市又新增青岛华夏职业学校的服装设计与工艺专业、城阳区职业教育中心学校的计算机动漫与游戏制作专业为"3+4"试点专业,青岛市山东省轻工工程学校的模具制造技术专业、青岛交通职业学校的汽车运用与维修专业,联办高校分别由原来的天津职业技术师范大学,调整为山东科技大学的机械设计制造及其自动化专业、青岛理工大学的汽车服务工程专业。2013年以来,已有12所中职学校的16个专业开展了试点,试点的本科高校已经由当初的1所扩大到2019年的5所,招生计划也由开始的140人增加到2019年的760人,招生计划占山东省试点总计划的25.4%。

(2)推进中高职一体化发展。2018年,完成了机电一体化技术等5个中高职专业联盟和15门中高职一体化课程的建设任务。增加了"三二连读"专业点和招生计划,全市具有"三二连读"办学资质的专业点2018年实现较快发展,由119个增加到178个,2019年上半年又增加到190个,招生计划在2018年增加3200人的基础上,又增加2000人,达到1.3万人。五年制贯通培养试点规模继续扩大。到2018年底,全市五年制贯通培养专业点扩大到37个,招生人数达2200人。

(3)综合高中试点继续推进。青岛市制订综合高中实施方案,开展综合高中课程体系建设研究。2018年以来,在青岛艺校等学校开展综合高中试点,首批试点学校共招收260名学生。截止到2019年7月底,试点在青岛艺术学校、青岛高新职业学校开设10个综合高中实验班,注册普通高中学籍。全市所有区(市)均开展了综合高中试点,总试点规模由上年的320人增加到1450人。

(4)普高与职业教育融通试点。近年来,青岛市着力打通职业教育与普通高中体制壁垒。2018年起,扩大了普职融通试点规模,当年全市普职融通试点学校由原来的6所增加到8所,招生计划由2017年的

270 人增加到 2018 年的 510 人。截至 2019 年 7 月底,试点学校由上年的 8 所增加到 10 所,招生计划由原来的 510 人增加到 980 人。

3. 师资队伍建设成绩斐然

职业院校"双师型"教师的培训继续加强。根据青岛市职业院校师资队伍基数比例、教师队伍建设和实训企业生产情况,广泛调研职业院校师资培训需求,2019 年度国家级培训项目共设置了专业带头人领军能力研修、"双师型"教师专业技能培训、中高职衔接专业教师协同研修、优秀青年教师跟岗访学、卓越校长专题研修等和"教学法研究能力提升高端研修""中等职业教育教科研能力提升高端研修""骨干教师赴国外高端研修班""青岛—澳大利亚职业教育国际合作联盟专业教师培训班"等创新项目。围绕专业师资建设,就骨干教师科研能力提升等方面系统设计了师资培训方案,对 474 名教师实施了高水平培训,已经有334 名教师通过了山东省高校任职资格考试,占参加培训总人数的70.5%。

4. 产教融合、校企合作推向深入

全国现代学徒制改革试点持续推进。在全市 20 家生产性公共实训基地推广现代学徒制人才培养模式,职业教育人才培养质量不断提高。2018 年以来,青岛市现代学徒制试点经验的多本专著已经由青岛出版社出版发行;《青岛市现代学徒制试点区域统筹实施的实践与探索》等学术论文在《中国职业技术教育》上发表。在现代学徒制试点方面,青岛市已经走在全国试点城市前列。

集团化办学稳步推进。目前,由市级职教集团定期调度全市职教集团工作推进情况。青岛旅游学校牵头成立的青岛市旅游服务产业教育促进会,首次以社团法人的身份,组织旅游类相关职业院校开展校企合作、职业培训、课程开发等活动,解决了集团化发展过程中遇到的法人身份、财务管理和运行机制难题。

5. 国际交流得到加强

平度职专与汉斯·赛德尔基金会合作 30 年农业双元制项目获评2018 年国家教学成果特等奖,是职业教育国际化发展的硕果。2019 年5 月 22～24 日,青岛市教育局与德国汉斯·赛德尔基金会在平度市举办了"2019 中国青岛·职业教育助力农村可持续发展的挑战与前瞻国际论坛"暨中德农业职业教育项目合作 30 周年庆祝大会。本次论坛紧扣国家"乡村振兴"和"一带一路"建设,通过观摩、论坛和庆典等一系列活动,推动了中德农业职业教育"双元制平度方案"在国内外的传播。中央电视台新闻频道、中国教育电视台、《中国教育报》、《中国青年报》等国家级新闻媒体均对活动进行了报道。

6. 职业培训供给能力快速提升

审批权下放带来机构扩容。机构是培训工作的主体,青岛市按照

"放管服"工作要求,从下放审批权入手,提高审批速度,将民办职业培训机构、民办普通技工学校两项行政许可事项审批权下放到区(市),要求各区(市)推动职业培训主体行政审批提速提效。2019年1~10月,全市新成立职业培训学校30家,职业培训机构达到260余家,年培训能力达4万余人。

政府补贴带来职业培训承接机构增加。2019年,政府补贴的职业技能培训项目全部向具备资质的职业院校和培训机构开放,青岛酒店管理职业技术学院、青岛恒星科技学院、平度市技师学院等职业院校均已纳入政府补贴项目承接机构。其中,平度市技师学院的社会化培训比重已占全日制培训的50%。同时,支持企业设立职工培训中心,承接政府补贴性培训任务,以激发企业参与职业培训的积极性。截至2019年9月底,海尔集团公司、海信集团有限公司、山东省港口集团青岛港集团有限公司、青岛啤酒股份有限公司等数十家大型骨干企业均已设立职工培训中心,职业培训供给能力显著提升。

(二)职业教育发展特点

青岛市职业教育不断推进现代学徒制、综合高中、五年制贯通培养、普职融通等项目试点,并加强推进职业教育国际化发展,大力提升发展质量。

1. 品牌建设成效显著

(1)品牌专业打造快速推进。以培育职业学校内涵发展水平、打造职业教育品牌专业为重点,职业教育专业布局调整快速推进。通过细化职业学校专业建设绩效考核指标,推动职业学校人才培养方向与产业需求更好的衔接。2019年以来,青岛市实施职业教育"深蓝计划",打造海洋职业教育品牌。与此同时,高标准建设北部先进制造业高技能人才培养基地。仅2018年,青岛市新增省级品牌专业8个,占山东省新增品牌专业的1/7。到2019年初,青岛市省级品牌专业数量达28个,居山东省首位。

(2)品牌院校建设取得新进展。持续开展"十百千万"工程建设项目,遴选了6所职业院校为青岛市第二批品牌职业院校建设单位。支持青岛市职业学校参加省规范化学校认定、山东省示范及优质特色职业学校建设项目。2019年初,全市共有国家中等职业改革发展示范校13所(全省第一),国家级重点职业学校26所,省示范性及优质特色中职校8所(全省第一),省规范化学校9所,市品牌职业院校11所。

2. 职业教育规范化、精细化管理水平明显提升

职业学校规范管理持续推进。通过建立规范管理现场会制度,采取典型交流、现场观摩等方式,推广典型经验。对全市各级各类办学不规

范的职业学校提出整改意见。统筹开展职业教育全域招生。将所有中等职业学校招生工作纳入全市招生平台统筹管理,实行统一招生录取。

3.职业教育专业设置更加适应产业需求

青岛市职业教育坚持供给侧和需求侧要素融合,发布青岛市新旧动能转换技能人才紧缺急需50个专业和100个职业(工种)目录,从而实现专业链与产业链的对接。在全国率先出台技工院校新旧动能转换培养奖补试点政策,对面向50个新旧动能转换紧缺专业,根据培养层次和在青岛就业人数,按照每人6000元至1万元标准给予奖补,推动技工教育"提质增效"。2019年,全市技工院校招生人数中,有8754人属对接50个新旧动能转换紧缺专业目录范围培养人员,占全部招生人数的98%。

(三)职业教育发展存在的问题

当前,职业教育仍然是教育体系中比较薄弱的环节,主要存在以下几方面的问题。

1.社会对职业教育重要性的认识还不到位,重视程度也存在着不足

很多学生家长望子成龙心切,期盼孩子走高学历之路,不考虑孩子兴趣爱好、学习适应能力,一味排斥接受职业教育,增加了职业教育生源数量规模增大、质量提升的难度。因此,在职业教育专业设置过程中应更加注重与产业需求的衔接,使之更适应市场需要,使更多学生愿意到职业院校学习,并消除家长的顾虑,使之鼓励子女到职业院校就读,从而逐步提升人们对于职业教育的认可度。

2."普职比例调整"背景下,职业教育质量提升任重道远

由于各地对于普通高中占比提升的强烈呼声,普通高中占比近年来呈现上升趋势,而职业教育招生比例普遍呈现下降趋势。2019年,青岛市普高与职业院校比例结构进一步调整,由原先的各占半壁江山,调整为普高比例提升到60%,职业教育招生比例相应下降。而从社会需求来看,过多的学生接受普高教育,就业方向并不明确,导致就业难问题的出现。相反,相当一批职业院校由于课程安排更贴近社会需求,拥有一技之长的学生就业的针对性更高。因此,职业院校只有尽快提升办学规范化水平,根据产业发展需求科学设置学科专业,通过国际化合作提升办学质量,才能吸引更多有志于接受职业教育的学子,为国家培养出更多高素质的劳动者和技能人才。

二、2020年青岛市职业教育发展展望

2020年,青岛市将着力推动职业教育实现三个转变,即推动职业

教育实现由政府举办为主向政府统一管理、社会多元办学的格局转变；由追求规模扩张向质量提高转变；由参照普通教育办学模式向企业、社会参与转变，为全市经济社会发展提供坚实技术技能人才保障。进一步细化《新时代职业教育发展的意见》的贯彻落实，明确责任分工，细化完成情况，提出推进措施，全面落实好各项法规和政策。组织由教育、人社、发改、财政、经信等部门参加的全市职业教育联席会议，明确工作职责，确保按照时间节点完成改革任务。

（一）职业教育改革创新逐步加快，提高质量成为发展主线

2019年，随着青岛市普通高中招生比例的大幅上升，职业教育招生规模进一步缩小。推动全市职业教育实现由政府举办为主向政府统一管理、社会多元办学的格局转变，由追求规模扩张向提高质量转变，才能为青岛市经济发展提供坚实技术技能人才保障。职业教育由参照普通教育办学模式向企业社会参与、专业特色鲜明的类型教育转变，企业参与公办职业学校办学工作正有序推进。青岛市将扶持一批专业特色明显、办学规范的民办职业院校的发展，充分利用社会资本开展多种形式的混合所有制改革。国家"1＋X"证书试点继续推进。建立职业技能等级标准项目研发专家团队，承担"1＋X"证书制度课题研究。制定职业技能等级证书考核评价管理细则，统筹推进职业院校社会培训工作开展。允许职业院校将培训收益用于奖励性绩效工资发放、办学条件改善等。鼓励职业院校面向全体社会成员，特别是未升学初高中毕业生、进城务工人员等群体开展培训。加大宣传策划的力度，全面总结青岛职业教育经验，借助媒体的力量，讲好"青岛职教故事"、传递"青岛职教声音"、开展"青岛职教义工"活动，提升青岛职教文化内涵。

（二）专业和布局调整将进一步推进

围绕推进中高职一体化发展，扩大高等职业教育规模，推进部分高等职业学院和中等职业学校融合发展，并逐步提高中高职一体化人才培养的比例。如将青岛幼儿师范高等专业学校、青岛航空科技职业学院2所筹建中的高职校纳入山东省"十三五"期间高校设置调整规划；青岛艺术学校已经开始托管占地132亩的西海岸音乐学校；青岛工程职业学院已经获教育部批复，从2019年开始招生；迁入青岛市的山东文化产业学院将在2020年建成并开始招生。这些学校的设置调整，将助力青岛市职业教育专业和布局调整的快速推进。加快推进职业教育专业建设工作委员会各项工作，按照年初工作计划，有序开展人才培养方案、专业建设、大赛辅导、外出参观等各项工作。

(三)深入推进产教融合、校企合作

继续推进全国现代学徒制改革试点,加快推进现代学徒制试点经验总结和推广。对首批开展现代学徒制的 29 个项目进行阶段性验收。加快推进混合所有制改革,新增青岛商务学校精酿啤酒创客工坊等 3 个混合所有制试点单位和试点项目。

(四)职业教育国际交流合作进一步加强

继续组织中等职业学校教师参加青岛—澳大利亚职业教育国际合作联盟专业教师培训。进一步突出职业教育"德国特色"。抓好"中德(青岛)职教合作示范基地"项目工作站建设,支持承担项目工作站任务的青岛职业院校与德国知名院校和企业开展合作办学。深入开展德国"双元制"本土化实践,加强与德方在课程开发、专业建设、师资培训、人才培养等方面的交流合作,培养具有国际视野、通晓国际规则、参与国际竞争的国际化职业人才。同时,加强与其他"一带一路"沿线国家和"上合组织"国家的职业教育交流合作,共建教师培训基地和学生实习基地,建设"上合组织"职业教育联盟。

(作者单位:青岛市社会科学院)

2019～2020年青岛市体育事业发展形势分析与预测

丁金胜

"十三五"时期(2016—2020 年)是我国全面建成小康社会的决胜阶段,也是谋划青岛市体育事业实现新一轮大发展的重要五年。加快发展体育事业,建设体育强市,提升青岛市体育综合水平和竞争力,是推进青岛市经济社会转型发展、贯彻落实科学发展观、加快建设宜居幸福的现代化国际城市的重要内容。青岛市依据体育事业发展的新形势、新任务、新要求,结合体育实际,制定了《青岛市"十三五"体育事业发展规划》。2019 年是青岛市完成"十三五"体育发展的关键之年,青岛市提出城市发展新定位,建设开放现代活力时尚的国际化大都市,聚焦体育发展的重点、难点、痛点、堵点,发起"体育惠民"、"竞技强市"、"产业兴市"、"足球振兴"、"弘城改造"和"体教融和"六大攻坚战;打响"强基固本"、"队伍建设"、"文化培育"和"品牌提升"四大阵地战。这六大攻坚战和四大阵地战的发起,是实现"十三五"阶段青岛体育事业的新飞跃,开创青岛体育事业新格局的关键举措。

一、2019 年青岛市体育事业发展基本状况分析

(一)大力开展体育惠民行动

1. 完善群众身边的健身设施建设

青岛市连续 5 年把全民健身工程建设纳入政府"市办实事",2019 年上半年已完成 113 处以笼式足球场为主的健身场地以及 19 个社区健身吧、15 个口袋公园、175 个帮扶村、5 个军队单位健身设施建设的现场勘验工作,其中邮轮母港运动公园项目已建成并投入使用,其他项目已进行公开招标,计划年内全部完成。同时,积极推进时尚体育基础设施和第二代智能健身设施建设。

2. 推进大型体育设施项目建设

城阳区白沙湾足球训练基地已于 5 月中旬正式启用,为青岛市开展青少年和职业队训练、举办各类足球赛事创造了良好条件。推进国家足球学院项目建设,山东省体育局和青岛市政府已正式签署了《土地置换协议》。推进中国足球学院青岛分院建设,已完成选址工作,一期建设经费也划拨到位。制定了 2020 年社会足球场地建设具体规划。为积极申办 2023 年亚洲杯足球赛,会同城阳区选址并编制了《青岛市专业足球场概念规划设计方案》。

3. 不断提升全民健身服务水平

加强社会体育指导员培训,截止到 9 月底,已举办社会体育指导员培训班 6 期共 600 人,农村体育骨干培训班 4 期 400 人,健身气功培训班 1 期 80 人。为推动全民健身发展,积极引导调动社会体育资源,广泛开展“送运动、送健康”活动,中联运动健康有限公司、全时健身健康管理有限公司分别向广大市民免费赠送了 12.5 万张和 1 万张健身卡,并且走进机关、部队、企事业单位、高校、社区、写字楼举办健身健康公益知识讲座,普及健康运动知识。

4. 普及发展社会足球

截止到 9 月底,举办青岛足协杯赛、青岛城市联赛、“哥德杯中国”世界青少年足球赛、中老年业余联赛、“体彩杯”青岛市足球锦标赛、市长杯比赛、青岛 GRS 青岛体育记者足球联赛等各类群众足球赛事近 1200 场,近万人参与比赛。

(二)夯实竞技体育发展基础

1. 认真备战第 25 届省运会

2019 年是第 25 届省运会周期的开局之年,青岛市依据《山东省第二十五届运动会规程总则(草案)》,已完成 6 个新增项目的布局工作,基本完成新周期队伍组建工作,制定完善促进青岛市竞技体育发展的政策机制,协调解决皮划赛艇、手球等项目训练场地不足问题,进一步提高科研、医疗保障能力,邀请专家教授举办体育科研培训讲座,与相关医疗机构签订医疗康复合作协议。

2. 加强教练员、运动员队伍建设

通过省退役运动员安置、外聘教练员等方式,完善教练员梯队建设。加大教练员培训力度,截止到 9 月底,参加上级培训 32 人次,成功举办了市第一期教练员培训班。做好高水平运动员的培养输送和服务保障工作。目前,青岛市输送至国家集训队训练的青岛籍运动员共 111 名。青岛市 U13 男子足球队以全胜战绩获得第二届全国青年运动会冠军,男子橄榄球队获得第二届全国青年运动会冠军。

3. 加强青少年体育工作

大力推进体教融合,起草了《关于深化青岛市体教融合发展的实施意见(草案)》,积极与教育部门研究解决市体校义务教育阶段办学资质和项目训练人员就近入学问题。完成了 13 个项目的市锦标赛和 4 个项目的市校园联赛的办赛工作。做好市青少年超体重健康夏令营筹备工作。起草了《青岛市第五届市运会青少年组竞赛规程(草案)》和《青岛市青少年后备人才基地扶持办法和扶持细则(草案)》。市体育运动学校 117 名应届毕业生参加高考,83 人成功考入高校,升学率达70.9%。其中,3 人被"985 工程"、5 人被"211 工程"的全国重点高校录取。

4. 为职业足球发展创造良好环境

2019 年,青岛市发起足球振兴攻坚战,推动建立"青岛市足球振兴推进工作联席会议"制度。5 月 6 日,市委书记王清宪主持召开联席会议第一次会议,研究部署青岛职业足球发展相关问题。积极争取青岛港、青岛啤酒、青岛银行等 7 家大型国有企业支持职业足球发展。在此基础上,正在与市财政局研究完善青岛市职业足球俱乐部扶持奖励政策,争取加大市财政资金支持力度。截止到 9 月底,青岛黄海青港足球队已取得 15 胜 6 平 6 负的战绩,位列中甲联赛榜首。

5. 认真做好足球青训工作

大力支持中国足协(青岛)青训中心建设。认真贯彻体育总局"关于在全国体校、武校、技校系统开展足球青训工作"精神,依托青岛市体育运动学校和城阳区体校建立田径项目足球训练基地,选拔优秀田径运动员组建了 2 支足球队,探索市体校发展足球的新型青训模式。推进足球进幼儿园活动。城阳区率先出台了《关于开展幼儿足球工作的实施方案》《城阳区幼儿足球技术评价标准》,在全区 40 余所公立幼儿园推广普及足球运动。

(三)推动体育产业加快发展

1. 完善体育产业发展的机制制度

青岛市体育局起草了《关于促进我市体育产业发展的扶持办法》《青岛市高水平职业俱乐部扶持奖励管理办法》,并通过召开座谈会、调研学习、专家论证等形式,积极开展体育产业市场化资本化课题研究。

2. 积极推进体育项目招商引资工作

青岛市政府围绕运动康复理疗、体育设施建设、赛事运营、文体公园建设等方面,积极推进招商引资。截止到 9 月底,相关部门共走访企业和部门 31 家,"哥德杯中国"世界青少年足球赛、青岛市体育医疗卫生中心 2 个项目已落地,莱西国际人造冲浪基地、即墨海尔水上运动冲浪中心文体公园、青岛体育资源及 IP 交易平台等 3 个项目已签署战略合作框架协议，另外还储备了 11 个招商项目，目前正在洽谈对接。

3. 积极举办、申办高端赛事

目前，已成功举办全国游泳冠军赛、2019 青岛马拉松、全国花样游泳青少年锦标赛、世界青年斯诺克锦标赛、中国篮球国际对抗赛等赛事，成功申办了 26 项国家与国际级体育赛事，正在积极申办 2023 年亚洲杯足球赛、第三届世界智力运动会、首届世界桨板锦标赛等一系列重大国际赛事。青岛（莱西）2019 世界休闲体育大会已于 5 月 1 日正式启动，目前已经举办徒步、自行车、足球、射箭等 4 个项目的比赛，下一步，还将组织 10 余个项目的比赛及休闲论坛和休闲产品博览会。

4. 规范体育市场依法运营

青岛市体育局积极加强经营高危险性体育项目监督检查，截止到 9 月底，抽查滑雪场所 5 处、游泳场所 2 处。同时，配合市发改委做好全市高尔夫球场清理整治工作。

5. 积极发展时尚体育

2019 年，青岛市召开打造国际时尚城时尚体育研讨会，制订了时尚与体育战役作战方案。青岛创新性地提出时尚体育的概念，并在此基础上确定了未来几年时尚体育重点发展的项目。积极支持发展帆船、足球、冰雪、马术、冲浪、桨板、电竞、棒垒球等时尚体育项目，增加城市时尚体育元素。积极培育时尚体育社团，新增棒垒球等 4 家市级体育社团；支持体育社团等承办赛事活动，提高体育社会组织的活跃度；培育时尚体育特色项目，促进全民健身广泛开展。指导支持学校、社区、企业开展运动会。截止到 9 月底，已成功举办青岛马拉松、迎新年全民健身健康跑、登山节、武搏大会、花园半程马拉松、中国企业 24 小时精英挑战赛、青岛市第四届龙舟赛、第五届王者荣耀高校联赛全国总决赛、青岛市健美健身锦标赛、冲浪锦标赛系列赛、全民健身田径公开赛等 30 余项大型时尚体育活动，启动第三届世界休闲体育大会、青岛市第五届体育大会等大型群众体育活动。`

二、青岛市体育事业发展中存在的主要问题

（一）全民健身有待完善

1. 体育场地和设施分布不均衡

城乡差距。农村地区体育事业经费少，投资者对农村体育场地的投资意愿很低，导致了农村体育场地设施无论在数量还是在质量上，与城区相比都有比较大的差距。城区内差距。在早期城市规划的年代，没有考虑到居民体育锻炼的需求，以至于老城区没有足够的空地面积

安装健身路径,导致健身设施安装过于密集,影响了人们对器材的使用以及慢跑、放松等活动的进行,影响了居民锻炼的效果。

2. 公共体育设施建设不完善

缺少公益性的冰雪运动场地。青岛目前只有企业经营的几家滑冰场和滑雪场,尚没有一家国有的公益性的冰雪运动场地,很多人没有机会体验冰雪运动的刺激与乐趣,影响冰雪运动普及与健康发展。适合青少年锻炼的场地和设施少。目前公园、广场和小区的活动场地和设施更适合老年人锻炼,适合年轻人锻炼的球类场地和跑步场地太少。风雨无阻健身场地严重不足。青岛是一个北方城市,冬季比较寒冷,健身活动在室外开展比较困难。目前全市仅有 107 处公益性的风雨无阻场地,无法满足群众在极端天气的锻炼需求。

3. 全民健身服务体系不完善

青岛市社会体育指导员的结构不合理。青岛共有 2.6 万名公益性的社会体育指导员,业余与兼职的占大多数,且老龄化问题严重,导致其不能给予体育健身者正确、科学的建议与指导。国民体质监测中心尚不达标。监测中心无人员编制,由健身中心抽调的 5 名工作人员行使监测中心工作职能,此外,每年向社会聘用 10～12 名临时工作人员,组成市体质监测队开展监测工作。监测中心工作场所兼用健身中心的文体活动室,面积 300 平方米以上,但未具体划分为检测室、多功能运动干预室、咨询室等办公区域。全民健身活动站点数量不足。全民健身活动站点是指具有适宜的体育场地和设施,有社会体育指导员进行指导,有一定数量的群众自愿参加,有专人具体负责,定时开展科学健身活动,经所在地体育行政部门进行备案的群众性体育健身站点。目前青岛市全民建设活动站点只有 5200 个,满足不了群众健身活动的需要。

(二)竞技体育发展不充分

1. 竞技体育项目发展不均衡

部分运动项目的发展基础比较薄弱,部分项目训练场地不足。在 2018 年第 24 届省运会上,共设 26 个大项(竞技项目),810 个小项,1130 枚金牌。青岛代表团共派出 1365 名运动员在 25 个大项、623 个小项上进行了角逐。总体来说,在本届省运会上,帆船、田径、射箭、游泳、羽毛球、篮球、足球、跆拳道、橄榄球、羽毛球等传统优势项目,继续保持了全省的领先位置。更可喜的是部分潜优势项目正逐步上升为优势项目,如游泳、现代五项、艺术体操、举重、乒乓球、皮划艇、赛艇、射击、击剑一跃成为优势项目。尤其是男子足球队时隔 12 年再度实现甲、乙组双冠王,用实力捍卫了青岛市"足球名城"的荣誉;帆船队包揽了本届省运会全部 12 枚金牌,创造了历史最佳战绩;田径队夺得 35 枚金牌，占田径项目金牌总数的 38.9%，霸主地位不可撼动，"田径之乡"实至名归；游泳队一举夺得 23 枚金牌，独霸榜首，创造了近几届省运会最佳战绩；篮球队、橄榄球队稳扎稳打，豪取 3 个冠军，继续保持强队本色；羽毛球队、射箭队、击剑队、跆拳道队共夺得 36 枚金牌，用汗水和拼搏捍卫了强队本色；举重队、乒乓球队、射击队卧薪尝胆，成绩大幅度提升，一跃成为优势项目。但是，一些弱势项目有待进一步提升，如体操、跳水、网球、手球等项目和其他城市相比还有差距。足球竞争力不强，与"足球名城"建设和人民群众期盼尚有较大差距。

2. 人才储备不足

部分运动项目的发展基础比较薄弱，需要加强教练员队伍建设，优化队伍结构，建立以培养高精尖体育人才为目标的新的竞技体育发展体系，提升教练员业务能力是青岛市竞技体育持续发展的根本。竞技体育发展中，面临的最大问题就是运动员的缺失。在一座拥有 900 多万人口的城市，如果没有几个优秀运动员，则与城市的地位不相称。何况，人才的培养不是一天、两天的事情，它是一个长期的培养过程。

3. 政策保障不够

目前来看，政府对于青岛体育发展投入的力度不大、支出结构不够完善，加强重大赛事备战、训练基地建设、后备人才培养等经费保障不足。体育后备人才保障力度不够，没有把竞技体育优秀人才培养纳入全市人才发展战略，没有制定切实可行的发展规划和人才引进政策。不能做到全面深化教练员职称制度改革，拓宽各类教练员上下流动的职业发展通道。场地设施保障不完善，市、区两级竞技体育场地设施布局规划不完善，场地设施运营能力、场地设施使用效益有待提高。年度考核与周期考核、输送人才与运动会备战、短期成绩与长期效益相结合的竞技体育综合评估体系不健全。

（三）体育产业发展没有形成核心竞争力

与北京、上海等城市相比，青岛体育产业规模相对偏小，有国际影响力的体育赛事品牌还比较单一。未形成完整的产业体系和一定的发展规模。缺乏高素质、综合专业的体育经营管理人才，阻碍了青岛体育产业的可持续发展。另外，相关产能潜能没有充分发挥，产品质量不高。尽管现阶段无形资产开发利用已具备一定成功经验，但还有很大上升空间。对各种体育赛事的会徽、会标、冠名权以及健身俱乐部商标、队名价值等重视和关注还存在欠缺，因此产业潜能发挥还达不到标准。

三、2020 年青岛市体育事业发展趋势

2020 年是实现《青岛市"十三五"体育事业发展规划》(以下简称《规划》)的收官之年。《规划》指出,到 2020 年,青岛市体育主要指标和综合实力居全国同类城市前列,体育产业成为全市支柱产业,形成群众体育蓬勃发展、竞技体育特色突出、体育产业竞争力强的局面,初步建成国际休闲体育和海上运动知名城市。

(一)深入广泛开展全民健身活动,完善全民健身公共服务体系

群众是青岛体育事业的参与者,也是体育经济的推动者。青岛市应结合全民运动的健康理念,培养市民的运动兴趣,从思想上将正确的体育消费观和价值观传递给市民,使他们养成健康的运动观念。体育事业要从青少年抓起,要在各个阶段的学校中倡导健康运动的潮流。

1. 推动全民健身品牌活动建设

进一步打造全民健身品牌活动;打造街镇品牌健身活动 3~5 个。每年开展 2 次全民健身晨晚练辅导站健身交流展示活动。鼓励开展冰上项目活动,打造全民健身新亮点、新品牌。

在街道、镇、社区、村积极开展小型多样、便民利民的各种全民健身赛事活动,推广普及冰雪项目和"足球、篮球、排球"三大球项目。每年组织针对街镇居民的区级赛事活动不少于 5 次,组织针对在职职工群体区级赛事活动不少于 5 次。在全市范围内建立包括足球、篮球、排球、羽毛球、乒乓球、网球以及田径、游泳等单项联赛机制,发展与之相对应的全民健身晨晚练辅导站,进一步提升赛事活动的组织水平和专业性,推动联赛的全民覆盖性。

2. 加强全民健身组织建设管理,推进体育协会实体化进程

增加建立具有独立法人资格的一级社团组织 20 家,使实体化社团占比 20% 及以上,扩大实体化社团数量,提高社团工作水平。在社会体育指导员协会基础上,各街道、镇按实际情况成立社会体育指导员分会。努力打造区级体育协会,街道、镇体育分会,社区、村体育工作小组"三级"管理体系,为群众体育工作的落实奠定基础。具体来说,就是要依托社会组织和学校体育教学,鼓励"社团办赛、以赛促教"。青岛市根据其山、海、城特点,突出"运动青岛、健康城市"主题,坚持打造全国群众登山健身大会青岛站暨青岛市全民健身登山节活动、青岛市体育大会、青岛市智力运动会、沙滩体育节、国际武术节、毅行(徒步)健身大会、国际马拉松、崂山 100 千米山地越野赛、自行车公开赛、拳击赛、社区体育节、畅游汇泉湾、全民健身操舞、企业运动会、"青岛球王"系列公

开赛等在国际国内有影响力的品牌赛事。积极参加全国智力运动会、山东省全民健身运动会。完善各类体育社会组织组队参赛机制,加快非奥项目发展,促进人才队伍建设,逐步形成项目推广普及优势。广泛开展不同层次、不同类型的全民健身活动,保持体育锻炼人数逐年增长。

3. 提升全民健身培训专业程度,建立高水平的"健身智库"

建立全民健身培训基地。与专业院校合作,开发适合于青年和中年人的层次较高的体育健身休闲项目并普及推广。每年组织针对街镇居民的健身培训、讲座不少于 5 次,组织针对在职职工群体的健身技能培训不少于 5 次。对全区健身设施、健身队伍、群众健身需求的调研统计形成定期化、常态化机制,结合"一刻钟健身圈"建设,建设全民健身信息数据库,实现网上健身信息"一键式"查询,使青岛居民享受到快捷方便的健身信息服务。努力把各类学校的体育教师、退役运动员、专业教练员吸引到社会体育指导员队伍中,建立一支实力较强、结构合理、多种体育项目的高水平"健身智库"。

4. 促进全民健身场地设施发展,积极整合区域内体育资源

严格落实相关细则,切实履行公共服务职责,规划建设和管理好居住地公共服务设施。打造社区居民身边的健身步道,便于群众健身锻炼,为群众健身提供场地保障。在社区、街道、农村设立新型健身设施,打造全员参与的新型室内健身场。青岛市将继续资助各区(市)实施和完善"五个　"工程(综合体育场、体育馆、游泳馆、全民健身中心、体育公园)建设;继续实施城市社区室内外结合的小型社区健身中心项目;配套建设农村新型社区健身设施,结合社区实际建设情况,打造"风雨无阻"型农村社区健身中心;完善黄金海岸健身长廊健身设施,打造西海岸新型健身休闲区域;贯彻全民健身国家战略,大力推进"健康青岛"建设。鼓励利用郊野公园、社区公园、公共绿地及城市空置场所,加强体育设施与园林的结合,建设足球场、篮球场、排球场、网球场、乒乓球长廊、健身步道等综合性体育场地,推动健身设施的多元化建设。积极整合区域体育资源,在全市创建多个社区体育健身俱乐部。结合政府购买公共服务,研究制定体育经营场馆优惠开放机制,鼓励公共大型体育公共场馆分时段、分阶段、分区域、分人群向社会免费或低收费开放,通过健身信息平台、健身智库等媒介,形成区域体育场馆惠民机制。通过为体育设施向社会开放的学校统一购置保险,给予经费补贴和奖励资助等形式,积极推进实现全市符合条件的学校体育设施向社会开放比例达到 80%。

5. 建立全民健身队伍指导体系

组织和培训社会体育指导员,推进制度化、规范化、科学化运动,普

及健康知识,利用节日举办主题性健身活动。青岛市将完善健全市、区(市)社会体育指导员协会制度及机制。加强社会体育指导员队伍业务培训,加强培训基地设施配备及师资队伍建设,加强社会体育指导员管理,促进社会体育指导员培训及管理工作更加制度化、规范化、科学化。完善表彰激励机制和经费投入机制,为社会体育指导员工作创造必要的条件。切实发挥社会体育指导员的健身指导作用,确保每一支健身队伍、每一个健身人群组织、每一个全民健身工程、每一个社区、每一个村至少拥有一名社会体育指导员进行健身指导工作。试点建立专业社会体育指导员准入、考核、激励、退出等机制,打造专业社会体育指导员队伍。继续加强宣传,营造社会体育指导员工作良好舆论氛围。

6. 顺应国家各级重点发展战略,大力发展"冬奥冰雪人口"

借力国家"十三五"期间"一带一路"建设和《关于以 2022 年北京冬奥会为契机大力发展冰雪运动的意见》,推动全民健身工作走出青岛、走出山东,加强与全国其他省份乃至其他国家的交流与合作,开阔视野,学习经验,提升全民健身工作水平。抓住北京成功申办 2022 年冬奥会的有利契机,促进冰雪体育休闲品牌建设。普及冰雪知识,引进国内外适合本区域的冰雪项目和游戏,大力发展冰雪运动人口。

(二)着力加强竞技体育发展,提升竞技体育水平

1. 明确竞技体育发展思路和目标定位

把握体育工作的本质,巩固青岛体育强市地位,应结合青岛市实际,出台实施意见,进一步完善竞技体育管理体制。调整完善竞技体育工作思路,培育一批具有国际竞争力的优势强项,加快竞技人才队伍建设和项目拓展步伐,努力实现竞技体育强项新突破;发挥体制创新、训练创新的优势,进一步充实优势项目,坚持突出重点,合理优化项目布局和结构,进一步巩固青岛市基础大项目的发展水平,积极提升整体实力,努力挖掘其他项目发展潜力,促进青岛市竞技体育均衡发展;着力解决好项目发展的质量和效益,从单纯追求金牌数量向既追求数量更追求质量转变,取得体育发展的新突破。继续保持竞技项目良好的发展态势,制定合理的未来参赛成绩目标,努力实现参赛人数、项数和运动成绩历史性新突破,积极争取实现运动成绩与精神文明的双丰收。

2. 进一步提升青岛竞技体育的竞争能力

经过几代人的努力,青岛代表队在运动会上已经实现了史无前例的突破。但绝不能满足于此,而是要放眼到更高水平的竞技赛场,把竞技体育发展标准提升到国际层次,让"青岛力量"为体育强国建设作出更多更大的贡献。

(1)进一步优化项目布局。A 类优势项目:在省运动会乃至全运会、国际大赛上表现突出的项目,具有很强的竞争实力、多次获得奖牌的项目,如乒乓球、羽毛球等;B类潜优势项目:此类项目省运动会乃至全运会、国际大赛上偶尔也有闪光点,能获得一定的金牌或者奖牌,是比较有发展潜力的项目,如拳击、射箭等;C类三大球和基础项目:三大球包括篮球、足球和排球,基础类项目包括田径和游泳,这些项目在国际体坛影响较大,有些项目深受我国人民群众关注和喜爱,在国际大赛中,这些项目金牌比重较低。要确保青岛在A、B、C三类项目中人才培养工作的落实,推进各类项目的均衡发展。

(2)保障人才输送渠道的畅通。进一步增强各地区输送优秀运动员的积极性、针对性和有效性,充分借助高质量的培训资源和高水平的训练平台,提高训练水平和竞技实力,使青岛市强项更加突出,努力培养更多高水平的体育明星。

(3)进一步重视比赛运动员的选拔和参赛工作。要实现运动强市的目标,必须重视年度大赛的争取、准备和参赛工作,甚至可以申请承办赛事来锻炼队伍,提升队伍的体育竞争能力,积累经验,打好基础。要加强对运动员的培训工作,提高综合素质、专业技术技能。

3. 加强分类指导,促进运动项目协调均衡发展

(1)优势项目要延续队伍建设和发展的良好势头,为青岛市夺取优异成绩发挥主力军的作用。努力在队伍训练方法、人才培养模式等方面下功夫,做大做优优势项目群,形成夺金集团优势并继续争创优异成绩。

(2)潜优势项目要努力提高水平,进而转化为优势项目。坚持"有所为、有所不为"的指导思想开展项目训练,逐步形成部分小项的集团优势,着重把握制胜规律,形成先进的训练手段和管理模式,促进运动员竞技成绩的提高,积极为青岛代表团作出贡献。

(3)重视球类项目的训练和参赛。针对球类项目增组增牌的政策变化,下大力气抓好球类项目的组织备战工作,营造浓厚的备战氛围。成立专门的领导训练小组,制定中长期发展规划,全面提高队伍的训练水平和参赛实力,力争夺取更多的奖牌,以带动青岛市集体项目发展水平再上新台阶。

(4)进一步提高纯实力项目的水平。打铁还得自身硬,不管主场还是客场,竞技体育最终还是靠实力来说话。因此,狠抓纯实力项目水平的提高,在现阶段乃至以后一段时间都是青岛市竞技体育发展的着力点。多次大赛的锻炼使青岛市在田径、游泳、自行车、射击、赛艇、皮划艇、举重等项目上都有了长足的进步与发展,部分项目已跻身全国前列。新时期,要重点突出强化这些在全国拥有竞争优势的纯实力项目,确保其在全国的领先地位,构建在未来大赛上夺取金牌的主力项目群。

4. 坚持人才兴体战略,强化教练和裁判团队建设

(1)强化教练团队建设。教练员是竞技运动中的知识标尺和经验汇总。教练员是运动队伍的直接负责人,教练员的执教能力影响着运动员队伍获取成绩的高低,优秀的教练员能够带出强大的运动员队伍并获取优异的成绩。首先,建立教练员良好的竞争机制,选拔有才能的教练员任职任教;其次,制定先进的管理机制,做好教练员的培养工作,促进教练员理论知识的学习,提供教练员参与比赛执教队伍的机会,提高教练员现场执教能力;最后,制定相关优惠政策和规定,引进优秀的教练员。

(2)强化裁判团队建设。裁判员是保障比赛顺利进行的组织者,裁判员队伍的水平在一定程度上体现了国家和地区的体育竞技水平,抓好裁判队伍的建设对促进体育竞技水平具有重大意义。首先,注重裁判员道德的培养,减少比赛中的不道德行为;其次,制定严格的规定,约束裁判员的行为;第三,加强裁判员理论知识的学习和执裁能力的培养;第四,建立合理的渠道,保证裁判员人才的流通。

5. 坚持可持续发展战略,进一步增强竞技体育发展后劲

(1)注重运动队伍的良性发展。遵循竞技体育的发展规律,抓紧各项目的组织选材集训工作。一方面充实运动员队伍,一方面着手备战未来赛事,确保青岛市竞技体育备战队伍的良性循环与发展。

(2)强化运动项目梯队建设。真正形成"抓一线、带二线、促三线"的一条龙管理体系和机制,切实把一线、二线、三线队伍建设好。

(3)加强体育训练和产业基地建设。后备人才基地是为青岛市输送人才的源点,要有目的地加强各级各类后备人才基地建设,提高基地设备条件,提升训练的层次和水平,保障输送人才的质量。

(4)切实推动体育产业快速发展。要着力推进体育健身、休闲旅游、竞赛表演等重点业态发展,健全完善有利于体育产业发展的政策体系,切实推动体育产业体制改革,最大限度地发挥各区(市)的区位和资源优势。

(三)挖掘体育产业潜力,提高产业发展质量

要提高体育产业在经济总量中的占比,促进产业结构转型,带动周围产业发展。利用好青岛的国际赛事经验,在国际帆船赛、国际足球邀请赛、CBA 联赛中,实行经济效益和社会效益相结合的政府赛事外包服务,提高体育产业发展质量。要制定适合体育产业发展的财政、金融、土地政策,对于优秀的职业俱乐部要给予一定的政策支持;利用"互联网＋创新创业大赛""挑战杯科技创新大赛",将体育产业的发展与高校科研项目、创新创业赛事相结合,打造重点领域、示范领域和新兴领域,多条路径发展体育产业。

1. 大力促进体育产业发展,合理优化产业结构

青岛市应利用各类大型体育赛事来健全和完善本市的体育经济体系,并努力推进本地体育运动品牌以及各要素在更广阔的领域内进行流动,促进青岛体育资源的优化配置,形成成熟、健全、规范的体育产业市场。本地体育企业要合理利用政府适时推出的扶持体育产业发展的各项优惠政策,在立足于青岛传统的优势体育项目,如冲浪、帆船、羽毛球以及足球的基础上,推进体育产业的创新步伐,使之朝着国际化、多元化的方向发展。青岛体育产业的发展不仅关系到市民的身心健康,又能提升市民的生活质量,引导市民培养健康、文明、科学的生活理念,可以说是一举多得的理想产业。体育产业要自觉与青岛的旅游产业进行联动,不断拓宽第三产业的市场,实现两者的优势互补,在不断健全和完善体育产业链的基础上,向社会化、市场化迈进,利用体育品牌竞赛拉动青岛旅游业的发展,促进体育产业在结构上的调整。如青岛在2018年举办亚洲羽毛球锦标赛,不仅提升了青岛在整个亚洲的知名度,还提高了市民对羽毛球运动的参与热情,吸引了大量的国内外游客到青岛观赛、观光,促进了青岛旅游业的发展。同时,以亚洲羽毛球锦标赛为契机,不仅完善和健全了青岛羽毛球场馆的建设,而且也拉动了青岛体育用品制造业的发展。

2. 强化产业跨界融合,加强"互联网＋"运营模式

21世纪以来,互联网、大数据等信息技术革命将各行各业的发展推向新高度,科学技术的运用是有效推动体育产业跨界融合的强大动力。首先,适应新时代新科技的发展和应用,积极利用互联网新技术思维模式,加强"互联网＋"运营模式植入体育产业,对体育产业链资源和内容进行重组,通过"互联网＋体育"模式来助推体育产业与体育休闲产业的融合发展。秉承"共建共享"的原则,努力建设体育产业信息服务平台,引导互联网等移动网络技术在产业链建设当中的应用。例如,开发专门性的体育旅游产品APP平台,并借助大数据信息,整理参与体育休闲产业客户的兴趣爱好、体育和旅游消费专长等,以更好地抓住消费者需求为目标,并对市场环境进行分析,打造更为合理的产业融合模式,实现体育产业的融合共享。

3. 加强体育产业专业人才培养和引进

人才作为体育产业发展的重要资源,在体育产业管理、产业结构优化升级等方面都发挥着重要的作用。青岛市体育产业发展更应该重视专业人才的培养和引进,通过充分发挥专业人才的作用,促进青岛市体育产业资源的优化配置,最终实现青岛市体育产业结构的优化。一是政府部门树立"人才强市"的战略思想。应高度重视体育产业专业人

才,在全社会形成尊重人才、尊重知识的氛围,为体育产业专业人才提供良好的工作和生活环境,充分调动他们的积极性,促进青岛市体育产业的健康、快速发展。二是积极探索社会与高校共同培养体育产业专业人才的模式。高校在体育专业人才培养方面拥有较好的教育资源,通过加强与高校合作,培养面向市场需求的专业型人才,不仅能够很好地解决青岛市体育产业专业人才缺乏的问题,而且能有效解决高校毕业生就业问题。三是积极引进国内外其他地区优秀体育产业专业人才。通过制定完善人才引进政策,吸引优秀体育产业专业人才,在住房和薪酬等方面提供充分的保障,促使他们为青岛市体育产业发展贡献力量。

(作者单位:青岛市社会科学院)

2019～2020年青岛市医养结合发展形势分析与预测

孙启泮

　　"老龄化""空巢化""少子化"叠加导致青岛农村老年人养老形势日渐严峻,如何缓解因老龄化带来的社会问题成为乡村振兴战略关键一环。《乡村振兴战略(2018—2020年)》提出"适应农村人口老龄化加剧形势,加快建立以居家为基础、社区为依托、机构为补充的多层次农村养老服务体系。以乡镇为中心,建立具有综合服务功能、医养相结合的养老机构,与农村基本公共服务、农村特困供养服务、农村互助养老服务相互配合,形成农村基本养老服务网络。提高乡村卫生服务机构为老年人提供医疗保健服务的能力。支持主要面向失能、半失能老年人的农村养老服务设施建设,推进农村幸福院等互助型养老服务发展,建立健全农村留守老年人关爱服务体系。开发农村康养产业项目。鼓励村集体建设用地优先用于发展养老服务。"《青岛市乡村振兴战略规划(2018—2022年)》提出:"加大政府对农村地区医养结合体系建设的支持力度。完善城乡居民基本养老保险制度,稳步提升城乡居民基本养老金标准。稳步提高城乡居民医疗保险财政补助标准,健全与农民增收协调一致的动态筹资机制,逐步提高农民医疗保险封顶线和医疗费用补偿比例,稳步扩大农村医疗救助覆盖面。全面落实被征地农民社会保障资金,实行'先保后征'政策。鼓励发展普惠型农村老年福利事业,加快整合农村敬老院、农家大院、幸福院等服务设施,打造以居家为基础、社区为依托、机构为骨干的农村养老服务体系。加强农村残疾人预防康复工作,完善特困供养服务,适度提高集中供养率。"《关于创建全省医养结合示范市的实施意见》(青政办字〔2018〕63号)提出:"以健康青岛建设为引领,以满足老年人健康养老服务需求为目标,以医养健康产业新旧动能转换为动力,以新技术、新产业、新业态、新模式为支撑,开展多种形式医养结合服务,切实增强群众的获得感,加快建立覆盖全体老年人群的健康养老服务体系。"为了实现"老有所养、病有所医",医养结合的提出是顺应我国老龄化社会发展客观规律的行之有效的解决思路和手段。创新医养结合形式还需要政府进行大刀阔斧的改革创新,对农村基层医疗机构进行转型,建设现代理念的新型医养结合体系。世界银行报告认为,尽管老龄化不可避免,但是经合组织国家的经验表明,过早死亡可以预防、慢病导致的病残可以被延迟发生,健康老龄化能够实现。

一、2019 年青岛市医养结合发展形势分析

2019 年,全市坚持以习近平新时代中国特色社会主义思想为指导,深入贯彻习近平总书记视察山东、视察青岛重要讲话、重要指示精神,在青岛市委、市政府坚强领导下,坚持稳中求进总基调,贯彻新发展理念,落实高质量发展要求,以新旧动能转换重大工程为引领,统筹推进稳增长、促改革、调结构、惠民生、防风险,经济社会保持持续健康发展。为深入贯彻落实习近平总书记重要指示精神,按照省委"担当作为、狠抓落实"部署要求,青岛广大干部群众以习近平新时代中国特色社会主义思想为指导,牢记嘱托、提高站位,发起了"十五个攻势",用干净和担当诠释忠诚,用行动和成效践行"两个维护",努力推动青岛各项事业走在前列,一步一个脚印把总书记擘画的美好蓝图变为现实。

(一)青岛市医养结合在砥砺前行中不断探索和创新

2019 年 3 月 9 日,青岛市卫生健康委员会关于印发《2019 年全市卫生健康工作要点》的通知提出:突破医养结合示范创建。深化国家医养结合试点市、山东省医养结合示范先行市建设,形成较为成熟的医养结合服务模式和工作路径,推出一批典型经验和示范品牌。鼓励医疗机构开展多种形式的养老服务,逐步建立涵盖治疗期住院、康复期护理、稳定期生活照料、安宁疗护等一体化的健康养老服务体系。加强医养照护、健康管理、康复、心理咨询、营养等人才队伍建设。加快医养结合智慧服务平台建设,推进智慧健康养老示范社区(基地、企业)建设。全市二级以上综合医院和中医医院设置老年病科(含老年病专业)比例达到 40%以上,建成 8 个以上中医药特色医养结合示范基地,在医养结合服务机构推广开展安宁疗护服务。青岛市南颐和老年公寓是由社会力量开办的护理型养老服务机构,开办之初就配套成立了社区卫生服务站,建立了"养中有医"养老服务模式,老年人足不出院便"楼上养老、楼下看病"。青岛市第五人民医院利用其医疗资源的优势,为解决失能、半失能、失智老人养老问题,与养老机构合作组建的老年爱心护理院,是青岛市第一家由三级甲等医院开展医养结合服务模式的养老机构。"医中有养"服务模式能够让老年人在养老机构享受到治疗医院

的诊疗服务,青岛市"医养结合实践探索"已纳入中组部干部培训案例。青岛市民政局关于印发《全市社区养老服务设施清查整改工作方案的通知》(青民福〔2019〕14 号)指出,认真贯彻省委、省政府关于抓好民生领域突出问题整改、提升民生工作水平的决策部署,对照省政府关于推进养老服务业发展和支持社区居家养老服务的有关要求,在全市集中开展社区养老服务设施清查整改工作,重点整改养老服务设施建设规划未编制、新建住宅小区与配套养老服务设施"四同步"机制未实行、社区养老服务设施未达标和已建成养老服务设施未登记移交、未有效利用问题。到 2019 年 6 月底,社区养老服务设施统一登记管理制度全面建立;到 2019 年底,社区养老服务设施"四同步"机制和区(市)养老服务设施规划全部编制完成。

(二)青岛市养老服务业快速发展

青岛作为在全国第一个通过电视终端开展智慧养老服务的城市,养老服务业得到快速发展。

扶持政策逐步完善。对养老机构给予建设和运营补助。新建或改建养老机构分别按每张床位 1.2 万元和 6000 元的标准给予一次性建设补助;对符合标准的护理型(医养结合型)养老机构的一次性建设补助标准在上述基础上相应提高 20%。对养老机构收住本市户籍老年人给予运营补贴。其中,收住自理老人的补贴标准为每人每月 220 元,收住失能半失能老人(含失智老人)的补贴标准为每人每月 350 元。对养老机构实施等级管理并给予奖补。对依法设立登记的养老机构符合规定的服务项目免征增值税,医养结合养老机构享受与医疗机构同等的用地优惠政策,养老机构为入住老年人购买意外伤害保险,政府给予 80% 的补助,这些政策有力地减轻了养老机构的建设和运营负担。养老体系基本形成。截至 2019 年 10 月,青岛市登记养老机构 230 家,总床位 6.8 万张,千名老人床位数 37.5 张,在 15 个副省级城市中位列第四,民办养老机构分别占机构数和床位数的 89% 和 76%,成为养老行业的主力军,涌现出圣德等一批知名养老品牌。城乡社区日间照料中心 946 个、农村幸福院 317 个,助老大食堂 480 个,办理民非登记和备案的社区居家养老服务组织分别为 183 个、860 个。医养结合服务走在全国前列。民政、医保等部门密切合作,出台《青岛市医养结合服务机构许可办法》,开辟医养结合绿色通道,建立长期护理保险制度,探索发展了医养合作、医养一体等多种模式,截至 2019 年 10 月,各类医养结合养老机构占机构总数的 94%,基本兜底养老服务实施全覆盖。发挥政府保基本、兜底线作用,健全普惠化老年福利制度和困难老年人精准化保障机制。为全市 60 岁以上户籍老年人购买意外伤害保险,是全国最早实行普惠型老年人意外伤害保险的城市;为城乡近 8000 名困难老人每月购买 45～60 小时居家养老服务,为全体 80 岁以上老年人发放体检补助,建立了经济困难老年人补贴制度。

(三)青岛市居民医疗保健费用逐季度增加

随着社会的发展和人民收入水平的提高,人们更加注重追求高质量的生活,在消费支出中,医疗保健支出的数额在不断攀升。2019 年第一季度,城镇居民医疗保健费人均支出 447 元,比上年同期增长 10.3%;农村居民医疗保健费人均支出 213 元,比上年同期增长 8%。2019 年第二季度,城镇居民医疗保健费人均支出 916 元,比上年同期增长 10.9%;农村居民医疗保健费人均支出 467 元,比上年同期增长 6.7%。不论是城镇居民医疗保健费支出,还是农村居民医疗保健费支出,都呈上升趋势。医疗保健消费呈现如下特点:一是医疗保健消费增长快,反映了消费者对身体健康的关注程度在不断提高,在身体健康方面的投资意愿日益增强。二是医疗保健消费支出占居民生活消费支出的比重上升,对可支配收入水平较低的居民,由于医疗保健消费支出的增加很大程度上抵消了可支配收入的增加,导致收入越低的居民家庭医疗保健消费支出挤占正常消费的情况越严重,对生活质量影响明显。三是居民对医疗保健的有效消费不足,表现为就诊率和住院率低。城镇居民和农村居民医疗保健消费增加,大致的影响因素包括:人们的医疗保健意识逐步增强。随着收入水平的提高,物质生活水平的改善,人们逐渐意识到医疗保健的重要性。同时,人们也有了一定的消费能力,医疗保健消费倾向增加。人口老龄化的趋势带来医疗保健消费的增加。常见慢性病呈低龄化趋势,心脑血管疾病、糖尿病、高血压、癌症等高费用疾病发生率提高,使得人们不得不增加医疗保健支出,并且这些疾病的医疗支出又存在很大的刚性,从而使医疗保健消费支出迅速增长。

(四)青岛市长期护理保险进一步完善

2018 年,青岛市在全国率先建立"全人全责"长期护理保险制度,以失能失智人员整体照护需求为导向,涵盖医疗护理、生活照料、功能维护、精神慰藉等多层面保障内容。结合不同群体的照护需求,针对完全失能人员设计了医疗专护、护理院护理、居家护理、社区巡护 4 种服务形式;针对重度失智人员设计了长期照护、短期照护、日间照护 3 种服务形式。职工享受护理保险待遇报销 90%,居民报销 70%～80%。制度实施以来,有力破解了"医院不能养、机构不能医、家庭无力护"的困局,实现"个人减负担、医保增绩效、机构得发展"等多方共赢,蹚出了一条应对老龄化挑战的新路径。2019年1~3月,全市共1.6万名失能失智老人享受长期护理保险待遇,护理保险资金支付9859万元,护理服务人员提供上门服务21.2万人次,照护服务时间共计39.5万小时。

2019年8月20日,青岛市医疗保障局发布《关于开展长期护理保险延缓失能失智工作的意见(试行)》,在全国率先探索实施长期护理保险延缓失能失智保障机制,将轻中度失能失智人员及高危人群纳入保障范围。这是青岛市深入推进长期护理保险工作的重要创新举措,也是贯彻落实"健康中国"战略的积极行动实践。主动开展预防和延缓失能失智工作,推动工作由以治病为中心向以健康为中心转变,保障范围扩大至轻中度失能失智人员和高危人群。建立延缓失能失智保障金,每年按照不超过1%的比例分别从职工和居民护理保险资金中划取。采取宣传、培训和赋能训练等有效方法,对轻中度失能失智人员、高危人群及其照料者给予适当帮助,鼓励轻中度失能失智者及高危人群自立,使其能够维持一定的自理能力,同时强化社会公众认知,提升机构和家庭照料者技能,从总体上降低社会和家庭照护负担,缓解未来资金支付压力和照护人力不足问题。

(五)青岛市医养结合工作日益规范化

2016年4月25日,青岛市人民政府办公厅发布《关于印发青岛市促进医养结合服务发展若干政策的通知》,这是青岛市关于医养结合的系统性文件。2018年8月2日,青岛市政府办公厅发布《关于创建全省医养结合示范市的实施意见》,提出:"基本原则:医养结合,统筹发展;保障基本,分类实施;政府引导,市场驱动;深化改革,创新机制。发展目标:到2020年底,以居家为基础、社区为依托、机构为补充、医养相结合的养老服务体系基本建成。主要任务:创新医养结合青岛模式,开展医中有养、养中有医、医联结合、养医签约、两院一体、居家巡诊等六种类型医养结合服务;以发挥特色优势为核心,实现中医药服务医养结合;以跨界融合为纽带,实现相关产业医养结合;以互联网大数据为支撑,实现智慧化医养结合;以规范化、标准化为重点,不断提升医养结合服务质量。"2018年11月27日,青岛市政府办公厅发布《青岛市医养健康产业发展规划(2018—2022年)》,提出深入推进"健康青岛"建设,加快实施新旧动能转换重大工程,促进青岛市医养健康产业发展。2019年4月4日,青岛市卫生健康委员会关于印发《健康产业发展攻坚行动方案(2019—2022年)》的通知提出,围绕《青岛市医养健康产业发展规划(2018—2022年)》确定的健康医疗、医养结合等重点领域,加快园区整合、产业配套和要素集聚。依托现代服务业集聚区、文化产业基地、重点旅游景区等,打造具有较强区域影响力和优势的休闲度假、滋补养生、体育健身、健康旅游等特色健康服务业园区。在长期护理保险方面,青岛市先后发布《关于将重度失智老人纳入长期护理保险保障范围并实行"失智专区"管理的试点意见》《青岛市长期照护需求等级评估实施办法》《青岛市长期护理保险暂行办法》《青岛市长期护理保险定点护理服务机构协议管理办法》《青岛市长期护理保险定点护理服务机构考核办法(试行)》《关于长期护理保险"失智专区"协议管理有关问题的通知》等一系列文件,推进了包括长期照护在内的医养结合工作的规范化发展。

(六)青岛市慢性病的预防和治疗受到重视

慢性病是医养结合的重要内容。慢性病主要包括心脑血管疾病、癌症、慢性呼吸系统疾病、糖尿病和口腔疾病,以及内分泌、肾脏、骨骼、神经系统等疾病。慢性病是严重威胁青岛市居民健康的一大类疾病,已成为影响经济社会发展的重大健康问题。2018 年,青岛市户籍居民死亡率为 733.72/10 万,慢性病死亡率为 657.62/10 万,占全部死亡总数的 89.63%。前 3 位死因依次是心脏病、恶性肿瘤、脑血管病。过早死亡概率为 12.95%。青岛市新发急性心梗报告发病率为 124.08/10万,死亡率为 90.10/10 万;新发脑卒中报告发病率为 293.45/10 万,死亡率为 100.60/10 万。全市新发恶性肿瘤 23717 例,报告发病率为290.01/10 万。居民恶性肿瘤发病率呈逐年上升趋势,恶性肿瘤死亡率总体平稳。急性心梗、脑卒中的报告发病率和死亡率均呈逐年上升的趋势。慢性病门诊保障工作不断加强。参保人在定点基层医疗机构发生的门诊医疗费纳入门诊统筹报销。2019 年 1~6 月,全市基层医疗机构签约总人数达到 570 万,占全市参保总人数的 66%。将高血压、糖尿病等慢性病 56 个病种纳入门诊大病报销,实行医保报销政策向基层倾斜,缓解了慢性病"挤住院"现象,全市门诊大病总人数近 50万。为推进中医药预防保健服务,2019 年,青岛市建成由 2 家全国"治未病"中心、16 个"养生保健基地"和 188 个养生保健指导门诊组成的中医预防保健服务网络,在国内率先遴选针对普通人群的青岛市 10项家庭中医药适宜技术,累计为 300 万名 55 岁以上中老年人免费提供个性化养生保健指导。

二、2020 年青岛市医养结合发展展望

加快推进医疗卫生与养老服务相结合,有利于满足人民群众日益增长的多层次、多样化健康养老服务需求,有利于扩大内需、拉动消费、增加就业,有利于推动经济持续健康发展和社会和谐稳定,对稳增长、

促改革、调结构、惠民生和全面建成小康社会具有重要意义。预防医学和康复医学将成为医养结合的两大推动力量。

(一)医养结合的进一步发展需要一个专门的综合部门统筹规划

医养结合的关键点在融合,突破点在体制机制创新,政府应紧密结合实际情况,科学制定养老服务体系总体建设规划,将医养结合养老模式纳入经济社会建设发展总体规划和医疗资源分布规划,解决管理格局交叉、部门职责界限模糊的困境,打通政策和资源壁垒,使部门联动推进医养结合成为可能。应建立政府分管领导牵头的医养结合养老的相关部门联席会议制度,协调民政、卫生、人社、财政、发改等部门,各部门主要负责人应作为该机构的主要成员加强部门间横向联系,实现医疗、养老、社保政策的有效衔接,协同制定养老机构与医疗机构结合的统一准入与建设标准、从业人员履职规范、行业管理规范等监管制度。

(二)推进长期护理保险的试点和改革

青岛市长期护理保险目前仍局限在医疗保险范畴内,实质上仍是医疗保险业务的一种拓展,尚没有全面进入到实质性的长期护理保险范畴。具体而言,青岛长期医疗护理保险的缺陷包括:制度理论性不足,只是形式上的保险制度化建设,保险内涵不足(如非独立筹资,且职工个人账户未实现转移),保障内涵不清(如医疗护理、生活照料未分开);筹资模式不稳定,依附于医疗保险筹资,无独立筹资支持,待遇结构不合理,居家服务与机构服务的保障范围、保障标准无明显差别。

《青岛市长期护理保险暂行办法》有效期至 2020 年 3 月 31 日。新的长期护理保险应该作为独立的险种,引入预防理念,对于可能成为护理对象的老年人设定"需要支援"服务层次,以预防性护理为主,延缓衰老进程,预防阿尔茨海默病等的发生,减少长期卧床及慢性病复发的现象。主要解决老年人的生活护理问题。首先,明确长期护理保险定位为生活护理保险;其次,建立独立的资金筹集渠道;最后,合理确定保障范围。

(三)在农村搭建以农村社区居民委员会(村委会)为医养结合平台的农村医养结合养老体系

农村医养结合的发展远远落后于城镇医养结合的发展,需要进一步夯实农村的医养结合养老体系。农村社区居民委员会(村委会)在农村属于基层群众性自治组织,凭借自身优势有利于对自治范围内的卫生院、卫生室等医疗机构以及养老院、敬老院等养老机构进行整体性配置。一边连接医疗资源,一边连接养老资源,通过地理位置的调整和医养资源的共享,实现医养资源的融合。以农村社区居民委员会(村委会)为平台,能够增加村民对医养结合养老服务的认知和支持,更利于医养结合工作的顺利开展。农村社区居民委员会(村委会)利用和村民紧密联系的优势向农村老年人宣传并解难答疑,使更多的农村老年人获益。

农村社区居民委员会(村委会)统筹规划所管辖区域内现有的医疗机构(卫生所、卫生院等)以及养老机构(养老院等),进行全局规划,在土地资源充分的情况下,可以改变医疗机构的地理位置,将医疗机构迁移到养老机构旁,为养老机构的老年人提供常规检查以及基础的医疗服务。农村社区居民委员会(村委会)向相关部门申请,或者鼓励有能力的村民申请为新修建的养老机构配备已获得许可条件的医务室,在实现养老机构的老年人日常照护需求的基础上,满足老年人的医疗需求。农村社区居民委员会(村委会)依据各村情况因地制宜,比如对有着强烈家庭养老意愿、自理能力比较强的老年人,通过与卫生所等医疗机构进行协商,以家庭医生的方式上门为老年人提供日常医疗服务。

农村社区居民委员会(村委会)实时关注医养结合实施情况。在医养结合日常工作中,有专门工作人员对村里的医养结合实施效果进行动态监管。

(四)医养结合十互联网得到进一步发展

在健康老龄化背景下,如何改善老年人的生活品质、生命质感,使老年人享受更有品质的医养结合养老服务十分必要。借助互联网,医养结合将得到突破性发展。通过互联网、移动互联网、物联网融合架构组成智慧型的医养结合养老平台,全方位连接机构、老人、护工、子女,让老人享受极度舒适的养老环境。将"互联网十"技术应用于新型身体检测、健康状况分析等,反馈老年人的养老需求,也能够有效地衔接各种资源。通过互联网、云计算等基础,建立"医疗云"、"养老云"和"社保云",实现不同部门之间的信息共享,便于远程诊疗的开展。老人通过移动 APP 直接下单所需服务,如专业康复、定期坐诊、慢性病管理、远程医疗等。此外,通过移动药房管理系统,养老机构可以与居家老人的健康管理档案对接,提供包括定期药效评估、送药上门、会员跟踪等服务。

(五)预防医学和康复医学成为医养结合的主要内容

世界银行发布的《创建健康和谐生活——遏制中国慢性病流行(报告编号 62318-CN)》提出,2010 年中国至少有 5.8 亿人具有一种或以上的与慢性病有关的危险因素,其中 70%～85% 发生在 65 岁以下的人群。到 2030 年,如果不加以控制,生活方式和营养危险因素将使中国的慢性病负担增长 50%。到 2030 年,老年人在农村和城市所占人口比重将分别上升至 21.8% 和 14.8%,二者之间差异扩大到 7 个百分点。针对全人群的预防以及针对慢性病高风险人群的诊治是当前第一要务。长期积累的国际经验证明,面向全人群的预防干预效果最佳。其目的在于改变与疾病相关的危险行为、环境因素及导致慢性病的社会及经济影响因素。

为应对慢性病,一些经济合作发展组织成员国逐渐将卫生支出重点转移到初级卫生保健服务。巴西的一项调查显示:初级卫生保健系统得到加强后,不必要的住院治疗减少。经济合作发展组织成员国总卫生支出中用于门诊服务的费用平均为 31%,而住院服务所占比例则低于 40%。目前,中国卫生费用支出情况与国际大趋势有所不同,门诊占卫生总费用的比例已从 2005 年的 37.8% 降至 2009 年的 32.5%(世界银行报告)。

不论是诺贝尔经济学奖得主的研究成果还是各国的实践都证明了预防医学前置的重要性,健康保健服务逐渐成为医养结合主要内容。老年人通过健康检查和保健指导,能够有效避免或延缓心血管疾病(心脏病和中风)、糖尿病、慢阻肺以及肺癌等慢性病的发生,通过对老年人的建档立卡,更好跟踪老年人的身体状况,及时发现身体、生理、精神方面问题并及时解决,可以有效遏制健康的恶化。

(作者单位:青岛市社会科学院)

2019～2020年青岛市优抚工作状况分析与预测

李京禄

优抚工作是一项事关国家建设、经济发展、社会稳定的重要工作，是国家和社会对优抚对象实行优待、抚恤及其他物质照顾和精神鼓励的一种行政管理，是一项特殊的社会保障，是我国社会保障制度中的重要组成部分。

重视优抚安置工作是我们党一以贯之的优良传统。党的十八大以来，党中央把优抚安置工作摆在治国理政的战略位置。习近平总书记多次作出指示，充分体现出对优抚对象的关心爱护，为推进新时代优抚安置工作提供了根本遵循和重要指引。党的十九大作出组建退役军人管理保障机构的重大决定，形成覆盖全国、上下贯通的退役军人事务部门体系，为新时代加强优抚安置工作提供了组织保证。随着社会经济的不断发展，优抚政策与优抚对象日益增长的物质、文化生活需要之间的矛盾日益显现，各种现行政策未能涉及的诉求越来越多，由此引发的社会不稳定因素日益显现。做好新时期的优抚工作，实现优抚保障水平与全市经济社会发展相统一，对于促进社会和谐、全面建成小康社会具有十分重要的意义。

一、2019年青岛市优抚工作基本状况分析

近年来，青岛市认真贯彻落实习近平总书记关于做好优抚工作的重要指示精神，紧紧围绕服务强国兴军大业和国防军队建设大局，2018年11月组建市退役军人事务局，进一步完善优待抚恤制度和荣誉褒扬政策，不断推出为优抚对象改善生活、增进福祉的工作举措，全市优抚工作迈上新台阶。

优抚工作的保障对象包括现役军人、服现役或退出现役的残疾军人以及复员军人、退伍军人、烈士遗属、因公牺牲军人遗属、病故军人遗属、现役军人家属等。青岛市现有退役军人约30万人，享受抚恤定补的优抚对象4万余人。退役军人和其他优抚对象为国防建设和军队发

展作出了积极贡献,是党和国家的宝贵财富,理应倍加关心、倍加爱护。

(一)优抚工作开展情况

1. 夯基础、树导向,着力加强机制建设

一是形成"一盘棋",完善优抚管理机制。为加强对全市优抚工作的组织领导,成立市委退役军人事务工作领导小组和市双拥工作领导小组,两个小组均由市委主要领导任组长,50余个军地部门主要负责人为成员,对优抚对象从政治上关怀、创业上扶持、生活上优待、服务上优先、荣誉上激励、组织上保障,把做实做细优抚工作的各项举措以工作要点形式下发,形成了推动全市优抚工作发展的强大合力。

二是织密"一张网",完善优抚服务网络。为进一步夯实优抚工作的组织基础,大力推进全市四级退役军人服务保障体系建设,目前全市"两中心、两站"建设基本完成,市、区(市)、镇(街道)、村(社区)四级退役军人服务保障体系实现了"五有全覆盖",这项工作走在了全省、全国前列。10个区(市)全部组建了退役军人服务中心,139个镇(街道)设置了退役军人服务站,6675个村(社区)服务站配备7114名工作人员,实现村村都有专管员,形成横向到边、纵向到底、覆盖全市的优抚服务工作网络。

三是拧成"一股绳",完善优抚褒扬体系。出台专门政策,积极开展"感怀先烈、崇尚英雄"主题活动,组织新婚夫妇向革命烈士献花,并向广大市民和驻青部队官兵发出献花倡议,将感恩先烈、崇尚英雄锻造成为新时代青岛的城市精神。举办全市机构改革后首次双拥晚会,评选表彰全市"最美退役军人""十佳兵妈妈""十佳好军嫂"等先进典型。在青岛电视台青岛新闻栏目开设"党政领导话双拥"专访,开辟"双拥在岛城""双拥之窗"宣传专栏。广泛开展新兵入伍欢送仪式和退役军人欢迎仪式,举行现役军人立功喜报集中发放仪式。大力营造"一人当兵,全家光荣"氛围,制定切实可行的措施,鼓励支持大学生入伍参军,全市大学生兵员比例达80%以上。扎实开展信息采集工作,共采集优抚对象信息33万多条,为30多万户烈属、军属和退役军人等家庭悬挂了光荣牌。开展送英烈事迹进学校、进社区、讲军营、进单位"四进"活动,全市先后组织189位烈属赴广西、云南等地祭扫92位在外地安葬的青岛籍烈士,协调市财政投入3000多万元对革命烈士纪念馆等进行维修改造。全面落实军人优先优惠政策,在全市医院、机场、码头、车站等公共场所开设军人优先窗口,出台了现役军人免费乘车政策。坚持走访慰问移防换防、赴外演训部队和远航任务官兵家庭,送政策、送服务、送温暖。提供精准服务,优抚对象可享受市内公共交通免费乘坐、市内旅游景点门票半价、有线电视费用减免等待遇,让广大优抚对象生活得更加体面、更有尊严。

2. 办实事、解难题，全面落实待遇保障

保障抚恤定补优抚对象的各类待遇是优抚工作的重要组成部分。近年来，青岛市倾心走访慰问、倾情扶贫帮困、倾力排忧解难，抚恤定补优抚对象各项待遇不断提高。

一是提高生活待遇，实现"老有所养"。连续22年提高抚恤补助标准，每次提高幅度在10%左右，2019年全市在乡老复员军人、"三属"抚恤补助金均高于国家和山东省标准。在全省率先实现优抚对象抚恤、补助、医疗、优待政策的"城乡一体化"。2018年拨付优抚对象集中供养服务资金1000万元，为义务兵家庭发放优待金1.67亿元，发放优抚对象冬季取暖补助867.1万元，为困难优抚对象家庭发放临时救助金498.4万元。2019年市级统筹安排优抚安置资金约15亿元，其中市本级安排2.9亿元，争取中央资金12.1亿元，不断加大优抚安置投入力度，保障水平稳步提高。

二是提升医疗待遇，实现"病有所医"。满足现实需要，1～6级残疾军人免费参加城镇职工基本医疗保险，住院和门诊大病费用在医保范围内实现全额报销。其他优抚对象，由财政补助免费参加居民医疗保险，对住院费用中个人自负部分给予50%～90%的医疗费补助，对门诊大病费用，在医保报销的基础上，每人每年补助2000元。同时，为残疾军人、"三属"、在乡老复员军人、"两参"人员提供免费查体，让广大优抚对象生活更有质量。

三是保障住房待遇，实现"住有所居"。出台优抚对象住房优待政策，在申购经济适用住房和限价商品住房时享受加分优待。优抚对象维修或翻建住房的，给予8000元或1.8万元补助。市内三区优抚对象中，享受公共租赁住房保障实物配租的，个人承担的租金部分给予减免50%，真正把暖心事办到优抚对象心坎上，让优抚对象有更多获得感。

3. 稳军心、暖人心，加大政策扶持

做好现役军人家庭的优待抚恤以及他们退役后的安置工作，不仅是优抚工作的重要内容，更是服务国防军队建设大局的重要举措。长期以来，全市聚焦解决"三后"问题，为广大官兵安心备战打仗奠定坚实基础。

一是多措并举，确保现役军人"后路"保障有力。创新退役军人安置政策新模式，出台进一步加强政府安排工作退役士兵安置"1+8"政策体系，打造"公开选岗＋人岗相适"安置机制，重点突出对安置不到位、拒收或变相拒收退役军人的单位和单位主要负责人的经济处罚和责任追究。2018年，接收安置的军转干部到行政机关及参公岗位比例高达81.37%，符合条件的退役士兵被安置到事业单位比例为42.8%，实现了安置质量和安置率"双提高"。

二是多管齐下,确保现役军人"后院"巩固有力。加大对随调家属安置工作力度,行政事业编制随调家属安置数量逐年提高,实现了随调家属的"随调随安置",现有随调家属已实现全部安置,受到部队和家属高度赞扬。建立随军未就业家属补贴自然增长机制。年均召开各类随军家属招聘会达20多次,为随军家属就业提供了广阔平台。

三是倾斜政策,确保现役军人"后代"扶持有力。保障军人子女入学入托的刚性需求,全力支持军人子女入学入托,确保"军娃娃"有学上、上好学。对军人子女中考给予加分优待,最高加分达70分。

4. 顺心气、解心结,积极推进改革创新

退役军人曾为国防和军队发展作出贡献,积极维护退役军人合法权益,鼓励支持他们投身经济社会发展,是优抚工作重要的目标任务。

一是狠抓矛盾化解,实现退役军人心气顺和全市稳定大局的"双丰收"。2019年上半年,共受理退役军人信访、来访、电话访、网上访等7000余件次,平均每个工作日接访27件。按照"思想认识到位、政策落实到位、宣传教育到位、困难帮扶到位、预防管控到位"的"五到位"工作思路,集中开展矛盾化解活动,切实维护全市发展稳定大局。出台信访工作四项制度,规范退役军人信访工作的各个流程,进一步加强信访工作法治化、制度化、规范化建设。通过深入细致的工作,实现了全国"两会"期间没有退役军人进京上访的目标。

二是大力扶持退役军人就业创业,实现就业与创业"双促进"。积极稳妥推进部分退役士兵保险接续工作,保险接续工作推进稳、准、细、快,全市受理人数和初审人数均居山东省首位。认真落实省"11条"等政策,为退役士兵开发专项公益性或服务性岗位2万余个。广泛开展"送政策、送培训、送岗位、送项目进军营"等"四送活动",安置政策进军营以及退役军人专场招聘会等多项活动,既体现了工作的温度,又提升了退役军人的幸福感。

三是提升军休服务水平,实现军休干部政治待遇和生活待遇的"双提高"。扎实开展制度化、标准化、信息化"三化"建设,重点围绕接收办理、政治生活待遇落实、职责制度三方面制定专门工作规范;投资2亿多元,建设集文化活动、体育活动、学习活动等功能于一体的军休干部活动中心,建筑面积达3.2万平方米;开发以军休干部个性化需求一键呼叫为主要服务内容的"军休服务一点通"APP,不断提高军休服务效能。

5. 提素质、强作风,着力加强队伍建设

一是狠抓工作作风建设。开展"大走访、大调研""到基层去、到军营去、到退役军人中去"等走进群众、贴近基层、赢得民心、更接地气的调研活动,全市退役军人系统实现了对全市镇(街道)、村(社区)走访的全覆盖。完成《关于退役军人事务工作的调研报告》《关于对全市退役军人重点信访诉求的分析报告》等 10 余篇调研报告,有效推动各项工作开展。制定下发《关于开展"走基层、接地气、解心结、办实事"活动的意见》,实现对优抚对象、现役军人、退役军人和军休干部的走访慰问"四个全覆盖"。在为优抚对象服务中全面推行延时、预约、上门和跟踪"四项服务"工作模式,让服务突破时间、空间限制,跑出服务优抚对象的"青岛速度",实现便捷办事、全天候办事。

二是狠抓政策制度建设。梳理编印涵盖八大类、91 项政策法规、近 30 万字的《退役军人工作法律法规与政策汇编》,形成以法治为准则、以制度为保障的标准化工作运行体系。制定下发加强领导班子自身建设的意见等 12 项制度,逐级签订党风廉政建设责任书,全面落实"一岗双责"和"三重一大"事项监督机制。

三是狠抓能力建设。举办首期全市退役军人系统骨干培训班,培训 260 人次。区(市)先后举办多期培训班,对新入职工作人员进行系统培训,共计培训 7000 余人次。采用考试检验学习成果,把学习培训"软指标"变为"硬任务",培养了一支对党忠诚、勇于创新、积极奉献、廉洁奉公的优抚工作队伍。

(二)青岛市优抚工作中存在的问题

青岛市优抚工作尽管取得了明显的成效,但由于受制于历史遗留问题和现实困难,当前优抚保障工作离普惠加优待、奉献与待遇相适应的目标还有较大差距。一方面,由于以往缺乏集中统一的管理机制,新中国成立以来各级优抚政策存在碎片化问题;另一方面,由于经济社会发展不平衡,各区(市)、镇(街道)服务能力不足,面临"僧多粥少"的局面,具体表现为以下几个方面。

1. 优抚对象自身方面

革命烈士家属、残疾军人、复员军人大部分已步入老年阶段,年老多病,进入了特殊的困难时期。随着社会转型和劳动力资源市场化的不断推进,20 世纪末安排到企业的复员退伍(转业)军人,多数都已下岗或失去生活来源,他们的生活保障缺乏承担主体。加上历史、个人以及主客观等多方面的原因,部分优抚对象年老体弱,且家庭劳动力匮乏,参与社会竞争的能力不足,"等靠要"思想严重,自我生存、自我保障、自我发展的能力十分薄弱。

2. 优抚政策方面

现有优抚保障政策体系离普惠加优待、奉献与待遇相适应的目标还有差距。国家普惠性政策面十分狭窄,造成只能靠优待政策来保障兜底的情况。抚恤补助经费的增长滞后于经济发展速度,政策调整滞后于国家改革进程,造成优抚对象保障标准偏低,致使部分优抚对象家庭的生活水平低于当地群众的平均生活水平。优待抚恤补助经费自然增长机制、重点优抚对象医疗保障、义务兵家庭优待金、退伍军人安置等一系列政策与市场经济发展要求还有差距,部分优抚政策难以落实,优抚对象的合法权益难以保障。如残疾军人乘车减免费问题,随着客运经营市场化的不断推进,社会化资本的不断介入,残疾军人和重点优抚对象乘车已无优惠政策可言。重点优抚对象和现役军人进景区优惠门票问题规定不明确,多数景区并没有按规定执行。

3. 保障机制方面

优抚对象需要全社会共同关注。目前优抚工作的开展尚未实现政府部门、社会组织、企业单位相互配合,从而形成合力的工作局面。社会力量参与优抚保障无明确的政策支撑,社会力量参与保障的途径不畅,力量薄弱。作为社会化实质性标志的社会中介组织、民间机构、"两新"组织尚未真正参与到优抚保障中来。社会化程度不高,在一定程度上制约了农村优抚保障事业的发展。全社会对优抚工作的重要性知之不多,认为"当兵打仗、天经地义"。也有的人对优抚工作进行了曲解,不能理解"贡献与待遇相匹配"原则,提出超出政策范围的要求。因此,优抚政策宣传力度需进一步加大。

4. 经费来源方面

当前,优抚经费相当一部分要靠当地财政部门筹措,由于区(市)经济发展水平参差不齐,地方政府拿不出更多的资金用于优抚保障。受制于财力的限制,除基本保障优抚对象人头经济外,涉及优抚对象住房、就医、子女入学等特殊困难,面临"僧多粥少"的局面。

二、2020 年青岛市优抚工作展望

社会优抚是针对优抚对象的专门的制度设计,是社会保障体系的重要组成部分,建立完善的社会优抚政策对于保障优抚对象生活、维护国家稳定都有着重要意义。

(一)提高政治站位,强化责任担当

当前,国内外形势正在发生深刻复杂变化,我国面临的安全环境挑战十分严峻,维护国家主权、安全和发展利益的任务艰巨而繁重,迫切需要建设一支强大的人民军队。优抚对象是党和国家的宝贵财富,是为国家军队建设和国防建设作出特殊贡献的社会群体,是国家的有功之臣。做好优抚工作,不仅对享受优抚政策的退役军人自身及其家庭具有"安神定心"作用,也有利于解除广大现役军人的后顾之忧,促使他们安心服役,有效履行新时代军队的崇高使命。关于人民军队重要地位和作用,毛泽东主席曾提出"没有一个人民的军队,便没有人民的一切"的重要论断。习近平总书记对加强优抚工作多次作出重要指示,充分体现了党中央对实现国家长治久安的深谋远虑,充分体现了对推进强军兴军事业的战略考量,充分体现出对优抚对象的关心爱护,为推进新时代优抚工作提供了根本遵循和重要指引。全市上下要提高政治站位,切实把思想和行动高度统一到习近平总书记重要指示和党中央决策部署上来,牢固树立做好优抚工作就是为国防和军队建设服务、就是为国家安全服务的理念,坚决扛起做好优抚工作的政治责任,带着责任、带着感情做好工作,用心用情优服务、解难题,办实事、办好事。

1. 加大优抚安置政策督查落实力度

加强优抚安置政策宣传,采取多种形式,做好政策宣传工作,让优抚政策家喻户晓、人人明白。加大政策落实力度,用足用够用活现有优抚安置政策,确保应该享受政策的人员不漏一人、不漏一项,真正落地生根。加大督查力度,督导有关单位及各区(市)及时足额发放定期抚恤金和补助金,落实好优抚对象医疗、住房、供养以及有线电视费减免、优惠乘车等各项政策,切实维护优抚对象合法权益。

2. 完善优抚政策,进一步提高优抚对象生活质量

根据国家优抚法规政策修订情况,完善青岛市优抚对象医疗保障办法。进一步激发优抚制度的褒扬激励功能,从解困型逐步向褒扬激励型转变,建立更加公平合理、更好发挥激励功能的优抚制度。

3. 加强信息化建设,进一步完善优抚数据互联共享机制

结合退役军人信息采集、抚恤定补优抚对象医疗一站式结算数据库平台、优抚事业单位信息系统等信息化建设,积极探索网络平台互联互通、数据共享,促进优抚对象信息和优抚政策落实网络化、透明化、精准化。

(二)用足用好政策,提升服务水平

青岛是驻军大市、兵员大市,驻军机构数量在 15 个副省级城市中列第一位,也是优抚大市,不仅人员多,而且分布广、工作量大,做好优抚工作使命光荣,责任重大。

1. 树立法治思维

当前,国家出台的优抚方面的法律法规和政策文件,时间跨度长,不仅层级多、门类全、覆盖面广,而且内容杂,碎片化特征明显。要树立法治思维,善于以法治途径解决现实难题,认真研究、全面领会上级的政策,严格落实各项优抚规定,把好事办好办实。

2. 创新就业创业扶持工作

出台《关于贯彻落实促进新时代退役军人就业创业工作意见的实

施细则》,创新构建"四机制两联盟",形成就业创业帮扶工作合力。加大扶持力度,建立横向退役军人局、人社局、用人单位无缝衔接,纵向市、区(市)、镇(街道)三级上下贯通的就业创业联动机制。构建就业培训"三定"机制,全面对接市内高校和培训机构,开展"订单式、定向式、定岗式"培训。打造服务对接机制,继续开展"送政策、送培训、送岗位、送项目进军营"等"四送"活动,帮助退役军人拓宽就业渠道。建立创业孵化机制,成立退役军人就业创业协会,打造市、区(市)两级退役军人创业孵化基地和园区。设立政府主导、社会资本参与的退役军人就业创业基金和保险基金等两只基金。组建市、区(市)两级创业就业联盟和退役军人教育培训联盟。

3. 推进合法权益维护工程

启动退役军人事务部门权益维护机制、司法维权救助机制、社会法律援助机制"三位一体"的工作机制,实现权益维护工作的全方位联络、联动、联通,切实维护退役军人合法权益。成立市、区(市)两级关爱退役军人协会和老兵调解委员会。完善退役军人关爱救助机制和矛盾调处化解机制,请老首长、老政委、老连长、老指导员、老班长"五老"说兵事、谈家事、解心结、顺心气。开展"走基层、接地气、解心结、办实事"蹲点调研活动,对优抚对象进行"一户不落、一人不缺"全覆盖走访。开展政策落实"回头看"和信访积案攻坚化解活动,督促各项政策落细落地落实,确保历史遗留问题得到妥善解决。进一步加大保险接续工作力度,优化办事流程,深化"一次办好"改革,开展上门服务、点对点服务、专人帮办服务等多种服务方式,确保通过保险接续工作让广大优抚对象"暖心、舒心、放心"。

(三)加强部门联动,形成整体合力

优抚工作是一项系统工程,不仅是退役军人事务局的事,更需要全市各相关部门、社会组织、企业单位相互配合,形成齐抓共管的工作局面。

1. 建立健全协调联动机制

退役军人事务局应牵头建立健全政策信息通报机制、定期会商研究机制、重大事项联手推动等机制,细化具体分工,责任明确到位,在市委的坚强领导下,形成政府统筹协调、主管部门牵头、其他职能部门和社会各界共同参与的良好工作格局,大家心往一处想、劲往一处使,凝聚起做好优抚工作的强大合力。

2. 构建荣誉激励体系

各相关部门要加强褒扬纪念工作,加大先进典型宣传力度,引导全社会向英雄学习、与英模对标,推动形成崇尚英雄、缅怀先烈、关爱功臣

的良好社会风尚,推动优抚工作从生活解困向精神激励与物质保障并重转变。采取专门措施,开展新兵入伍欢送和退役军人欢迎仪式,打造"一人当兵,全家光荣"、爱国拥军的城市品格。全面开展国防教育进机关、进学校、进社区、进家庭、进企事业单位"五进"活动,不断增强全民国防观念。

3. 推进思想政治教育工作

叫响"离军不离党、退役不褪色"口号。创新退役军人党建工作新模式,出台专门政策,加大待安置期间退役军人党员的管理教育和监督服务,成立临时党组织,加强对待安置退役军人党员的党性教育,积极开展组织生活、党费收缴等工作。实施"归队"工程,推动退役军人"思想归位、组织归位、行动归位""三归位"工程。防止"口袋党员""影子党员""悬空党员"等问题的产生。开展优秀退役军人选拔培养试点工作。探索选配优秀退役军人党员担任村(社区)党组织书记,参加农村振兴工作队,到国有企业挂职,到民营企业锻炼。

(作者单位:青岛市人大常委会)

关于对标深圳加快高效青岛建设的研究

范明明　王　潇　韩　伟

近年来,深圳市高度重视营商环境、审批提速、法治政府、诚信政府等城市发展最重要的软实力建设,尤其是将营商环境建设作为重中之重,将其作为"一把手"工程,提出了全国领先的改革目标,实施了一系列力度大、措施实、含金量高的改革举措,打造了全国营商环境建设"深圳标准",值得青岛学习借鉴。

一、深圳市主要经验做法

(一)审批环境透明高效

深圳高度重视行政审批制度改革,致力于打造办事效率最高、服务质量最好、办事环节最简便的政务环境。近年来,从"不见面审批"到"全城通办",再到"秒批",从"深圳90"到"养老金刷脸领取"再到"高频事项零跑腿",持续推进政务服务创新,始终走在全国城市前列。以"秒批"为例,2018年6月,深圳对准大学毕业生首次推出"秒批"改革,即无人干预自动审批。系统通过调取相关数据进行自动比对,即报即批、即批即得,彻底消除自由裁量和人为干预审批的可能性。截至2018年12月,通过"秒批"接收毕业生达90881名。2019年1月份,又把"秒批"拓展到了在职人才引进、留学回国人员引进、博士后入户及其配偶子女随迁等4个方面,极大地提高了各类人才落户深圳的办事效率。日前,"秒批"已经延伸到50多项行政服务事项。同时,还推出了"深圳90"、"不见面审批"和"全城通办"等新举措。据了解,截止到2019年3月底,深圳先后发布300多项通办事项,其中有229项实现跨区域、跨层级一次办理,实现了"企业办事不出区、市民办事不出街"。

(二)网办环境智能便捷

深圳不断拓展网上办事范围,提高网上办事效率,通过实施统一事项标准、办理标准、协同标准等改进,将部门的审批服务系统整合到网上统一受理、一次办好。建立健全了统一身份认证平台、电子证照库等，逐步实现了智能化、个性化和便捷化网上办事流程，提高了工作效能。2018年8月，又发布民生服务系统20个，上线业务功能84项，市民最多跑一次即可办结。其中，48项有关户政业务率先在国内实现同城通办；开通"掌上办""自助办"模式，进一步减材料、减环节、减时间、减跑动次数；在商事登记、港澳通行证等11类高频服务事项领域，逐步实现了"审批不见面，办事零跑腿"。深圳市级网上办事大厅进驻部门37个，进驻行政许可事项515项（子项），其中"零跑腿"事项达99.38%，网上办结率98.94%。

(三)投资环境开放包容

2018年以来，深圳对标国际化高标准的投资贸易规则，针对改革营商环境做了120多项创新，出台了《关于加大营商环境改革力度的若干措施》，从贸易、产业、人才、政务、生态和法治等六个方面，提出20条改革举措，许多举措具有极强的创新性和突破点，在全国引起很大的反响。像对企业和企业家的财产保护方面，深圳大胆探索，他们从完善产权保护机制、制定涉案财产处置细则，到涉企行政执法行为都进行了严格规范，明确了个人财产和企业法人财产、涉案人员个人财产和家庭成员财产、合法财产和违法所得等界限，这一细则的实施，让在深圳创业发展的企业家吃了"定心丸"。2018年，深圳新设外商投资企业增长1.2倍，实际利用外资达到82亿美元，占全国的比重高达6%。同时，还制定了推进跨境贸易便利化、建设"数字政府"等46个配套文件，努力打造比肩中国香港、新加坡的国际一流发展环境。

(四)法治环境公正高效

法治是最优的营商环境，作为全国特区立法最多的城市，深圳充分用足用好国家赋予的"特区立法权"，先后制定法规226项，其中70%以上属于先行先试类和创新类，数量规模为全国城市之最。如在保护民营经济权益和知识产权方面，他们设立了知识产权法庭、金融法庭等，实施最严格的知识产权保护制度，为企业发展起到保驾护航作用。最高人民法院将第一国际商事法庭设立在深圳前海，并将深圳国际仲裁院作为粤港澳大湾区唯一一个国际仲裁机构纳入"一站式"国际商事纠纷多元化解决机制。在最新的中国城市营商环境评价报告中，深圳居35个大中城市营商环境指数首位，正努力进入全球30强城市行列。

(五)诚信建设体系完善

信用体系建设对增强社会诚信意识，营造良好市场环境，提升城市综合竞争力具有重要意义。深圳市自 2001 年起就率先出台了《深圳市个人信用征信及信用评级管理办法》和《深圳市企业信用征信和评估管理办法》;近年来,又先后出台了《深圳市社会信用体系建设工作方案》《深圳市社会信用体系建设规划》等一系列制度文件,形成较为完善的诚信体系。同时,深圳市充分发挥政府部门的示范带动作用,广泛推动信用信息应用。例如,将信用信息查询服务嵌入微信、支付宝"城市服务"等第三方服务平台,带动行业协会、商会制定行业诚信会约等等。

(六)企业发展活力十足

放水养鱼、换位思考,把企业的困难作为政府的责任,搭建平台,破解难题,创新服务,像华为、腾讯、中兴、大疆等实力型企业在各自的领域引领发展,独占鳌头,成为全国乃至全球的关注焦点。针对企业反映较为突出的高房价、融资难、用工和用电成本高等突出问题,深圳出台了《降低实体经济成本 28 条》,着力在用地用房、融资、用工、用电、物流等方面综合施策,全方位降低企业运营成本。在降低用地用房成本方面,创新土地供应制度,推进工业用地长期租赁、先租后让、租让结合供应,降低企业初始生产成本。据不完全统计,仅此一项可降低企业初创成本 20% 左右。在破解融资难、融资贵方面,市政府设立 50 亿元的投资引导基金,通过担保增信、风险补偿、贷款贴息等措施,加大对企业支持力度,不断缓解企业融资难问题。在人工、物流、用电、用气等方面,制定了一系列让企业"看得见、摸得着"的"真金白银"扶持政策,千方百计降低生产成本,促进企业健康发展。

二、当前青岛市存在的主要差距及原因

近年来,青岛市高度重视营商环境建设,在工作理念、体制机制、基础工作等方面进行了许多有益的探索和创新,取得了明显成效。2019年,省级政府和重点城市网上政务服务能力调查评估报告中,青岛市网上政务服务能力指数排全国第 7 名。2018 年国务院第五次大督查对全国 31 个省、自治区、直辖市的营商环境 7 项重要指标进行了调查,青岛市作为样本城市,多数指标均在全国前列。虽然青岛市营商环境建设取得了一定成绩,但与深圳相比还存在一定差距和不足。

(一)重视程度不够高

深圳市"秒批"等创新做法,是以问题为导向、突破现有模式、坚持以人民为中心理念的重要体现。对标先进城市,青岛市在重视程度、目标定位、改革举措等方面仍存在不少差距,个别部门甚至存在自以为是等现象。比如,有的没有把深化"放管服"改革、优化营商环境作为"一把手"工程摆到突出位置;有的部门认为"放管服"改革与自身关系不大,不愿意主动去改;有的担心触及部门利益,采取拖、等、靠等消极态度。又如,在法治政府建设方面,有的单位"一把手"履行法治建设第一责任人职责不到位,对法治建设重要工作落实不够;考核机制不健全,法治建设成效还没有作为衡量各级领导班子和领导干部工作实绩的重要内容,等等。

(二)办事效率不够快

一个时期以来,尽管青岛市在压缩办理时限上采取了很多措施,办事效率较以往有了很大提高,但与深圳相比仍存在一些差距。比如,项目审批时限问题,是一个老大难问题,单纯就时限上看,有的竟然比深圳还快,但是调查发现,个别部门采取阶段性审批时限办法,即以审批部门自我设定的时限和报件标准为主,符合条件的才开始计时。这种"自欺欺人"的做法,与眼下的加快发展要求格格不入。最近《青岛日报》等媒体爆出的一些办事难、效率低等现象就足以说明这一问题的严重性。再比如,深圳推出"秒批"已覆盖应届毕业生落户、老龄津贴发放、网约车驾驶员证申领、在职人员落户等 52 项服务内容,而青岛市刚刚开展这方面的工作。

(三)创新推广不及时

深圳的成功经验在于拼出一条血路,大胆地试、大胆地闯始终是他们赢得发展之先的重要经验之一。如前海蛇口自贸片区平均三天推出一项制度创新成果,持续的制度创新释放出发展红利。相比深圳,近年来,青岛市在优化营商环境方面做了一些工作,像工商登记前置变后置、"双告知"改革,在全国最早提出网上审批"四级网办"标准等,但是由于后续跟进力度不大,已经被其他城市赶上甚至超越。市南区较早推进网上审批改革试点,但在全市推广过程中,有的部门和区(市)积极性不高,导致进展很不平衡。青岛市商事制度改革开展较早,但由于部门利益作祟,难以形成工作合力,导致推进不尽人意,等等。

(四)制度支撑不给力

深圳市发布了《关于推进互联网+政务服务暨一门式一网式政务服务模式改革实施方案》,全面开展政务服务"八个一"建设,即"一码管理、一门集中、一窗受理、一网通办、一号连通、一证通办、一库共享、一体运行"。《深圳市推广"秒批"模式工作方案》和《深圳市"秒批"服务实施标准化指引》,明确提出利用大数据、人工智能等先进技术,创新政务服务模式,实现"秒批"。三个制度中总体要求和工作任务明确,概念、层次和标准清晰,操作性强,对于引领深圳全市实现工作目标具有指导意义。青岛市虽然也陆续出台了文件,但在制度细化上仍存在差距,点穴办法明显不足,有的仅限于文件上的内容,缺乏深入细致的可操作性措施,实际工作中发挥的作用明显不够,效果不甚理想。如在工程建设领域,青岛市先后出台了建设项目审批提速、施工图联合审查等文件,但还未开展电子审图工作,在一定程度上影响了审图效率,拉长了审批时间。

(五)网办力度不够大

纵观深圳营商环境,处处体现在"快"上,快登记、快审批、快办理、快复核、快开工等等,高效率的办事能力体现在服务大厅、行政单位,甚至每一个办事细节都十分周到、细致,给大家留下了深刻印象。当今的城市之争,办事效率已经成为竞争的先行指标。就青岛市而言,网上审批起步较早,但仅限网上查询、网上申报等传统内容,并且要求过于烦琐,一些项目申报事项过多、过滥,加之社会宣传不到位等,导致社会、企业或个人知晓率不高。"秒批""不见面审批"等快捷办法,在青岛市目前还是"盲区"。现有政务信息资源也没有完全实现互通共享,个别单位仍然以"孤岛"存在,等等。当然,原因是多方面的,而资金投入不足却是制约网上审批提速的一个重要原因。据有关部门统计,近三年来青岛市累计投入 3.55 亿元,先后建设 81 个政务信息系统项目,平均每年投入 1.2 亿元,而深圳市 2018 年市级政务信息系统项目建设资金就达 10 亿元,2019 年计划投入 20 亿元左右。此外,青岛市自助服务终端设备老化、布局不尽合理问题也亟待改进。

(六)法治建设有待完善

在加强重点领域立法方面,深圳用足用好国家赋予的"特区立法权",大胆探索、先行先试,为改革创新提供了有力保障。反观青岛市,创新能力不足,与法治保障的要求还存在较大差距,特别是在"放管服"改革、优化营商环境等重点领域的法治保障中,破题创新的项目不多,在军民融合、海洋强国等国家战略建设领域尚未建章立制实现法治引领和保障。在依法决策方面,深圳制定了《重大行政决策合法性审查办法》,实现了基层司法所负责决策项目合法性审查全覆盖。而青岛市的镇街政府还缺乏重大决策项目合法性审查制度机制,尚未开展重大决策项目合法性审查工作,重大决策项目提报单位合法性初审工作质量也存在一定差距。在公正文明执法方面,和深圳对标情况看,执法信息化建设方面较为滞后,执法信息平台陈旧,难以实现执法信息互联互享,无法解决行政执法线上线下监督。行政执法部门的执法公示不够规范、处罚结果公示更新不及时,无法满足管理相对人便捷查询信息的需要。

(七)诚信建设有待加强

据了解,深圳等先进城市均成立了三四十人的信用中心,香港还专门建立了"公务员诚信管理资源中心",同时还将诚信施政、信息归集、失信问责纳入绩效考核中,形成严控政务失信的高压态势。青岛市还未设立信用中心,信用建设力量比较薄弱,且职能分散,不能满足推进诚信建设和应用需要。当前,政务失信现象仍然存在,已成为严重损害青岛市营商环境和政府形象的重要因素。例如,有的政府部门"新官不理旧账",以政府换届、相关责任人更替等理由毁约;有的在重大项目建设、重要政策出台上过于随意或者朝令夕改;有的言而无信,重招商轻落地、轻服务,对承诺的政策敷衍推脱甚至不予兑现;有的利用优势地位以大欺小、拖欠民营企业款项,等等。

三、推进高效青岛建设的思路

放大坐标找不足,提高标准找差距。要瞄准"领头雁""排头兵",做实"学深圳、赶深圳",必须进一步解放思想,创新发展,努力营造有利于青岛加快创新发展的良好环境,实现弯道超车。

(一)确定发展目标

把高效青岛建设作为引领青岛高质量发展的重要抓手,学深圳、赶深圳,全面打好优化营商环境、审批提速增效、法治政府建设、诚信政府建设四大攻坚战,为加快建设开放、现代、活力、时尚的国际大都市提供动力和保障。综合各个方面的情况,初步确定以下主要目标。

1. 营商环境优

企业开办、建设项目报建、不动产登记、用水报装、用气报装、用电报装、获得信贷、纳税服务8项评价指标全面优化。营商环境评价主要指标达到深圳水平,综合排名居国内前列。

2. 审批速度快

创新审批服务方式,完善审批服务保障体系,深入推进"互联网＋政务服务",推进跨层级、跨地域、跨系统、跨部门、跨业务的协同管理和服务,提升政务服务规范化、便利化水平,企业群众办事更加便捷高效。

3. 法治建设实

大力推进简政放权,打出法治建设"组合拳",持续释放制度红利,确保率先建成职能科学、权责法定、执法严明、公开公正、廉洁高效、守法诚信的法治政府,创建法治政府示范城市。

4. 政府诚信佳

发挥政务诚信引领作用,建立健全国内一流的政务诚信管理体系,构建"政府诚信＋社会监督＋失信问责"的全方位运行机制,显著提升政府公信力,打造政务信用监管体系覆盖广、监督考核严、社会评价高的诚信政府。

(二)明确高效青岛建设的重点及创新点

1. 突出重点,牢牢掌握工作推进的主动权

重点就是加大"放管服"改革力度,下好深化体制改革和转变政府职能的"先手棋""当头炮",统筹推进行政审批、政务服务、法治建设、诚信建设等,最大限度提升政府效能。工作中,要着重在两个方面发力:一手抓流程再造,最大限度减少审批环节,整合管理职能,寓管理于服务之中,在服务中提高效率,让企业和群众"少跑腿、好办事、不添堵"成为政府工作常态,使青岛市营商环境主要评价指标达到深圳水平;一手抓制度建设,围绕市场化、法治化两大主题,健全完善相关制度和机制,把法治建设成效作为衡量各级领导班子和领导干部工作实绩的重要内容,构建服务型政府、效能型政府;加快建立完善、规范、严密的政府信用体系,减少政府失信行为,进而带动和提高全社会的诚信水平,加快实现城市治理体系和治理能力现代化。

2. 选准创新点,打造全流程高效服务政府

创新是深圳成长的基因,敢于试、敢于闯是深圳改革开放 40 年的成功经验。学习深圳,要把深圳一些成功做法复制到青岛,还要学习深圳经验的"魂",紧密结合青岛实际,加大因地制宜的改良力度,在"快""好""少""全"上大胆创新。"快"是指审批服务速度最快。对标深圳,全面落实容缺预审查、评估评审前置等制度,进一步压缩审批事项办理时限,提高办理效率,实现审批时限全国最短。推进跨层级、跨地域、跨系统、跨部门、跨业务的协同联动,将审批事项集中到"一个窗口"受理,实现"前台综合受理、后台分类审批、综合窗口出件""一站式"办理。"好"是指政务服务最好。按照"真服务、服真务"要求,结合全市政务服务清单,逐一梳理本地区、本部门、本单位服务事项并向社会公开,让企业和群众办事不找关系、不求人。在各级政务服务大厅推行代办帮办制度,提供一对一、精准化的"店小二""保姆式"服务。加强法治政府建设,为政务服务提供法律支撑,为改革创新保驾护航。加强诚信政府建设,搭建全市公共信用信息平台,建立完善信用信息归集和公开、异议和投诉以及自我纠错机制,加快政府惠企利民政策梳理、公开和落实。

"少"是指审批事项最少。以市场需求为导向,以办事流程的优化、便利、高效为重点,全面对标深圳,通过实行"五减",即减环节、减时间、减材料、减跑腿、减成本,显著提升行政审批效率,让企业和群众"少跑腿、好办事、不添堵"成为常态。对现有审批事项逐一深入论证,能取消的坚决取消,能下放的尽快下放。"全"是指一网全覆盖。凡公布实施的行政审批事项,按照"以网办为原则、不网办为例外"的要求,除法律法规有特殊规定外,实现全部政务服务网上运行。以一网通办取代多头审批,让"信息多跑腿,群众少跑路",提高"零跑腿"办事比例。扩大信息资源统一数据库规模,更多实现"一证办"或"无证办"。完成全市政务信息系统整合共享和政务服务 APP 整合,规划布局覆盖全市的政务服务自助办理系统。

(三)重点工作举措

1. 进一步深化"放管服"改革

优化营商环境的核心和关键是深化"放管服"改革,要树立"凡是深圳能做到的,青岛都要做到"的工作标准,进一步降低制度性交易成本,有针对性地解决群众和企业办事难、环节多、效率低等问题,实现全市营商环境明显改善,市场活力明显增强,企业群众办事更加便利。一是继续下放权力。总的要求是,凡市场能有效调节、上级未列为审批的事项一律取消;凡其他副省级城市已取消的审批事项一律取消;凡直接面向基层、量大面广、由基层管理更方便,基层愿意要的"真金白银"事项一律下放。要加大向开发区、功能区等精准放权力度,既要确保承接部门"管得好",同时要确保按要求"放到位"。要深化相对集中行政许可权改革,积极探索采用赋权专用章的方式向部分区(市)精准放权。二是监管不失职、不渎职。转变监管方式,除安全生产、生态环境保护等涉及国家安全、公共安全、群众生命财产安全的事项外,其他对企业的检查全部纳入全市统一的"双随机、一公开"监管平台开展。同时,建立与监管相配套的科学高效的现代监管体制。要提高监管效能,积极运用大数据、云计算、物联网等信息化手段,降低监管成本,提升监管效能。进一步完善失信联合惩戒机制,积极开展与第三方信用服务机构的合作,发挥信用监管的作用。三是真服务、服真务。各级各有关部门要结合全市政务服务事项清单,针对如何更好为下级和基层服务、如何更好为企业和居民服务,逐一梳理本辖区、本部门、本单位服务事项,汇总编纂全市便民服务、招商引资、鼓励创新等服务政策"一本通",确保宣传落实到位。继续创新服务方式,在各级政务服务大厅推行代办帮办制度,最大程度利企便民。四是压缩办理时限。以市场主体期待和需求为导向,围绕破解企业投资生产经营中的"堵点""痛点",全面对标深圳,进一步压缩现有审批事项办理时限,提高办事效率,力争实现审批时限全国最短。下一步,青岛市应重点围绕不动产登记、用水用气用电报装、获得信贷、纳税服务等方面发力突破,进一步压减办事环节,缩短办事时限。同时,做好动态跟踪管理,只要发现深圳做到了时限更短,马上对标研究改进措施,做到立改立行。

2. 打好审批提速增效攻坚战

学习深圳经验,积极创新审批服务方式,深入推进"互联网＋政务服务",大力推进跨层级、跨地域、跨系统、跨部门、跨业务的协同管理和服务,提升政务服务规范化、便利化水平,让企业、群众办事更加便捷高效。一是深化"一次办好"改革。按照"受审分离"要求,全面开展"一窗受理"业务,人员、事项等统一归大厅管理。推动实体大厅"多门"变"一门",尽快实现100％的公共服务事项"最多跑一次"。当前,要结合机构改革推进,加快建设新的市级审批服务大厅,积极做好政务服务事项入驻新大厅指导工作。除对场地有特殊要求的事项外,政务服务事项进驻综合性实体政务大厅基本实现"应进必进",入驻市、区(市)两级政务服务大厅事项要全部实现"一窗"分类受理。注重加强能力建设,定期组织有关人员开展业务培训,持续提升"一站式"服务水平和"一窗式"受理水平。二是推进建设项目审批制度全面改革。全面开展工程建设项目审批制度改革,统一审批流程,统一信息数据平台,统一审批管理体系,统一监管方式,实现工程建设项目审批"四统一"。借鉴深圳做法,探索构建"一张蓝图""一个系统""一个窗口""一张表单""一套机制"的审批体系,实行"一家牵头、并联审批、限时办结"。建立协调推进工作机制,为重大工作、重点项目提供定制服务、上门服务、全程代办帮办服务。三是推进企业开办流程优化再造。一方面,推进企业开办全流程电子化,建立企业开办"一窗通"电子平台,打通税务、人社、银行等部门单位数据通道,方便企业网上办理业务。另一方面,优化企业开办流程,探索精减企业登记、税务登记、银行开户等环节申请材料数量,将环节由5个减少到4个,实现企业开办最快1天办结,特殊情况3天办结,超过深圳,达到全国最优。四是推进"互联网＋政务服务"优化升级。推进跨层级、跨地域、跨系统、跨部门、跨业务的协同联动,实现线上线下功能互补、无缝衔接、全过程留痕,全市政务服务事项实现"一网通办",全程网办率达到70％。进一步整合完善全市自助服务平台,统筹建设全市统一自助服务平台,实现自助服务终端在"市、区、街道、社区"四级铺设。依托自助终端,在即办件中选取条件成熟的事项,探索开展"秒批"试点。加大政务信息系统项目建设资金保障力度,加强与国内顶尖互联网企业进行战略合作,提升服务水平。推进公共资源交易电子化,在全国率先实现全过程、全链条电子化运转,规范公共资源交易秩序。

3. 加快推进法治政府建设

抓住关键环节,从立法、决策、执法三个方面切入,为法治政府建设提供支撑。一是加强立法保障。对标深圳,加大先行先试类制度创新,建立经常性清理机制,使现有法规规章和文件立得住、真管用,为改革创新保驾护航。二是推进依法决策。瞄准镇街法治政府建设短板,建立完善镇街政府重大决策合法性审查、执法监督等机制,提升镇街依法决策水平,实现法治政府建设"全贯通"。三是严格规范执法。细化量化行政处罚裁量标准,积极推进"双随机、一公开"执法全覆盖、常态化,全面提升事中事后监管水平,使行政违法或不当行为大幅度减少,努力营造公平竞争的市场环境。四是提升行政应诉能力。加强行政机关负责人出庭应诉工作,建立考核机制,督促行政机关负责人积极应诉,提高依法应诉和多元化解纠纷能力。依法妥善处理政府违约的各类案件,确保招商引资各类合同协议等政策规定合法合规。

4. 加快完善诚信政府建设

推动高效青岛建设,诚信建设是基础。要通过发挥政府诚信示范作用,及时解决不诚信行为,构建"政府诚信＋社会监督＋失信问责"的全方位运行机制。重点抓好四方面:一是强调依法依规。将坚持依法行政、阳光行政和加强监督作为推进政务诚信的重要手段,在政府采购、招标投标、招商引资等市场公平交易领域依法依规、诚实守信,严格履行各项约定义务,为全社会做出表率。二是建立失信记录。明确界定政务失信记录的范围和标准,建立健全信用信息归集和公开机制、信息异议和投诉制度,以及自我纠错、主动自新的关爱机制。三是注重奖惩结合。建立诚信政府建设专项督导机制、横向监督机制以及社会监督和第三方社会机构评估机制。建立完善考核机制,在改革试点、项目投资、社会管理等政策领域和绩效考核中应用政务诚信评价结果,进行差别化信用分类管理。

5. 强化组织领导和督促落实

一是加强组织领导。高效青岛建设实质是政府自我革命,必须加强组织领导,建议建立市政府主要领导任总指挥,分管领导、有关部门负责人参加的推进建设的指挥部,下设优化营商环境、审批提速增效、法治政府建设、诚信政府建设4个攻坚工作专班。各有关单位"一把手"要靠上抓,做到重要工作直接部署、重大方案直接把关、关键环节直接协调、落实情况直接督办。工作专班建立月调度、季度小结工作机制,每月进行一次整体工作调度,每季度召开一次阶段性工作会议,及时掌握最新工作情况。二是明确工作责任。市高效青岛建设指挥部下设专门的协调机构,主要承担统筹协调、督促检查、及时调度等职责,以强有力的组织体系确保各项改革顺利有效推进。各级各部门要自觉强化大局意识，树立一盘棋思想，认真梳理分析营商环境存在的突出问题，找准工作落实中的"痛点""堵点"，切实承担起优化营商环境的职责，并结合实际有针对性地出台具体解决办法。要细化分阶段重点工作，在重点领域制定可量化、可考核、有时限的目标任务，并要层层落实，确保各项工作落细落小落地落实。三是加强督查指导。要将高效青岛建设作为市政府重点督办事项，实施全程督查、长效督查和节点督查，突出督查重点，创新督查方式，抓好跟踪问效，全面优化提升营商环境。市职能转变协调办要定期调度各级改革进展，对组织实施不力、进展缓慢的进行通报批评，对营商环境中不作为、慢作为、乱作为等问题，及时移交相关单位予以处理。坚持开门搞改革，各涉及部门、单位要拿出时间表，列明路线图，定期向社会公布，自觉接受群众监督。四是搞好舆论宣传。重视舆论宣传，发挥新闻媒体作用。对已出台的优化营商环境政策措施及时跟进解读，准确传递权威信息和政策意图，并向企业精准推送各类优惠政策信息，提高政策可及性。建立健全舆论监督推动重点工作落实机制，发挥好新闻媒体"情报员""别动队"作用，对于市场主体关注的重点难点问题，要及时研究解决，回应社会关切，合理引导预期。同时，按照"典型引路稳阵地"的要求，各级各有关部门要积极开展不同层级、不同类型的试点，及时推广典型经验。

（作者单位：青岛市政府研究室）

青岛市城区分级诊疗制度建设研究

李传荣

分级诊疗制度是中国特色基本医疗卫生制度的重要组成部分。2016 年 8 月,习近平总书记在全国卫生与健康大会的讲话中指出,医药卫生体制改革已进入深水区,到了啃硬骨头的攻坚期,要努力在分级诊疗制度、现代医院管理制度等 5 项基本医疗卫生制度建设上取得突破。按照国家、省深化医改部署,青岛市积极推进分级诊疗制度建设,以"县域紧密型医共体＋医保按服务人口'打包'支付"为路径的县域分级诊疗模式已基本确立,但城区(注:因青岛西海岸新区、城阳区、即墨区和胶州市、平度市、莱西市均被纳入紧密型县域医共体建设国家级试点,故本文所称青岛市城区仅指市南区、市北区、李沧区、崂山区四区范围)如何实现分级诊疗还有待进一步探索。本文在梳理国家政策要求、青岛市工作现状,总结国内外实践经验基础上,结合青岛市实际提出了实现城区分级诊疗的有关政策建议。

一、我国城市地区分级诊疗发展及政策沿革概况

"分级诊疗"就是要按照疾病的轻、重、缓、急及治疗的难易程度进行分级,不同级别的医疗机构承担不同疾病的治疗,实现基层首诊和双向转诊。分级诊疗在我国并非全新概念,自 20 世纪 50 年代起的计划经济时代就建立了层次分明的诊疗体系,在城市地区建立起以市、区两级医院和街道门诊部、企事业单位内部卫生站(所)为主的三级诊疗体系(农村地区则建立了以县医院为龙头,乡镇和村级医疗机构为基础的三级诊疗网络),基本满足了群众基本医疗卫生服务需求。在计划经济时代,公费医疗、职工劳保医疗解决了城市地区 90％左右居民的看病就医问题。严格实行转诊制度,居民可以及时在基层医疗机构获得可支付的医疗服务,基层没有能力诊疗的疾病再逐级转诊到上级医院,以较低的成本实现了社区首诊和双向转诊,实现了分流患者、有序就诊和连续服务的目的。

改革开放以后,为了提高公立医院运营效率,政府下放了医院的自

主经营权,在减少财政投入的同时,引入市场机制,大医院利用规模效应,不断扩张,吸引优质人才和大量的患者。随着市场机制逐步占主导地位,政府对公立医院的制度约束力不断下降,医疗资源配置的不均衡问题显现,大医院成为医疗服务的主体力量,不断扩张规模,疲于应付各类大小疾病患者,全年处于"战时状态",中小型医院、特别是基层医疗卫生机构则面临资源不足、服务利用低,以至面临服务能力和群众认可度不断降低的发展困境。从 1979 年到 20 世纪末,城市地区原有的"基层首诊、双向转诊"分级诊疗制度逐步走向没落。

为解决医疗资源配置失衡等因素导致的群众看病就医问题,从 1997 年开始,在国家层面提出加强城市基层医疗体系建设,探索发展社区卫生服务,为实现基层首诊奠定基础,以上海市为代表的各大城市开始加强以社区卫生服务中心、站为支撑的基层医疗卫生服务体系,向居民提供集医疗、预防、康复等六位一体的基本综合服务;2006 年,国家在加强社区卫生服务的政策中首次勾勒了城市地区分级诊疗制度内涵,即"大力发展社区卫生服务,构建以社区卫生服务为基础、社区卫生服务机构与医院和预防保健机构分工合理、协作密切的新型城市卫生服务体系"。通过发展城市地区社区卫生服务,发挥社区在疾病诊治过程中的核心地位,将常见多发病稳定在社区接受治疗,减轻大医院服务压力,降低对稀缺资源的占用,从而达到高效利用资源、提高居民就诊便捷度和减轻医药费用负担的目的。

2009 年启动新一轮医药卫生体系改革之后,为有效解决群众普遍反映的"看病难,看病贵"问题,各地在实现社区首诊、双向转诊方面进行积极探索,包括:卫生部门牵头,组织开展松散的对口支援,建立医疗联合体、医院集团,实行区域服务联网;医保部门牵头,通过调整医保支付政策,鼓励参保职工和居民在签约的社区卫生机构就诊,引导社区首诊和上下转诊。但从总体上看,分级诊疗制度实施效果并不理想,卫生资源、医保基金和患者就诊流向均逆"强基层"方向流动,基层服务占比持续走低,大医院"人满为患"、基层"门可罗雀"问题呈加剧趋势。

为加快实现分级诊疗,2014 年 3 月,国家在政府工作报告中首次明确提出了建设分级诊疗体系、实现社区首诊和双向转诊的要求。2015 年 9 月,国务院办公厅印发《关于推进分级诊疗制度建设的指导意见》(国办发〔2015〕70 号),正式把分级诊疗制度作为医改的重头戏,提出了到 2020 年的改革目标:基层首诊、双向转诊、急慢分治、上下联动的分级诊疗模式逐步形成,基本建立符合国情的分级诊疗制度。2016 年 8 月,全国卫生与健康大会上首次把建立分级诊疗制度提升为深化医改"五项制度"建设的首要任务;同年,国家卫生计生委发布《关于推进分级诊疗制度试点工作的通知》(国卫医发〔2016〕45 号),在全国确定了一批分级诊疗试点城市(青岛是试点城市之一),要求进一步提升基层服务能力,推进家庭医生签约服务,探索组建医疗联合体,科学实施急慢分治。

2017年4月,针对我国优质医疗资源总量不足、结构不合理、分布不均衡,特别是基层人才缺乏等制约分级诊疗制度有效落地的问题,在总结各地经验的基础上,国务院办公厅印发《关于推进医疗联合体建设和发展的指导意见》(国办发〔2017〕32号),将开展医疗联合体建设作为实现分级诊疗的有效路径和重要载体,要求各地按照"政府主导,统筹规划""坚持公益,创新机制""资源下沉,提升能力""便民惠民,群众受益"的原则,在城市主要组建医疗集团、在县域主要组建医疗共同体、跨区域组建专科联盟、在边远贫困地区发展远程医疗协作网等方式,推进分级诊疗。文件要求:2017年要基本搭建起医联体制度框架,全面启动多种形式的医联体建设试点,三级公立医院要全部参与并发挥引领作用;到2020年形成较为完善的医联体政策体系,所有二级公立医院和政府办基层医疗卫生机构全部参与医联体。不同级别、不同类别医疗机构间建立目标明确、权责清晰、公平有效的分工协作机制,建立责权一致的引导机制,使医联体成为服务、责任、利益、管理共同体,区域内医疗资源有效共享,基层服务能力进一步提升,有力推动形成基层首诊、双向转诊、急慢分治、上下联动的分级诊疗模式。

2018年8月,国家卫生健康委印发《关于进一步做好分级诊疗制度建设有关重点工作的通知》(国卫医发〔2018〕28号),要求各地将分级诊疗制度建设作为解决人民日益增长的美好生活需要和不平衡不充分的发展之间的矛盾的重要抓手,按照"区域分开、城乡分开、上下分开、急慢分开"的要求,以区域医疗中心建设为重点推进分级诊疗区域分开,以县医院能力建设为重点推进分级诊疗城乡分开,以重大疾病单病种管理为重点推进分级诊疗上下分开,以三级医院日间服务为重点推进分级诊疗急慢分开("区域分开"主要解决国家、省层面的分级诊疗问题,"城乡分开、上下分开、急慢分开"主要解决地市层面的分级诊疗问题)。在城市层面,要按照"规划发展、分区包段、防治结合、行业监管"的原则,网格化布局组建城市医疗集团,以设区的地市为单位,将服务区域按照医疗资源分布情况划分为若干个网格,每个网格由一个医疗集团负责,为网格内居民提供疾病预防、诊断、治疗、康复、护理等一体化、连续性医疗服务。组建城市医疗集团要以规划为主,主要发挥地市级医院的牵头作用,建立牵头医院负总责、各级各类医疗卫生机构分工负责、防治康协同机制,逐步形成以健康为中心的服务模式。

2019年5月,国家卫生健康委印发《城市医疗联合体建设试点工作方案》,8月份在全国确定了118个城市开展试点。要求到2019年底,试点城市要全面启动城市医联体网格化布局与管理,每个试点城市至少建成一个有明显成效的医联体,初步形成以城市三级医院牵头,基层医疗机构为基础,康复、护理等其他医疗机构参加的医联体管理模式。到 2020 年,试点城市形成医联体网格化布局,取得明显成效,区域医疗卫生服务能力明显增强,资源利用效率明显提升,医联体成为服务、责任、利益、管理共同体,形成有序的分级诊疗就医秩序。按照文件确定的路径,各试点城市相继启动试点工作,开启了以"紧密型城市医疗集团"为主要载体的城区分级诊疗探索时代。

二、青岛市城区分级诊疗情况分析

(一)主要做法及成效

青岛市的分级诊疗工作经历了与全国各地基本一致的发展经历。1997 年之后至 2009 年启动新一轮深化医改前,在城区以加强社区卫生服务体系建设为重点,引导基层选择在社区就诊。2009 年之后,按照国家、省深化医改部署,积极探索分级诊疗的有效实现形式,在加强社区卫生服务体系建设、提升基层服务能力的同时,从 2014 年开始把医疗联合体建设作为建立分级诊疗制度的有效途径和重要抓手,加强组织领导,完善政策措施,在全省率先开展了医疗联合体建设试点工作。按照"规划引导、试点先行、上下联动、分类推进"的原则,结合本市医疗卫生服务体系状况,先后制订出台《青岛市分级诊疗制度建设实施方案》(青政办发〔2016〕27 号)、《关于进一步推进医疗联合体建设的意见》(青卫政发〔2017〕29 号)等政策文件,以落实医疗机构功能定位、提升基层服务能力、理顺双向转诊流程为重点,从基本原则、建设目标、推进计划、保障措施等方面提出了具体的要求,从组建形式、组织架构、运行管理等方面明确了建设路径,推动构建分级诊疗制度和规范有序的医疗联合体,逐步实现以治病为中心向以健康为中心转变。

1. 加强社区卫生服务体系建设,提升服务能力

一是加强社区卫生服务机构和设施建设,逐步完善城市"一刻钟社区卫生服务圈"。自 2017 年始,在全市启动了社区医疗卫生机构三年标准化建设,重点推动房屋建设、设备配置,改善设施条件;有 8 所社区卫生服务中心纳入社区医院建设省级试点。截止到 2019 年 8 月底,市内四区共设置社区卫生服务中心 47 所,其中,政府办 24 所,公立机构办 8 所,社会力量办 15 所;设置社区卫生服务站 155 所,其中,政府办 6 所,公立机构办 11 所,社会力量举办 138 所。各类机构具体分布参见表 1。

表1　青岛市内四区社区卫生服务机构设置情况

机构 区划	政府办 社区卫生 服务中心	政府办 社区卫生 服务站	公立机构办 社区卫生 服务中心	公立机构办 社区卫生 服务站	民营 社区卫生 服务中心	民营 社区卫生 服务站
市南区	7	5	4	1	0	22
市北区	10	1	3	9	7	44
李沧区	5	0	0	1	8	43
崂山区	2	0	1	0	0	29
合计	24	6	8	11	15	138

注:资料来源于各区(市)基层医疗卫生服务调查报表,数据截至2019年8月底。

二是加强社区卫生人才队伍建设,加强全科医生配置。对硕士以上、规培合格的住院医师以及全科医生等基层紧缺专业人才,可采取面试、降低开考比例或划定合格分数线等方式公开招聘。全科医师规范化培训学员待遇在国家补助3万元的基础上,市财政每年再补贴1.5万元,培训合格的可直接聘任中级职称。拓展基层卫生人员发展空间,完善基层卫生职称晋升政策,增设正高级岗位,并将高级专业技术岗位比例提高到11%。推进薪酬制度改革,2019年市政府多部门联合出台文件,允许基层自主确定基础性和奖励性绩效工资比例,从收支结余和家庭医生签约服务费中分别提取不低于60%和70%用于医务人员激励。截止到2019年8月底,市内四区社区卫生服务机构在岗从业人员达到3926人(不含崂山区的两个镇卫生院,下同),按照常住人口计算达到每万居民拥有社区卫生人员14.49人。各区(市)社区卫生人员分布情况具体见表2。

表2　青岛市内四区社区卫生服务机构在岗人员数

机构 区划	政府办 社区卫生 中心、站	公立机构 办社区 卫生中心	公立机构 办社区 卫生站	民营社区 卫生中心	民营社区 卫生站	合计
市南区	216	117	21	0	382	736
市北区	302	56	95	202	614	1269
李沧区	200	0	22	409	716	1347
崂山区	261	25	0	0	288	574
合计	979	198	138	611	2000	3926

注:资料来源于各区(市)基层医疗卫生服务调查报表,数据截至2019年8月底。

2. 完善家庭医生制度,提高基层服务吸引力

在前些年开展社区全科执业医师团队签约服务试点的基础上,2017 年在省内率先出台家庭医生签约服务工作方案,围绕重点人群按照诊疗规范确定了 8 个签约服务包,涵盖 154 项服务项目,明确各签约服务包的收费价格,供居民自愿选择。实行基本公共卫生、医保门诊统筹和居家医养签约"三约合一"实名制签约服务,设立了 42 元的基本公共卫生补助资金、58 元的家庭医生签约服务费医保支付项目和 3 个档次(20 元、100 元、200 元)的收费服务项目。实施"三高共管",将高血压、高血糖、高脂血症"三高"人群纳入统一的监管系统和信息平台,建立预防、治疗、康复一体化服务体系,形成综合防治工作方案,同时完善基本药物供给政策,免费提供二甲双胍等 7 种基本药物。建立"三级协同"运行机制,打通三级医院、区(市)级医院、基层机构三个级别医疗卫生机构之间的协同诊治通道,实现机构间处方共享、全科与专科相结合,患者在基层就诊后,上级机构可以通过网络查看患者诊疗信息,对治疗方案提出指导意见,同时为基层高危患者建立到上级医院就诊的绿色通道。

3. 组建城市医疗联合体,推动优质资源下沉

发挥城市三级公立医院龙头作用,按区域网格化布局,与二级医院、社区卫生服务机构、康复机构、护理院、社会办医疗机构等组建医疗联合体,全市三级医院全部参与医联体建设,共组建医疗集团 6 个。各大医院定期或不定期派出专家下基层坐诊、带教,帮助基层提升服务能力。同时,发挥"互联网十"、大数据等信息技术手段在分级诊疗中的作用,建立资源与信息共享、服务与技术衔接、预约与转诊相通的支撑和响应机制,满足患者在不同阶段的健康、医疗和康复的便捷需求。以崂山区为例,该区探索"基层检查、上级诊断、精准预约就诊"的有效模式,建成全省首家面向基层的远程医疗服务体系,社区卫生服务站的心电图机与青大附院心血管远程诊断中心实现对接,社区卫生服务中心的影像设备与市立医疗集团影像诊断中心联通,居民在基层就诊形成的心电、影像资料由大医院的专家直接诊断,在基层医疗机构收集的检验标本,由专业机构检测后通过系统反馈结果、自助打印。

4. 改革医保支付政策,引导群众首诊在基层

自 2007 年以来,青岛市先后建立了城镇居民和职工医保门诊统筹制度,主要保障常见多发疾病门诊医疗,全部依托定点社区医疗卫生机构,实行家庭医生联系人制度,引导参保人到签约的定点社区卫生机构就诊,并通过住院起付线减半等医保报销优惠政策,引导居民通过社区向大医院转诊。全市参保职工和参保居民(大学生除外,大学生实行由学校统一集中签约)均可自主选择一家定点社区卫生机构签约,签约后

参保人在定点社区就医时,发生的符合门诊统筹支付范围的普通门诊医疗费,实行联网结算、限额管理,政策范围内的费用按照不低于 50%的比例报销。2019 年 9 月,青岛市又出台文件进一步调整医保支付政策(该政策将自 2020 年 1 月 1 日起正式实施),通过适当拉开不同级别医院起付差距,提高社区等基层医疗卫生机构转诊到市内医院患者住院费用报销比例,优化双向转诊医保支持政策,建立转出转入医院联动机制,深化医保支付方式改革等综合措施,引导患者"基层首诊"和"双向转诊"。同时,青岛市作为按疾病诊断相关分组付费(DRG)国家首批试点单位,也在加快推进 DRG 试点工作,引导一、二、三级医院进一步明确服务功能定位,逐步实现同城、同病、同治、同质、同价支付管理,推动分级诊疗体系尽快建立。

通过实施医疗、医保、医药"三医联动"等综合性改革措施,在青岛市城区"基层首诊、双向转诊、急慢分治、上下联动"的就医秩序正在逐步形成,分级诊疗的效果也初步显现。城区三级医院普通门诊就诊人次占医疗卫生机构总诊疗人次的比重明显降低。2018 年全市上级牵头医院向基层医疗卫生机构转诊人次增长 16.8%,2019 年 1～8 月份,全市基层诊疗量占比提高到 51.1%,较上年同期增加 13.7 个百分点,其中市内四区基层诊疗量及其占比均出现较大幅度增长,具体见表 3。

表 3　青岛市内四区基层诊疗量变化情况

区(市)	2019 年 1～8 月			2018 年 1～8 月		
	总诊疗	基层总诊疗	基层总诊疗占比(%)	总诊疗	基层总诊疗	基层总诊疗占比(%)
市南区	7235260	2086338	28.8	5500651	973488	17.7
市北区	9581260	2529638	26.4	8359005	1807121	21.6
李沧区	4147749	2901415	70.0	2266099	1115947	49.2
崂山区	1904162	1723636	90.5	2910655	1051655	36.1

注:资料来源于青岛市医疗服务统计月报,其中崂山区的总诊疗量不含青岛大学附属医院崂山院区诊疗人次,崂山区 2019 年因辖区内有 1 所民营医院停业,故总诊疗量大幅度减少,而基层诊疗量占比大幅度提高。

(二)存在问题

从总体看,青岛市的城区分级诊疗工作还处于起步阶段,在分级诊疗制度建设层面、各级各类医疗卫生机构分工协作层面和医患个体服务提供利用层面都存在一些亟待解决的问题,特别是分级诊疗约束机制和激励机制还不完善,实现国家确定的 2020 年改革目标还需要下大气力。

一是在分级诊疗制度建设层面,尚未建立起科学合理的医疗资源(尤其是优质资源)配置机制,区域之间、各级机构之间医疗资源分布不均衡,三级甲等医疗机构主要集中在市南区和市北区,而且同等级别的医院水平差异也较大,网格化布局、分区包段难以向群众提供同质化医疗卫生服务,在实际工作中存在落地难。现有医疗定价机制不完善,服务价格主要与医疗机构级别挂钩,同一名医生在不同级别机构提供的同一诊疗服务收费价格不同,越到基层价格越低,在缺乏财政资金补偿和其他经济激励的情况下,难以引导优质资源下沉基层。医保支付政策有待完善,目前主要按照项目支付报销,不同级别医疗机构医保报销标准(比例)差别不大,而同一疾病在不同级别医疗机构发生费用却相差巨大,一方面容易引起群众错觉、不利于引导居民有序就诊,另一方面在一定程度上也纵容了大医院"虹吸"病人、加重患者负担。此外,尚未探索出针对城市医联体等服务整合模式医保支付的有效路径,对"双向转诊"的激励和约束作用较弱。

二是在分级诊疗服务机构层面,城市医疗集团多为松散型,主要由区域内医疗机构自由选择,体系内各级医院存在功能定位不清,基层机构能力不足,在病种收治、上下转诊方面存在着利益冲突、分工协作难落实等问题。一方面,城市公立医院公益性运行机制尚未完全建立,特别是一些大医院还在走扩张规模、做大医药总费用、高投入高消耗、低收益低效益的"老路",利用掌握的优质资源优势,大病小病全都收治,挤压基层发展空间。另一方面,社区卫生机构既缺乏承接分级诊疗任务的能力,也缺乏提高水平、拓展服务的动力。目前,市内四区的社区卫生服务机构总体上存在规模较小、全科医生配备少、编制人事管理和绩效激励机制不灵活等问题,特别是政府办社区卫生服务机构问题尤为突出。截至 2019 年 8 月底,市内四区政府办社区卫生机构全部在岗人员为 979 人,平均每个社区卫生服务中心不足 40 人;按照辖区常住人口计算,市内四区每万人口配备的政府办社区卫生人员分别为:崂山区 6.45 人、市南区 3.67 人、李沧区 3.23 人、市北区 2.52 人,均低于每万人口 7.36 人的最低配置标准。市内四区社区卫生服务机构共有全科医生 551 人,低于每万人口配置 3 名全科医生的标准要求;其中政府办机构仅有 170 名全科医生(表 4),占同类机构在岗人员的比例仅为17.36%,与 40%左右的配置标准存在较大差距。由于人员数量不足、质量不佳,服务能力不能满足群众健康服务需求,导致群众对基层服务信任度低、绕开基层机构直接去大医院就诊。2019 年 1~8 月份,市内四区基层诊疗量占比仅 40.4%,低于 53%的全国平均水平,更是低于65%的国家分级诊疗目标要求。

表4　青岛市四区市社区卫生服务机构在岗全科医生数

机构 \ 区划	政府办社区卫生中心、站	公立机构办社区卫生中心	机构办社区卫生服务站	民营社区卫生服务中心	民营社区卫生服务站	合计
市南区	34	13	2	0	55	104
市北区	61	9	16	36	92	214
李沧区	35	0	1	28	69	133
崂山区	40	2	0	0	58	100
合计	170	24	19	64	274	551

注:资料来源于各区(市)基层医疗卫生服务调查报表,数据截至2019年8月底。

在分级诊疗服务提供和利用个体层面,医务人员过于重视专科技能发展,缺乏对全科和社区医学重要性的认知,有些社区卫生机构的医护人员也未认识到防治康养护一体化服务对于改善患者健康的重要性;在健康教育、健康促进方面,对群众就医偏好和就诊流向的宣传引导需要加强,部分居民在疾病发生、发展、转归以及医疗卫生服务利用等方面的认知还存在偏差,目前居民在选择就医时考虑的首要因素是医疗技术水平,而判断水平高低则主要看基础设施和医师职称学历等直观因素,同时对医疗服务的期望值也偏高,希望通过高水平的医疗解决所有健康问题,平时忽视个人健康保护,患病后则直接求助于大医院、大专家,希望诊疗措施立竿见影、药到病除。因此,除了通过医保报销制度等调节外,更需要改进基层机构医疗水平,通过家庭医生签约服务等方式,与患者建立信任关系,加强引导,以真正使患者愿意接受基层首诊服务。

三、进一步完善城区分级诊疗制度的措施建议

(一)国内外分级诊疗典型经验分析

目前,国际上分级诊疗制度围绕以下四个核心主题建立,一是明确各级各类医疗机构定位分工,强化政府层面规划管理,围绕重点疾病分级分段构建医疗服务体系,建立"社区守门人"制度,以社区为中心提供基本医疗卫生服务。二是搭建上下转诊体系,采取门诊与住院服务剥离、诊断和治疗服务分离,以及区分基本医疗服务和高精尖服务的做法,除了合理的规划、支付定价等政策,通常还利用一体化服务指南、患

者分类(如 DRG)等技术工具,防止医疗机构无序开展业务。三是加强医疗机构间联动关系,常见的做法包括整合医疗管理(如英国的国家卫生服务体系,我国香港特别行政区的公立医疗机构联网也借鉴了英国的经验;类似紧密型医联体或医疗集团)、服务购买政策,以及借助支付和定价手段提供经济激励等,调整医患诊疗行为。四是持续健康维护,主要依托分级诊疗体系建立防治康养护和临终关怀整合的大健康维护体系,并与社会服务相衔接,促进服务的接续性、完整性,以方便群众获得持续的健康维护服务。

国内在分级诊疗制度建设试点过程,各地结合当地特色优势,形成了一些成效明显的落地模式,主要有四种类型:一是家庭医生签约服务主导模式,以上海、杭州为代表。重点加强社区卫生机构能力建设,将社区卫生服务中心建设成为落实基本医疗卫生制度的综合平台,配置高素质、数量充足的全科医生,通过社区全科医生(家庭医生)与居民签约,社区卫生服务中心与区级、市级医院联合,形成"1+1+1"(1 所社区机构、1 所二级医院、1 所三级医院)分级诊疗服务体系,利用各类优惠政策引导患者分级就诊。二是医保政策主导模式,以青海、宁夏等为代表。通过医保政策调控,严格控制医疗机构不规范转诊,并将其转诊落实情况与医保定点资格联动,全面实行总额控制付费,通过医保差别化支付政策,不同等级医疗机构实行不同的报销比例和服务价格,约束和引导医疗机构调整功能定位,从而引导患者合理就诊。三是紧密型医联体(城市医疗集团)主导模式,以深圳罗湖、江苏镇江等为代表。由三级医院牵头,与区域内的二级医院和社区卫生服务机构联合,组建人、财、物统一管理的紧密型医联体(或医疗集团),在医联体内部实行资源共享、信息互通、双向转诊。四是慢性病管理主导模式,以福建厦门为代表。以高血压、糖尿病等重点慢性病为切入点,动员各类医疗卫生机构,建立健全慢性病管理网络,以大医院专科医师、基层机构全科医师(家庭医生)和健康管理师共同组成"三师共管"的服务机制,推进分级诊疗。

从国内外的分级诊疗经验分析,均有以下特点:一是注重医疗卫生资源的规划管理,明确各级各类机构功能定位;二是注重基层服务能力建设,做强社区,提供高质量基本医疗卫生服务;三是医保制度政策调控就诊秩序,通过强制(如英国)或引导(如德国)社区首诊和逐级转诊。四是各级医院,特别是大医院主动参与分级诊疗,通过资源整合或医保政策调控,与基层形成利益协调一致的分工协作机制,各负其责,为患者提供连续性健康服务。从目前国内城市地区分级诊疗制度建设的状况看,主要以城市紧密型医疗集团为方向,同时融合其他模式的优势,形成一整套的政策组成,推动分级诊疗落地见效。

（二）完善青岛市城区分级诊疗制度的措施建议

分级诊疗本身是对于医疗卫生资源配置的重新调节，是典型的供给侧结构性改革。青岛市城区建立分级诊疗制度的难点在于社区卫生机构服务能力水平较差，大医院优质资源富集，各级医疗卫生机构之间是竞争关系，较高支付能力的居民会优先选择较高质量的医疗服务。要解决这个问题，首先要提高基层医疗机构的医疗水平，提供与大医院同质化的医疗服务，使群众选择基层首诊节省看病时间和成本；其次是逐步取消大医院普通门诊，大医院立足功能定位，加强专科门诊，把主要精力放在疑难杂症的诊断和治疗上，患者如果绕过社区机构和家庭医生，到大医院看病只能去专科，增加越级首诊风险和成本；第三是通过医保支付政策调节，不经过社区转诊，医保降低报销标准，或对某些病种和项目不报销，患者只能自付。因此，建立分级诊疗制度，需要多方合力发挥系统优势，弥补各部门、各医疗卫生机构单兵作战的短板，加强政策联动，增强改革的协同性，提高系统性绩效。

1. 进一步优化城区医疗卫生资源配置

强化区域卫生规划和医疗机构设置规划在医疗卫生资源配置方面的刚性约束和引导作用，合理确定各级各类医疗机构的功能，优化资源布局，为分级诊疗制度的建立夯实基础，建议结合青岛市建设长江以北医疗中心城市战略目标和国家区域性医疗中心建设，重点对现有市属医院进行分层规划，每个区确定1～2所重点发展的综合医院，其他医院重点向专科医院方向发展，或与所在区合作转型为区级基层医疗集团的牵头医院；各区属公立医院和部分市属二级公立医院，可转型为康复医疗机构和老年护理医疗机构，以适应老龄化形势和康复护理服务需求。

2. 着力加强社区卫生机构建设

切实落实党委、政府在基层卫生健康工作中的领导责任、保障责任、管理责任、监督责任，加强统筹规划，明确政府办基层医疗卫生机构布局、数量，按照机构设置、建设和人员编制标准，加大社区卫生投入，加快推进社区卫生机构标准化建设，提高基层医疗服务能力，使政府办社区卫生机构成为城区分级诊疗的中坚力量。同时，学习借鉴深圳市加强社区卫生机构能力建设的经验做法，改革完善人事编制管理、财政投入分配、医保支付、机构和人员绩效考核等运行机制，加强高水平全科医生培养和引进，建立完善薪酬激励机制，吸引优秀人才从事全科医生工作，强化家庭医生"健康守门人"和"医保守护人"作用，推动基层"补短板、增能力、转模式"，不断提升能力；积极探索政府购买服务的有效方式，加大政府支持力度，支持鼓励社会办社区卫生机构提供公益性的基本医疗、基本药物和基本公卫等服务,提高基本医疗卫生服务可及性。

3. 加快推进城市紧密型医疗集团建设

积极发挥政府主导作用,切实按照"规划发展、分区包段、防治结合、行业监管"原则,根据业务相关、优势互补、持续发展等要求,由市属三级综合医院牵头,与辖区二级医院和社区卫生机构组建城市医疗集团,实行网格化布局管理。完善集团内部运行机制,加强外部治理,着重打破医保、医药、价格、人事等政策壁垒,将相关管理职能按照责权一致、协同高效的原则放权给牵头医院,推动完善内部管理措施,明确各医疗机构功能定位,促进优质医疗资源上下贯通,实现人才共享、技术支持、检查互认、处方流动和服务衔接,为医疗集团建设提供有力的保障。创新医疗集团监督管理机制,将对单一机构监督管理转为对医疗集团的整体监督管理,将功能任务实现情况、入出院和转诊标准落实情况、双向转诊制度实施情况、基层首诊率、三级医院下转率等纳入绩效考核,考核结果与干部使用、财政补助、医保基金支付、绩效工资总额等挂钩,促进形成合理就医秩序。

4. 更好地发挥基本医疗保险对分级诊疗促进作用

建立医保相关的约束激励机制,强化基本医保对医疗服务供需双方的引导和对医疗费用的控制作用。推进医保支付方式改革,完善医保付费总额控制,积极推行按病种付费、按人头付费等支付方式,继续完善居民医保门诊统筹等相关政策。与分级诊疗制度相适应,完善不同级别医疗机构医保差异化支付政策,鼓励和引导三级医院收治急危重症和疑难复杂疾病患者,促进患者有序流动。在现行医疗服务收费标准基础上,进一步探索按不同级别医疗机构功能定位确定医疗服务项目收费标准,对不同级别医疗机构落实功能任务、患者合理选择就医机构形成有效的激励引导。加强分级诊疗动力机制建设,以医疗集团为单位,建立"结余留用,合理超支分担"的住院费用总额预付机制,形成利益共同体,推动大医院主动下沉优质资源,做强社区卫生机构,提供同质化的服务。

(作者单位:青岛市卫生健康委员会)

青岛市出租汽车行业发展状况研究

魏金玲　张维克

　　出租汽车行业作为城市综合交通运输体系的组成部分,是城市公共交通的重要补充,它为公众的出行提供了品质化和个性化运输服务,满足了乘客多样化出行需求,极大地方便了人民群众的日常生活和工作。推动青岛市出租汽车行业健康繁荣发展,让老百姓在出行方面更加满意,不仅是顺应广大人民群众对更加美好生活的追求,而且是加快提升青岛城市品质的应有之义,是政府为解决新形势下的民生问题而进行的一种有益探索和实践。

一、青岛市出租汽车行业发展状况分析

　　目前,青岛市出租汽车主要有两种基本业态,即巡游出租汽车(以下简称巡游车)和网络预约出租汽车(以下简称网约车)。2017年1月1日起,青岛市出台了《青岛市关于深化改革推进出租汽车行业健康发展的实施意见》(以下简称《实施意见》)和《青岛市网络预约出租汽车经营服务管理暂行办法》(以下简称《暂行办法》)。近年来,青岛市按照优先发展城市公共交通、适度发展出租汽车的基本思路,实行不同业态的错位发展和差异化经营,城市交通结构得到进一步优化。巡游车、网约车等不同业态的出租汽车为全市公众的出行提供了品质化、多样化的运输服务,极大地便利了人民群众的日常生活和工作。

(一)网约车发展状况

　　网约车是21世纪以后出现的一个新事物。这种依托互联网的新型出租用车模式极大地便利了广大人民群众的出行,受到社会各界的关注和市场的青睐。

　　1. 青岛市网约车前期发展状况

　　青岛市网约车的发展历程与全国的情况基本上是同步的。2014年之前,已陆续有一些公司平台如滴滴、快的等在青岛开展此项业务工作。2014年以来,网约车大规模进入青岛市场,各个上线平台充分利

用移动互联网技术优势,整合供需信息,丰富城市出租汽车服务方式,提高运行效率,在一定程度上缓解了市民"打车难"问题,为公众高品质、差异性出行带来了新体验。但是,这种快速发展同样带来不小的负面影响。据不完全统计,最高峰时,青岛市在各平台注册的各种各样的不合规网约车一度近 30 万辆,市场的混乱程度由此可见一斑。为遏制价格恶性竞争所导致的混乱局面,促进网约车这个新生业态的规范有序发展,青岛市于 2017 年 1 月 1 日正式出台《实施意见》和《暂行办法》,有关部门据此进行了大力整顿,使全市网约车发展进入规范化、规模化发展的新阶段。

2.《实施意见》和《暂行办法》实施后网约车发展状况

(1)建章立制,完善监管平台。按照《实施意见》和《暂行办法》两个文件的要求,青岛市交通运输委员会先期于 2016 年 8 月设立专项研究项目,委托第三方建立"青岛市网络预约出租汽车监管信息交互平台",实现对网约车平台、网约车车辆和网约车驾驶员相关许可信息以及订单信息、经营信息、定位信息、服务质量信息等运营数据的掌握。截至目前,监管平台日均接受订单、定位数据等超 1 亿条。

出台统一规范的相关技术标准。为提升网约车的服务水平,促进新兴行业标准化、规范化和集约化的发展,2017 年 1 月 5 日,青岛市交通运输委员会、市公安局和市质量技术监督局联合发布《关于印发〈青岛市出租汽车车辆、专用设备及运营标志使用管理办法〉的通知》,对网约车和巡游车车辆性能、外观和技术标准,车载专用装置以及营运标志作了相关规定。在此基础上,2017 年 4 月 7 日,青岛市交通运输委、市质量技术监督局又联合发布了《关于颁布实施〈青岛市出租汽车车辆技术要求〉的通知》和《关于颁布实施〈青岛市出租汽车专用设备及运营标志技术要求〉的通知》,将网约车和巡游车的车辆技术要求、专用设备及营运标志技术要求等纳入地方行业标准规范之中。

(2)加大执法力度,探索新的监管形式。一是针对新事物,探索新的监管形式。网约车呈现的跨区域、跨部门等特点,客观上要求监管工作涉及交通、发展改革、价格、通信、公安、人力资源社会保障、商务、人民银行、税务、工商、质检、网信等多个部门。基于此,青岛市建立起政府牵头、部门参与、条块联动的联合监督执法机制和联合惩戒退出机制,强化全过程监管,依法查处出租汽车违法违规行为,严厉打击非法营运。通过实践,初步形成了多部门共同参与、密切协作、齐抓共管的良好格局。自 2017 年 4 月 1 日开始,青岛市由交通运输委牵头,与市公安局、市工商局、市物价局、市质监局等部门成立联合执法工作组,对网约车平台及重点时段、重点场所和重点区域不合规网约车进行查处,共计下达整改通知书 12 份,督导平台公司整改完毕,清理不合规车辆

10 万车次。联合相关部门开展网约车行业安全专项检查,对滴滴平台开展了 10 余次联合约谈。截止到 2018 年 10 月 31 日,全市累计对违规网约平台实施处罚 622 起,罚款 580 余万元,责令相关平台封停 500 余起违规车辆和驾驶员账号。

二是宽严相济,以规范许可促进发展。其一,加大许可办理引导力度。针对初期不合规网约车存量大、个别平台不配合监管、拒绝清理不合规网约车车辆,以及车辆所有人对政策不了解、满足条件的车辆不办理道路运输证等诸多问题,行业主管部门积极宣传贯彻政策,主动公布相关许可办理流程,开通证件办理的"绿色通道",并鼓励传统出租车企业转型升级,同时积极投入合规网约车。其二,加强行为规范引导。通过强化典型引领活动,充分发挥典型示范的辐射带动作用,引导和促进相关经营者和从业人员守规自律。主管部门通过教育常态化,加大力度督导网约车平台公司落实企业主体责任。其三,加大社会参与引导力度。组织业内及新闻媒体、社会各界代表参与恳谈会,通报工作情况和动态。邀请诉求强烈的巡游车驾驶员、媒体记者参与网约车执法行动,宣传执法动态等。

三是结合实际,"三项许可"有序推进。按照《暂行办法》规定,从事网约车服务的驾驶员应当持有网约车驾驶员证、从事网约车经营的车辆应当办理网约车运输证、从事网约车经营的平台公司应当获得网约车经营许可证,且"人"、"车"和"平台"三项均为独立许可。这种符合本地实际的"三方独立"的制度设计不仅推动了"车—平台""人—平台"的双向选择,也提升了合规网约车运力规模的运营效率。因此,《暂行办法》正式实施以来,"三项许可"工作推进顺利、规范有序。2019 年初,青岛市已为滴滴出行、首汽约车、神州专车、曹操专车、易到用车等 14 家网约车平台公司发放网约车经营许可,发放网约车道路运输证10360 张,已发放网约车驾驶员证 11591 张。这 14 家网约车平台公司既包括像滴滴、神州、首汽、曹操等早期平台公司,也有像万顺叫车、网路出行等实力强劲的汽车生产厂商,更有像众至用车、嗨来了出行等青岛本土自主研发的网约车服务平台,市场出现了多种投资主体,良性竞争逐渐形成。

(3)《实施意见》和《暂行办法》的实施对网约车发展起到了促进作用。一是网约车不仅数量多,而且发展均衡,市场占有率越来越高。《实施意见》和《暂行办法》实施前,在青岛市从事网约车经营的平台公司主要是滴滴、神州、首汽、曹操和易到 5 家,其中滴滴平台的市场占有率超过 90%,巨大的体量差异加之混乱的市场竞争极易造成市场失衡。《实施意见》和《暂行办法》实施后,截至 2019 年初,已有 14 家网约车平台公司在青岛市办理网约车经营许可,市场出现多种投资主体,促进了良性竞争。伴随着运力规模和从业人员规模的提升,网约车市场份额逐渐增大。从网约车营运情况看,经过两年多的发展,合规网约车市场日均订单量已高达 10.8 万单,日均载客量超 18.28 人次,这一规模已经相当于现有巡游车市场规模的 40%。

二是旧貌换新颜,网约车服务质量明显提高。规范有序的制度下,行业的发展必定是健康向上的。《实施意见》和《暂行办法》实施后,开放合规的网约车市场不仅带来了行业从业人员规模和运力水平的提升,而且为行业发展注入了新鲜血液,行业服务质量明显提高。其一,从从业人员年龄方面看,已取得网约车从业资格证的驾驶员平均年龄39.04 岁,平均年龄比巡游车驾驶员低 3.56 岁,大大地改善了传统出租车行业从业人员"老龄化"的现象。其二,从网约车车辆方面看,近95%车辆车龄为 2 年以下,近 50%的车辆车龄不到 1 年,而且车型以迈腾、轩逸等 B 级车为主,电动汽车及混动汽车比例高达 26.3%,车况条件较好、车型种类繁多、节能环保内容突出,为行业服务水平提升提供了车辆硬件设施保证。其三,从平台公司运营模式方面看,现阶段平台间的竞争已从合规前的"价格战"为主逐步转向"价格+服务"双层竞争。同时,信息不对称问题继续削弱。平台公司也能够基于前期累计的居民出行需求数据,推出"保姆服务""代取代送"等多种特色服务,较好地满足了社会公众的多样化出行需求。

三是中高端定位,社会对网约车予以认同。《实施意见》和《暂行办法》出台前,网约车各个平台公司通过违背市场规律的"烧钱模式"刺激产生了大量弹性需求,"任性打车"现象非常普遍,在冲击了公共交通出行的同时,也使得原本存在一定供给不足的传统出租车市场供需矛盾进一步加大。两个文件实施后,随着低品质车辆逐步清退和对不合理补贴、优惠行为的约束,网约车的运价水平趋于正常水平,弹性需求逐渐减少,其定位也正在重新回归"城市公共交通补充"的功能定位上,公众对网约车已普遍予以认同。

(二)巡游车发展状况

巡游车行业以其灵活、机动、门到门服务的优势,迅速发展成为道路客运的重要组成部分,成为群众出行不可或缺的运输方式。然而,随着经济社会的发展,青岛市巡游车管理中出现了不少问题,不能与日益发展的城市交通服务相适应,尤其是 2016 年的"罢运"事件后,巡游车的改革再次成为热门话题。整顿巡游车行业,使之更加健康发展已成为一个无法回避的重大问题。

1. 青岛市巡游车简要发展历程

1978 年之前,青岛市的巡游车还是一个行业空白。此后,随着改革开放逐步深入和经济社会的发展,市民多样化的出行需求也日益显现。在此情形下,1979年4月,青岛市第一家出租汽车公司应运而生,名称为"客运出租专业公司",但成立之初的"客运出租专业公司"尚未有客运机动车辆。到1980年4月,该公司与当时的"客运服务处"合并改称为"青岛市客运出租公司"后,才拥有了上海牌轿车8辆、博山牌大客车11辆、机动三轮车7辆和脚踏三轮车200辆。自此,机动车进入客运出租车行业,青岛有了第一家现代的客运出租车专业公司,迈出了客运出租行业快速发展的步伐。

1979~1995年的十多年时间是青岛市巡游车迅猛发展的时期。到1992年底,青岛市区共有客运出租汽车经营单位和公司71家、车辆4874辆,出租车行业一跃而成为青岛市公共客运的一支新军和重要力量。1995年,青岛市的出租车企业再度增多,达到102家,巡游车已近6000辆。1998年,原市内四区以及城阳区、崂山区的巡游车达到7926辆,此后十年没有增加。直到2008年奥帆赛前,青岛海博出租汽车公司增加了1000辆出租车,青岛巡游车总数达到8926辆。

进入21世纪后,针对众多巡游车经营企业存在"多、小、散、弱"问题,尤其是一些企业经营管理不到位、服务不规范等问题突出。青岛市于2001年加强出租车企业监督管理的整合工作,要求每个出租客运企业的经营规模至少应达到150辆。整合后,青岛客运出租车企业由106家变成40家(其中主城区26家),企业平均拥有的巡游车数量由83辆增加到300辆。由此,青岛市出租客运走上集约化、规模化经营管理的发展之路。

2.《实施意见》和《暂行办法》实施后巡游车发展状况

随着互联网的快速发展和普及,一些传统行业的经营模式逐渐被打破甚至被颠覆,新的经营模式逐步形成。自2014年起,网约车大量进入青岛,对巡游车的经营产生了冲击性的影响。为减少不应有的社会动荡,维护巡游车各方的合法利益,主管部门出台了《实施意见》和《暂行办法》,稳定了道路运输局势。两年多来,两个文件的实施在促进网约车蓬勃发展的同时,也对巡游车的政策进行了总结调整,逐步打破过去巡游车对市场的垄断,确定了巡游车正确的市场定位。

(1)科学界定巡游车定位,打破市场垄断。传统巡游车市场管理体制是在计划经济向市场经济过渡过程中产生的一种计划体制与市场体制相融合的特殊产物。长期以来,为确保巡游车各方群体的利益,青岛市的巡游车总量一直控制在1万辆左右。城市出租汽车的投放不是根据市场需要和经济社会的发展变化作动态调整,而是人为地设置市场准入条件,导致物以稀为贵,即谁持有稀缺垄断的出租车经营权,谁便能坐享源源不断的红利。尽管随着经济社会和旅游市场的不断发展,现有运力已远远不能满足市民及游客出行需求,但由于市场垄断迟迟无法打破,因而出现了一边是巡游车经营收入普遍较好,行业稳定,另一边是运力不足而导致拒载、挑客、甩客、宰客,高收费以及车内吸烟等违规经营行为。这种奇怪现象长期得不到有效的整治,广大民众非常不满。

正因如此,《实施意见》明确规定,无论是巡游车还是网约车,都是城市综合交通运输体系的组成部分,是城市公共交通的补充,是为社会公众提供个性化运输服务的。因此,发展的方向是优先发展城市公共交通,适度发展出租汽车,优化城市交通结构,并对巡游车和网约车实行错位发展与差异化经营,为社会公众提供品质化、多样化的运输服务。这就科学地界定了巡游车的定位,打破了原有的市场垄断。

(2)缓解竞争关系,实行差异化经营模式。2014年,网约车大量进入青岛,对巡游车的传统经营方式产生了巨大的冲击。最高峰时,青岛在各平台注册的不合规网约车近30万辆。在冲击之下,巡游车营运收入明显下降。到2016年春节前后,巡游车的月营运收入不足原来的1/3,造成大量巡游车驾驶员跳槽转行,青岛巡游车行业历史上首次出现用工荒,行业极不稳定,巡游车群体的高收入时代从此一去不复返。由于互联网"专车"大量投运,同年6月15日,青岛与沈阳、武汉、南京、济南等地一样,也出现了巡游车罢运事件,这种群体性事件的发生影响了行业正常运营,也表明巡游车的传统经营模式已经难以为继,深化改革势在必行。

2017年1月1日,《实施意见》和《暂行办法》正式施行,不仅将网约车定位为高品质服务、差异化经营,而且由于对网约车的乱象进行了整治,部分不合规车辆和驾驶员退出经营,非法运力减少明显,行业市场秩序明显好转,整个出租汽车运营秩序进入健康有序规范的发展轨道。根据对行业情况的调研,网约车与巡游车实行差异化的经营路线:网约车的服务对象以中长距离出行为主,主要面向对服务要求高、对价格不敏感的具有较强消费能力的中高端人群;巡游车主要面向收入不太高的中低端服务市场,服务对象以短距离或应急出行为主。实践证明,尽管巡游车和网约车的竞争仍然存在,但大部分驾驶员已经习惯和接受了现阶段两者之间的竞争。可见,差异化的经营模式有效避免了其服务范围的重叠,在一定程度上缓解了网约车和巡游车的市场竞争,使得巡游车的发展逐步走向正常化。

(3)新老业态相互接受,从不理解到相互融合。长期以来,巡游车市场呈现出封闭性的特征,机制僵化、行政色彩浓厚,再加上受出租汽车行业特点的限制,驾驶员一直各自为政,不仅存在着受教育程度不高、基本素质低等问题,而且存在着年龄普遍偏大、缺少基本活力等问题。当2014年网约车大量进入青岛后,相对平静的出租汽车市场突然被打破,巡游车管理体制原先具有的种种弊端暴露无遗。

《实施意见》和《暂行办法》施行两年多来,在网约车群体的倒逼之下,青岛市巡游车群体也在不断反思自己的问题,对新生事物由极端排斥到逐步接受。目前,青岛市绝大多数巡游车驾驶员已接纳了网约车作为出租汽车行业新兴市场主体的现实,且他们在继续运用传统经营方式的同时,基本上也都依托互联网下载安装了APP终端,采取了与网约车相同的运行方式。

(4)提升巡游车运营环境,增加竞争力。《实施意见》和《暂行办法》施行以来,有四个方面出现了可喜变化:一是关于巡游车的管理制度越来越健全。主要包括:市交通运输委、市公安局和市质监局联合出台的《青岛市出租汽车车辆、专业设备及营运标志使用管理办法》,市交通运输委的《青岛市出租汽车车辆技术标准》,市道路运输管理局的《青岛市网络预约出租汽车业务事项办理指南》、《青岛市出租汽车服务质量信誉考核办法》(修订)和市道路运输管理局的《青岛市网络预约出租汽车教学考试大纲》。二是巡游车驾驶员群体的收入触底回升,营运逐渐趋于稳定。随着网约车市场发展逐步进入理性、规范化发展阶段,平台公司的大规模补贴减少,价格水平回升至正常水平,乘客选择搭乘巡游车的比例也逐步提高。三是市场秩序得到有效的整治。《实施意见》和《暂行办法》施行后,行业管理部门对网约车市场开展了多轮整治工作,部分不合规车辆和驾驶员退出经营,非法运力明显减少,行业市场秩序逐渐好转。四是为增强巡游车的竞争力,主管部门努力提升巡游车的运营环境和服务环境,在软硬件条件方面加大了资金投入的力度。仅在2018年就投入资金1200万元,为出租车免费更换座套9925套、脚垫10044套,配发驾驶员工装9950套。同时,协调信息化运营企业免费为已安装车载智能终端设备的9000余辆出租车进行设备检修维护,投入资金630余万元。此外,还督导企业开展驾驶员培训123次,路检路查3828次,整改问题86起,组建志愿服务队57人、应急车队640辆,并开全国先河,启用运价远程调整系统年内2次完成巡游车运价调整。

二、青岛市出租汽车行业发展中存在的问题

在充分肯定青岛市出租汽车行业快速发展的同时,也不能否认,当前无论是巡游车还是网约车,都不同程度地存在着一些问题。尤其是在服务环境、服务质量等方面,还有营运车辆存在违章率较高、绕道绕行、拒载、车容车貌不洁,以及其他一些隐患问题,都需要引起相关部门的高度重视。

（一）网约车存在的问题

1. 网约车规范化管理不到位

部分平台公司配合不够,仍存在大量不合规网约车继续运营的现象。《实施意见》和《暂行办法》施行了两年多,虽然对网约车车辆的标准条件和驾驶员条件进行了明确的规定,但仍有大量的不合规网约车在运营。在这方面,滴滴出行的问题最为严重。滴滴出行是青岛市网约车运力规模最大、所占网约车市场份额最大的平台公司,但合规车辆和驾驶员比例仅占总量的 40％左右,极大地冲击了合规市场经营秩序。

青岛市网约车监管信息交互平台的数据质量仍不够完善。一方面,青岛市监管平台的数据在完整性、规范性、及时性和真实性等方面仍然不足。另一方面,部分网约车平台公司在取得网约车经营许可证前将数据接入了青岛市监管平台,但后期忽视此项数据上传维护工作,或在对接数据方面具有一定的选择性,由于数据的缺失和不完备,难以对行业管理部门的相应监管决策起到数据支撑作用。

2. 联合监管能力与监管手段不足

形式上网约车监管合力已形成,但实际上长效机制仍需加强。与巡游车明显不同的是,网约车具有跨部门多、跨区域大、智能化程度高、数据获得难度大等基本特点,单靠交通主管部门难以实现有效的监管,而各部门联合监管机制尚未有效建立,还需要相当长一段时间的磨合。虽然《实施意见》和《暂行办法》对公安、网信、通信等相关部门的责任进行了明确规定,但各相关部门职能不同,因而对网约车关注的侧重点是不同的,如网信部门关注网络信息安全、通信部门关注互联网创新应用、公安部门关注行业稳定情况等。可见,尽管监管合力形式上已形成,但如何在实践中保持长效运行仍需加强探索。

网约车安全监管仍缺乏手段。按照《暂行办法》,对网约车车辆要求安装“具有行驶记录功能的车辆卫星定位装置、应急报警装置”,但目前网约车车辆安装车载设备数量比例较低,数据接收质量也存在一定不足,通过监管平台暂时无法形成有效监管。由于网约车平台公司的逐利性,仅凭其自身的安全管理系统难以保证用户权益不受损害,更难以有效应对人身伤害等重大安全问题。2018 年相关城市两起滴滴顺风车乘客遇害案件,集中暴露出平台自身安全监管缺失的系列弊病,社会各界强烈呼吁监管网约车的安全问题,而地方政府主管部门的监管却不够到位。

市场垄断行为尚未彻底打破,未能进行强有力的有效监管。由于多种因素制约,互联网存在信息不对称现象,由于有些互联网公司的体量特别大,这就造成网约车市场具有一定的垄断特性。当前,网约车市场份额主要被几家大型公司所垄断,特别是滴滴公司的业务量,占市场份额的70%以上,而其加价、派单机制尚不够透明,侵害了驾驶员及乘客的利益。

执法力度与社会预期不符。对于非法营运,主要依靠政府运管部门上路执法,而网约车具有较强的隐蔽性,执法难度与执法成本均很高。《暂行办法》虽然对网约车平台公司、网约车车辆及驾驶员违规行为作了相应的处罚规定,但处罚力度非常有限。单一的罚款方式、较低的罚金对于资本雄厚的网约车平台公司而言,相当于"九牛一毛",根本没有威慑力,个别公司仍然存在通过出资报销罚款、申请行政复议等方式对抗执法的问题。

3. 潜在不稳定风险仍然存在

网约车驾驶员对平台的不满逐渐显现。与一开始鼓励驾驶员进入网约车平台大不相同的是,随着时间的推移,网约车平台公司对驾驶员开始收取较大比例的抽成。不少网约车驾驶员认为平台公司收取的"抽成"较多,同时对平台承运人责任的履行存在诸多不满。另外,由于部分信息无法公开透明,平台公司的派单模式和公平性备受质疑。

合规网约车驾驶员与不合规网约车驾驶员之间的矛盾加剧。网约车合规管理会导致保险、车辆折旧等经营成本上升,而网约车平台公司坚持给不合规网约车派单的做法,对其他已完全合规的网约车平台公司以及该平台公司已纳入合规化管理的网约车驾驶员来说,显然都是有失公平的。若不及时加以制止,势必会造成合规网约车驾驶员与不合规网约车驾驶员之间的矛盾加剧,形成行业新的不稳定因素。

(二)巡游车存在的问题

1. 巡游车经营权权属问题不够清晰

巡游车经营权是出租汽车行业管理的核心,也成为出租汽车行业管理众多矛盾与问题的核心。在我国,现阶段巡游车经营模式基本上有四种:第一种是承包租赁经营,即车辆产权、经营权均为出租汽车公司所有,车主通过承包租赁方式开展经营,并向出租汽车公司上缴承包费、经营使用费等费用(即通常所说的"份子钱"),这是一种主要经营模式。第二种是挂靠经营,即车辆产权、经营权均归车主个人持有,但挂靠在出租汽车公司名下。车主定期向挂靠公司缴纳一定的服务费或管理费,而出租汽车公司主要为车主提供代缴各种税费、组织相关培训、协助开展车辆年检等服务。第三种是个体经营,即车辆产权、经营权均归车主个人持有,车主以个体为单位开展运营,并按规定缴纳各种规费,如义乌市。第四种是公车公营,即车辆所有权与营运权都是公司所有,采取这种方式比较成功的有上海、南京等城市,如上海的巡游车全部为公车公营,其服务质量在国内也是一流的。

从《实施意见》看,公车公营将是青岛市巡游车管理的发展方向,但现阶段青岛对巡游车管理采取的主要是挂靠经营,即车辆产权、经营权均归车主个人持有,但需挂靠在出租汽车公司名下,车主每年向挂靠公司缴纳一定的服务费(或者称管理费),而挂靠公司则为车主提供一些相应的服务。

随着经济、文化、科技的进步,挂靠经营方式成为制约巡游车健康发展的主要瓶颈之一,其导致的直接后果是影响了出租汽车市场的公平竞争。按照《实施意见》,青岛市要"继续实行出租汽车经营权无偿使用和期限制,经营期限最长不超过 8 年"。同时,"实行经营权许可给出租汽车企业制度,新增运力全部实行公车公营,不得擅自变更经营主体"。但是在实践中,一方面,社会资本可以以许可的方式获得经营权,自由进出巡游车市场;另一方面,由于缺乏规范的经营权转让政策,实际操作中其价格不断飙升,青岛市前几年一个巡游车经营牌照价格曾经被炒到 60 万元左右。经营权的许可使用,也使整个行业容易形成垄断。再考虑到政府对巡游车实行总量控制,对于后续想进入巡游车行业的投资者来说实际上是不可能的。2014 年大量网约车进入青岛之前,有些巡游车之所以敢于拒载、挑客、甩客及随意高收费等,其主要原因就在于实行总量控制,其他车辆无法替代它们。

2. 服务质量良莠不齐

从目前青岛的实际情况看,硬件方面,巡游车车型是有一定档次的,它们分为标准型和礼宾型两种。标准型主流车型主要有上汽大众朗逸、上汽大众新桑塔纳,一汽大众新捷达等;礼宾型主流车型主要有上汽斯柯达速派、东风雪铁龙 C5 及上汽大众帕萨特等,这种礼宾型车型与现在网约车的专车型号没有什么大的区别。虽然巡游车行业的硬件设施主要体现在车辆上,但更为重要的软件则体现在驾驶人员的服务上。

一般来说,规范的出租车公司都对巡游车的车容车貌、驾驶员的仪容仪表、服务标准的规范等服务内容作了字面上的具体规定,以保证巡游车的服务质量。但是,相当一部分公司只重视收费而轻视管理,没有对服务进行相关规范管理和检查,而一些驾驶员更是自由散漫,导致巡游车行业出现了高要价、绕行宰客、车辆卫生差、驾驶员语言粗俗、行为粗暴甚至采取极端方式等问题。

3. 巡游车总量控制导致供给不足

地方政府对巡游车功能定位存在偏差,在管理方面存在机制缺陷。巡游车本来是作为城市公共交通的重要补充,应具一定的社会公益性质。但是，从 20 世纪 90 年代中期起，北京等国内大中城市先后开始对巡游车实行总量控制，并将巡游车的产权或运营权转移到出租汽车公司手中，司机需要向公司承包经营或挂靠经营，而行业的准入则需要获得由政府颁发的特许经营牌照。

作为一个较大的沿海发达城市，青岛市市民出行不仅具有明显的峰谷阶段特征，而且青岛还是一个淡旺季非常明显的旅游城市。由于政府对巡游车总量严格管控，长期以来在上下班的高峰时段、雨雪天以及旅游旺季等情况下，乘客们经常面临着打车难的问题，很多乘客需要等待较长时间才能坐上车。这种情况表明，当前巡游车总量控制在 1 万辆左右与广大乘客的需求明显不能匹配，与城市经济社会的快速发展明显不能匹配，与人口大规模增长明显不能匹配，与城区面积急剧扩大明显不能匹配。

与总量控制紧密相连的是政府定价问题。青岛市巡游车的价格是政府制定的，政府定价的好处在于能够减少交易纠纷，但却不利于不同运营公司实行差别化服务和开展市场竞争。如果总量控制放开，不同运营公司就可以实行差别化的服务，而政府只要简单分类、实施最高定价指导即可，由运营公司在最高指导价格内自主定价。

4. 相应法律法规不健全，用工制度缺乏规范

巡游车行业没有国家层面的法律法规，没有规范的准入与退出机制，经营者、从业者素质良莠不齐，管理与服务水平落后。没有国家层面的法律法规予以规范，单单以地方性法规和规章甚至仅靠规范性文件进行管理，难度较大，力度较弱，无法达到预期效果。

同时，政府对巡游车行业制度设计存在不足。主要表现为，巡游车司机对外服务所代表的主体资格决定了其应该是出租汽车公司的一分子。根据国家劳动用工政策，出租汽车公司应该为雇请员工购买基本的养老、医疗、意外伤害等保险。然而，在现实生活中，大多数巡游车司机是由车主雇用的，出租车公司通过与车主签订协议，避开了自己的责任，而车主或雇主基本上没有为司机购买任何保险。巡游车司机所处的尴尬境遇，归根到底是因为政府职能部门制度供给上的不足，没有设计出台相应的政策，对出租汽车公司行为进行约束。

三、推动青岛市出租汽车行业健康发展的建议

需要清醒认识的是，目前青岛市在网约车和巡游车的管理上还面临一些问题和挑战，政府需要进一步调整政策、规范管理。为此，提出如下建议。

(一)关于网约车规范发展的建议

1. 全面推动数据接入、人车合规

《实施意见》和《暂行办法》施行两年多来,无论是从行业发展阶段、主要矛盾,还是市场发展态势等方面看,网约车的全面合法合规运营都必须尽快落实到位。要尽快推动人、车合规化,禁止网约车平台公司向不合规车辆、人员派单。要尽快完善网约车监管信息交互平台,实现运营服务数据实时、准确地接入。积极主动学习借鉴杭州、深圳等改革先进城市的经验,尽力为网约车规范管理创造有利条件。

2. 强化多部门联合监管,形成监管合力

要探索加强行业诚信体系建设,加强对市场主体的信用监管,将未取得平台、车辆、驾驶员经营许可,擅自从事或变相从事网约车经营活动,且情节严重的网约车平台公司相关负责人、驾驶员等相关人员列入失信联合惩戒名单。多部门进一步健全联合监管工作机制,依据相关法律法规和各自职责,对未取得网约车经营许可从事网约车经营、线上线下车辆或人员不一致、信息泄露、不依法纳税、不正当竞争、非法经营资金支付结算等违法违规行为进行联合监管,对于出现违法违规行为且拒不改正的网约车平台公司,在职责范围内给予下架 APP、停止联网、停机整顿等处罚。

3. 密切关注,警惕新业态不稳定因素

随着行业的深入发展,新业态不稳定因素正悄然增加。建议青岛市交通运输管理部门会同公安、网信、信访等部门以及网约车平台公司,做好行业不稳定风险的日常实时监测工作,密切关注行业整体动向。通过建立驾驶员微信群等方式,搭建沟通平台,及时了解并回复驾驶员群体有关诉求,实现良好互动。紧盯稳控重点企业与典型案例,成立专责稳控小组,通过制订专项维稳工作方案与应对措施,做好重点企业的稳控工作。积极调解和解决行业不稳定因素,确保矛盾问题不激化、不扩大。

4. 互相借鉴优势,促进网约车和巡游车融合发展

网约车作为市场经济的一种新业态,与巡游车只是服务方式不同,并没有本质区别,未来也终将实现一体融合发展。网约车的优势在于服务质量较好,而巡游车在价格和企业管理上具有优势。网约车要借鉴巡游车的队伍优势、管理优势,打造专业化的驾驶员队伍,建立标准化的经营服务管理制度,使网约车的运营更加安全、规范,让乘客放心。同时,巡游车要积极主动地学习网约车的先进技术,通过接入互联网提高运营效率,提升车辆档次和服务品质。

5. 跟踪评估,动态优化调整政策

《实施意见》和《暂行办法》的出台,有效规范了网约车的发展,但仍存在相应问题。未来,青岛市要通过跟踪评估,全面客观了解政策落实情况和行业内、外对政策的反馈情况,为下一步政策的优化调整提供科学参考。这一过程需要较长一段时间,通过长期跟踪评估,发现问题,不断加以优化调整。

(二)关于巡游车完善发展的建议

1. 探索新的巡游车经营权管理模式

巡游车经营权是行业管理的核心,加强经营权管理主要涉及两个方面:一方面要将《实施意见》中的规定真正落实到位,即"继续实行出租汽车经营权无偿使用和期限制,经营期限最长不超过 8 年。"另一方面,建立完善的经营权许可与回收机制。要将经营权真正许可到那些硬件设施全、服务质量佳的企业中去,积极探索经营权在不同公司之间进行流动,以激活巡游车市场。同时,对巡游车经营者进行监督、评价,建立不具备经营许可条件或多次违法违规的经营者、从业人员退出机制,实现经营权重新配置,促进经营者不断提高服务质量,实现巡游车行业的优胜劣汰、健康发展。

2. 借鉴上海经验实行公车公营模式

目前,上海全市共有 64 家出租汽车企业,其中强生、巴士、大众、锦江、海博 5 家公司构成了其主要部分。上海出租车行业在城市出租车管理方面较为成熟,出租车模式属于公车公营模式,此模式与其他经营模式有所不同:上海出租车司机作为公司的职工,享受公司的"四险"(养老保险、医疗保险、失业保险、工伤保险)"一金"(住房公积金)。出租车司机在享受权利的同时,也承担了必要的义务。相对来说,上海出租车司机待遇优于其他城市的司机,因而上海出租车行业存在的问题相对于其他城市也较少。从青岛的《实施意见》看,公车公营将是青岛巡游车管理的发展方向,这个方向与我国出租车经营模式发展的主流方向是一致的。

3. 加大对巡游车从业人员的管理力度

通过定期培训、奖励引导、监督检查等方式,加强对巡游车从业人员的日常管理。加强巡游车从业人员管理,加强从业者的准入机制、扣分机制与退出机制,经培训考试后合格的司机予以录用,从业过程中定期审验,定期培训,违反规定实行扣分制,达到规定分数后取消从业资格。同时,加强从业人员素质教育,提高其服务意识,促进巡游车行业文明发展。

4. 逐步放开巡游车的总量控制

当前,应逐步放开巡游车的总量控制。只有逐步放开巡游车的总量控制,使大量社会车辆参与,才能让市场机制真正发挥作用。当市场运营价格降低时,司机将自觉降低运行成本,减少无目的地巡游揽客,降低道路占用率。此时,道路和车辆资源利用率低的运营车辆将会被市场淘汰。因此,要根据实际情况,分清步骤,逐步放开巡游车的总量控制,最终实现市场自我调节。

5. 放开巡游车价格管制

目前,青岛市巡游车行业的价格为刚性价格,不仅会影响司机的积极性,更重要的是不能让行业作为主体进行调节,这对将来的发展是一个隐患。政府对巡游车价格的管制存在一定的弊端,即存在管制失灵的问题。政府毕竟不是市场,无法像市场一般敏锐地发现供需变化而做出及时调节。在很多时候,市场本身就可以凭借自己的力量有效调节经济运行和行业主体的活动。因此,市场应当优先于政府,只有在市场无力调节的情况下政府才可以干预。由市场决定巡游车价格不仅可以使个体或者公司降低价格,而且可以因为竞争而使公众得到更好的服务。政府在巡游车行业中应扮演的是一种引导者的角色,将政府之手放在行业外部,在内部即将出现问题或者出现问题时进行规制,将刚性价格逐渐转变为弹性价格。同时,要防止公司之间为了提高利润而签署行业垄断协议。

6. 畅通利益诉求通道

通过建立畅通的利益诉求通道,及时反映公司与司机的利益诉求。青岛巡游车发生罢运事件已经不止一次,除去一些不合理的因素外,很大原因是因为司机多方反映问题无果,自己的利益诉求无法正常到达政府部门,现有的诉求表达机制不畅和无效。因此,应当尽快建立畅通的利益诉求表达通道,不仅让公司,而且让司机的要求和意见能够得到更有效的表达,包括存在已久的不能正常投保问题。

拓展相关利益诉求通道,需要发挥行业组织的作用。应当加快行业工会建设,并对行业协会进行改革。一方面,要避免行业协会中公司一家独大的现象,吸收司机的加入,确定合理的结构。另一方面,通过合理的行业工会和协会,能够更好地维护司机的利益,并对相关问题进行事前的引导与协调。

(作者单位:青岛市社会科学院)

青岛市影视文化产业发展研究

郑　国

2018 年以来,青岛市以被联合国教科文组织命名为"世界电影之都"为契机,以打造"电影之都"国际化名片为抓手,以"国际时尚城建设攻势"为突破口,把影视文化产业纳入全市"学深圳、赶深圳"行动中,坚持高端定位、高质发展,牢牢把握市场化、专业化、国际化、平台化标准要求,创新政策服务和产业融合发展,在产学研一体、全产业链打造等方面发力,着力打造新高地新平台。

一、青岛市影视文化产业发展状况分析

(一)影视文化产业发展情况

1. 影视文化地位迅速崛起

青岛市素有"为电影而生的城市"之誉,电影已经成为流淌在这座城市当中不可或缺的文化因子。在全省产业规划中,青岛灵山湾影视文化产业区成为山东省"1＋N"影视产业基地布局核心园区,区域地位和国内外影响力日渐显著。截至 2018 年底,影视产业园累计接拍 20 部电影电视作品、10 部广告以及 9 场大型活动,其间所拍摄影片票房累计超过 100 亿元。其中,《流浪地球》和《疯狂的外星人》两部现象级大片都是在东方影都置景拍摄的,累计实现超过 68 亿元票房。灵山湾影视文化产业区累计完成投资超过 800 亿元,集聚产业项目总投资近2000 亿元,入驻影视文化企业 200 余家,成功创建山东省重点文化产业园区。根据《山东省影视产业发展规划(2018—2022 年)》,山东省支持青岛建设全球影视文化中心,提出以青岛灵山湾影视文化产业区为龙头,打造全国领先、世界水平的影视产业基地,辐射带动一批主业明显、特色鲜明的影视产业园区,在全省形成一核引领、多点发力、融合发展的影视产业发展新格局。在主攻方向中,提出要深入实施质量强省和品牌战略,打造一批国内外知名的影视企业和区域品牌,叫响"世界电影之都""灵山湾影视文化产业区""东方影都"等品牌,全面提升发展

质量和效益。

在公共文化服务与乡村振兴工作方面，截至 8 月中旬，2019 年农村公益电影在 5756 个村庄共放映 4.5 万余场，观影人数接近 405.66 万人，农村公益电影放映工作被山东新闻联播报道。

2. 影视硬件条件不断完善

作为电影产业发展的后起之秀，青岛市影视产业自觉对标先进，差异化发展，与横店、象山以及上海等地不同，明确以工业电影基地定位，打造一流的影视硬件设施、一体化的影视服务体系和同国际接轨的优惠影视政策。

目前，青岛市形成了"东有灵山湾，西有藏马山"的发展格局。东方影都影视产业园是青岛东方影都重要业态之一，占地 166 公顷，是全球投资规模最大的影视产业基地，拥有 40 个高科技摄影棚和 32 个置景车间，包括世界最大的 1 万平方米单体摄影棚、先进的室外水池和室内恒温水下摄影棚，是国内首个经英国松林认证，符合国际标准的大型影视拍摄制作基地。数字影音中心占地近 2 万平方米，包括声音楼、视效楼、剪辑楼等，配备有先进的全流程数字制作设备，网络设施按照MPAA（美国电影协会）安全标准进行设计和建造，同时配备专业的运营团队。藏马山外景地占地 1500 余亩，总投资 50 亿元，按照"一轴一带五区"的规划设计理念进行总体布局，以原始森林体验区为轴，以特色植被观赏区为带，规划建设古装拍摄区、民国老上海（老青岛）街区、欧美街区、民国老北平街区和石库门建筑区五大功能板块，打造集影视拍摄、影视旅游实景互动体验及商业功能于一体的综合型影视外景地。外景地建成后，将与东方影都影视产业园影棚内景拍摄、后期制作等功能形成配套互补。届时，藏马山外景地与东方影都形成双城联动发展格局，成为山东省"1＋N"影视产业基地布局的核心园区。

3. 影视发展的政策体系不断完善

青岛市影视产业发展注重政府驱动、政策带动，建立"主体公司＋指挥部"开发体制，设立灵山湾影视局，搭建市场化、国际化的公共治理平台，不断发现和解决产业发展痛点、堵点和难点。在产业政策方面，先后出台了《关于促进影视产业发展的若干意见》《青岛市高端影视文化产业发展规划（2014—2020 年）》《青岛市人民政府关于在新旧动能转换中推动青岛文化创意产业跨越式发展的若干意见》等政策文件，配套制定了《青岛市影视产业发展基金管理使用办法》、《青岛东方影都影视产业发展专项资金优秀影视作品制作成本补贴细则》及补贴基准核定标准，区级层面也出台配套政策，影视产业政策扶持体系不断完善。其中，2018 年推出的《关于在新旧动能转换中推动青岛文化创意产业跨越式发展的若干意见》，把影视产业崛起计划列为首位，提出打造全产业链的影视基地,规划建设一批影视摄制服务功能区,开展影视摄制服务示范点和示范区评定,举办全球"电影之都"青岛峰会,支持举办电影工业化国际论坛以及推进国家电影交易中心(青岛)建设等。

2017年起,设立总规模为50亿元人民币(连续5年每年投入资金10亿元)的青岛东方影都影视产业发展专项资金,对在青岛灵山湾影视文化产业区内完成拍摄制作的优秀影视作品给予最高40%的制作成本补贴。截止到2019年6月底,已为《长城》《流浪地球》《疯狂的外星人》等5部影片发放制作成本补贴资金5200余万元,有10多部符合补贴条件的影视作品制作成本补贴正在申请、审计中。设立专项扶持资金,对在东方影都注册经营的影视企业给予最高不超过营业收入10%的资金补贴,目前已累计向入驻东方影都的影视企业发放扶持资金3500余万元。

4. 影视文化氛围日渐浓厚

青岛市是一座与电影结缘的城市,自1898年便成为纪录片拍摄的取景地,拥有中国现存最早的电影院——如今的1907光影俱乐部,上映中国第一部有声影片,拍摄中国电影艺术史上第一部现实主义力作,20世纪80年代便有《海上风暴》《青春之歌》《地雷战》等60多部影片在此拍摄。国家广电总局电影频道节目中心提供的资料显示,每年在内地拍摄的影视剧中,近1/3与青岛有关。

电影专业博物馆作为艺术与文化的综合体,在青岛扎根生长。2016年4月,青岛蝴蝶楼电影博物馆正式对外开放,青岛百年的光影历程,仿佛终于有了栖息之地。一年之后,中国现存最早的商业影院——水兵俱乐部旧址,经过改造华丽变身为1907电影博物馆。2017年9月,融电影、科技于一体的新型博物馆——青岛电影博物馆落户灵山湾畔。至此,3家风格迥异的电影博物馆,共同向世界展示着青岛的电影底蕴和发展未来,也成为青岛发展影视的有力注脚。

5. 影视文化品牌效应不断外溢

影视文化是影视产业发展的源泉与引领,青岛历来重视文化品牌的打造和发展。落户青岛的电影表演艺术学会奖已经举办了6届评奖活动,得到国家电影局、国家广电总局等部门和业内人士的高度认可,对提高青岛城市知名度、美誉度,打造"电影之都"品牌发挥了重要作用。

2019年,青岛国际影视博览会成功举办,主要包括庆祝新中国成立70周年国产优秀电视剧电影展播展映、影视博览会、5G高新视频、2019青岛国际影视设计周等版块,举办各类活动22场次,在全国率先创新设立了影视后期产业奖——"金海鸥"奖。特别是中宣部副部长、国家广电总局局长聂辰席,省委书记、省人大常委会主任刘家义亲临活动现场并发表讲话。来自美、俄、日、韩等11个国家和地区的1175位嘉宾出席了活动。博览会包括灵山湾影视创投会、中国影视工业人才与技术高峰论坛暨第二届中国影视后期产业发展青岛会议、"群演公社"项目成果发布暨华语编剧·继往开来主题峰会、"世界电影之都"未来发展主题论坛暨俄罗斯电影周推介活动、东方影都未来发展论坛、影视高新技术设备展示交易、"我和我的祖国"影视嘉年华活动和首届中国影视后期产业"金海鸥奖"颁奖盛典等活动。2019青岛国际VR影像周,展映了来自全球13个国家的43部优秀VR作品,其中多数作品为亚洲首映,提供近100台展映体验设备,观影者达1万余人次,为国际时尚城建设奉上了一场科技与艺术碰撞的体验盛宴。成功举办青岛俄罗斯电影周,6部俄罗斯电影展映33场次。

6.影视发展营商环境不断优化

青岛市在市级层面组建了青岛影视发展中心,统筹推进全市影视产业服务体系建设。在西海岸新区成立灵山湾影视局(筹),就近为剧组和企业提供便利化服务,设立影视摄制服务中心、影视人才服务中心,编制发布影视拍摄服务指南,建立影视外景地和服务企业资源库,初步形成标准化、平台化的影视服务体系。灵山湾影视局,是国内首个地方影视管理服务机构,优化管理服务模式,为剧组和企业提供便利化服务,推动形成"政府主导、市场主体、行业自治"的管理模式。影视局坚持以"双招双引"为抓手,以影视工业化体系建设为引领,着力引进和培育影视策划、投资、制作、发行、放映、衍生品开发等产业链各环节主体,重点引进影视后期制作行业国际领军企业。影视局在产业园内办公,就近为剧组和企业提供便利化服务,实现企业注册、货物通关、车辆通行证、境内人员暂住管理等事项"一窗受理"。针对不同摄制团队的多样化需求,还可以为客户量身定制个性化服务,包括团体食宿、交通、签证申请、合同与法律咨询、群演及外联等。目前已注册各类影视企业超过230家,涵盖摄影器材、道具、群演、灯光、后期制作等影视产业全链条,形成影视全产业链配套体系。

7.积极引进和培育相关人才

人才是影视产业壮大的基础,已经形成了各个层次递进发展的态势。北京电影学院现代创意媒体学院是北京电影学院唯一的一所独立学院,也是教育部正式批准设立的一所本科层次全日制学历教育的高等院校。学院设有文学系、导演系、表演系、摄影艺术与技术、视觉艺术系、录音艺术与技术系、动漫艺术系、传媒管理系等8个教学系,并陆续创办了戏剧影视文学、戏剧影视导演、表演、摄影、戏剧影视美术设计、动画和文化产业管理等22个本科专业。青岛上海戏剧学院艺术学校,则是一所国家承认学历的全日制、综合性中等艺术学校,以培养"具有发展潜力的适应文化产业与文化事业需求的一流应用型艺术人才,为高等艺术院校输送高质量的艺术生源"为培养目标。

青岛电影产业学院是由山东工艺美术学院与青岛西海岸文化产业投资有限公司合作共建的,将构建与青岛西海岸影视产业发展相契合的要素配置机制。学院基于"内容产出"新型办学模式,充分发挥产教融合优势,借力青岛"国际电影之都"及影视产业园区产业平台,面向中国电影产业升级换代,培养应用实践型电影美术人才。学院借鉴国际先进教育理念,高起点设计,立足打造北方影视产业人才高地,以影视人才培养为核心,人才输出紧贴产业需求,构建多层次、全方位、灵活多样的培养机制,内容产出能力与技术应用能力并重,形成群体化数字影视人才生态发展的动力之源,实现影视制作、影视创意产业、影视产业人才培养的融合发展,加快形成影视文化特色产业优势,提升西海岸新区乃至整个青岛的影视产业实力和产业创新能力,为建设创新型城市提供人才储备及产业支撑。

作为产业链基础环节的人才培育,既面向专业领域,更向社会和基层延伸。为改变区域内群演资源不足、质量不高的状况,匹配进驻剧组需求,2019年1月22日,由青岛灵山湾影视局(筹)、东方影都融创投资有限公司、青岛西海岸发展(集团)有限公司、中广联演员委员会联合主办的青岛东方影都全国群演大赛暨"群演公社"项目启动。通过举办群演大赛,面向全国选拔优秀群众演员。山东卫视和网络平台联动制作播出四档节目,以专业导师加新人真人秀的形式聚焦群演成长历程,打造国内首档群演励志成长真人秀节目。如今群演公社项目正在如火如荼地进行,在进一步提升灵山湾影视基地软实力的同时,为心怀梦想的"小人物"创设了更多机遇和舞台。

(二)青岛市影视产业发展面临的问题

1. 政策体系还不够完善

纵观国内,随着新旧动能转换,各地都在陆续投资一大批影视基地,出台一系列影视服务政策。像上海出台了关于促进上海影视产业发展实施办法,明确优化产业载体布局、构筑影视人才高地等六大主题;厦门市推出18条政策,推动文化产业发展。因此,青岛这座影视之都虽然具备影视精品创作和产业发展的突出优势,但也同样面临着激烈竞争。例如,青岛2014年出台的《促进影视产业发展的若干意见》,在引进市场主体、完善产业链条、加强人才培育等方面,缺乏更为细致和可操作性的政策措施,亟待进一步完善细化。

2. 配套服务还不够完善

在影视摄制环节,青岛依托高科技摄影棚的建设吸引了一批剧组,在道具服装租赁、外景拍摄服务、群众演员等方面拥有一些配套企业和机构。但与上海等先进城市相比,缺乏后期制作、专业置景、服装、化妆等细分领域的服务企业,鲜有全流程服务的专业机构。

3. 缺乏影响力较强的影视节会

近两年,青岛先后举行了国产影片交易会、上合组织国家电影节、中国表演艺术学会"金凤凰奖"颁奖典礼等影视节会,但与上海国际电影节相比,在参展影片、首映影片等方面影响力不够大。

4. 影视产业与旅游等相关产业融合不够

目前,青岛市已建成3处电影博物馆,藏马山影视外景基地还未建成,其他影视文化旅游产品较少,影视旅游资源有待进一步整合和开发。

此外,我们也应清醒地认识到,虽然青岛的影视产业园在电影工业化的转型上实现了"弯道超车",灵山湾影视文化产业区也已成为中国影视升级换代的标志性影视基地,但在中国电影工业化的跑道上,随时都有被竞争者"再超车"的可能。近期,包括横店、无锡等地影视产业园也加大了兴建国际一流标准摄影棚的进程。上海更亮出覆盖全产业链的"服务牌""科技芯""世界窗"等重磅举措,全力助推全球影视创制中心的建设。根据《上海科技影都总体概念规划》,科技影都将拥有占地面积达15万平方米的60个摄影棚,其中2/3为高科技摄影棚,并辅以配套办公、教育、实训等机构,打造行业领先的科技影视产业集聚中心和面向全球的中外影视文化交流之窗。与之配套公布的《松江区关于促进上海科技影都影视产业发展的若干政策》,则以制度保障、政策倾斜,鼓励和扶持海内外影视企业落户和项目的实施。

青岛影视产业园要想在未来持续领跑,仍需秉持超前规划、谋定后动的思维。比如,与专业影视学校合作开展影视专业基础人才、技术人才培训,实现"产学研用"一体化的人才培养模式,实现导演、编剧、制片人等影视全产业链人才培训。同时,借鉴上海等地的影视政策经验,出台一揽子产业配套补贴政策,而非当下的仅补贴给剧组。再比如,进一步挖掘中国传统文化精髓,从中培养出具有国际影响力的大IP,之后借鉴迪士尼的模式与旅游结合起来,让中国原创IP落地青岛特色旅游项目,增加产业附加值。

二、青岛市进一步推动影视产业发展的建议

当前,青岛市正处于"双区驱动"建设开放现代时尚活力的国际大都市的关键时期。影视产业是国际时尚城市攻势的重要内容,要把"学深圳、赶深圳"深刻内涵落实到具体任务上,把影视产业作为展示青岛发展的平台、对话世界的平台,作为了解青岛的窗口、联系世界的窗口,

不断提升"电影之都"的影响力和引领力。

(一)进一步重视影视产业,坚持文化码头和文化源头齐头并进

要把影视产业作为国际时尚城市攻势的突破口,率先发展,将其打造成为中国影视文化的品牌。突出青岛成为北方改革发展桥头堡的作用,参与世界影视文化竞争发展的重要平台,持续在上合组织国家文化交流中起到源头和中介的作用。把做大做强影视产业作为"学深圳、赶深圳"的排头兵,把市场化、法制化、平台化思维贯彻其中,坚持文化码头和文化源头都有大的突破。所谓文化码头就是吸引和集聚各路名家、名企、名人、名作、名展和名演前来集聚发展,而文化源头则是不断提升影视文化的原创力。未来青岛市影视产业发展既要做"码头"的集聚集合效应,打造首发、首演、首映、首展市场,提升城市的知名度,又要做"源头活水",不断提升电影之都的品牌影响力。为此,要通过政策制定、节会展演等各个环节,更加集聚文化人才、集聚龙头企业、集聚文化创意,更加凸显制度创新,更加彰显开放姿态,更加展现合作精神。

(二)进一步完善政策规章体系

一是优化营商环境,及时对原有政策进行修订。针对专项资金兑现速度慢、部分中小成本影片难以达到条件等问题,按照"降门槛、扩范围、缩时限、简流程"的要求,对《青岛市影视产业发展基金管理使用办法》及《青岛东方影都影视产业发展专项资金细则》进行修订。二是积极对标先进城市,起草新一轮影视产业政策。对标上海、宁波、厦门城市,针对当前青岛影视产业发展的实际需求,从支持影视企业落户、影视产业园区发展、影视企业做大做强、固定投资和设备采购、重点题材作品创作生产、后期制作、取景地和摄制服务平台建设、优秀影视作品奖励力度、影视文化品牌活动、提升国际传播力、促进影视文化消费、做优影视金融服务体系、影视文化科技深度融合、影视专业人才落户、加大工作保障力度等方面提出具体的政策措施,重点在打造"青岛出品",加大影视精品创作的扶持奖励力度以及影视后期制作方面进行突破,政策涉及资金额度基本为目前全国最高或与其他城市持平。

(三)进一步提升影视节庆水平,坚持文化引领,不断培育影视文化氛围

对标上海国际电影节,把影视节庆打造成为中国影视文化的品牌,突出青岛成为北方改革发展文化领域桥头堡作用,参与世界影视文化竞争发展的重要平台,持续在上合组织国家文化交流中起到源头和中介的作用。青岛的影视节庆要坚持错位发展,树立鲜明主题,特色发展,真正体现世界电影发展潮流与趋势,弥补国内影视产业发展短板与不足,为电影人、影迷和电影事业发展加持助力。借鉴上海国际电影节经验,完善节会链条。如上海"创投训练营"是电影项目创投在 2017 年开设的一个新单元,旨在通过设计安排一系列故事与创意、开发与制片等方面的互动课程及工作坊,为华语电影新人在内容孵化、项目开发、筹集资金到后期发行的整个过程提供必要的支持与指导,以提升项目质量和可操作性。创投训练营的设立,一方面,切实帮助青年电影人开始制作长片,为进入行业做好准备;另一方面,则为市场打磨、储备一批优质多元的新项目。因此,创投训练营可视为上海国际电影节阶梯式新人孵化中的重要一环,也是创投"青年电影计划"子单元的序曲。

(作者单位:青岛市社会科学院)

"平安青岛"建设攻势进展研究报告

中共青岛市委政法委、青岛市社科院课题组

2019年,"平安青岛"建设攻势打响以来,青岛市各级各部门深入贯彻落实市委、市政府决策部署,聚焦政治安全、扫黑除恶、基层治理、公共安全、信访维稳、服务发展六大领域,精心组织打好六场战役,努力建设更高层次、更高水平的平安青岛,确保了重大活动、重要时间节点的绝对安全,为加快建设开放、现代、活力、时尚的国际大都市提供了安全稳定的社会环境保障,人民群众获得感、幸福感、安全感显著提升。

一、聚焦社会稳定节点,全力推进维护国家政治安全整体战

坚决贯彻总体国家安全观,全面落实党中央关于政治安全的各项要求,统筹"网上""网下"两个战场,综合运用统筹联动、疏导并举、标本兼治等手段,竭力防范化解各类政治安全风险,不断增强维护国家政治安全的针对性、实效性。完善斗争思路与策略,深化反间谍专项斗争,依法防范打击渗透破坏活动。坚持凡"恐"必打、露头就打,始终保持对暴力恐怖活动严打高压态势,坚决打赢反暴恐斗争。贯彻团结教育挽救绝大多数、依法打击极少数的基本政策,有效遏制邪教组织发展蔓延,决不让群众受邪教侵害。提升网上意识形态斗争能力,牢牢掌握网络舆论主动权、主导权,坚决维护网络主权安全和网络意识形态安全。

二、聚焦涉黑涉恶重点,全力推进扫黑除恶破袭战

按照党中央"一年治标、两年治根、三年治本"部署,2019年重点聚焦"打伞破网""打财断血""深挖根治"目标发力,侦破了一批大案要案,打掉了一批黑恶势力犯罪集团。截至目前,全市共打掉涉黑社会性质组织15个、涉恶犯罪集团48个、其他犯罪团伙428个,破获涉黑涉恶刑事案件1541起,刑拘犯罪嫌疑人2907名;批捕涉黑涉恶案件152件367人,提起公诉100件433人;审理涉黑涉恶案件117件,审结80件

288 人;查封、扣押、冻结涉黑涉恶资产价值 11.74 亿元。摸排核查涉黑涉恶腐败和"保护伞"问题线索 323 件,查处案件 117 起 347 人,其中查处党员干部充当黑恶势力"保护伞"和履职不力案件 46 起 255 人。青岛市打掉涉黑组织数、涉恶犯罪集团数、刑拘犯罪嫌疑人数、审判案件数、查处黑恶势力"保护伞"数等多项指标居山东省前列。

针对涉黑涉恶案件暴露出的行业领域监管漏洞,纪检监察机关、法院、检察机关、公安机关发出监察、司法、检察、执法建议 71 条,各相关部门制订专项整治方案 12 个,完善行业、领域监管制度 51 项,治理突出问题 69 个。

深化拓展"莱西经验",构建农村基层区域化党建工作新格局。对黑恶势力干扰渗透、党组织班子不健全、村干部受过刑事处罚等 15 种情形的 605 个村(社区)党组织进行整顿,从根本上铲除黑恶势力滋生蔓延的土壤。

三、聚焦市域治理热点, 全力推进基层社会治理阵地战

2019 年,青岛努力构建"网格＋智防、心防、共防"的基层治理新格局,打造体现城市特色、凸显时代特征、遵循治理规律的市域社会治理现代化"示范城"。为贯彻落实《平安山东、法治山东建设三年规划》,推广典型经验做法,探索符合山东省情的市域社会治理现代化之路,2019 年 7 月 17 日,全省市域社会治理创新推进会在青岛召开,青岛市社会治理创新工作经验在山东省进行推广。

(一)网格化管理科学高效

2019 年,青岛市按照国家标准,将全市科学划分为 3.8 万多个基础网格,统一编制确定编码,配备 5.3 万多名专兼职网格员,依托各级综治中心设立网格化服务管理中心,将党的建设、综合治理、城市管理等事项纳入一张网管理,实现信息、资源和力量联动融合。开展基层社会治理"双星双优"主题活动,在区(市)、街道(镇)两级综治中心和网格实行星级管理,推选优秀综治中心和干部、优秀网格和网格员,激发基层社会治理新动能。健全"网格＋网络"工作机制,建设网格化服务管理信息平台,运用移动互联网技术提升网格化服务管理的信息化、智能化。

(二)"智防"平台建设逐步强化

依托智慧城市建设,推动"雪亮工程"提档升级,累计建成视频监控

5.4万余处,电子卡口4700余处,人脸识别设备600余处,实现全市重点行业、重点领域以及广场、车站、商圈和治安复杂区域等重点部位覆盖率达100%,联网率达到100%。按照"综治中心＋综治信息系统＋N"的模式,在各级综治中心打造"综治信息系统、公共安全视频监控系统、视频会议系统三网合一"的智能化工作平台,构建以综治中心为平台的智能化治理模式。优化"一村(社区)一警务助理"警务模式,规范380处社区警务室运行,为社区辅警、农村警务助理配备移动终端6500部,建成"技防村"5300多个。探索智慧社区、智慧商圈等治安防控实战应用新模式,打造具备超强计算能力的视频解析中心,在全国率先实现人脸识别四种算法的融合应用,日均解析人脸3000万张、机动车2000万辆。加强大数据技术运用,制定《智能感知设备数据汇聚应用技术规范》,通过技术手段排查"城中村"300多个、工业园区140多处、拆迁未拆除房屋3.2万处、闲置房屋59万处,筛查建筑行业、劳务市场等流动人口12.1万人,及时发现并整治影响社会安全的问题与隐患。

(三)"心防"体系建设稳步推进

把"心防"纳入社会治理整体规划,出台《关于加强社会心理服务体系建设的意见》,实施"三四三"工程,搭建基层、行业、专业三大平台,运用科学化、市场化、社会化、信息化四种手段,健全正面引导、心理疏导和危机干预三项机制。推广城阳区"瑞阳心语""阳光城阳"和胶州市"敞亮工程"等先进经验,逐步建立市、区(市)、街道(镇)、社区(村)四级社会心理服务体系。目前,全市街道(镇)综治中心普遍建成心理咨询室,78%的中小学校设立了心理咨询室,职工心理健康(英文简称EAP)服务体系不断拓展,打造了52个心理健康工作室,辐射职工群体80余万人。探索建设"心智谷",以推动社会心理服务产业发展。由中国心理学会、中国心理卫生协会、中国社会心理学会和中国科学院心理研究所共同主办的"第一届中国心理咨询师职业发展大会",于2019年10月11～14日在城阳举办。

(四)"共防"机制日趋完善

积极推进"1＋1＋N"矛盾纠纷多元化解机制建设,运用人民调解、专业性行业调解、律师调解、仲裁、公证以及行政调解、行政裁决、行政复议等多种手段,从源头预防化解矛盾纠纷。全市共建立26个行业性专业性调解组织,100个特色品牌人民调解室,推动建立人民调解与行政调解、司法调解衔接联动机制,与信访办、法院巡回法庭、公安交警、派出所等单位"联署办公",设立联动调解组织217个,共有调解员464

人,基本形成"警调联动、诉调联动、访调联动、裁调联动"多元联动工作格局。加强社区工作者队伍建设,城市社区专职工作者按照每300～400户居民配备1人的标准核定总量,农村社区以"两委"成员为主配备社区工作人员,社区工作者队伍不断壮大,发挥作用日趋明显。加强群防群治组织和平安志愿者队伍建设,将环卫工人、快递员、公交车驾驶员纳入平安志愿者队伍,全市登记平安志愿者14.8万人,群防群治力量达到30万人,建立社会面巡防三级响应模式,为确保社会大局稳定提供了力量源泉。健全警务辅助人员管理制度,规范员额核定、招聘审核、离职备案工作机制,开展教育整顿专项行动,加强业务培训,累计参训人员达1.42万人次。

四、聚焦风险防范难点,全力推进公共安全突击战

强化风险意识,提高化解能力,完善防控机制,坚持预防在前、发现在早、处置在小,加强重点行业、重点领域、重点环节安全隐患排查整治,有效防范化解各类公共安全重大风险。

(一)风险防范机制更加健全

1.前置防线更加巩固

开展社会治安要素排查治理行动,加强"一标三实"基础信息采集,完善"人、事、地、物、组织"等基础要素全面管控的长效机制。对出租房屋、流动人口、散装汽油销售点等重点要素,严格落实网格化管理要求,共采集标准地址536万处、新增30多万处,采集流动人口250多万人、新增50多万人,采集出租房屋20多万处、新增5万多处,实现社会治安基础要素动态排查、分级管理。健全社情反馈防线,通过政务服务APP、政务服务热线、微信公众号等方式,广泛收集社情民意,及时回应社会关切,主动解决群众诉求。完善风险评估防线,把社会稳定风险评估作为前置程序和刚性门槛,建立青岛市重大决策社会稳定风险评估工作联席会议制度,组织开展专门业务培训,健全跟踪督促落实机制,年内市级重大工程项目社会稳定风险评估率达到100%。

2.前端控制更加精准

加强枪支危爆等重点物品安全管理,排查相关制造、仓储、物流等单位1300多家,全部纳入监管范围。完善常态化道路交通隐患排查整治机制,紧盯"两客一危一货"等重点车辆和运营企业,开展专项监督检查,发现并整治安全隐患800多处。加强对严重精神障碍患者的诊断评估工作,健全监护监管机制,未发生肇事肇祸案事件。打好禁毒保民围剿战,破获毒品犯罪案件600余起,青岛市破获的毒品案件数、目标

案件数、抓获毒品犯罪嫌疑人数、缴获毒品数量等主要禁毒战果均位列全省第一。

3. 前瞻治理更加精细

2019 年,青岛市发起秋冬严打整治"雷霆"攻势,截至目前,共查处各类违法犯罪嫌疑人 1 万多人,其中刑事打击 5000 多人,破获刑事案件 3500 多起,追回逃犯 1000 多人。完善街面治安巡防机制,突出显性用警、动态布警,强化公安、武警联勤武装巡逻,处置报警求助 230 多万起,救助群众 55 万多人次。全市刑事警情同比下降 13.5%,命案破案率保持 100%,公众安全感和社会治安满意度分别达到 99.1%和 98.3%的高水平。

(二)治安综合整治行动成效显著

1. 实施防范电信网络诈骗"全民行动计划"

2019 年以来,青岛市破获电信网络诈骗案件 1200 余起,紧急止付和冻结资金 2.8 亿元;破获经济犯罪案件同比提高 23%,挽回经济损失 26 亿元;查处涉黄涉赌案件 1500 余起,抓获违法犯罪人员 4000 多人。网络刷单预警系统和反电话诈骗预警系统已上线运行。

2. 重点行业治安管理进一步加强

落实电信、网络、金融、住宿、客运等领域实名制和寄递物流行业"3个 100%"制度,探索民宿、网约房等新兴住宿业态管理新模式,健全娱乐服务场所分级管理机制,加强散装汽油销售管理措施,确保各行各业、各个领域安全监管到底、到边。

3. 深入开展"百千万"强基护安行动

一是深化"走千村万户、访社情民意"活动,加强学校、村居安全防范。开展服刑人员未成年子女排查帮扶活动,通过落实低保、出资助学、临时救助等形式,对 65 名贫困服刑人员未成年子女进行救助帮扶。二是加大见义勇为表彰和救助力度。2019 年共表彰见义勇为模范个人 15 名,模范群体 4 个、共 19 人,颁发奖金 24.5 万元,救助生活困难见义勇为人员 8 人,发放救助金 10.5 万元。三是发挥市场机制作用,政府出资为居民购买"治安家庭综合险""严重精神障碍患者监护人责任救助险""治安志愿者意外伤害险"等,"治安家庭综合险"居民家庭覆盖率达 100%,在全国率先实现治安保险全域统筹。

五、聚焦源头管控痛点,全力推进信访维稳攻坚战

坚持底线思维,健全指挥体系,完善工作机制,强化风险防控,坚决防止各类社会矛盾交织叠加,有效维护全市社会大局持续稳定。一是

确保重大活动安全顺利。加强协调调度,严格落实责任,为海军成立70周年多国海军活动、中华人民共和国成立70周年大庆、跨国公司领导人峰会等重大活动的成功举行,创造稳定和谐的社会环境。二是构建重点领域风险防控机制。建立健全防范化解社会矛盾风险维护稳定工作机制,对重点风险实施分类管控,督促相关牵头责任部门全部建立工作机制。对各类信访隐患和矛盾纠纷开展拉网式大排查,启动"隐患清零"行动,排查化解矛盾隐患1万多件次。加强应急处突力量建设,配齐配强应急处突队伍,开展应急指挥演练。提前完成信访积案化解任务。三是加大领导包案化解力度,成立信访积案攻坚工作专班,统筹推进综合协调、督查督办、法治保障、典型宣传和推进化解5条战线,确保信访稳定问题及时就地解决。截止到2019年11月底,山东省交办信访积案化解率达到82.1%,其中10年以上、5～10年、5年以下信访积案化解率分别达到100%、71.9%、83.1%。

六、聚焦营商环境堵点,全力推进服务发展立体战

2019年10月8日,国务院第66次常务会议通过的《优化营商环境条例》(自2020年1月1日起施行)明确提出:"优化营商环境应当坚持市场化、法治化、国际化原则,以市场主体需求为导向,以深刻转变政府职能为核心,创新体制机制、强化协同联动、完善法治保障,对标国际先进水平,为各类市场主体投资兴业营造稳定、公平、透明、可预期的良好环境。"青岛市聚焦营商环境堵点、痛点,通过推进法治建设、创新跨域知识产权司法保护机制、整顿重点领域市场秩序等措施,全力推进服务发展立体战。

(一)法治建设推动营商环境进一步向好

1. 法治营商环境持续优化

围绕依法保障和服务民营企业健康发展、营创法治营商环境等领域出台一系列惠企政策措施,召开全市政法机关营创法治营商环境誓师动员大会,聘请18名"法治营商环境监督员",确定469名政法干部联系538家民营企业。积极推进"金安工程"建设,研发集监测、预警、研判等功能于一体的经济犯罪预警平台,深入组织开展打击侵犯商标专用权和制售假冒伪劣商品专项行动。建立劳动仲裁与法院诉讼沟通衔接机制,有效化解劳动群体性矛盾纠纷,促进企业依法规范用工。公检法机关在办案中严格区分企业经营活动中市场行为和经济犯罪界限,慎用强制性措施,最大限度减少司法活动对企业生产经营的不利影响。

2. 政法领域改革全面深化

一是以建设涉外法律服务大数据平台为引领,全面启动上合"法智谷"建设,倾力打造"一带一路"国际法务中心。二是全面深化政法机关"放管服"改革,完善"一次办好"监管机制建设,推进"互联网+"政法服务平台建设,"微警务""微检务""微法院""微法律咨询"等一批信息化平台高效运转,真正实现"让数据多跑路、让群众少跑腿"。三是推进公共法律服务建设,建成 1 个市级、10 个区(市)级公共法律服务中心,138 个镇街公共服务站,1400 个社区均配备了法律顾问,覆盖全市6400 个社区村居,为群众提供法律服务事项 3.2 万多次,参与调处纠纷5600 多次,为社区(村)治理提供法律意见 5700 多条,开展法治宣传5300 多次。全市累计受理法律援助案件 1.16 万件,"12348"专线累计解答咨询 7.6 万多人次,凡是符合法律援助条件的,实现应援尽援,援助覆盖率达 100%。

3. 法治保障力度不断加大

一是建立失信被执行人"联合惩戒""信用修复"机制,出台《关于发挥网格化综治平台作用协助法院解决执行难问题的实施意见》,将协助执行工作纳入基层社会治理网格化服务管理的内容,加强执行查控网络平台建设及应用,采取个案突破、逐案研判、一案双查、集中行动等综合措施,2019 年以来,涉企财产可供执行案件在法定期限内实际执结率一直保持在 90% 以上。二是加强行政决策合法性审查,修订《青岛市重大行政决策程序规定》,出台《关于建立镇街重大行政决策重大项目合法性审查和行政执法指导监督机制的意见(试行)》。三是成立市、区(市)两级行政争议审前和解中心 11 家,和解案件 300 多件。制定《行政机关负责人出庭应诉工作规定》,建立开庭前行政机关负责人出庭应诉情况报送、行政机关负责人出庭应诉月度通报和季度报告等制度。2019 年 7 月以来,全市行政机关负责人出庭应诉率逐月上升,10月以后应诉率达到 100%。

(二)跨域知识产权司法保护机制创新取得新进展

青岛知识产权法庭设立烟台、威海、潍坊巡回审判庭。聚焦海洋生态环境保护、城市公共资源保护、食品药品安全保护等 8 个领域开展公益诉讼专项监督,办理诉前程序 170 多件,提起公益诉讼 14 件。出台《关于民事检察环节加强涉外商投资企业监督案件办理工作的指导意见》和《关于政府购买法律服务督促惠企政策落实的实施意见》,在山东省率先试点通过政府采购方式向律师事务所购买服务,推进政府惠企政策落实。目前有 5 家律师事务所为 160 多家企业提供咨询服务。

(三)重点领域市场秩序整顿有序推进

2019 年,青岛市深入开展金融、财税、资本市场和食品、药品、生态环境等重点领域秩序整顿,部署打击涉税犯罪"百城会战",开展净化网络订餐、学校食堂及校园周边食品安全专项整治行动,对疾病预防控制机构和疫苗预防接种单位、小诊所、小卫生室、门诊部使用药品情况开展专项监督检查,维护开放、公平、竞争、有序的市场环境。

(作者单位:中共青岛市委政法委员会;青岛市社会科学院)

2020

区（市）篇

2019∼2020年市南区实施"3618"工作部署推进"五个中心"建设形势分析与预测

王　旭

上合组织青岛峰会和海军节服务保障工作高水平完成,使市南区城区功能品质大幅提升,国内外关注度美誉度大幅提升,城区治理能力大幅提升。2019年,市南区继续贯彻党的十九大和习近平总书记视察山东、视察青岛重要讲话、重要指示精神,紧紧围绕"一个率先、四个走在前列"目标任务,实施"3618"工作部署,推进"五个中心"建设,为推动市南区率先走在前列注入了强大动力。

一、2019年市南区实施"3618"工作部署,推进"五个中心"建设内容和任务

2019年,市南区按照"想透说清干实"的要求,紧紧围绕市委确定的"十五大攻势",坚持精兵强将攻山头、典型引路稳阵地,把深圳福田区学到的经验分解成一档一档的工作,把工作分解成一件一件的事情,把事情分解成一天一天的进度,切实把"学深圳、赶深圳"落实到行动上,体现在成效上,重点统筹西部、东部和外部3个战区,部署中山路区域保护发展等六大战役,夺取青岛湾等18个战场的胜利,坚决打赢"3618"攻坚战,真正做到以知促行,以行促知,知行合一。

第一条战线,采用"精兵强将攻山头"的战术,发起攻势,坚决打赢"3618"攻坚战。

西部战区,一是打好西镇更新发展战役。主要范围为河南路以西片区。率先在小港湾、团岛湾、青岛湾3个战场突破,建设集商业服务、商务办公、科技研发、休闲娱乐及生活居住于一体的产城融合区,以新的空间、新的建筑、新的活力和新的生产生活方式,全面提升老城区城市品质。二是打好中山路区域保护发展战役。以中山路两侧区域为依托,先行开辟中山路、黄岛路、大学路3个战场,整合现代商贸、民俗文化、中华老字号、欧陆风情等传统、时尚元素,建设高端、现代、传统商贸

业态完备的商贸走廊,重塑中山路区域商业地位,打造最能体现青岛特色的传统商贸与时尚商业相结合的魅力街区。

东部战区,一是打好高端商务载体建设战役。强化重点项目的支撑拉动作用,扩大高端商务载体供给,加快推进纺疗健康中心、鲁商中心、招商局青岛中心等 3 个重点项目(3 个战场)的开发建设,重点打造沿海一线以总部经济和金融产业、健康产业为特色的现代高端服务业。支持引导老旧商务楼宇、商业设施和公用设施改造提升,盘活一批闲置资源,为提升经济发展层级提供优质发展空间。二是打好园区动能转换战役。发挥都市园区独特竞争优势,加大软件园、动漫园两个园区的产业优化整合力度,大力推进"腾笼换鸟",加快改造提升进度,推进特色产业楼宇建设,实现规模化发展,提高"亩产效益",打造新旧动能转换示范园区。三是打好化解稳定风险战役。重点解决裕丰源、隆昌、浮山所 3 个农工商公司(3 个战场)以及金街、太古、湛山广场 3 个人防工程(1 个战场)的稳定风险隐患。组建 4 个由区级领导挂帅的派驻工作组,抓好 3 个农工商公司的班子建设,加快 3 个人防工程问题梳理和解决。

外部战区,打好"双招双引"战役。优化区级领导领衔的驻外招商模式,持续推进京、沪、粤 3 个战场的"双招双引"工作。提高"双招双引"专业化水平,健全驻外专班组织架构、人员选派、服务保障等运行机制。推动"双招双引"市场化,充分调动社会资源,推进以商招商、产业链招商。制定出台鼓励推动"双招双引"的政策措施。

第二条战线,运用"典型引路稳阵地"的方法,奋勇争先,加快建设时尚幸福的现代化国际城区。

对标深圳市福田区等国内一流城区,学习先进、查找不足、改革创新、扬长避短,加强体制机制创新和经验提炼推广,以典型引路推动点上开花,以示范推广实现面上结果,以点带面推动工作全面进步。重点推进以下工作。

(一)高质量完成各项经济指标

2019 年全区生产总值增长 7% 左右,区级财政一般公共预算收入增长 6% 左右,投资结构持续优化,消费对经济增长的贡献率进一步提高,外贸稳增提质,城区登记失业率控制在 4% 以内,完成节能减排降碳目标任务。

(二)扎实推进新旧动能转换重大工程

落实区推进新旧动能转换重大工程实施规划,加强经济运行监测分析,研究出台新一轮产业扶持政策。以"双百千"行动和"一业一策"

计划为抓手,培育壮大"254"产业体系。推进区级新旧动能转换项目库建设,滚动推进60个左右新旧动能转换项目。

推进智慧城市建设,助推人工智能、工业互联网、物联网等新型基础设施建设,加快5G规模组网和行业应用。完善"市南区政务云大数据综合管理服务平台",推进大数据应用。

(三)全力将市南区打造为对外开放新高地

全面提升城区国际化水平。深入推进现代化国际城区战略,打造国际时尚中心、国际文化交流中心、国际会议目的地、国际著名旅游度假目的地、国际知名康养目的地,为青岛打造山东面向世界开放发展的桥头堡作出突出贡献。

抓住创建山东自贸试验区重大机遇,深度融入"一带一路"、中国—上海合作组织地方经贸合作示范区、国家军民融合创新示范区等重大战略布局,推动上合组织相关会议、组织、机构落地,加强与上合组织国家经贸合作,推动实现突破性进展。

找准市南区与"一带一路"沿线国家、地区互利共赢的合作空间和对接点,推进国际综合服务中心建设,鼓励企业扩大对"一带一路"沿线国家和地区的投资合作。提升服务外包发展水平,扩大服务贸易规模。培育外贸综合服务平台企业,扩大跨境电商发展规模,鼓励企业设立公共海外仓。

抢抓展会机遇。组织企业参与上合组织国家投资贸易博览会、日韩进口商品博览会、亚洲农业与食品产业博览会等展会。做好跨国公司领导人青岛峰会、博鳌亚洲论坛全球健康论坛、第48次APEC中小企业工作组会议、国际虚拟现实创新大会等活动的相关保障工作。

(四)全面融入青岛市海洋攻势战略

加快建设海洋强区。紧紧围绕市委、市政府"建设国际海洋名城"目标定位,努力打造国际海洋名城建设的生态强海示范区、创新强海先行区、产业强海实践区、开放强海引领区,率先实现海洋经济高质量发展。

推动海洋科技产业跨越发展。加快推进15个海洋重点项目建设,力争海洋经济增加值年均增长10%以上、海洋经济增加值占比持续提升。推动海洋科技优势向发展优势转化,建设科技成果转化基地,推进中国工程科技发展战略山东研究院、海洋科技产业园、国家级海洋渔业生物种质资源库和中国海洋大学生命科技中心项目建设,推进"上海合作组织国家国际技术转移中心"落地,研究制定年度海洋科技成果转化计划,打造以海洋成果为主的加速器、孵化器,推动海洋新能源新材料产业链向高端延伸,推进大型科研设备共享利用,培育引进海洋科技领军人才、新型研发机构和创新团队。

(五)融入青岛市"双招双引"攻势

把"双招双引"作为经济工作的第一战场、"一把手工程",精准引进符合市南区发展定位的资本、技术、人才、市场、观念、管理等要素资源,为城区发展注入不竭动力。

加大"高、大、新、特"项目引进力度。围绕区"254"现代化产业体系,编制"254"产业链精准招商目录,开展招商大走访和现代产业精准招商行动。加快项目推进,增加高端商务办公载体规模化供给。建立世界500强企业区域总部基地,加快世界500强企业聚集。全年走访企业1500家次以上,力争新批或增资世界500强项目2个以上,过1000万美元大项目10个以上。加强与新加坡、英国、美国等主要经贸合作国家的双向交流,紧盯日、韩、中国香港,全力实现突破。

加大"高、精、尖"人才引进力度。畅通人才对接和流入渠道,集聚"两院"院士、国家"千人计划""万人计划"专家等一批顶尖人才、领军人才和高层次产业人才。办好"人才+"活动,加快华东理工大学安全工程创新中心、智能导航与控制军民融合实验室等高层次人才项目引进。全年引进各类人才3.6万人,接收高校毕业生1万人。

(六)融入青岛市军民融合发展攻势

成立区委军民融合发展委员会及其办公室,加强全区推动军民融合发展的顶层设计,推动规划、平台、领域和机制上的深度融合,加快军地科研技术和产品开发、转化、利用的统一融合。加大创新平台统筹和共建共用力度,加快"军转民""民参军"步伐,打造军地协同创新体系,促进军民融合发展。积极承接省、市军民融合重大示范项目,加快军民融合综合公共服务平台等项目建设。

(七)主动融入青岛市国际航运贸易金融创新中心建设攻势

推进无人智能船舶联合研发中心建设、船舶资产处置交易电商平台及邮轮信息发布平台等航运大数据平台建设,完善国际航运交易、金融服务等综合功能,积极争取航运大数据综合信息平台项目。

大力发展全业态金融,引进法人金融机构、证券期货、股权投资、基金公司、财富管理、融资租赁机构,全年新增金融机构及金融类企业100家以上。推动辖区地方金融组织创新业务的探索试点,提高地方金融企业发展水平。发挥青岛资本市场服务基地作用,加强与日、韩开展资本市场区域合作,为企业境外上市提供支持保障。

(八)融入青岛市"高端制造业＋人工智能"攻势

着力发展生产性服务业,积极发展金融服务、批发经济代理服务、商务服务、货物运输仓储和邮政快递服务,提升服务周边区域制造业发展的水平和能级。

瞄准新一代信息技术、生物医药、新能源汽车、高端装备、新材料等领域,引龙头、聚配套,规模化集群化发展,推动产业链水平持续升级。发挥健康、婚恋、会展等新兴产业先发优势,抢占全产业链发展制高点。推动金融、航运、旅游等传统优势产业向产业链高端发展。推进3～5个产业链提升工程,培育10个100亿元级产业,5个200亿元级以上产业。

(九)融入青岛市壮大民营经济攻势

研究培育壮大民营经济的具体措施。落实减税以及城市基础设施配套费、社保缴费等降费政策,进一步降低企业合规成本、物流成本和各项要素成本。落实金融服务助推民营和小微企业发展等政策措施,开展民营企业融资对接。加大政府采购和政府购买服务对民营企业的支持力度。鼓励民营企业建立现代企业制度,突出主业,打造核心竞争力。推动市场主体数量快速增长,争取突破8.9万家,其中企业超过5.3万家。

(十)融入青岛市科技引领城建设攻势

坚持创新驱动"第一动力"。建设工程技术研究中心和重点实验室,成立市南区产学研创新联盟,构建以企业为主体、市场为导向、"政产学研金服用"深度融合的技术创新体系。以"省长杯""市长杯"工业设计大赛等活动为契机,以产品创新、工业设计能力提升为引擎,推动企业特色化、高端化、专业化发展。依托7个省级以上企业技术中心,加强技术中心示范带动和培育认定工作,提升企业自主创新能力。建立完善科技型中小企业—高新技术企业—"瞪羚"企业—"独角兽"企业梯次培育发展体系,培育一批创新型领军企业,催生一批"独角兽""瞪羚"企业,带动形成一批高技术产业和未来新兴产业集群,力争国家科技型中小企业入库超过300家、高新技术企业达到260家,全方位打造高端载体集聚区。

(十一)融入青岛市推进城市品质改善提升攻势

全面提升城市建设管理水平。健全完善城区建设管理长效机制,推进"美丽市南三年行动",打造中国最洁净美丽城区。新建改建绿地

2.36公顷,改造口袋公园、景观节点10处,新增改建公厕15座,完成京山路、奉化路等25条道路整治提升。借鉴深圳经验,切实发挥市场在资源配置中的决定性作用,更好发挥政府作用,加快美术馆、图书馆、博物馆等基础设施建设。持续整治占道经营、露天烧烤、占绿毁林、私搭乱建和违法建设。全面推进提升生活垃圾分类,对43个机关事业和125个物业小区进行垃圾分类再提升。

按照老城区改造"四个目标一个过程"原则,落实西部老城区复兴发展五年行动纲要和年度实施计划,全力推进西部老城区复兴发展。持续推进"多规合一"。加快万国建筑博览区建设。积极推进老城区申报世界文化遗产,鼓励引导社会力量参与文物保护修缮。

(十二)争当青岛市国际时尚城建设攻势主力军和排头兵

大力发展时尚产业,紧盯国际时尚发展方向,将时尚与科技、教育、文化、艺术等领域跨界融合,以时尚助推产业优化升级,提升丰富时尚设计、时尚生产、时尚体验、时尚消费产业链,构建具有国际竞争力和区域带动力的现代时尚产业体系。

建设富有国际水准、市南特色的时尚产业园区、时尚街区和特色楼宇,引进国内外知名时尚机构和时尚企业,培育时尚品牌、时尚产品,组建时尚经济促进联盟,举办国际时尚前沿活动和展会,把市南区建成国际时尚产品的设计地、时尚品牌的发布地,提升市南时尚影响力和国际时尚话语权。

(十三)融入青岛市高效青岛建设攻势

针对发展中的难点、堵点、痛点问题,进一步加大制度创新力度。贯彻落实《中共青岛市市南区委全面深化改革委员会2019年工作要点》,深化国资国企财税金融、科技、人才、园区体制等改革,持续深化"一次办好"改革,不断优化营商环境。全面完成区级党政机构改革任务,做好省、市级下放行政权力事项承接工作。加大改革典型经验推广力度。

深入推进"一次办好"改革。全面落实"3540"改革标准,整合政务服务事项进驻政务大厅,整合政府信息资源,全面推行"一窗办"受理和"马上办、网上办、就近办、一次办",实现审批速度最快。

(十四)融入青岛市"平安青岛"建设攻势

全面推进扫黑除恶专项斗争,突出"黑恶积案清零、问题线索清零"的阶段性新要求,坚持扫黑除恶与打"保护伞""打财断血"联动,着力在"深挖根治"上下功夫,推动扫黑除恶专项斗争向纵深发展。以扫黑除恶为牵引,建设更高水平的平安市南,深度净化社会治安环境。打好信访积案化解攻坚战,对十年以上积案全部清零,五年以上积案化解50%以上,确保全区信访形势稳中向好。

(十五)坚决打好三大攻坚战

坚持底线思维,深入梳理查找各领域存在的风险隐患,完善风险防控机制,制订务实管用的预案,主动做好防范化解重大风险各项工作。

扎实推进生活困难群体帮扶三年行动计划,实施困难群体"一户一策""一人一案"精准帮扶,统筹推进社会救助、慈善事业等六大帮扶工程,不断提升困难群体生活水平。扎实推进对口支援和扶贫协作工作。

抓好中央环保督察及"回头看"、省环保督察交办问题和反馈意见整改落实,确保按要求完成整改任务。打好打赢蓝天保卫战,完成环境空气质量改善年度目标。

积极稳妥化解银行不良贷款,严厉打击非法集资以及其他各类非法金融活动。依法规范政府举债融资行为,完善政府债务管理制度体系,把政府债务水平控制在合理区间。

(十六)落实民生重点工作

把稳就业摆在突出位置,落实就业优先战略和积极就业政策,实现城镇新增就业5.7万人,政策性扶持创业1550人,实现困难人员安置率85%以上。

推进学前教育公益普惠发展,新建公办幼儿园2所,增加学前普惠学位360个,加强民办幼儿园的登记监管工作。推动义务教育优质均衡发展,开展小学生课后校内托管基本服务,推进"家校育人共同体"建设,完成新开办学校标准化食堂创建工作。

推进各重点医疗项目建设,新建2个院前急救站。实施振兴国医行动,推进中医特色街区建设,打造精品国医馆。

办好11项区办实事项目,提高保障和改善民生水平。聚焦关系民生的重点、难点、痛点、堵点,抓好群众关注的商品消费、市容整治、物业管理、价格收费等领域问题的集中整治。

(十七)着力提升干部队伍高素质专业化水平

着力提高干部队伍能力素质和做好群众工作的能力。抓好发现培养选拔优秀年轻干部工作,出台年轻干部培养选拔的五年规划,实施"青年先锋"培养计划,面向"双招双引"、老城区复兴发展、基层一线等重大任务实践,锻炼一批年轻好苗子。做好机关与企事业单位干部的调任、挂职等工作,为专业人才搭建干事创业良好平台。坚持力量下沉,加强机关与街道干部双向交流。突出专业能力和专业精神的培养,举办高层次培训班,提高培训的精准化和科学化水平。对于专业领域、重要部门、关键岗位领导干部的使用,注重把专业精神作为重要考察指标。加强正向激励,旗帜鲜明表彰使用担当作为好干部,加大对不作为不担当干部的处置力度,落细落实关心关爱基层干部的具体措施,完善容错纠错机制,进一步营造尚实干、勇作为、敢担当的干事创业氛围。

(十八)积极参与全市其他攻势

按照全市统一部署,积极参与全市发起交通基础设施建设、乡村振兴、突破平度莱西、推进国有企业改革等攻势,既要完成主攻,又要做好助攻。

二、2019 年市南区实施"3618"工作部署,推进"五个中心"建设情况分析

2019 年,市南区通过对标深圳福田区,放大坐标找不足,提高标准找差距,打造承载全市城市核心功能的中央活动区,区域总部经济中心、国际贸易金融中心、国际航运服务中心、国际交流中心和国际时尚中心"五个中心"建设取得初步成效。将全区 8 项重要意见、方案全部分解落实责任,对"3618"攻坚战六大战役逐一制定任务书、路线图,强力推动落地落实;坚持典型引路稳阵地,形成多项制度创新成果,推动全区各项重点工作点线突破、整体提升,全力推动习近平总书记重要指示批示精神在市南区落地生根、开花结果。截至 6 月底,市南区实现生产总值 601.1 亿元,同比增长 6.1%;固定资产投资同比增长 1.4%;社会消费品零售总额 303.15 亿元,同比增长 5.7%;进出口贸易总额 42.7 亿美元,同比下降 9.8%;完成区级一般公共预算收入 43.9 亿元,同比增长 0.2%,税收比重 84.4%。

(一)加快新旧动能转换取得新进展

2019 年,市南区打造以创新为引领和支撑的现代经济体系和发展模式,推进"254"现代化产业体系建设,1~6 月份,新增过 100 亿元企业 1 个,德国 SNP、方正证券等 7 家知名企业区域总部落地,5 家企业入选国家高新区"瞪羚"企业,服务业增加值占全区生产总值比重达 89.8%,金融业增加值占全市的 35.2%。

加快全业态金融发展,深交所入驻(青岛)资本市场服务基地,上半年新增 26 家金融机构和企业;大力发展现代海洋产业,全区 15 个项目被列入 2019 年青岛市海洋经济重点项目;成立市南区国际航运贸易金

融创新中心,2019年,市南区新增航运物流企业60余家,中外运华中公司、中海运青岛公司等9家企业入选青岛市首届物流企业综合实力20强,上半年航运运输业营业收入达134.65亿元。

(二)"双招双引"有新突破

2019年,市南区坚持把"双招双引"作为"一把手工程"、经济工作的"第一战场",实践专业化、市场化、产业链招商路径,深入开展"千企招商大走访",持续提升驻外招商水平,三个区级领导带队的驻外团队成为承接京沪粤资本、项目、人才等资源的前沿阵地。上半年共对接洽谈项目420个、签约落户241个,同比分别增长52%、48%。引进华夏基石产业服务集团,有17家目标企业拟落户市南,已确定入驻奥萨医疗等7家上市企业区域总部;加大高层次人才引进培育力度,引进院士、国家"千人计划"等高层次专家4名;探索发挥人才与产业平台互动的乘法效应,帮助特利尔环保公司引进6名国内外院士等高层次人才,公司近五年时间营业收入增长6.5倍。获全市2018年度"双百千"考核第一名。

(三)科技引领能力进一步提升

2019年,市南区坚持科技引领、资本助力,支持重点企业加强科技研发。开展军民融合实验室战略合作,促进军地双方科技创新。1~6月份,牵头成立全省首个产学研创新联盟,建成青岛(市南)技术交易市场。组织34家企业参加2019青岛国际软件融合创新博览会,优客工场等3家"独角兽"企业的产业创新中心落户,4个项目列入2019年度山东省重点研发计划;坚持集约发展,加快软件园、动漫园两个"都市园区"腾笼换鸟步伐,腾退面积7457平方米,新注册企业71家,软件及动漫产业园获评"青岛市软件名园",园区"亩产效益"进一步提高;推动市场主体健康发展,新增市场主体4875家。加强知识产权保护工作,上半年新增注册商标3851件,全区注册商标总量达到30010件,居全市首位。

(四)高水平对外开放有效推进

2019年,市南区深入实施国际城区战略,深度融入"一带一路"建设,积极融入中国—上合组织地方经贸合作示范区建设,上海合作组织国家国际技术转移中心顺利推进。加强与旅游集团等企业合作,支持企业承办正和岛创变年会、全球(青岛)创投风投大会等一批国际性会议和论坛,国际会议目的地效应初显,城区国际知名度、影响力进一步提升。加强国际友城合作交流,加快与希腊沃洛斯市、韩国巨济市等城市的结好进程。支持驻区外贸企业拓展市场,上半年完成出口额31.57亿美元,同比增长2.5%,对东南亚国家出口额增长18.35%;外贸新业态新模式加快发展,跨境电子商务交易额同比增长10%。

(五)重要领域和关键环节改革进一步深化

2019年,市南区坚定不移推进全面深化改革,加强制度创新,进一步增强改革发展的系统性、整体性、协同性,以改革增活力、增效益、惠民生。积极稳妥推进机构改革工作,深化综合行政执法体制改革,持续深化"放管服"改革等,政务服务环境进一步优化。截至6月底,全区党政机构改革任务圆满完成;减少执法队伍种类,建设街道综合行政执法平台,推动执法重心进一步下移;承担山东省全领域无差别"一窗受理"改革等试点任务,率先启用市公共资源交易市、区一体化平台系统,公共资源交易实现全程网办,18项审批事项全面实现"不见面、零跑腿、无纸化审批",审批事项100%实现"一次办好",零跑腿事项占81%。

(六)文化事业和产业繁荣发展

2019年,市南区加强文化事业发展,大力发展文化产业,持续开展文化惠民行动,深化提升"文艺轻骑兵"品牌影响力,优化线上线下全民阅读服务体系,联合"啡阅青岛"服务点开展咖啡品鉴进社区、音乐赏析、阅读沙龙等时尚活动。截至6月底,组织开展群众性文化活动1600余场;新增11家文创企业,腾讯全国首个短视频运营中心落户;发挥20家注册博物馆文化传播作用,加快推进北京服装学院青岛时尚学院、中央音乐学院青岛国际交流中心等项目落地;成功举办青岛赏花会、管乐艺术周等时尚节会,有力促进了多元文化的集聚、交汇、融合。

(七)城区功能、时尚湾城品质持续提升

2019年,市南区重视市南区城市发展规划建设和旧城风貌保护,不断提升城区环境品质,扎实推进东西部城区协调发展,时尚湾城魅力进一步彰显。

一是城区品质持续提升。按照全域5A级景区标准提升城区环境,巩固提升两次重大活动服务保障成果。加强生态文明建设,深入推进"厕所革命",全域推进垃圾分类持续列入区为民办实事项目。截至6月底,打赢违法建设治理百日攻坚战役,拆除存量违建3.5万平方米、完成率达100%,"美丽市南三年行动"取得新成果;中央和省环保督察交办件全部整改到位;在全省率先达到每平方千米5座公厕的标准;垃圾分类惠及居民24万余户,相关经验被《山东通讯》等省、市级刊物刊发。

二是东西部城区协调发展扎实推进。主动融入青岛市历史城区保护更新工作大局,加强区级统筹,成立由7名区级领导、41个单位负责人组成的区西部老城区复兴发展工作领导小组,建立区历史城区保护更新联席会议制度,领导小组办公室迁至西部现场办公。按照市委关于城市片区改造"四个目标一个过程"的原则要求,制定推进西部老城区复兴发展的意见、五年行动纲要和年度重点项目推进计划,强力推动青岛湾广场、小港湾渔人码头、中苑码头等重点项目筹建,截至6月底,完成8处文保单位保护利用项目,青岛湾海上皇宫科技文旅项目开门纳客。

三是时尚生活氛围更加浓厚。充分发挥时尚元素集聚的先发优势,以"时尚＋"推动时尚元素与文化、旅游、体育、会展等紧密融合,加快打造国际著名旅游度假目的地、国际知名康养目的地、国际会议目的地。加快培育时尚业态,制定时尚商业发展政策、推动夜间经济发展的实施方案,持续提升"灯光秀场"特色夜景吸引力,奥帆中心情人坝等三处酒吧街聚集区人气旺盛,"夜经济"发展取得新成效。大力发展时尚消费,积极引进培育新零售等时尚业态,打造"线上＋线下""零售＋体验"等消费新模式,推动传统商贸企业向消费体验中心转变。截至6月底,成立青岛婚恋旅游产业联盟,发展婚恋旅游、会展旅游、海上旅游。组织开展市南区"中国旅游日",积极推介文旅资源,打造大学路咖啡街、"网红店"、"打卡地"等旅游新亮点;与市旅游集团合作推出青岛首艘夜航游船"蓝海珍珠"号,八大关万国文化建筑博览汇等项目成为时尚旅游新名片,青岛超逸国际旅行社成为全省首家新三板挂牌的旅行社企业;引进无印良品世界旗舰店等项目,时尚品牌进一步集聚。

(八)群众获得感、幸福感、安全感进一步提升,幸福城区更加宜业宜居

2019年,市南区坚持以人民为中心的发展思想,秉持"城市是人民的城市"理念,深入推进社会建设,全面发展民生事业,不断优化发展环境,城区发展更有温度,居民生活更有质感。

一是更有温度的幸福市南建设成效显著。全面推进教育、就业、医疗、养老等社会事业发展,扎实推进11件18项民生实事,民生保障水平进一步提升。推动教育均衡发展,在全国首创性提出构建海洋教育特色课程体系、开发基础教育海洋区本课程。加大"稳就业"力度,推进"生活困难群体帮扶三年行动",截至6月底,市南区九年一贯制琴岛学校、海信学校一期竣工投入使用;吸纳就业50495人、扶持创业1100人,发放补贴5100余万元;"生活困难群体帮扶三年行动"已投入1700余万元、惠及3000余人,推动508户困难家庭脱困;健康市南国家级慢性病综合防控示范区创建工作扎实推进;延吉路旧城改造项目154套安置房、南京路民政局干休所周边改造项目 5 栋安置房主体封顶,棚户区改造"清零"收尾工作有序推进;对口支援和扶贫协作统筹帮扶资金 2806 万元,提供就业岗位 6600 余个。

二是更高水平的平安市南建设有效推进。持续创新社会治理机制,加强社会治安防控体系建设,严格落实矛盾纠纷排查化解工作制度,深入推进扫黑除恶专项斗争取得较显著的阶段性成果。1～6 月份,调处纠纷 440 件、成功率达 98%;打掉涉黑涉恶犯罪团伙 25 个,包括黑社会性质组织 1 个,刑拘团伙成员 158 人,破案 228 起,冻结、查封、扣押涉案资金 7700 万余元;全力排查化解生产生活安全隐患,社会公众安全险赔付 464 起,金额达 134.36 万元,社会治理体系和治理能力建设进一步增强;建立军队退役人员管理服务网络,建成区、街道、社区三级退役军人服务机构,信息采集 3 万余人,悬挂光荣牌 2.6 万块,军队退役人员管理服务进一步加强。做好信访稳定工作,全力以赴打好信访积案化解攻坚战,全区积案已化解 55%,重要时期、重要节点信访稳定任务圆满完成,社会大局保持持续稳定。

三是宜业宜居的高效市南建设成效突出。坚持用生态思维优发展环境,着力打造优质高效的营商环境和便民务实的政务环境,持续完善企业激励扶持办法,坚持区级领导联系项目、联系企业制度,建立企业专员制度,建立"亲""清"政商关系,高效市南建设成效突出。1～6 月份,走访联系企业 1215 家,解决问题 212 件;出台总部经济、时尚经济等 10 个产业扶持政策,兑现奖励扶持资金 2.2 亿元;全市首创无偿帮办代办服务,94 项政务服务事项纳入"双休日服务"范围,108 项事项实现即来即办、当场发证;创新建立"周二现场日"制度,组成"尖刀班""突击队",分类突破规划、挡光、环保、扰民等难点问题,推进项目建设取得新进展;软件园立体停车场建设、"商务楼宇午餐工程"等项目加快实施,努力解决"停车难""就餐难""托幼难"等问题,打造让企业和企业家"舒服"的发展环境、让居民满意的居住环境。

三、2020 年市南区继续实施"3618"工作部署,推进"五个中心"建设工作预测

2019 年第四季度市南区将深度融入全市"十五个攻势",将全区 8 项重要意见、方案全部分解落实责任,对全区"3618"攻坚战六大战役逐一制定任务书、路线图,精兵强将攻山头,典型引路稳阵地,"工作落实年"活动扎实推进。

2020 年,市南区将继续贯彻党的十九大和习近平总书记视察山东、视察青岛重要讲话、重要指示精神,以更高标准提升城区战略定位,

紧紧围绕"3618"工作部署确定的目标任务,对标深圳福田区深入推进,为实现市南区率先走在前列砥砺奋进。

(一)以更高标准提升城区战略定位

2020 年,市南区将深化"学深圳、赶深圳",加快推进与深圳福田区的全方位友好合作,认真学习上海黄浦区等全国先进城区发展经验,立足市南区作为青岛城市核心城区的特点,围绕建设时尚幸福的现代化国际城区奋斗目标,进一步优化提升城区发展战略定位,发挥金融、商贸、旅游、文化等产业和大型商旅文活动集聚的先发优势,当好青岛国际大都市的"客厅",建设承载青岛城市核心功能的中央活动区,提高全要素生产率,推动城区内涵式发展。进一步明确建设"中央活动区"的战役路径,深度融入全市发展战略布局,做好总体规划,研究指标体系,强化推进措施,加快建设区域总部经济中心、国际贸易金融中心、国际航运服务中心、国际交流中心和国际时尚中心"五个中心",增强工作引领性,提供城市中心功能,力争一年全面起势,三年粗具规模,五年基本建成。

将加快推进总投资 777.24 亿元的 45 个重点项目,加强项目工作与"双招双引"、规划、城区更新工作的互动协作,加快谋划推出一批体量大、支撑力强的产业项目,带动配套产业跟进投资。优化投资结构,提高投资质量,切实发挥投资在经济发展中的关键作用。

(二)以更大力度推动时尚经济发展

一是将在做大做强现代服务业上持续用力。市南区是全市现代服务业中心,必须立足自身优势,吸引更多跨国公司和大企业的地区总部或功能性总部落户市南区,打造中国北方高端总部经济基地,建设名副其实的区域总部经济中心。将聚焦"254"现代化产业体系,学习上海黄浦、深圳福田等先进城区的现代服务业发展经验,逐项分析、认真学习,找准产业定位、优化产业结构,找准目标、精准引进。将运用平台思维,围绕航运做贸易,围绕贸易繁荣金融,吸引更多的全球贸易公司、更多的银行和非银行大金融机构注册落地,巩固提升现代服务业强区水平。

二是将在建设国际时尚城区上持续用力。"时尚"是市南区最具区分度的城区特质。2020 年,市南区将进一步发挥区内时尚元素集聚优势,大力发展时尚经济、繁荣时尚文化、倡导时尚生活、打造时尚湾城,当好全市国际时尚城建设的先锋,发挥时尚引领作用。着力促进时尚消费,加快培育"海上夜游青岛"等新兴时尚旅游业态,推动小港湾渔人码头、中苑码头旅游综合体等重点项目建设,加快发展深夜食堂、夜间演艺、咖啡吧、酒吧等夜经济业态,更好满足市民、游客的时尚消费需求,吸引世界各地的年轻人到青岛来体验、生活、创业。加快发展时尚产业,推动文化、旅游、体育、会展、康养、休闲度假等产业融合发展,积极推进青岛湾科技文旅、北京服装学院青岛时尚学院、中央音乐学院国际交流中心等项目,进一步提升国际时装周、管乐节、婚恋节等时尚节会影响力,让居民能够在市南区看到世界最流行的音乐、最流行的艺术、最流行的时装、最流行的色彩,以及文艺、体育、文化的新样式等,打造具有市南特色的时尚文化品牌。用城市设计引领城区发展,持续推进美丽市南三年行动,按照全域 5A 级景区标准下足功夫,把青岛的城市"客厅"装扮得更加靓丽、精致、典雅,打造中国最洁净美丽文明的城区。

三是将在推进"双招双引"上持续用力。将坚持把"双招双引"作为经济发展第一战场,进一步完善"公司＋园区""驻外招商＋专业机构＋全员参与"等模式,实施精准的产业链招商,借助商会资源实施精准招商,推动特利尔等"瞪羚企业"全产业链发展。要牢固树立开放的思维,要多走出去学习,参加各种论坛会议,到先进的城区接触人、接触企业,解放思想、开阔眼界,从中获取有价值的信息,增强"双招双引"工作实效。

四是将在西部老城区复兴发展上持续用力。老城区要焕发活力,文化保护与传承是前提,引进合适的产业是关键。要坚持规划引领,按照"四个目标一个过程"的原则,落实好五年行动纲要和年度重点项目,加快推进确定的 10 项重点任务。要用好西部老城区的"人气"、"烟火气",以高端商务、航运物流、文化旅游、对外贸易等产业为重点,打造独具特色的总部和"双创"集聚区,推进老城区内涵式发展。西部老城区是青岛传统的金融中心,要学习借鉴上海黄浦区老洋房修复利用与金融业融合发展的成功经验,研究如何恢复中山路区域金融本源功能,引入国内国际知名的金融机构(企业)总部,打造西部老城区国际金融集聚区。

(三)以更高标准保障和改善民生

2020 年,市南区将继续坚持以人民为中心的发展思想,紧紧围绕群众最关心、最直接、最现实的利益问题,加大民生投入,持续推动基本公共服务均等化,促进民生质量持续改善。在统筹解决重大民生问题上下功夫,下大力气解决好群众关心的教育、就业、医疗、养老、住房等方面问题,落实为民要办的实事,加快推进优质教育全域均衡发展,继续推进生活困难群体帮扶三年行动计划,扎实做好高校毕业生、退役军人、就业困难人员等群体就业工作,积极推进教育、养老、医药卫生、残疾人等各项工作,切实提升居民的获得感、幸福感。

丰富全民健身活动,开展"全民健身月""全民健身运动会"等群众性健身活动,全年新建设足球场 3 处,新建、更新健身场地 76 处、健身设施 450 件。加快旧城改造安置房项目建设。完成南京路民政局干休所周边改造项目 1280 套安置房主体封顶,推进中岛组团改造项目 540 套住宅工程施工。

(作者单位:中共市南区委党校)

2019～2020年市北区城市治理形势分析与预测

潘德华　宋晓倩

中国特色社会主义建设进入新时代。新时代城市中心城区如何实现治理现代化,让城市治理更美好、让人民生活更幸福,事关经济发展、社会稳定、民生福祉。中央城市工作会议指出要"转变城市发展方式,完善城市治理体系,提高城市治理能力"。党的十九大提出,打造共建共治共享的社会治理格局,提高社会治理社会化、法治化、智能化、专业化水平。党的十九届四中全会强调:坚持和完善中国特色社会主义制度、推进国家治理体系和治理能力现代化,是全党的一项重大战略任务;要加强系统治理、依法治理、综合治理、源头治理。近年来,青岛市市北区聚焦城市中心区治理难题,在城市中心区治理现代化方面进行了创新与探索,城市治理现代化水平显著提高。

一、青岛市市北区城市治理概况

(一)总体概况

市北区是一座典型的老城区、中心城区,人口密度高,低保、老龄及残疾人等特殊群体数量多,老企业搬迁、棚户区改造任务繁重,城市基础设施承载力"赤字"较大。虽然近年来城区取得了突飞猛进的发展,但空间资源的硬约束日益趋紧,城区发展遇到了"天花板"问题,在城市治理上存在政府部门职能交叉、职责不清晰、信息不畅、手段不先进、体制不健全等突出问题,城市治理水平与人民群众的美好生活要求和期待还有不小差距。新时代对政府的社会治理能力提出了新的要求,立足市北实际,实现城市治理现代化也是客观需要。

市北区以城市治理网格化、信息化为抓手,通过统筹政府、社会、市民三大主体,厘清"为谁治、谁来治、和谁治"3个层面的问题,鼓励企业和市民通过各种方式参与城市建设治理工作,实现城市共同建设、共同治理、共同分享。

2016 年，市北区创新提出了"城市生长力"的城市治理品牌，秉承"开放、融合、共享"理念，通过实施"经济实力、产业活力、城区魅力、社会合力、治理能力"提升工程，深入推进"区域管理网格化、全区统筹信息化、公共服务精准化、社会治理精细化"，推动城市生长力全面提升，让生活在市北区的每一个人，都能感受到城市的温度和热度，真正实现"人民城市人民管"。

2017 年，市北区委、区政府设立了城市治理工作委员会和推进委员会（以下简称推进委），将区城市治理中心、电政办、应急办等 9 个工作机构整合进委员会统一管理；同时对与城市治理密切相关的公安110 指挥中心、综治办、城管局、综合执法局、市场监管局、食药监局等10 个单位，实行在推进委指导下联合值班、问题联办，构建起了职能多元的城市治理体系，有效激发城市治理内生动力。

实施综合行政执法改革，以相对集中行政执法权、整合规范执法机构、推进执法重心下移、优化执法力量配置为主要内容，以街道为重点，整合城管、文化、价格、服务业、房管等部门的执法力量，全面推进适应经济社会发展要求的跨部门、跨领域综合行政执法。同时，建立区、街道（部门）和社区三级管理平台，明确各级平台的职责分工，社区负责前端防控，街道重在综合管理，区级平台做好服务监管，协调解决重大疑难问题，同时以标准化要求推动城市治理提速提质提效。

通过网格化、信息化，利用区级信息数据中心、城市治理微信公众号、"在市北"APP 等平台，从封闭走向开放，拓宽信息搜集渠道，提高信息整合共享能力，打造民意民情直通车，及时、全面、精准地了解群众所想、所盼、所需，准确调整管理政策、资源配置和服务方向，实现服务效益最大化。根据区域管理的实际情况、难易程度，细化管理单元，科学划定网格，明确责任归属，加强人员配备，推进"区域管理网格化"，努力实现"责任不出格、管理无缝隙"，有效解决了推诿扯皮等治理难题。通过多渠道征求群众意见，市北区得以更好地倾听民声、集中民智、把握民意，既解决了很多像棚户区改造这样事关长远发展的大事难事，也能够钊对不同群体"量体裁衣"，从群众急需的漏雨房屋维修、破损门窗更换等具体小事做起，办成了很多社会关注、群众期待的"急事""要事"，提高了公共服务供给的质量和效率。

市北区重点打造的社会组织"创益工场"，全方位参与社区公共服务，有效补充了政府服务资源的不足，增强了群众的满意度和获得感。

（二）2019 年 1～9 月份市北区城市治理形势

2019 年，市北区按照建设国际航运贸易金融创新中心核心区的目标要求,以完善城市治理体系,拓展网格服务功能为抓手,不断创新理念、机制、技术,依托大数据为小网格赋能提效。在工作推进中,市北区城市治理确立了"一个核心、三条主线"的工作基调。"一个核心"就是用平台化思维做发展乘数,提升城市治理的效率和质量。"三条主线"就是信息要畅、调度要优、标准要高,全力做好数据开放共享、重大活动及城区痛点难点整治统筹调度、健全完善城市治理体系等有关工作。

1. 解放思想,不断创新

着眼于城市治理的实践,针对运行中遇到的新情况、新问题,市北区解放思想,不断创新,推动城市治理工作有效发展。一是注重理念创新,变"被动式"管理为"主动式"服务和治理,实现从"你我"对立管理到"我们"来治理的转变。二是注重机制创新,在实施创新核心区全域网格化管理的基础上,对市民反映的痛点难点问题,通过平台调度、顶格调度,全力突破整治,打造城市治理品牌和标准体系。三是注重技术创新,通过数据打通归集,实现数据互通共享、开放使用,提高城市治理的质量和效率,为核心区建设赋予新动能。

2. 打破信息孤岛,实现互联互通

通过建立城市治理网格化信息管理平台,对散落在部门间的数据进行打通整合,促进信息资源的互联互通。一是全面推进政务信息归集共享。截至9月底,城市治理平台共整合36个单位和系统的248类、3765项政务数据,数据量达1.3亿余条。建立了50.2万条的人口基础库。城市体征运行平台、市北可视化系统、智慧浮新等系统累计完成数据共享交换4586万余条次,申请市级接口调用累计3500万余次,列全市各区(市)第一。导入省综治9+X平台人口、房屋数据120万余条次,节省了大量人工成本。二是加快推动政务信息开放使用。截至9月末,已完成47个单位305项数据资源数据开放,累计录入居民房屋40.2万套、居民62.6万人、企业1.4万家、企业员工1.8万人、企业建筑907栋数据库信息。城市生长力观测中心项目获评青岛市优秀大数据应用示范案例,市北区荣获青岛市大数据发展水平领先奖。

3. 促进资源整合,实现顶格调度

重塑调度体系,创新方式方法,高位调度,在一系列重大活动中发挥了积极作用。一是合理规划平台定位。以问题为导向,突破工作边界,进行规划重塑,调整组织架构。推进委作为总牵头单位,区内调度城管局、开发局、综合执法局等责任单位的工作任务,明确标准、制定规则、当好裁判,对上通过日通报、周调度、月总结直接对区领导负责,由区领导协调调度相关问题,推进委负责督导实施。二是全力突破痛点难点。城市治理平台将网格员徒步巡查"主动发现"和市民反映"被动发现"的问题,在处置上分为两大类:一类为边界清晰、职责明确的问题,由平台调度、处置、反馈;另一类为边界以外、职责不清、涉法涉诉涉军类等痛点难点问题,创新了挂图作战系统,对网格内非常规问题进行梳理,推进委做好问题排查、方案设计、资金落实、倒排工期等相关工作,由区领导包片,各责任单位做好具体整治工作。自上合组织青岛峰会以来,共牵头整治了以清真寺周边违法建筑、抚顺路批发市场周边脏乱差为代表的 234 个痛点难点问题,投入资金达 1.36 亿元。2019 年,根据平台大数据分析,从居民投诉的热点问题中筛选了 81 项痛点难点项目,截至 9 月底,已调度完成了全年整治工作量的 95%。三是打造"最洁净城区"。制定《青岛市国际航运贸易金融创新中心核心区环境提升专班工作机制》《建设"国际航运贸易金融创新中心核心区"打造"青岛市最洁净城区"实施方案》,充分发挥环境提升专班办公室职责,加强统筹协调,对方案中涉及的五大类 21 项问题进行优化细化,重点围绕大港、台东、中央商务区、新都心、环胶州湾及 12 个大平台周边区域实行环境提升。

4. 优化体制机制,实现治理体系品牌化、标准化

按照"党建引领、一核多元"的网格建设思路,通过推进"区域管理网格化、全区统筹信息化、公共服务精准化、社会治理精细化",不断优化网格化体制机制,健全完善城市治理体系。2019 年,市北区通过打造"网格党建",按照"多网合一、一网统筹"原则,以街道为主体,将全区137 个社区划分为若干网格,每个网格容纳 300〜500 户居民,实现"街巷定界、规模适度、无缝覆盖、动态调整"。一是夯实网格基础。将全区22 个街道 137 社区细化为 940 个单元网格(每个社区网格都设立一名网格长和若干名网格巡治员,街道安排 1 名处级干部、1 名科级干部和 1 名综合执法队员下沉到社区网格,并指定责任科室指导社区网格工作,属地公安派出所和交警中队各安排 1 名干警下沉网格,按工作分工承担相应网格管理责任),积极吸收和发动社区老党员、老干部、热心人员和社会组织共同参与到网格员队伍中来,实行"城市党建、市容市貌、生态保护、信访维稳、应急管理、综合治理、民生救助"七位一体管理服务模式,对网格内"人、地、事、物、组织"实施全覆盖管理。二是优化机制流程。首先,进一步明确了区、街道两级专职网格员的采集范围、工作标准和任务要求,增加网格监管领域考核权重,网格巡查更加均衡、全面。其次,细化负面清单。将餐饮业油烟扰民、优抚安置等问题纳入日常监管体系,负面清单内容由 30 项增加至 42 项。再次,日常巡查更加全面。除专职网格员外,通过区级平台组织专业网格员、城管办日常巡查、热线办反馈巡查等,对各网格信息采集情况进行全面巡查。1〜9 月份,通过网格化系统流转处置各类问题 40 余万件,办结率超过98%,"在市北"APP 反映问题回访满意率达 100%。三是实施品牌化、

标准化建设。前期，推进委与山东大学人文社科研究院、山东省标准化研究院多次对接，形成了"城市生长力"品牌建设推广及城市综合治理标准化体系建设方案，城市治理品牌化、标准化建设不断推进。四是高质量举办国际城市管理（青岛）年会。自 2017 年以来，市北区先后举办了 3 届年会，2018、2019 年会由推进委具体负责组织承办，得益于来自世界各国及国内知名专家的建言献策，城市治理体系不断创新，城市治理能力得到显著提高。截至 9 月末，城市治理指挥中心项目共接待包括省长龚正，省委常委、省委政法委书记林峰海等各级领导在内的参观团队 400 余场次。

5. 鼓励基层街道创新探索，打造个性品牌

市北区在推进城市治理过程中，一方面加强了全区的统一指挥、协调，提出了统一要求和标准、程序等，加强了统一的督促与考核。另一方面，坚持规定动作与自选动作相结合，鼓励街道办事处立足实际，大胆创新探索，打造具有自己特色的个性品牌。各街道在实践中，从优化组织体系、打造个性品牌、培育主体力量等方面入手，将党的建设贯穿于社区自治、城市管理、民生服务的各方面和全过程，进一步增强了党建工作的实效性，引领城市治理求实效见成果。

（三）市北区城市治理中存在的困难、问题

近几年，市北区围绕"打造共建共治共享的社会治理格局"，构建起了职能多元的城市治理体系，有效激发城市治理内生动力，在城市治理现代化方面的探索已初见成效，但仍然存在许多需要完善与改进的问题。

1. 不平衡问题

党委领导、政府负责、社会协同、公众参与、法治保障的社会治理体制中，存在强政府、弱社会的不平衡；基层社会公共服务、公共管理水平上，存在不同区域不平衡。

2. 合力不够

城市治理的关键是要解决"治什么""谁来治"的问题，尤其需要各部门通力协作、齐抓共管。调研发现仍存在一些协调不够、合力不强的问题。发现问题途径多、解决问题途径少，一些问题处置环节缺位，尤其需要各部门协作的问题，如占路烧烤、市容秩序整治等，得不到及时处置。联合办公机制有待完善。城市治理推进委员会涵盖了城市治理指挥中心、电政办、应急办等部门、单位，并与公安 110 指挥中心、城管局、综合执法局等实行联合办公，在实际工作中，如何更好地运转、发挥好工作合力，仍需要继续探索实践。

3. 信息联通互动程度还不够

虽然出台了全区统一的网格化建设标准、管理要求,但仍有部分区直单位、驻区单位,在工作推进中只关注自身工作,或仅将部分工作纳入网格管理,尚未建立利用网格化、平台化提升管理、优化服务的大局意识、主动意识,即使统一了管理网格,但各类网格间关联还不多,还没有最大限度实现信息共享、资源互通。另一方面,作为城市治理工作的基础和支撑,数据、信息等对工作的推进作用日益凸显,而市、区两级间的数据、信息开放共享机制亟待建立。

4. 基础不牢

由于街道网格员绝大多数为社工或志愿者兼职,不能全身心高质量地投入网格化工作,因此网格员作用发挥不充分,大量的社会综合治理问题反馈或处置不及时。在工作导向上,注重网格员数量增加、忽视质量提升,甚至个别网格员自编自导,以完成工作量为目的。在待遇落实上,在现有财政体系下,兼职网格员的补贴发放难以操作实现,导致网格员积极性不高。

5. 社区工作行政化现象突出

目前,社区内普遍存在挂牌多、迎检多、台账多的"三多"现象。上面千条线、下面一根针,上面小系统、下面大总统,社区居委会俨然成了集党组织、居委会、服务保障等诸多职能于一身的"万能政府",社区工作人员则成了日理万机的"小巷总理"。有些社区还负责了辖区内的拆迁、维稳、创城等大小几十项任务,任务繁重、压力很大。

6. 基层队伍专业化程度不高

从基层社会治理的现实情况来看,主要存在干部队伍年龄梯次不合理、工作积极性欠缺、专业素养不高等问题,极大影响了基层社会治理水平的提高。当前,虽然通过"三支一扶""社工招聘"等形式,解决了一部分人才缺乏问题,但从长远看,这些问题需要出台更加完善的制度加以解决。

7. 社会力量凝聚还不够

实际推进过程中,社会整体参与氛围还不够浓厚,还存在着政府单打独斗现象,居民主动参与城市治理的积极性不足,社会组织发挥作用不多,难以在社会上形成共建共治共享的良好工作氛围。如市北区开发设计了"在市北"APP,由于对智能手机使用不熟悉等因素,导致很多老年人不能方便地参与到手机上报信息工作中,碰到紧急突发事件,习惯于直接拨打政务服务热线反馈。对于通过"在市北"APP反馈的问题,因为事件处置反馈需要一定流程和时间,加之在制度设计上对主动反馈问题的居民缺乏物质奖励等激励措施,居民主动参与城市治理的积极性不足。

二、2020年市北区城市治理工作预测

(一)影响因素

1. 有利因素

有利的宏观环境。党的十九届四中全会通过了《中共中央关于坚持和完善中国特色社会主义制度、推进国家治理体系和治理能力现代化若干重大问题的决定》，为今后的城市治理指明了方向。从上到下各级党委、政府将会进一步提高思想认识，明确做好城市治理工作的重要性，增强做好城市治理工作的积极性、主动性，进一步改革和完善治理体制机制，扬优势、补短板、强弱项，构建科学规范、运行有效的治理体系。

具有良好的机遇。青岛市迎来建设中国—上海合作组织地方经贸合作示范区、打造"一带一路"国际合作新平台和建设自由贸易试验区的战略机遇，市北区加快建设国际航运贸易金融创新中心核心区，推动创新中心核心区建设工作，进一步优化营商环境，要求加快生活配套提质升级，进一步提升基层治理体系和治理能力现代化水平，为高质量建设创新中心核心区提供坚实保障。

已经有了几年探索实践的良好基础。市北区在城市治理方面经过几年的探索实践，取得了一定实效。破除了"数据壁垒"，实现了"应急联动"，体现了快速反应，解决了城市治理多头管理、容易推诿扯皮的问题，提高了公共服务供给的质量和效率，群众满意度不断提高。这些都为今后做好城市治理打下了良好基础。

"互联网＋"技术的不断发展及其应用。智慧城市建设步伐加快，大数据、云计算、人工智能等先进科技融入百姓生活的方方面面，也成为推进城市治理现代化的重要引擎。信息化与网格化进一步融合，推动治理效能更加提高。

2. 制约因素

归纳起来，主要有以下几点：

城市治理体制机制的理顺任重道远。目前城市治理缺乏自上而下的体制机制，影响了城市治理工作高效全面推开。虽然2015年青岛市下发了《青岛市推进实施城乡综合治理网格化管理工作方案》(青政办字〔2015〕108号)，但尚未在全市范围内建立自上而下、垂直运行的工作体系，导致区级层面在推行网格化、信息共享工作时缺乏有力抓手，在政策保障、资金支持方面缺少有效依据，不利于工作开展。体制机制理顺还需要加大力度，也不是短期内就可以完成。

社区治理的纵向脱节、管理缺位。在社区治理中，各职能部门和街

道过分放大属地管理功能,该放的权力不放,不该派的任务乱派,导致社区治理权责不对等,在一些区域或行业领域,造成部门与街道、社区间存在"能解决问题的却发现不了、能发现问题的解决不了"普遍现象。

基层队伍治理能力的提高难度较大。由于社区工作繁重、工资待遇较低等因素,部分拥有较高学历和能力的社区工作人员常常将社区工作者平台视为暂时性跳板,缺乏职业归属感,直接导致很多人才的流失,严重影响社区人才培养和社区工作开展。

群众和社会力量主动参与城市治理的氛围不够浓厚。群众对城市治理的目的意义、参与方式还不了解、不熟悉,从自身做起主动参与城市治理的意愿不强。社会组织的数量与城市治理的需求相差甚远,除社区居委会外,社会团体和中介组织不但数量有限,且参与渠道不多,无法有效地发挥应有的作用。

城市基础设施落后,民生保障任务重,城市治理的财政、能力等压力大。作为青岛市的老城区,城市市政配套以及停车、公厕等基础公共设施落后、历史欠账多,市政配套及公共设施建设资金投入大;老城区是主要的居住区,流动人口多,困难群体数量多,民生保障任务重;经济基础薄弱,税源点少,经济承载力低;优质公共服务资源分布不均,而人民群众的期望要求越来越高、越来越多;城市治理系统与设备工具、队伍建设等都需要较大的财政资金投入。市北区城市治理面对人口、经济、交通、生产、生活等多方面带来的压力。

(二)2020年市北区城市治理预测

2019年第四季度及2020年,市北区将认真贯彻落实党的十九届四中全会精神,立足市北区实际,坚持用平台思维做发展乘法,强化数据赋能理念,拓展平台服务功能,全面铺开创新中心核心区建设工作。将依托大数据在更高水平上扩大开放共享,在更大空间中优化配置资源,调动社会力量参与共建共治,重点关注和解决好涉及市容市貌、生态环境、信访维稳、应急管理、综合治理、民生救助等领域的痛点难点问题,为加快建设创新中心核心区提供坚实保障,更好满足人民群众美好生活的需要。

1. 加强党建引领

出台市北区《关于以党建引领城市基层治理全面提升实施意见》,完善制度机制,注重工作实效。坚持书记抓,抓书记,把党建引领基层治理当作"一把手"工程,强化街道主体责任,赋予街道更多权力,压实街道党工委书记、社区党委书记、网格党支部书记第一责任,发挥"领头雁"作用。继续加强网格化+街长制、帮办站、服务社等以党建引领、社区自治为主的服务模式创新,落实支部建在网格上,提升基层自我管理能力、自我服务水平。

2. 推动干部下沉

进一步明确网格指导员的行政责任,将在全区选派 60 名左右干部试点推行干部下沉、人格管理,拟在每个街道选派 2～3 名干部,全脱产到社区层面,归街道党工委成员直接管理,由区委组织部和街道共同做好日常考核和年终考核。积极探索在城市综合治理中,党员垂范带动与社会多方参与有机结合的有效共建路径,尽快做实、建强、配优网格化服务管理队伍。

3. 完善服务清单

按照城市党建、市容市貌、生态环境、信访维稳、应急管理、综合治理、民生救助"七位一体"网格服务管理模式,继续优化完善责任清单,一线摸排对接,明确需要社区干什么、怎么干,研究需要保障哪里、如何保障的问题,厘清前端防控任务和要求,进一步增强网格工作的针对性、操作性。进一步细化负面清单,扩大覆盖面,负面清单内容由 42 项增加至 48 项。

4. 优化网格结构

将全区 22 个街道 137 个社区细化为 940 个单元网格,充实队伍,加强培训与督导。健全完善制度建设,梳理网格资金使用明确网格工作含义、结构、主要任务以及网格员工作职责,结合街道层面机构改革、职能流转,前期已对下发的网格化管理办法、大联动机制等规范性文件进行了相应的补充、调整,后续将按照区委要求抓好优化、完善,紧跟顶层设计、理顺网格结构,配合做实党建引领下的城市综合治理网格化工作。

5. 强化协调联动

充分发挥城市治理推进委平台综合调度指挥作用,进一步加强区城市治理中心、电政办、应急办等 9 个工作机构统一协调管理;对与城市治理密切相关的公安 110 指挥中心、综治办、城管局、综合执法局、市场监管局、食药监局等 10 多个单位,逐步引导其将业务流程、调度模式、管理方式、考核机制与城市综合治理网格化系统的对接、融合,以此激发部门协调联动活力,促进平台全面提速增效。

6. 增强数据运用实效性

按照有效管用的原则,聚焦群众关心的痛点难点堵点问题,运用大数据分析,分门别类地梳理群众举报投诉问题情况,实现精准投向,并建档管理,形成工作专报,及时报区领导阅示,逐步实现问题"清零",切实增强大数据运用的实效性和引领性。预计全年新投入财政资金 1500 万元左右,进一步加大全区政务信息系统及智慧城市类开发应用的力度。预计到 2020 年,将整合 60 余家信息化工作服务商及软硬件厂商(含通信运营商)资源,为全区100余个业务应用系统(平台)提供数据支撑,为300余个业务应用系统(平台)提供政务云资源服务。届时将提升区委、区政府各部门工作效率50%以上,区级任务单人调度覆盖率达到80%以上。

7. 夯实基层网格建设

网格建设是社会治理体系的关键环节。将突出问题导向、重心下移,结合工作实际,尽快研究明确网格工作含义、结构、主要任务以及网格员工作职责,发挥党建引领和顶层设计作用,健全完善制度建设,梳理网格资金使用,挖掘培养网格党支部书记、网格党支部委员、楼院党小组组长、党员中心户等党支部骨干力量,带动楼组长、居民骨干参与网格建设,同时吸纳社区志愿者及共建单位参与进来。注重注意发现培养先进社会骨干吸收入党,培养党员成为先进社会骨干,建强网格化服务管理队伍,以财政列支为主,党费补助、街道补贴等其他渠道为补充,预计全年总投入1000万元左右加大网格经费支持;按每月300元的标准给网格党支部书记发放工作补贴。真正将940个网格基础建设夯实做实,通过网格化系统流转处置各类问题办结率提高到98.5%以上。

8. 打造党建教育新阵地

结合创新中心核心区建设,优化调整展厅功能定位和服务对象,以亲民、为民为导向,充分体现互动性,增设"议事厅"活动场所和基层工作者风貌,定期组织老党员、网格员、社区群众等实地参观,畅通沟通渠道,及时回应群众诉求,使展厅成为统一思想、凝聚人心的党建基地,成为全区老党员、网格员及社区居民了解市北党建和城市治理工作的宣传主阵地,真正将"不忘初心、牢记使命"主题教育实践活动相关部署落实落细落小,引导群众自觉成为城市治理的参与者、享有者。

(三)市北区城市治理的对策建议

1. 进一步改革体制机制,打牢城市治理现代化的组织保证

城市治理作为一项综合性很强的工程与过程,涉及城市经济、政治、文化、社会以及生态文明等领域,要使城市治理运行通畅、提高城市治理的效能,需要打破原有的体制机制,进一步优化调整机制,形成"政出一门"的运行机制。市北区的城市治理平台化建设,就是结合数字化技术的运用,对机制改革进行的有益探索,但运行过程中也存在一些问题。为此建议:一是进一步融合理顺机构。从区级层面自上而下,实现职责统筹履行、工作统筹安排、人员统筹使用,使人员、机构进一步融合。二是进行以大政府平台搭建和运行为核心的治理结构改革,解决部分机构虚化、职能弱化、部分机构职能重叠交叉、办事重复低效等问题,打破部门间的条块分割,使职能职责更加明确,效率更有保证。三

是要完善地方立法，从法治层面率先开放数据资源，让政府治理机构、高校院所及研究机构、市民、企业共享数据资源。同时，建立健全法律法规，从法治层面规范数据安全，让数据该放的放、该收的收，收放有理有据，使社会规范安全地利用数据。四是加大政策资金支持力度，增强人员力量，解决网格化力量兼职过多、效能不高的问题。

2. 进一步理顺政府和社区的权利关系，打牢城市治理的基础

目前多数社区的人事和财权都由街道控制，街道对社区采取直接干预管理，实践中将社区作为自己的派出机构来对待，在引导社区自治方面尝试并不多。社区服务的主体不能局限于政府，政府主导的社区服务存在一定局限性，由于对居民需求缺乏切身了解，直接影响到基层治理的实效。为此建议：一是从立法的层面确定社区自治组织的权力和责任，对其进行更细致的划分，科学合理界定社区管理事务中哪些要由政府承接协调管理，哪些事情完全可依靠自治组织解决，明确政府管理和社区自治的权责，变直接干预为间接引导，将基层能完成的工作交给社区，将专业性更强的工作推向市场，交给社会组织或企业，政府只负责对基层组织进行宏观指导。二是以基层党建为载体和突破口，优化人才队伍结构，建立激励机制、提高人才待遇，营造拴心留人的良好环境，着力建设一支素质优良、结构合理、充满活力的社区党员干部队伍。

3. 加强"互联网＋"运用，实施治理手段现代化，提升治理现代化水平

近年来，许多地方的城市政府通过"数字城管""数字交管"等电子政务平台的建设，加速推进政府信息化工程，起到了精简政务、改善流程、方便市民的重要作用。在互联网时代，以信息化手段和移动通信技术手段来处理、分析和管理整个区域的部件和事件信息，促进城市人流、物流、资金流、信息流、交通流的通畅与协调，这是城市治理的必然趋势。市北区实施"区域管理网格化、全区统筹信息化、公共服务精准化、社会治理精细化"工程，用改革的办法、创新的手段、科技的助力，实现人员、部门、系统、技术、平台、数据的深度协同，大力推进互联网＋、大数据、智库等新技术在城市建设、城市治理中的运用，实现了城市治理的数字化，凝聚起加强城市治理的强大合力。"城市治理"APP，市北区城市生长力体验馆，国内首个通过大数据管理的城市综合治理指挥中心，借助移动 GIS、三维地理信息、大数据、云计算等信息化技术手段等等。这些"互联网＋"技术手段的运用，大大提升了市北区城市治理现代化的水平。但仍有许多需要完善提高的地方，如信息资源的共建共享、数据信息的准确完善、数据运用的实效等方面，提升改进的空间很大。必须进一步提升改造原有系统，开发拓展平台功能。为此建议：一是对现有的城市治理系统进一步升级改造。围绕城市管理精细化、智能化的发展需求,融合人工智能、区块链、云计算和大数据等技术,探索行政服务大厅的融入整合,强化大数据对政府治理、经济转型、社会服务的支撑,打造智慧政府大脑、智慧城市大脑,提升政府社会治理能力和公共服务水平,实现政府及行业各类便民服务"端到端"的高效直连性、实时性与主动推送性,实现宜居幸福创新型国际化城市的目标,让每个居民都享受到数据智慧带来的便捷。二是优化网络化平台功能。对网格化平台进行升级改造,完善优化网格化系统功能,加速布局事中事后监管、云通信调度、智慧大脑等拓展功能。三是完善数据信息。借助移动三维地理信息等现代手段,全面摸清市北区经济社会各类资源"家底",整合全区人口、企业、建筑物、危险源、城市部件、监控摄像头等各类信息,对市北区区域内的地理、房屋、人口等各类数据建立"标准化"标识编码方法,形成"全信息链"数据库。四是增强数据运用实效性。按照有效管用的原则,聚焦群众关心的痛点难点堵点问题,运用大数据分析,分门别类地梳理群众举报投诉问题情况,实现精准投向,并建档管理,形成工作专报,及时报区领导阅示,逐步实现问题"清零",切实增强大数据运用的实效性和引领性。

4. 树立以人民为中心的城市治理观,增强城市治理现代化的温度

城市治理乃是运用政治、经济、社会和行政多种手段管理一个城市的公共事务,解决公共问题,提供公共服务,从而最大限度地实现公共利益和人民福祉。以人为本,是国家发展大局的指导思想,也是城市治理转型与创新的出发点和立足点。城市的核心是人,城市治理必须以人为本,让人民群众享受更多更好的现代文明成果。市北区的城市治理理念是:互联互通互动,协调协作协同,共建共治共享。其中共建共治共享是核心,共建共治共享解决了为谁治、谁来治、和谁治三个层面的问题。要坚持以人民为中心的发展思想,不断推进社会治理创新,有效解决老百姓的急难事、麻烦事、烦心事,让人民群众获得感幸福感安全感更加充实、更有保障、更可持续,实现更有温度的城市治理。一是强化以人民为中心的治理理念。把握好做好城市工作的出发点和落脚点,以人民满意为衡量标准,以问题为导向,坚持人民城市为人民,坚持以"人"为本源,多站在群众的角度想问题。二是在"四个全面"战略布局中规划城市治理工作,用"五大发展理念"科学推进城市治理现代化,让人民群众共享改革开放的成果,共享城市发展的成果。三是进一步提高治理的精细化与均等化水平。统筹布局完善教育、医疗、文化、健身等公共服务设施建设,进一步优化城市服务管理资源配置,提升城市宜居宜业水平。把专项治理、系统治理、综合治理、依法治理、源头治理结合起来,形成城市社会治理合力,补足短板,把问题解决在基层,提高城市治理效率,推进城市治理精细化。

5. 进一步坚持多元主体,实现共享共治

实现合作共治是城市治理的基本要义,也是让城市治理更有温度的重要条件。我国正从传统城市管理向现代城市治理转型,许多城市已经接受了新的城市治理理念,并为治理过程中发挥公众主体作用积极进行实践。市北区初步解决了谁来治、和谁治的问题,统筹了政府、社会、市民城市治理的三大主体,发挥了社会组织、企业和居民共同参与城市建设与管理,创建优质的城市治理系统环境的作用。但在具体实践中,公众主体作用的发挥还存在诸如参与热情不高、参与层次较低、参与途径单一、参与法制滞后等问题。传统的城市管理模式,将政府作为单一管理主体,其不良后果之一,在于行政权力不断膨胀,导致城市管理行为僵化刻板、高成本低效益的状况。新的历史时期,城市治理主体应该是多元化。既要共享也要共治。要坚持系统治理,在突出党委领导的同时,大力发挥政府主导作用,引导和鼓励社会各方面广泛参与,确保基层社会治理能够凝聚各方力量。一是继续发挥发挥党委、政府的基础性作用。新型城镇化和社会治理的转型升级不是否定党委、政府的作用,而是要进一步巩固党委、政府的基础性作用。二是拓宽公民参与的渠道,激发社会活力。新形势下的城市治理说到底还是归结到人的管理与服务问题。因而,若脱离了居民的需求而推进城市治理的转型升级,都可能会造成收效甚微,甚至南辕北辙的效果。因此,必须增加居民对社会及其社会管理的归属感和认同感,通过有效的宣传教育形式,逐渐引导广大人民群众自觉参与社会治理,激发群众的主体意识和参与意识,提高公众对城市治理的关注和重视,让被动接收者变成积极行动者;建立多渠道城市治理参与平台,通过听证会、座谈会等形式,积极拓宽居民参与的渠道,引导居民积极参与城市规划、建设、治理等全过程,发挥居民的智慧,激发社会管理的活力。三是重视社会组织的桥梁、纽带作用,提高社会组织参与的素质和能力。社会组织是一类人的法人组织,是政府和公众之间的桥梁和纽带,也是公众参与社会管理的重要渠道之一,因而社会组织的参与不仅拓宽公众参与的渠道,提升公众自治的能力,还能对政府城市治理的行为进行评估和监督,从而实现三者的良性互动。抓紧做好社会组织孵化基地建设,推进"三社联动"工作,加紧培育社会组织,积极引导社会组织、社区居民积极参与到社区服务中,以社区居民实际需求为取向,依托社会组织发挥自身的人才、资源等优势,精准满足社区居民多样化的服务需求。

6. 引入市场机制,提高城市治理的专业化、效能化

适应新的形势与任务要求,城市治理可以引入市场机制,更多发挥社会力量作用,实现效率和效益的双丰收。一是许多涉及社会稳定发展、地方安定团结,特别是需要实现社会公平正义的领域,政府仍然必

须占据完全的主动地位。但是对于城市绿化、城市垃圾等问题就可以通过市场运作的方式,建立公厕、绿化等作业市场化机制,形成主体多元、竞争充分、结构合理的作业市场,实现高效治理。二是进一步深化城市治理的市场化改革。放宽市场准入,推进市政公用事业改革,完善市政公用事业服务价格形成、调整和补偿机制。改革创新公共服务供给模式,扩大政府购买公共服务的范围,完善行业监管体系。发挥市场作用,引导社会资本投资、建设、运营城市基础设施,吸引社会力量和社会资本参与城市管理。

(作者单位:中共市北区委党校)

2019～2020年李沧区深度融入科技引领城攻势的分析与预测

崔艺显

《青岛市科技引领城建设攻势作战方案》中明确提出：支持青岛国际院士港按照"基础研究、应用研究、成果转化"三位一体的功能定位，建设面向世界开放、集聚全球创新要素的重要平台。李沧区对标学习深圳市光明区，强力发起"效率革命"，攻山头、炸碉堡、打硬仗，全面学习光明科学城建设，"优化、规范、做实"高端科技创新和产业化平台——青岛国际院士港生态体系和经济成长体系，积极融入青岛市科技引领城建设总体布局。

一、李沧区深度融入科技引领城攻势的总体情况

(一)李沧区深度融入科技引领城攻势的背景

1. 国家创新发展的需要

"纵观人类发展历史，创新始终是一个国家、一个民族发展的重要力量，也始终是推动人类社会进步的重要力量。"党的十八大以来，习近平总书记把创新摆在国家发展全局的核心位置，高度重视科技创新，提出一系列新思想、新论断、新要求。习近平总书记指出："中国要强盛、要复兴，就一定要大力发展科学技术，努力成为世界主要科学中心和创新高地。我们比历史上任何时期都更接近中华民族伟大复兴的目标，我们比历史上任何时期都更需要建设世界科技强国！"精辟地阐明了科技创新在我国当前历史发展阶段中的战略地位。

2. 省市新旧动能转换发展的需要

对于一个地区来说，要发展就必须充分发挥科学技术第一生产力的作用。山东省作为经济大省、教育大省、科技大省，作为中国首个以新旧动能转换为主题的试验区，以供给侧结构性改革为主线、加快新旧动能转换是抢占科技发展、创新发展的重大机遇。

青岛是 GDP 万亿元级城市、国际知名的旅游度假宜居城市,位居中科院评选的中国宜居城市之首,连续六年入围外籍人才最具吸引力的中国十大城市。2019 年,青岛市提出"精兵强将攻山头,典型引路稳阵地",发起"科技引领城建设"等"15 个攻势",吹响了建设开放、现代、活力、时尚国际大都市的号角。

3. 李沧区跨越式发展的需要

近年来,在经济发展新常态下,青岛市加快了供给侧结构性改革的步伐,全市 110 家老工业企业列入搬迁计划,其中李沧区有 55 家,占全市总数的一半。随着这些企业的搬迁,李沧区面临着日益严峻的产业空心化问题的考验。对于李沧来说,无论是加快新旧动能转换,还是实现高质量发展都要把经济发展转到创新驱动的轨道上来。习近平总书记指出:"强起来要靠创新,创新要靠人才。""人才是科技创新最关键的因素。谁拥有了一流创新人才、拥有了一流科学家,谁就能在科技创新中占据优势。"如果把人才队伍比作金字塔,院士就是金字塔的塔尖,李沧区从构筑院士创造创新创业创投高地切入,建立院士港,积极推动院士研究成果转化,推动传统经济向创新型经济转型,催生新动能"核变式反应"的工作思路和工作实践,正是贯彻落实习近平新时代中国特色社会主义思想的体现。

(二)2019 年李沧区深度融入科技引领城攻势的基本情况

2016 年以来,李沧区坚持"腾笼换鸟、凤凰涅槃"的思路,以建设"宜业宜居宜身宜心的创新型花园式中心城区"为目标,强化人才和科技"两大支撑",激发改革、开放、创新"三大动力",抢抓山东省全面展开新旧动能转换重大工程、青岛市打造"三中心一基地"的发展机遇,发扬"直面问题、排除万难、无中生有、始终顶尖、永远领先"的院士港精神,坚持大胆创新、主动创新,以科技和人才创新推动产业结构深度调整,突出"高精尖缺"导向,面向全球招引知名院士开展科学研究和成果转化,打造具有首创性的院士创造创新创业创投高地——青岛国际院士港生态体系和经济成长体系,作为高端科技创新和产业化发展平台。日前,该平台已纳入《山东新旧动能转换综合试验区建设总体方案》。

2018 年以来,李沧区规划了院士港"9+3+1"功能板块,"9"就是打造院士港院士工作站、院士港产业加速器、院士港研究院、院士港产业核心区试验区、院士港技术论坛、院士港技术双创银行、院士港院士特色风情居、院士港综合服务网、院士港顶尖荟等九大核心板块;"3"就是建设丝路协创中心、亚马逊—AWS 联合创新中心、邮政跨境电商产业园等 3 个配套板块;"1"就是把楼山片区作为配套片区打造院士智能制造产业区。截至 2019 年 9 月末,建筑面积 20 万平方米的综合性枢纽型院士工作站、总建筑面积约 10 万平方米的院士港产业加速器、规模 100 亿元的院士产业基金已投入运营。

院士港研究院用于承载院士实验室、研究院、工程中心、技术中心等。院士港产业核心区在院士港九大功能板块中,占地面积最大、建设体量最大、承载能力最大,决定着院士经济成长体系的大局。已开工建设院士港产业核心区试验区,规划建设面积超过 120 万平方米,统筹地上地下开发,目标是打造院士科研成果产业化核心区。同时,正在积极推进院士港技术论坛、院士特色风情居、院士港综合服务网、院士港顶尖荟等板块的规划设计。

亚马逊—AWS 联合创新中心作为数字经济平台,丝路协创中心作为面向"一带一路"的开放平台,邮政跨境电商产业园作为"市场平台",都要力争在山东打造对外开放新高地、青岛打造上合组织地方经贸合作示范区中实现规模效益产出。

楼山片区以老城区企业环保搬迁为契机,结合院士项目产业优势,打造生态网络覆盖、高端产业聚集、创新技术孵化为一体的产城融合功能区。

(三)2019 年前三季度李沧区深度融入科技引领城攻势情况

1. 持续完善创新人才集聚平台

院士生态体系正在形成,院士招引和评审评估进入常态化,标志着院士港步入更加规范化的良性发展轨道。同时,进一步规范院士港运行体制机制,优化了院士结构和质量,加强了院士团队建设,加强法律服务保障特别是对涉外知识产权的保护。截至 9 月末,院士港累计接待洽谈院士 320 余名,签约引进当代"静电纺丝纳米纤维之父"西拉姆等 108 名院士,其中外籍院士 93 名,占比达 86%。

5 月,举办了主题为"机遇与挑战:融合创新与国际合作"的"第三届海外院士青岛行暨青岛国际院士论坛"。山东省委书记刘家义、中国工程院副院长钟志华出席开幕式并致辞,省委常委、市委书记王清宪主持开幕式。来自 20 多个国家和地区的近百名海内外院士,世界 500 强招商局集团等 581 家企业和金融机构,复旦大学等 102 所高校,山东省科学院等 114 家科研机构参会。签约 53 名院士入驻青岛国际院士港,与 96 家企业及 4 家金融机构、12 所高校和 11 所科研院所签约或达成合作意向。启用了"国际院士联系网络"。举办了主论坛和多场平行分论坛活动,主要围绕数字经济、生命科学与技术、新能源新材料及智能装备制造等主题,推介院士港产业发展成果;组织海外院士考察青岛国际院士港和青岛经济社会发展成果,促进科学研究多国家、多学科、多领域交叉融合。

2. 加速建设科研和产业化平台

已启用和在建院士科研和产业化载体超过 300 万平方米。其中，院士港产业加速器总占地约 36 亩、总建筑面积约 10 万平方米，总投资约 10 亿元，共分 3 期建设。功能定位于集约型的研发试验工场，主要以院士项目和高成长性上下游企业为服务对象，争取省、市、区支持院士港三级联动政策，通过服务模式创新，给予政策和基金以及研发场地、院士产业基金、技术交易平台、市场推介等综合性支持，加速项目产业化进程，使企业快速发展壮大走向市场。截至 9 月末，规划布局了 4 个板块，其中 1 号楼、3 号楼是高端装备制造产业加速区，已有马伟明院士项目合作企业中特科技等为代表的企业入驻；2 号楼是生物医药产业加速区，已有陈璞院士项目合作企业一达生物入驻；5 号楼是海洋科技产业加速区，已有加拿大的武庆明院士和卡巴尼辛院士项目公司入驻；4 号楼，是新能源新材料产业加速区，已有西拉姆、张东晓等院士项目企业入驻。同时，4 号楼作为园区的中心楼座，还承载着综合服务功能，为企业发展提供政务服务、技术交易、工业设计、医疗保障等服务。从 2018 年 8 月运营至 2019 年 9 月，已经有 37 家企业入驻。

青岛国际院士港研究院 2019 年正式获批设立，以支撑传统产业转型升级、培育发展新兴产业为目的，采用政府支持和市场化相结合方式，构建运行机制灵活、转化体系健全的新型科研机构。该项目是李沧区贯彻创新驱动发展战略、高质量精准化"双招双引"、加快院士科研成果产业化落地的重要载体，是以生物医药、网络信息、新能源新材料及高端装备制造为主的院士研发工作区。项目占地 182 亩，建筑面积 102 万平方米。截至 9 月末，25 栋建筑中已经实现 5 栋封顶，预计年底可以投入使用；有 5 栋进入地上主体施工阶段，五大洲研究院已经由图纸变为现实。

院士港产业核心区试验区占地 211 亩，总建筑面积 127 万平方米。以院士产业项目为依托，以低能耗、无污染、环境友好为入驻原则，打造新型工业楼宇，与周边已建成区域的城市环境有机融合。地上为办公、研发和厂房，厂房按照组合式设计，单层面积 1500～13500 平方米不等；按照入驻企业的需求自由分割组合，灵活配置，满足企业需求。地下实施六层开发，按照浅层、次浅层、中层，设计满足服务配套、智慧停车、智慧仓储和产业互联网数据中心等要求的设施配置。园区展示中心又称行云流水厅，作为生物医药板块的综合性产业服务平台已投入使用，是举办 2019 年海外院士青岛行暨第三届青岛国际院士论坛活动场地，具备会议、展览等功能。该厅总建筑面积 17735 平方米，其中地上 3 层，高 31 米，建筑面积 9736 平方米；地下 2 层，建筑面积 7998 平方米。地上一、二层为会议、接待、报告、展览空间，主要是产品展示区，三层为会议及配套办公区。

3. 强力推进项目落地市场化平台

以重点院士、重点团队、重点项目、重点技术为目标,加快推进院士项目落地,争取实现产业链延伸和集群化发展膨胀,重点培育百亿元级项目。累计有 32 个院士项目落地,其中 15 个项目产出 47 种产品,NPR 锚杆钢新材料项目建成 3 条生产线,产品取得国家道路及桥梁质量监督检验中心检测报告。项目落地方式上,均采取注册公司的形式,原则上要求有院士港相关区属国有公司投资入股,形成实验设备、生产设备、厂房等实物资产。

4. 陆续建成双创运营平台

2019 年以来,青岛国际特别创新区入驻企业 52 家,签约微软精创营、arm 安创加速器等平台,实现税收 7668 万元。截至 9 月末,亚马逊——AWS 联合创新中心已累计孵化企业 669 家,15 家企业获得融资 7871 万元。青岛邮政跨境电商产业园现注册企业 131 家。百度(青岛)创新中心累计参与孵化企业 383 家,获得专利 87 项、软件著作权 162 项,创造就业岗位 2526 个。中艺 1688 创意产业园累计注册企业 825 家,创造就业岗位 2875 个。

5. 优化创新区级营商服务平台

深化"放管服"改革,落实"一次办好"要求,完善"服务到企业、服务到项目、服务到社区、服务到居民"工作。全区 178 项行政许可事项和 148 项依申请公共服务事项全部实现"零跑腿"。建立健全专人联系企业制度和服务企业联席会制度,实现区级审批事项"一窗受理"全覆盖,试点推行企业开办一个工作日全链条办结。打造青岛国际院士港技术交易中心,整合企业发展所需的各类中介服务资源,对全区科技工作中涉及的高新技术企业申报、科技成果转化、技术合同交易、科技金融等各项工作进行集中受理和办理,为企业提供一站式服务。线上开通微信公众号,定期推送政务信息和工作动态;线下开展研讨会、讲座、产品发布会等多种活动,内容涉及技术转移成果转化、人才引进政策、高新技术企业及科技型企业入库、区域双招双引政策、技术经理人培训等。2019 年来,参会企业达 300 余家,参会人员达 1200 余人次。

二、2020 年发展形势预测及展望

2019 年第四季度和 2020 年,李沧区将认真贯彻习近平总书记"办好一次会,搞活一座城"重要指示要求,聚焦"院士港＋双招双引",强化平台思维、生态思维,放大青岛国际院士港功能,不断完善院士港基本架构,突出产业链设计、专业化招商,扎实推动新旧动能转换重大工程

落地落实,在融入和服务全市"15个攻势"中,实现"裂变式"发展。

(一)以平台思维助推"双招双引"发力

牢固树立平台思维,借鉴深圳等先进城市经验,围绕重点平台做大文章、做好文章,推进全链条式、集群化招商,推动项目招商向产业招商转变,由园区完成厂房建设、设施配置等工作,让企业"拎包入驻"。如国际特别创新区在大数据、云计算、软件开发、工业互联网和人工智能等产业领域积极招商,基本形成集聚效应。同时,将对全区17.8万平方米的闲置楼宇和厂房,建立并及时更新"三库三图"(闲置厂房资源库,办公楼宇资源库,批而未供、供而未用土地资源库及对应的地理位置图),坚持"一楼一特色",逐一研究处置方案,系统规划、统一包装,充分挖掘闲置资源的市场价值和潜力,打造招商引资新平台。预计2019全年引进过1亿元项目60个以上,总投资超过310亿元,其中总部企业项目不少于10个。技术交易市场实现技术合同交易登记额8亿元,组织实施科技项目20项,投入科技创新专项经费1800万元,争取上级资金1500万元以上。加快亚马逊—AWS联合创新中心、国际特别创新区发展,推进小微企业孵化加速,拓宽规模企业国际化渠道,实现税收2亿元以上。加快百度创新中心发展,孵化企业100家以上,创造就业岗位500个。中艺1688创意产业园新入驻企业100家以上,税收突破3亿元。2020年在"双招双引"工作的强力推动下,实现平台载体数量质量稳定较快增长。

(二)以产业聚焦引领项目成果转化

将围绕全省"十强"产业、全市"956"产业体系,按照"4＋N"产业体系(由网络信息、新金融、设计研发、影视文化四大产业为主导,以生物医药、新能源、新材料、高端装备制造等N个产业为支撑的产业体系)和院士港五大领域(新能源新材料、高端装备制造、新一代信息技术、生物医药和设计研发)的部署选育院士项目。采用"实验室＋企业"模式,带动上下游企业形成集聚效应,重点打造百亿元级院士项目产业链或产业集群。李沧区正在加快建设200万平方米的科研和产业化载体集群,2019年底前主营业务收入有望达到300亿元,2020年在此基础上实现持续较快增长。

(三)以科学规划助推发展模式升级

坚持产城融合理念,围绕功能转换与更新、产业优化与升级、生态建设三大战略任务,深入研究产业规划。发展"工厂上楼"等将设计、研发、办公、存储、生产、包装、运输等所有环节都一条龙在楼宇中完成的新型发展模式,解决用地困难,保留特色产业业态,保护生态环境。占地 15.7 平方千米的楼山工业区围绕承接院士港项目成果转化、集聚智能制造产业进行详细规划,其中,楼山河南片区控制性详细规划已经完成,楼山河北片区将先期启动 6.9 平方千米试点片区建设,2020 年全面试点开工。

(四)以优商环境赢得商机和人才

持续优化营商环境,以市场化、法治化为目标,坚持问题导向,借鉴先进经验,利用大数据推进"减证便民",出台覆盖全、标准高、服务优的奖励扶持政策,努力打造与国际接轨的优质高效的全链条服务品牌和"服务模式",吸引、留住、培养、用好各类人才和企业。2018 年,李沧区出台了《关于在全面展开新旧动能转换重大工程中实施"十百千"人才计划的意见》,规定了创新创业支持、个人生活补贴、平台载体助建、人才成长激励、引才中介扶持、综合服务保障等方面的政策。2019 年,在深入了解李沧产业状况、人才分布和流动情况的基础上,依托人才大数据管理,推出了"人才李沧"信息管理服务平台,通过平台数据的筛选和整合,可以精准地实现政策条目、企业需求和人才信息"智能匹配",更好地满足企业和人才的双向需求,促进人才发展与经济社会发展的深度融合,为建设宜业宜居宜身宜心的创新型花园式中心城区提供有力人才支撑和智力保证。预计年内引进 6 名顶尖院士,促进院士引进由规模集聚向结构优化转变;同步引进专业技术人才、金蓝领技能型人才、工匠人才 1 万人以上,政策性扶持创业人才 1500 人。

三、李沧区对标深圳光明科学城深度融入科技引领城建设的对策建议

按照"优化、规范、做实"要求,"研究理论、研究政策、研究典型",对标学习深圳光明科学城"科学城＋产业城"的规划体系,坚持"基础研究、应用研究、成果转化"三位一体的功能定位,加速形成国际院士集聚效应、科研和产业化载体集群化效应,努力成为深化科技体制改革的"试验田"。

(一)深圳市光明科学城的基本经验和做法

光明科学城总规划面积 99 平方千米,占光明区总面积的 3/5,以"科学＋城市＋产业"为发展规划,是深圳市委、市政府面向全球,深化粤港澳科技创新合作作出的重大部署,定位于打造综合性国家科学中心集中承载区、院士创新和未来产业策源地、世界级大型开放创新网络

新中心战略支撑。

光明科学城总体呈"一心两区、绿环萦绕"的空间布局。"一心"即光明中心区,建设科学城的综合服务中心。"两区"即装置聚集区和产业转化区。装置集聚区:集中建设大科学装置、研究院所、高等院校。面积12.7平方千米,包括"一主两副"三大科学集群:重大科学设施集群(面积 6 平方千米)、科教融合集群(面积 4.1 平方千米)和科技创新集群(面积 2.6 平方千米)。

"十三五"期间,深圳市在光明科学城重点规划布局建设 6 个重大科技基础设施,分别是脑模拟与脑解析设施、合成生物研究设施、材料基因组大科学装置平台、空间引力波探测地面模拟装置、空间环境与物质作用研究设施、精准医学影像大设施。其中,材料基因组大科学装置平台项目总投资 6.6 亿元,预计 2022 年完成装置建设。合成生物研究设施项目总投资约 9.4 亿元,预计 2022 年完成装置建设。脑解析与脑模拟设施项目总投资约 12 亿元,预计 2023 年完成装置建设。

产业转化区(光明凤凰城):建设成果转化平台和创业创新平台,培育和布局未来新兴产业。其规划范围 14.89 平方千米,总建筑面积 2200 万平方米,着力打造产业创新集聚、知识交流便捷、生态绿色智慧的高品质产城融合示范城区及光明科学城的产业转化区。光明凤凰城自设立以来,累计储备主要项目近 200 个,已落地主要项目投资总额超 2000 亿元。近年来,该区域通过招商引进了大批国内外行业龙头企业和重大项目。其中,华星光电三期项目叠加,累计投资达 1000 多亿元,推动形成了以华星光电为龙头的液晶显示产业链,为打造全球重要的新型平板显示产业基地奠定了良好基础。

(二)对标学习建议

1. 建设青岛科技引领特别区

习近平总书记强调:"要坚持以全球视野谋划和推动科技创新,积极主动融入全球科技创新网络,提高国家科技计划对外开放水平,积极参与和主导国际大科学计划和工程。"深圳光明科学城仅用 6 个月时间就在装置聚集区先期启动脑解析和脑模拟、合成生物两个大科学装置建设,关键在于深圳市举全市之力支持项目推进和落地,着力推动基础应用研究,这是深圳发展眼光的前瞻性,也是对基础研究承载未来发展的信心和决心。建议将争取承接国际大科学计划和大科学工程纳入全省、全市发展规划,在李沧构建完善的"院士区",坚持"基础研究、应用研究、成果转化"三位一体的功能定位,从院士共性需求入手,有针对性地引进顶尖院士、开展课题方向论证,配套一批共性科研设备和科研平台,结合谋划院士顶尖荟,不断积累布局大科学装置的有利因素和优势条件。

2. 创新科技引领体制机制

习近平总书记指出:"要坚持科技创新和制度创新'双轮驱动',以问题为导向,以需求为牵引,在实践载体、制度安排、政策保障、环境营造上下功夫。"体制机制是制约成果转化的一个重要因素,很多成果转化不顺,很大程度上是"科技、企业、政府"没有三合一。院士港在促进科学院与工程院优势直通,促进东西方科研思维和体制机制融会贯通,促进港内港外资源联通,促进科学家、企业家与政府三维贯通方面千方百计整合资源,突破体制机制瓶颈,形成科技创新、思想碰撞、交流转化的强大磁场。

光明区从规划设计方面积极落实深圳市重点地区总设计师制试点探索,以"智库+总设计师"试点创新助推光明科学城高标准规划建设。从机制上依托由国务院参事、各相关领域权威院士构成的总设计师团队,由国内外行业知名专家和粤港澳大湾区本地专家组成的专家库,以及城市规划建设发展各领域经验丰富的专业技术团队,为光明重点片区高质量规划、开发、建设提供重要技术支撑,搭建顶级智库团队。

建议为院士港开辟创新试点机制,在生态规划、体系建设、人才引进、科研攻关等方面提供政策性支持,如在科研联合攻关体制机制方面,探索国际级实验室试点,聚焦各国对人类和地球的共性需求,有针对性地引进顶尖院士,探索联合攻关的模式、突破关键领域核心技术,并对其成果评定和项目转化机制及方式进行创新。同时,探索推动具有关系国计民生关键技术的院士项目采取自投自建、产业链嫁接等方式,突破成果转化瓶颈,创新自主产权项目的一体化运营机制。支持院士港在个税政策、社保待遇、医疗卫生等方面先行先试。

3. 构建规划引导科技产业集聚模式

产业是一个地区发展的根基,从光明区来看,高端制造业仍然占据产业的龙头地位。光明区在规划上定位明确,以规划引导产业招商,以招商企业定向园区建设,实现了规划、园区、产业、企业四个精准定位,最终把生物产业园区做实做细。建议结合李沧区及院士港未来发展,将设计研发、园区建设、产业转移等统筹考虑,对产业规划、建筑层高、绿化面积、地下空间、交通组织等精准化定位规划,将规划和产业招商、园区建设结合起来,以平台思维组织规划,以规划引领建设和招商。

楼山成果转化区对标凤凰城产业转化区,在产业规划、产业布局、产业落地等方面全面学习先进经验,在原青钢、碱业等企业搬迁地块上加快规划和土地整理,为院士港项目研发成果落地准备空间,重点引进或打造高端制造、生物医药、新能源新材料等行业龙头企业,保障院士产业转化速度和院士产业发展进度，实现引入落地一个，带动整个产业链，提升整体发展质量。

4. 以金融"双招双引"突破科技资本瓶颈

光明区的投资以政府投资和企业投资为主，其中深圳市级财政对区域资金支持较大，超过 100 亿元，特别是科学城装置集聚区基本以市级投资为主，区级财政主要用于投向其他基础设施、民生保障等。如先期启动的脑解析和脑模拟、合成生物两个大科学装置，项目预计投资 20 亿元，采用深圳市负责建设资金，光明区负责项目建设的模式，建成后按照政府所有、开放共享的模式运行。其他工业、商业项目以企业投资为主，政府资金奖励为辅。

院士港生态体系和经济成长体系的建设并非一朝一夕就能完成，科技项目研发需要的资金缺口大、周期长。建议向上争取更多如省、市新旧动能转换基金等政策和资金支持，争取国有大行的长期战略性投资，增加地方政府专项债券。建立金融支持与科技创新有效衔接，畅通基础研究、技术创新、金融服务三者的绿色通道，助力院士创新成果转化。推动院士项目吸引各类资本、开展直接融资，探索运用融资租赁、金融租赁、资产证券化等融资方式，更好更稳地进行市场化运作。

5. 以院士港品牌助推生态链效应形成

海外院士青岛行活动已经成功举办三届，形成了积极的国际影响力。应在此基础上尽快推动"青岛国际院士论坛"系列化规范化制度化常态化，拓展构建"十百千万"国际院士网络，创设"国家院士节"，以院士港品牌在推动形成院士产业生态、国际科研联合攻关、促进产学研合作、提升品牌价值等方面实现新进展，通过"引进一名院士、带来一个核心团队、围绕一个专业领域、推出一批项目"。同时，广泛拓展与国内外企业、高校、科研机构、金融机构等联系合作，融入"一带一路"建设，打造对外开放新高地。

6. 以服务品质优化提升科技创新氛围

关注并解决人才最关心的问题，是以人为本良性互动发展的关键。在行政审批方面，深圳为就业创业的应届大学毕业生办理落户提供便利，实现人才引进"秒批"。实施"容缺办理"，对主要申请材料齐全且符合法定形式，但其他申请材料欠缺的政务服务事项，申请人做出补正材料承诺后，审批部门先予审批，只要在办理时限内快递提交容缺材料即可办结。建议李沧区对人才引进、高科技项目转化和落地等的审批实行"一窗受理、集成服务""容缺受理"等，为落户人才、企业提供精细化、无缝隙服务，实现营商环境"零障碍、低成本、高效率"。

良好的政策和生活环境对高层次人才至关重要，帮助企业解决生活中遇到的具体问题，尤其对高管人员、项目牵头人、高精尖人才的个性化需求给予更多关注和支持,才能让人才留得下、留得住、留得好。建议李沧区在成果认定上,依托青岛国际院士港技术交易中心加强与北交所等知名机构合作,全力打造涵盖科技成果转化、技术交易、知识产权、项目申报、产品推介、企业培训等全方位企业服务平台,建立健全科技计划项目库、专家库,推动区域科技项目申报,建成以院士成果转移转化为主导的科技成果全链条生态服务体系,不断放大院士效应和影响力。同时关注并解决高层次人才的生活需求,如加快完善国际学校、国际医疗、高层次文化等相关生活设施,优化区域生活环境,为企业、人才落户解决后顾之忧。

经过三年多的不懈努力,院士港的建设和发展已经得到中央和省、市的肯定。下一步,李沧区还要以创新驱动为根本杠杆和攻坚武器,加大科技和人才引进力度,开启加快创造创新"新势能"向"新动能"转换的新阶段,推动土地、平台、资本、人才等各方面资源加快汇入经济发展主航道,加快实现科技创新引领的高质量发展,为省、市实现创新发展、持续发展、领先发展作出"李沧贡献"。

(作者单位:中共李沧区委党校)

2019～2020年青岛西海岸新区美丽乡村建设情况分析与展望

郭岩岩　王　欣　卢茂雯　王　凯

习近平总书记在2013年中央农村工作会议上强调："中国要强,农业必须强;中国要富,农民必须富;中国要美,农村必须美。"建设美丽乡村既是建设美丽中国的重要内容,又是实施乡村振兴的重要任务,青岛西海岸新区(以下简称新区)以习近平新时代中国特色社会主义"三农"思想为指导,把美丽乡村建设作为地方经济社会发展和建设美丽新区的重要组成,按照党中央、山东省、青岛市美丽乡村建设的总体部署和要求,紧密结合区域实际,以乡村振兴为抓手,科学规划,创新机制,协同推进,创新探索,取得了初步成效。

一、2019年青岛西海岸新区美丽乡村建设情况

2019年,青岛西海岸新区积极在引导美丽乡村建设健康发展、优化农村居民点布局规划上下大功夫,探索"政府主导、企业参与、社会共建"的美丽乡村建设模式。按照政府主导、镇街主力、企业主体的"三主模式"和规划为先、设施为要、文化为魂、生态为基、产业为根、特色为重的"六为理念",初步形成以城带乡、城乡融合发展格局。截至9月末,累计完成建设项目366个,完成投资3.84亿元,实施农村街巷硬化外立面改造33万平方米,绿化苗木23.7万株,整修排水沟及污水管道11.6万米,治理河道0.68万米,整修生产路7.4万米,卫生改厕0.54万户,搭建农村休闲广场27个。

(一)规划先行,引领美丽乡村高质量建设

把科学规划作为关键,引领美丽乡村建设高质量发展。新区坚持把美丽乡村建设融入开发建设全过程,一张蓝图绘到底,科学谋划好"点、线、片"三个建设层面,以高水平规划引领高层次建设,彰显新区特色。

一是实施科学规划,力求"点上"出彩。结合新区总体规划、城镇发展规划和特色小镇规划,实行"多规合一",高标准编制《青岛西海岸新区农村新型社区和美丽乡村发展规划(2015—2030 年)》;聘请南京典筑建筑设计有限公司等 23 家高水平规划设计单位,按照"一村一品、一村一景、一村一韵"原则,发掘整合当地生态、历史、文化等资源,2019年初编制了 21 个省、市级美丽乡村示范村的建设规划,充分展现示范村的空间形态之美、自然风光之美和多彩人文之美。

二是整合优势资源,打造"线上"美景。新区充分利用传统文化、自然风光、红色资源等优势,规划打造绿色长廊、蓝湾生态和红色之旅等3 条美丽乡村精品线,大力提升乡村整体风貌,实现"一带一风情、一片一韵味"。

三是注重个性设计,凸显"片上"美丽。将美丽乡村建设与特色小镇建设紧密结合,根据每个乡镇不同的历史传承、区位优势、资源禀赋,突出个性化设计,制定不同的建设规划,全方位展示各个村庄的生态底蕴、建筑风格和人文特色,彰显独特的风土人情,进一步丰富提升特色小镇建设的内涵和外延。2019 年着重打造藏马文旅(藏马山乡村旅游片区)、琅琊古风(琅琊台滨海片区)、红色传承(铁山杨家山里片区)、果蔬飘香(张家楼佳沃现代农业片区)、竹风茶韵(海青茶山片区)等美丽乡村重点片区。

(二)创新机制,探索美丽乡村建设新模式

建设美丽乡村,资源整合是途径。新区立足区位资源优势,促进资金、企业、产业、资源等要素向乡村流动和集聚,创新机制,破除阻力,增强合力,因地制宜,探索契合新区实际的美丽乡村发展模式。

一是坚持政府主导。从 2017 到 2020 年,区财政安排专项资金,对100 个市级美丽乡村示范村实行以奖代补。充分发挥财政资金杠杆作用,撬动 3.2 亿元社会资本投入美丽乡村建设,为美丽乡村建设提供强有力的资金支持。

二是鼓励企业参与。坚持市场运作,鼓励支持资金实力大、施工能力强、市场信誉好的区属重点国有企业参与美丽乡村建设,对项目实行总承包和总施工。城发集团按照"千年塔桥,羊莓土气"的总体定位,投资 7480 万元将胶河管区塔桥村打造成山东好客乡村旅游典范、国内乡村主题旅游发展领头羊。

三是突出产业发展。坚持内外兼修,把美丽乡村建设同产业发展结合起来,加快培育"三园一体"新亮点,打造一批具有文化传承、乡土风情、风格各异、环境优美的"美食村""影视村""旅游村""农家乐村"。六汪镇宋家村引进隆辉蓝莓示范园等五大特色园区,园区占地总面积

2100亩,带动近300名村民在家门口就业。红石崖街道雷家店子村发展草莓大棚800个,连续举办9届草莓观光采摘节,形成了以草莓种植、采摘、休闲、餐饮于一体的高品质生态休闲文化体验基地,带动周边村庄2000人就业致富。

四是加快土地流转。坚持富民优先,通过美丽乡村建设,带动农民土地股份合作社加快发展,采取委托流转、股份合作等方式,实现农村土地整村或多村连片流转、有序流转。截至2019年9月末,各示范村和达标村已完成流转耕地面积3.5万亩、林地1.2万亩,培育规模经营大户57家,规模经营土地面积达3.2万亩。如藏南镇长仟沟村结合藏马山国际旅游度假区项目开发建设,通过农业与旅游融合发展,流转耕地3730亩、林地3580亩,实现了村民和村集体"双增收"。

五是统筹资源整合。美丽乡村建设涉及部门多,资金投入大,需要统筹整合各级各类涉农项目、资金、资源,聚焦重点,形成合力。为此,新区城管局整合村庄土路硬化和卫生改厕项目资金1.83亿元,投向乡村示范村和达标村。新区水利局整合中央、青岛市和新区中小河流重点县项目资金1.5亿元,对海青镇甜水河等4条河道进行综合治理。新区环保局整合农村环境连片整治示范项目资金2.1亿元,新建污水处理模块20个、提升泵站10座,铺设雨污管网近200千米,辐射18个镇街128个行政村,惠及农村人口约13万人。

(三)协同推进,提升美丽乡村建设成效

新区以改善农民生产生活条件、提升农民幸福指数为宗旨,把美丽乡村建设作为一项系统工程,整体谋划,统筹推进,做到"四个结合",增强实效。

一是与脱贫攻坚结合。新区将贫困村、薄弱村全部列入美丽乡村建设的重点,在资金投入和项目安排等方面予以适当倾斜,在加快脱贫摘帽的同时抓提升,力争把贫困村建设成美丽乡村。实施结对帮扶政策,共安排5家市属国企、13家区属国企及14家重点民企包帮32个村庄,充分发挥企业资金、技术和管理经验等优势,突出乡村产业振兴,盘活农村闲置资源资产,带动农民家门口就业。从各大区直机关、镇街、国有企业选派人员驻村帮扶充实美丽乡村建设的力量,围绕培植一个产业、兴办一个项目、解决一批就业、援建一批设施、富裕一方百姓"五个一"目标,抓典型、树样板,推进集体、农民双增收,激发乡村发展内生动力。

二是与加强基层治理结合。新区强化农村基层组织建设,不断加强农村社会治理创新,优化农村管区、社会治理片区、农村新型社区"三位一体"的农村社会治理格局,为美丽乡村建设强基固本。

三是与发挥群众主体地位结合。农民是美丽乡村建设的主体和直接受益者,应该成为美丽乡村建设的主力军。新区采取积极政策措施,激发调动农民积极性,主动为家乡建设贡献力量,广泛参与,共建共享,充分发挥主体作用,加快美丽乡村建设步伐。藏南镇于家官庄村积极联系在外的于氏家族成员,组织联谊,凝聚力量,各尽所能,壮大了美丽乡村建设的内生动力。

四是与农业转型结合。在建设美丽乡村的同时,突出抓好新区农业园区、特色农业、生态观光、休闲旅游等"新六产",推动农业提质增效转型升级,截至2019年9月末,新区蓝莓、茶叶、食用菌累计分别达9.2万亩、8万亩和3.8亿棒,新增规模以上现代农业园区13处,发展各类乡村旅游特色村、示范点25个,联想佳沃、绿色硅谷进入国家级农村创业创新园区(基地)名单,创建了全国首批"新型职业农民培育示范基地",获批省级农业高新技术产业开发区,成功举办全国食用菌特色小镇产业大会、第三届青岛茶文化节暨中国茶叶流通协会市场高峰论坛。

二、青岛西海岸新区美丽乡村建设样本介绍

新区立足自身优势,精心打造风格各异的美丽乡村,涌现出一批产业发展有特色、生态环境有亮点、文化特质有内涵的示范村,其中大泥沟头村、枒杭村、王家台后村是典型代表。

(一)大泥沟头村:文化开路,三产融合,全面提升

大泥沟头村隶属于青岛西海岸新区张家楼镇,面积3.2平方千米,山林1200亩,耕地800亩,现有237户,1620口人,其中外来人口1200人,因以发展油画产业闻名而被誉为"中国江北第一画家村",又名达尼画家村。近年来,达尼画家村按照新区美丽乡村建设部署,大力建设村容整洁、宜居幸福、令人向往的美丽乡村,形成了以文化开路、旅游搭桥、三产融合的休闲乡村发展格局,先后获得"山东省安全村""山东省民主法治示范村""中国文化制品七大品牌""全国文明村"等荣誉称号,入选"中国美丽休闲乡村"。

1. 绿色低碳生产美

达尼画家村以旅游文化产业为主导,先后引入绿泽画院、墨泽文化创意、泽丰文化生态园等在内的10余家文化企业。龙头企业绿泽画院现有签约画师700余名,产品远销欧美20余个国家和地区,年产值过亿元,是中国文化(美术)产业示范基地、国家文化出口重点企业。文化产业的繁荣带动了旅游业的发展,绿泽画院、泽丰生态园、"画·荷畔"精品民宿、十里油画长廊及艺博城等旅游地标形成集聚效应,使该村成

为当地游客文化旅游的首选之地。2019年前三季度,接待游客8万人次,经营收入100余万元。

2. 环境宜人生态美

实施绿化、美化、亮化、硬化、净化"五化"工程。重点抓好村内绿地、街巷绿道、进村绿廊、环村绿屏建设,设立污水处理站,截至2019年9月底,该村绿化率60%;清理塘湾水库14处;完成大泥沟头河生态治理;污水处理率在95%以上,达到一级A类排放标准;配套容积1万立方的液化天然气单点直供站,可满足2500户居民取暖、做饭需求。

3. 农民增收生活美

文化产业的发展缓解了该村的就业压力,从事美术工作的有1000多人,带动全村60%以上农民就业。村民通过到园区打工、提供餐饮服务、出租房屋土地等方式增加收入。2018年,村集体收入220万元,农民人均收入25900元,高出全镇平均水平近20%。

4. 优质便捷服务美

该村坚持多规融合,注重村庄规划与经济社会发展规划、土地利用规划、生态功能区规划同步规划、同步建设。借助社区改造的机遇,建设并完善社区商业中心、社区健身公园、社区医院、社区服务中心、社区幼儿园等功能区,成为青岛市十大示范社区之一。2015年首批完成产权制度改革,投入20多万元补贴村民,养老保险覆盖率、合作医疗投保率、低保办理率、大病救助率均达到100%。率先实施社区建设"十优工程",为党员、群众提供党务、政务、便民"一站式"服务。

5. 村风文明人文美

以党建"三基工程"为引领,加强党员"星级管理",党员主动承诺践诺。树立优秀共产党员、"文明家庭"、"道德标兵"等先进典型,为营造良好的乡村风气起到较好的示范作用。为丰富村民的文娱生活,村庄成立了画家村锣鼓队、老年人协会等团体,开放社区电子阅览室等活动场所,开展太极拳、广场舞、手工编织、剪纸交流等文化惠民活动,让广大群众共享美丽乡村建设成果。

(二)枞杭村:整合资源,综合治理,产业支撑

枞杭村位于青岛西海岸新区滨海街道,地理位置优越,滨海大道自枞杭村域穿过,紧邻204国道,轻轨R13线经此设站。交通优势为枞杭村美丽乡村建设创造了良好条件,枞杭村充分抓住机遇,利用资源优势,成功创建市级美丽乡村示范村,打造美丽乡村建设的"青岛样本"。

1. 做好面子:综合整治环境

枞杭村美丽乡村建设从环境整治入手,2017年争取上级扶持资金2600多万元,实施了河道治理、道路硬化、排水沟改造等工程,配建便

民服务、休闲娱乐等功能设施,村容村貌焕然一新。为创造美丽宜居的生活环境,2017 年以来,街道城管办在辖区村居、物业小区内开展"三清一化"环境整治提升行动,全面推行日常作业精细化,建设村居样板街道。以此为契机,杻杭村协同街道开展环境整治,加快基础设施配套,村内大街小巷全部硬化,铺设雨污管道 3000 多米,与福特新能源、新奥燃气等企业合作,实施集中式供气供暖、模块化污水处理等改造工程。同时,组织发动村民参与环境治理,开展宣传,培育和提高村民环境、卫生文明意识。

2. 做强里子:倡导文明乡风

家庭是社会的基本单元,家庭文明状况关系到乡风文明的建设,杻杭村注重引导广大家庭崇尚文明新风、树立良好家风。该村深入挖掘村庄特色文化来塑造村镇灵魂,倡导文明生活方式,在村里设置了千字文、百福墙等文化雕塑,筑起"美丽乡村梦"。通过设置善行功德榜、制定村规村约、开办美丽乡村广播站等一系列活动提升村民的整体素质,以文化育人,倡导健康向上的社会风气,引领更多家庭追求美、实现美,为美丽乡村建设奠定坚实基础。

3. 做厚底子:催生美丽经济

杻杭村土地肥沃,是西海岸地区传统产粮大村,基于传统农业投入多、产出少,经济收益不高的问题,杻杭村逐步探索出了"公司+专业合作社+农户"的产业发展模式,促进农业产业化和规模化经营。引入明月苹果等特色农产品,成立"明月苹果"协会,实施品牌化经营战略,注册"振山"牌苹果,年销量 1000 余吨,销售额 230 余万元,吸纳了全村一半劳动力,使村民的经济收入有了较大的提高,村级集体经济有了长足发展。该村充分利用优越的地理位置和便捷的交通条件,大力开展招商引资,逐步形成产业融合发展的新格局,完善了以务农为副、以务工为主的布局,为推动新区乡村产业振兴、打造青岛市"美丽乡村"升级版提供了良好的产业载体支撑。

(三)王家台后村:培育主导产业,夯实文明创建,助力美丽乡村

王家台后村位于青岛西海岸新区琅琊台管区南部,全村共有 205户、636 人,南靠因秦始皇三次登临而蜚声海内外的千古名胜琅琊台,海岸线长 2.7 千米。这里有被网友们称为"山东沿海的最后一片宁静海滩"的龙湾。该村充分依托龙湾特色资源,因势利导、"深耕细作",从一个普普通通的小渔村一跃发展成"山东省旅游特色村"、"山东省最美宜居乡村"、"山东省生态文化村"和"青岛最美乡村",究其原因就是积极培育主导产业,做大做强特色渔家民宿,将资源优势转变为产业优势,为美丽乡村建设提供了重要支撑。

1. 发展生产美,村民有"盼头"

王家台后村有着独特的山海资源优势,街道整齐、风景宜人,是新区颇具特色的海岛村,吸引了大批游客前来观光,带动了餐饮、住宿等相关产业的发展,但存在着小而散、服务不规范、环境卫生差、经济收益不高等问题。为积极引导鼓励该村渔民发展渔家乐,壮大旅游经济,琅琊台管区指导该村成立青岛龙湾渔家旅游专业合作社,并对渔家宴业户进行统一管理,实行规模化和标准化运行。为满足游客的多样化需求,在村东部规划特色渔家区建设高标准渔家特色客房,形成了以传统渔家风情为特色,以餐饮、住宿、观光、赶海和渔家体验为主要内容的特色旅游产业。王家台后村这种"靠海吃海"的旅游模式具有显著的季节性特征,冬季人流量、客流量迅速降低。为破解这一困局,管区以拉长产业链条,丰富产业业态为导向,引进了龙湾温泉度假酒店项目,打造集温泉、客房、餐饮、会议、娱乐休闲于一体的产业体系,完善的配套设施,个性化的贴心服务,丰富了仙境海岸旅游内容。项目运营后,渔家客源少的局面得到较大改善,泡温泉、吃渔家宴形成了良性互动。2019年前三季度全村接待游客 30 万人次以上,旅游业总收入 2200 多万元,渔家宴户均收入 15 万元。生产美促进了生活美,王家台后村民收入逐渐提高,幸福感、获得感越来越强。

2. 致力生态美,乡村有"看头"

王家台后村为进一步提升整体风貌,不断完善基础设施建设,使村庄成为"让人随处都想驻足观赏"的景区。先后投资 3000 多万元进行龙湾景区提升工程,建设步行街、游客服务中心、龙湾公园、瞭望塔、冲澡房等,旅游配套设施不断完善。围绕道路硬化、主干道绿化、路灯亮化等重点项目,投资 600 多万元,加强公共设施建设,全村达到"五化"标准,2019 年,投入 300 万元,建设中心步行街,形成一步一景的文旅景观带;投入 300 万元进行秦汉风格立面改造,使村容村貌和人居环境发生极大改变,形成了极大的视觉冲击力,极大地增强了对游客的吸引力。

3. 完善人文美,民俗有"嚼头"

王家台后村把弘扬传统文化作为美丽乡村建设的重要内容,定期开展宣传活动,讲好龙的故事,传承琅琊文化。从 2017 年开始每年投资 100 多万元打造龙湾嗨海季旅游品牌,不断推出丰富的滨海文旅活动,如千人渔家长桌宴、露营节、美食节、音乐节、琅琊祈福盛典等,扩大了王家台后村的影响力和美誉度。立足村风村貌实际,建设了党建文化墙、社会主义核心价值观文化墙,成立红白理事会,制定村规民约,引导村民遵纪守法、移风易俗,积极推进乡风文明建设。

三、青岛西海岸新区美丽乡村建设存在的问题

新区自推动美丽乡村建设以来,结合当地实际因势利导、主动作为,取得了显著的成效,但在改善农村环境、丰富公共服务以及人力资本保障等方面仍存在着一些问题亟待解决。

(一)环境整治任务仍较艰巨,生态文明建设不容放松

践行绿色发展理念,打造宜居、环保的生活环境是美丽乡村建设的重要内容,但是目前新区乡村环保和污染治理还有一些方面需要加大力度。以污水治理为例,目前农村污水处理率均处于较低水平,离90%目标处理率差距较大;部分乡村企业的污染物处理设施缺失或者不完善,并且偷排、漏排等现象时常发生,导致水污染问题较为突出;部分种植者在农业生产过程中有超量使用化肥、农药现象,农业灌溉方式落后,土壤污染防治等问题需要进一步关注。

(二)城乡基本公共服务不均等,迫切需要补齐短板

美丽乡村建设不仅要整治乡村人居环境,而且要合理推动优质资源要素向农村流动,最终实现城乡基本公共服务均等化和城乡一体化发展。尽管近几年新区在美丽乡村建设过程中对农村的财政投入不断提高,但农村基本公共服务欠账多、基础薄,投入仍显不足,新区农村地区的基本公共服务和城市相比还有很大的差距。新区开展美丽乡村建设工作以来,试点村庄的基础设施建设工作已经取得了一定的成效,但相对于城市来说还有很大的发展空间。因此,要推进美丽乡村建设取得实效,必须深入动员全社会主体,凝聚壮大力量,持续加大投入,补齐乡村公共服务短板,满足村民对美好生活的向往。

(三)空心化问题突出,发展内生动力不足

人是美丽乡村建设的关键因素,深入实施乡村振兴战略、建设美丽乡村依靠的根本力量是人民群众,但在新区美丽乡村建设过程中,由于农村就业机会相对缺乏,大量劳动力向城市流动加速,农村空心化愈发突出,据测算,2019年农村外出务工人口达到2/3以上,农民老龄化、农业副业化问题突出,加之农村基础设施和公共服务相对比较落后,美丽乡村建设对各类人才的吸引力有限,很大程度上阻碍了农业现代化和美丽乡村建设进程。

四、2020年青岛西海岸新区美丽乡村建设展望

2019年第四季度,新区将按照产业特色发展、农民宜居幸福、市民向往体验、城乡融合发展的思路,继续探索研究美丽乡村长效管护、高效运营机制,在巩固提升已建成的43个美丽乡村示范村基础上,2019年全年预期完成投资1.86亿元,建成21个美丽乡村示范村、180个美丽乡村达标村,打造出一批特色各异、环境优美的"美食村""影视村""旅游村""农家乐村"等,农村特色产业、基础设施和人居环境显著提升。

2020年,新区将坚持以创新、协调、绿色、开放、共享发展理念为引领,以城乡统筹协调发展为主线,补齐农村产业发展、人居环境、公共服务三大短板,努力建设产业兴旺、环境整洁、生态良好、乡风文明、管理民主、宜居宜业的美丽乡村。到2020年,力争建成市级美丽乡村示范村100个,实现全域85%以上村庄达到省级美丽乡村标准化建设要求,实现村庄风貌田园化、污水无害化、河塘景观化、庭院洁美化、服务社会化、娱乐大众化、管理民主化、村风和美化、农民职业化、产业特色化"十化"目标。

(一)围绕"生产美",产业格局将进一步优化

做强董家口经济区、现代农业示范区、交通商务区、王台新动能产业基地、藏马山旅游度假区"五大活力源",为新区乡村振兴注入持续动力,深化特色小镇、美丽乡村示范村建设,发挥其支持和辐射带动作用,以大项目大产业推动大发展,推动项目向产业园区聚集、弱小村庄向镇驻地聚集、偏远村庄向地铁沿线聚集、土地向规模流转聚集,推进三次产业融合发展,更高水平推进美丽乡村建设。

1. 突出现代农业发展

立足区位优势和资源禀赋,大力发展蓝莓、茶叶、食用菌、海珍品等优势特色产业,积极培育农村电商新业态,壮大乡村产业发展新动能,做大"一镇一业、一片一品",打造特色各异的产业村,促进农民增收致富。发挥好农业龙头企业的示范引领作用,突出"龙头企业＋合作社"特色,用好乡村振兴鼓励政策,加快特色产业园建设,到2020年力争建设100家特色产业园,打造中荷智慧、中农批商贸等一批农业龙头企业。加大农民专业合作社和家庭农场等新型经营主体培育力度,规划建设集农业高新技术、农业科技企业孵化等于一体的现代农业园区,延伸农业产业链,推动三次产业深度融合,不断提升农产业附加值,发挥好科技创新的强大动力支撑,积极创建国家级农业高新技术产业示范区,力争2020年新培育国家级农村创业创新园区2个、市级农村创业

创新园区9个。大力创建本土优势品牌，做大做强"琅琊榜"农业品牌，黄岛蓝莓、"藏马蜜语"蓝莓、"汉之林"香菇、"朝日"红薯干等农产品品牌，扩大新区品牌的知名度和影响力，提升农业规模化、产业化、品牌化水平。

2. 加快培育乡村生态产业

践行绿色发展理念，既要金山银山，又要绿水青山，在做好乡村生态保护的前提下发展乡村产业。把加快发展乡村生态产业作为推进乡村绿色发展，建设美丽乡村的重要路径。鼓励村庄发展各类无污染的小手工加工业，引导企业扩展农产品深加工业务，以无公害农产品、绿色食品、有机食品、地理标志农产品、生物材料等为重点，完善农产品加工产业体系，延伸农业产业链条，提高农业综合效益。加大对农村传统手工技艺、传统医药、农村文化等非物质文化遗产的传承、保护和提升，拓宽农民就业增收渠道，壮大农村集体经济。

3. 精深发展乡村特色旅游

针对目前乡村旅游专业化水平不高、资源整合不够、配套设施不全的问题，2020年新区将在做优、做专、做精上下功夫。积极挖掘每个村庄特有资源禀赋优势，充分整合农村森林景观、田园风光、山水资源和乡村文化，升级农家乐、农业旅游示范点等传统业态，发展休闲农场、乡村民宿、乡村营地、创意农业、海上垂钓、农耕体验、乡村手工艺等新兴业态，形成新老业态齐头并进的乡村旅游发展格局。着力提高旅游产业的专业化水平，引入旅游运营团队，完善旅游公共服务设施，强化旅游品牌形象推广，打造优势乡村旅游精品线，开发特色旅游商品、美食品牌，推动乡村旅游的可持续性发展，将旅游业打造成乡村产业振兴的支柱产业。

(二)围绕"生态美"，绿色发展将取得突破

深入落实"保护生态环境就是保护生产力，改善生态环境就是发展生产力"，在美丽乡村建设中围绕"生态美"合理规划，系统开展人居环境整治和生态环境综合治理，转变生产方式，在农村绿色发展上探索突破，重点镇和示范村发挥带动作用。

1. 乡村规划布局优化

美丽乡村建设要坚持规划先行，针对目前农村普遍存在的村落零散分布、居民点多面大、宅基地闲置和"空心村"等现象，采用统筹城乡发展、优化村镇布局的途径加以解决。在合理规划乡村布局时，要明确目标定位，实现发展规划布局之美。坚持"一张蓝图画到底"，把握"全域建设一盘棋"，坚持一体规划、系统建设、综合配套，营造新型村镇，重塑多彩田园。遵循乡村发展规律，将美丽乡村建设融入全域生态网络

格局,编制实施美丽乡村建设技术导则,到 2019 年底,全区实用性村庄规划编制率达到 70% 以上。

2. 人居环境显著改善

把乡村人居环境整治作为美丽乡村建设的一项民心工程和重要内容。综合考虑村庄发展基础、区位特点、自然条件等因素,统筹安排垃圾分类收运处置、农村生活污水治理、农村无害化卫生厕所改造、村容村貌提升等各类项目向试点片区集聚,开展"千村整洁"农村环境卫生综合整治行动,推进生活垃圾、建筑垃圾无害化处理、资源化利用,重点整治垃圾山、垃圾围村、垃圾围坝等问题,消除房前屋后的粪便堆、杂物堆,实现村庄周边无垃圾积存、街头巷尾干净通畅、房前屋后整齐清洁,全面推动农村人居环境焕然一新。

3. 生态综合治理深入推进

把良好的生态环境作为农村发展的最大优势和永续财富,切实改善乡村生态环境,为美丽乡村建设夯实基础提供支撑。2020 年,新区将持续推进蓝色海湾整治、生态廊道建设、湿地公园创建和乡村绿化美化,建设青岛西海岸中央公园,新造林 2 万亩,林木绿化率达到 48.5%,推动乡村生态振兴。落实全域生态控制线与生态红线保护要求,改善环境质量。坚持绿色发展理念,利用村边荒山、荒地、荒滩等闲置土地开展植树造林,加强街道、庭院和公共场所绿化,建设绿色生态村庄,乡村绿化覆盖率达到 30% 以上,打造"望得见山、看得见水"的宜居生态环境,促进人与自然和谐共生。

(三)围绕"生活美",将有更多发展成果惠及村民

坚持以人民为中心,准确把握农村群众生活需求,加强改善供给,着力提高农民收入,完善乡村基础设施和公共服务设施,缩小城乡差距,补足农村发展短板,实现"三个提升",不断满足农民对美好生活的向往,切实提升农民的幸福感和获得感。

1. 基础设施提升

坚持高质量标准,继续完善乡村基础设施建设,加强镇街驻地及社区中心村公共服务设施建设,切实增强承载力和吸引力,2020 年镇街驻地实现供水、供热、供天然气、污水处理配套设施全覆盖。对全区主要水源地水库进行清淤改造,提高蓄水、供水能力。采取治污、清淤、截水、绿化一体化措施,对流经新区 287 个农业村的主要河道进行综合整治。加强乡村"四好道路"建设,修复村庄破损街道,做好道路硬化工作,2020 年实现"户户通"。以厕所革命为抓手,加大厕所革命的资金投入,建设安全、卫生、便捷的乡村厕所,创造舒适宜居的人居环境。

2. 民生保障水平提升

以增进民生福祉为发展根本,把保障和改善民生作为美丽乡村建设的核心内容。优先发展教育事业,改善乡村办学条件,配优教师资源,特别是对农村社区幼儿园按实际需求进行新建或改建、扩建,让乡村孩子享有公平而有质量的教育,真正做到"学有所教、幼有所育"。推进健康乡村建设,高标准建设社区卫生服务中心和村庄标准化卫生室,充实配置全科医生、乡村医生,实现乡村基本医疗卫生服务和基本药物制度全覆盖。强化镇街服务"三农"主阵地作用,打造"一门式服务""一站式办理"综合服务平台,实现农村基本公共服务全覆盖。按照"兜底线、织密网、建机制"的要求,率先建成城乡一体的社会保险、社会福利、社会救助体系。新区将持续把就业作为最大的民生需求和发展关键,促进农民自主就业创业,积极建设乡村工厂,发展惠民产业,推动更多村民在家门口就业。针对乡村老龄化严重的问题,大力推行以居家养老为主、机构养老为辅的智慧健康养老模式,推动医养结合,提高养老服务质量。积极改善农民住房条件,加快建立多主体供应、多渠道保障、租购并举的住房体系,推动进城就业的农民和外来人口在新区落地生根。

3. 乡村文明水平提升

把乡风文明作为美丽乡村建设的内核和抓手,实现乡村外在美与内在美的有机统一。强化教育引导,通过组织"三下乡"等多种形式,立足村居,以注重实效为导向开展宣传教育活动,引导农民摒弃落后的文化与习俗,积极践行新区精神,迈向现代文明生活。大力推动村民议事会、道德评议会、红白理事会等村民组织加强自身建设,开展乡风评议,建立道德激励约束机制,弘扬向上向善的正能量。形成文明乡风,既要靠宣传倡导,又要靠实践养成。深入开展精神文明创建活动,将文明街道、文明村镇创建作为建设美丽乡村的抓手,分类指导、层层落实,把社会主义核心价值观真正转化为人们的情感认同和行为习惯。中华民族历来注重家庭建设和家风建设。将围绕勤俭持家、崇德向善、诚实守信、遵纪守法、家庭和睦、邻里互助等内容开展"星级文明农户""五好文明家庭"等评选活动,弘扬文明家庭新风尚,带动培育崇德向善、争做好人的文明乡风。

(作者单位:中共青岛西海岸新区工委党校)

2019～2020年城阳区"双招双引"工作形势分析与预测

彭孝锋

坚定不移做好招商引资、招才引智"双招双引"工作是山东省委、省政府立足推进新旧动能转换、推动高质量发展、落实习总书记对山东工作"打造对外开放新高地"要求的重大战略部署,是贯彻习总书记"创新是第一动力,人才是第一资源"的具体实施路径。

近年来,城阳区紧紧围绕"1333"产业体系,大力推进"双招双引",打造体制机制优势,优化组合新引进来的资本、技术、人才、市场、管理等要素与城阳既有的优势资源,不断创造新活力、新动能,有力推动了城阳区高质量发展。

一、2019年城阳区"双招双引"工作的主要特点

2019年,城阳区深入贯彻落实省委、市委工作部署,坚持把"双招双引"作为经济工作的"第一战场",实施"一把手"工程,强力发起"双招双引"攻势,狠抓项目引进和人才集聚,取得了良好成效。截至9月末,全区签约项目63个,计划总投资1900亿元,完成注册项目28个,开工项目19个,落地率和开工率分别为55%和30%。

1～8月份(因9月份有些数据没出来,本文主要引用前8个月的数据),全区新设立外资企业185家,预计实际利用外资完成4.1亿美元,新引进总投资过1亿美元项目4个、过1000万美元项目22个,世界500强项目3个。新引进内资企业431家,总投资834亿元,实际利用内资168亿元,位列全市第四,同比增长13.5%。1～8月份,全区实施人才集聚五大计划和"城阳英才1224集聚工程",设立人才发展专项资金1亿元,出台人才发展20条,建立"红娘"奖励制度。共引进各类人才13154人,其中,博士96人,硕士1069人。引进市级以上高层次人才27人,增量保持全市前列。其中国家特聘专家2人,国家"万人计划"专家2人,泰山产业领军人才3人,市创业创新领军人才5人。城

阳区"双招双引"工作具有以下主要特点。

1. 完善体制机制,统领谋划全局

一是强化组织领导。由区委、区政府主要领导任组长,统筹领导谋划全区"双招双引"工作,研究重大事项和有关政策,协调解决重大问题。将利用外资情况半月通报调整为日调度、周通报,每周情况直报区委、区政府主要领导、各街道党政主要负责人。进一步压实"双招双引"第一抓手和第一责任人责任,结合机构改革,进一步强化和理顺"双招双引"工作,建立"双招双引""2+6+N"工作机制,不断完善"两头在外、中间统筹"招商模式。

二是强化责任落实,强化奖惩激励。按街道划分"战区",将全年基本目标、奋斗目标按街道分解任务,按月份明确时间表、路线图。将重点推进项目纳入时间表、路线图,挂图作战,把工作成效落实到每一个项目,落实到每一天到账外资数额中。为加大"双招双引"攻势,城阳区还制定了"到账外资奖惩办法",明确全区各街道完成全年基本目标的,街道党政主要负责人分别奖励20万元;完成奋斗目标的,分别奖励40万元。同时,一季度未完成基本目标的街道,党政主要负责人要分别向区委常委会、区政府常务会做检查;半年未完成基本目标的街道,区委、区政府主要领导分别约谈;三季度未完成基本目标的街道,区委、区政府主要领导对街道党政主要负责人诚勉谈话;全年未完成基本目标的街道,区委对街道党政主要负责人进行组织调整。

三是强化宣传推介。整合全区"双招双引"的政策优势、产业优势、资源优势和项目需求,明确主攻区域、主攻方向,加大宣传推介力度。上半年成功举办城阳区"双招双引"重大建设项目资源阳光推介会,向社会公开总投资1010亿元的八大板块237个城市建设储备项目,诚邀各企业参与城阳区基础设施建设。这种以市场化力量整合资源的做法,吸引了100多家企业到场参加,其中央企24家、国有及上市企业20家、各类本土企业59家。截至9月末,参加央企青岛行、博鳌亚洲论坛健康大会、全联科技装备青岛行、深圳推介会、全球创投风投大会等活动14次,承办世界韩商合作大会、海外利益安保高端论坛、中国轨道交通新材料产业高峰论坛等,累计发放宣传材料5000余份,对接有效项目信息约180条,签约华讯方舟科技装备产业园、启迪未来科技园、中铁建工山东总部、中铁电气化局磁浮等42个项目。其中,2019青岛世界韩商合作大会,现场签署了4个中韩"招才引智"项目,即崔弘根博士人才团队、文凉水博士人才团队、王琮博士后人才团队、张振秀博士后人才团队。

2. 树牢平台思维,搭建招引载体效果明显

一是整合资源,打造创新创业招引平台。依托"四大创新平台",聚

集全球优质资源,加速由资源聚变向资源裂变进化。加快推进国家高速列车技术创新中心建设,举办2019中国(青岛)轨道交通高峰论坛、国际电工协会轨道交通分会高峰论坛,以龙头企业为核心,围绕上下游产业链的纵向延伸和横向配套实施精准招商,截至9月末,新引进轨道交通产业项目14个,总投资130亿元,同时与西南交通大学翟婉明院士、海军工程大学马伟明院士、北京交通大学贾利民教授等专家开展合作,引进了德国蒂森克虏伯磁技术中心、哈尔滨焊接研究院、中国航发北京航空材料研究院等6家科研院所。加快推进华为智慧农业全球联合创新中心建设,依托"九天芯"和"后土云",搭建"土地改良＋智慧农业"的生态圈,在全球范围内带动拓展土地数字化、智慧农业、融合发展产业和国际互通产业4个千亿元级规模的新产业、新市场,截至9月末,围绕智慧产业平台,华为智慧产业联盟聚集14家企业,上马袁隆平智慧农业注册13个项目,夏庄智慧产业生态城计划年内开工,上述项目预计拉动投资120亿元。加快推进国科健康科技小镇建设,国科大直属附属医院、直属附属学校等有序推进,加快推进国家信息中心双创小镇建设,引入并整合国家信息中心掌握的优质创新资源,打造中国双创示范基地。

同时,依托青岛博士产业园、中国(青岛)国际博士后创新创业园两大人才载体实施精准招引。出台《青岛市博士后培养留青资助实施细则》,将博士后安家补贴标准从20万元提升至25万元,"留青计划"实施至9月末,已累计发放博士后资助3.05亿元,惠及博士后10000余人次。举办博士博士后创新创业大赛,设立1亿元的博士后创业园科技金融支持扶持政策,拟设立总规模20亿元的"阳光科技智能制造基金",聚焦人工智能、大数据、先进制造、新材料等领域的投资布局及资本运作等,截至9月末,园区已引进博士后项目25个、博士后等高层次人才50余人,涵盖了海洋经济、物联网、智能制造、电子信息、新材料以及医疗健康等全省新旧动能转换重点发展产业。

二是点面结合,打造与深商协同发展平台。2019年,城阳区通过深圳市企业联合会、企业家协会桥梁,初步构建起两地企业深度、机制化的合作沟通平台,截至9月末,区级领导、区直部门、各街道先后赴深圳考察、洽谈项目30余次,高效率开启两地高端对话,构建深度合作新平台。城阳区先后与华为、正威、华讯方舟、香江集团等30余家深企商谈投资合作事宜。新签约正威供应链、"中国天谷"东北亚总部、全国土地数字化暨华为智慧农业物联网产业园、无人机产业园等深圳合作项目8个,计划总投资200亿元以上;在谈拟签约落地项目3个,计划总投资53.4亿元;储备项目24个,总储备签约体量在400亿元以上。全力推进深圳企业家青岛高新产业园建设,依托机场转场后的"未来之城"开发建设,委托正威集团、深圳企业家联合会建立"管委会＋公司"的园区运营模式,全面推进与深圳企业多领域深度合作,截至9月末,接洽深圳科研院所近10个和正威集团、华讯方舟等深圳项目26个,总投资490余亿元,主要集中在数字农业、智慧城市、光电信息、应用软件开发等领域。其中,新签约正威供应链等总投资200亿元的合作项目8个,青岛科技装备产业园6万平方米的产业载体主体封顶,天安数码城、蔚蓝创新天地新开工产业载体18万平方米,华为智慧产业生态城已落户企业10家,打造粤港澳优秀企业北上布局的"桥头堡"。

三是多元交流,打造对日韩开放发展平台。学习借鉴深圳设立人才研修院的经验做法,邀请日韩专家团队,组建中日韩合作研究院。聘请5个韩国招商大使、2个健康大使和3个社会化招商团队参与"一区两城"的规划和招商,充分借助社会机构的力量实现以商招商。接待日韩官方、企业团组90余组次;参加青岛市举办的韩国、日本青岛周活动,日本安川继电器、国际进口商品交易中心等4个项目签订框架协议,协议外资2.2亿美元。成立日韩开放发展高地工作专班,抢占中日韩自贸协定示范区发展高地,加快规划建设中日韩自贸协定示范区"一区两城"(中日韩自贸协定示范区核心区、韩国生态城和日本创新城),建设对日韩开放桥头堡。截至9月末,韩国生态城建设全面起势。中韩科创园启动,20余家韩国官方、产业园区和驻青机构签订入驻协议,与韩国大庆ICT产业园、庆尚南道创造经济革新中心科创园达成合作意向;与LG签订战略合作协议,预计新增贸易额超过20亿美元,韩国PDI设计公司围绕LG拟规划建设知识产业科技中心项目;新华锦电商平台项目已落户贸易港;韩国顺天乡医院合作项目、韩国国际学校等多个颐养、教育项目也在积极推进中。日本创新城建设取得突破。依托海尔生物细胞谷,与日本相关园区、机构、企业建立生物技术领域广泛合作;与日本神户医疗产业园签订战略合作协议,日本MEDINET细胞诊疗、美邸养老运营项目等7个项目签约落地;与日本京都市政府、日本JETRO等官方机构合作,积极筹建日本京都馆、创新馆、健康馆;同时积极对接日医学馆、酒井医疗、京都大学细胞孵化器等多家颐养健康项目达成签约意向。

3. 坚定开放思维,招引模式多元化

一是实施市场化招引。2019年出台《城阳区促进社会化专业招商奖励办法》,对注册落户项目引荐人最高奖励2000万元。先后与6个市场化招商团队签订了招商协议,充分发挥专业机构对重要项目和重要产业进行包装、策划和梳理的作用,通过社会化专业机构发挥其资源优势以商招商、中介招商和产业链招商,定向招大引强。上半年,借助外脑外力,引进了总投资55亿元的瑞奈国际生物医药研发生产基地。

充分发挥企业"双招双引"主体作用,引导支持企业紧盯"世界 500 强""中国 500 强""民营 500 强"企业、央企、行业领军企业等重点企业,开展战略合作,实现点对点招商,引进产业链上下游企业,提升发展档次和水平。发挥"中车系"和"铁字号"央企的骨干引领作用,实施精准"双招双引",将产业体系从装备研发制造向铁路勘察、设计、教育、培训等产业链上下游延伸。截至 9 月末,围绕国家高速列车技术创新中心,新引进轨道交通产业项目 14 个,总投资 130 亿元;

二是实施产业链招引。借助城阳区的比较优势和合理的产业定位,以产业为依托,围绕产业的主导产品及其上下游产品建链、补链、延链、强链各项工作进行"双招双引"。青岛轨道交通产业示范区聚焦轨道交通装备制造产业链和轨道交通建设全产业链,截至 9 月末,围绕横向拓宽产业宽度,示范区已与中铁电气化局、中铁磁浮公司签订战略合作协议,促进神州高铁、浙江众合和青岛地铁开展合作;围绕纵向拉长产业链条,与深圳恒之源电气、丹阳铁龙轨道装备等 30 余家企业达成初步合作意向。同时,瞄准"十强"产业等新兴战略产业,高起点引进优质项目,做优做强主导产业、加速提升新兴产业、改造提升传统产业,全面构建产业生态。依托总投资 30 亿元的华为智慧农业全球联合创新中心项目,开发了农业沃土云平台并上线运行,开启智慧农业 4.0 时代;依托总投资 50 亿元的华为智慧产业生态城项目,成立了"青岛市城阳区智慧城市产业协会",已有东华软件、北明软件、立得空间等 6 家上市企业落户;同时,积极培育新兴产业,截至 9 月末,已引进海尔生物细胞谷、韩国 P1P 生物科技等项目落户,青特北大医疗已开工建设,中商惠民物联网产业园、阿尔法智能机器人等大项目加速集聚;加快产城融合、放大工业楼宇效应,已有电子信息、仪器仪表、医疗器械、新材料等领域的 23 家企业签约进驻城阳区首个工业楼宇项目联东 U 谷·夏庄智造园。

三是实施专业化招引。统筹项目信息、项目推进和招商载体三大数据库,建立贯穿招商全过程的项目促进平台,实施重点项目全周期挂图作战和工程化管理,落实重大项目推进指挥部机制,实行"一个项目、一名领导、一个专班、一套方案",提高对接落实效率,推进优质项目快签约、快落地。2019 年,城阳区成立轨道交通集聚发展高地工作专班,全力推进青岛轨道交通产业示范区建设。推进轨道交通高端配套产业园、地铁产业园、新能源产业园建设。推进总投资 100 亿元的国家高速列车技术创新中心核心区建设,加快打造轨道交通千亿元级产业链,建设具有国际影响力的国家高速列车技术创新中心,打造全国乃至全球的轨道交通示范之城。截至 9 月末,由中车四方股份、青岛地铁集团和青岛动车小镇开发建设投资有限公司(筹)等共同建设,总投资 180 亿元的地铁产业园已开工建设。该项目占地 2042 亩,主要规划产业聚集区、学苑区和综合配套区三大区域,建成后预计产业部分年税收 6.5 亿元。同时加强高端人才引进,截至 9 月末,引进田红旗等 4 名"两院"院士入驻国家高速列车技术创新中心并承接研究课题工作进展顺利,引进德国磁浮研究中心等在轨道交通领域国际领先水准的领军人才和高水平团队工作实现良好开局,引进具有国内国际领先水平的科研机构 5 家。

4. 强化生态思维,发展环境不断优化

一是优化政策环境。牢固树立"引得进、留得住、发展得好"的理念,深化"放管服"改革,落实"一次办好"改革任务,及时帮助企业、人才解决各类困难和问题。通过提升外资企业联动服务体系,密切政府与企业的联系,为外商投资企业提供全方位、全生命周期的贴心服务。深入宣传国家、省、市、区各级优化营商环境支持外商投资企业政策文件精神,扩大政策红利覆盖面。全面提升外商投资企业三级联动服务水平,结合"营商环境大走访"活动建立四级企业联系点,建立外资企业"服务大使"制度,按照属地原则,由街道服务站点工作人员兼任外商投资企业"服务大使",做好"一对一"顾问式服务。截止到 9 月末,先后出台了《城阳区促进人才优先发展的若干措施》及配套办法(简称"1+6"人才政策体系)、《关于人才支撑新旧动能转换工作的实施意见》、《中国(青岛)国际博士后创新创业园招商引资和招才引智扶持办法》、《人才公寓建设和管理工作方案》、《城阳区外资项目奖励政策》、《城阳区财源建设奖励扶持政策》等多项扶持政策,种好人才落地"梧桐树",对各类人才的引进培养实施全方位的政策支撑。深化人才领域"一次办好"改革,率先设立城阳区高层次创业人才服务代办专窗,为高层次人才在公司注册、项目审批、要素协调、市场拓展等方面提供全程服务。实施城阳英才集聚工程,树立"阳光人才"品牌,开展顶尖人才突破计划、产业精英集聚计划、青年人才培育计划、大国工匠成长计划、企业家领航计划等五大计划,并从人才发展资金、"店小二"服务、人才公寓、人才平台载体、红娘奖奖励、招商引资与招才引智协同推进等方面进行了优化配套。建立全区高层次人才需求目录,采取"引才外包"等方式,拓宽人才引进渠道。

二是优化政务环境。2019 年以来,城阳区按照"阳光城阳"建设总体部署,全面对标深圳、赶超深圳,在"不用找人、一次办好"改革等方面动真格、出实招、求实效:改变过去"窗口受理、科长审查、局长核准"的审批惯例,创新性地实行"窗口受理、科长核准"的独任审批模式,截至9 月末已覆盖 88.2% 的行政审批事项,审批效率进一步提高;推进行政审批无差别"一窗受理",个人或企业办理商事经贸类、社会事务类、文教卫健类 77 项事项,不需要再到各个窗口来回跑,只需到"一窗受理"窗口提交一次材料即可;优化企业开办流程,实现 1 个工作日完成企业登记、公章刻制、税务办理等事项;推行企业登记全程电子化和企业"网上预约"登记,基本实现"零等待";简化个体工商户营业执照办理流程,实现微信在线申报执照等。同时,联合华为和深圳智慧城市大数据研究院,编制《新型智慧城市总体规划设计》,规划建设智慧城市研究院,加快推进"6+8"智慧城市建设框架,建立全区事件类统一采集、事项类统一受理、事件事项统一分拨、统一反馈、统一考核的业务办理新体系,实现政务和为民服务一网互联互通、一库汇聚数据、一图统筹四方、一屏掌握区情、一云服务全区、一键指挥调度,让企业和群众"一证一码"(身份证号和企业信用代码)全区通办。良好的政务环境已成为推动城阳区"双招双引"快速发展的金字招牌。

三是优化社会环境。充分利用各种专题栏目宣传"双招双引"先进典型和经验,营造出人人关心支持、人人竞相参与的浓厚氛围。2019年,按照新的选拔方法和流程,扩大评选范围和名额,评选出 35 名区拔尖人才,并进行了命名表彰,营造了良好的尊重人才社会氛围。做好人才宣传工作。利用各类媒体宣传城阳区人才工作,推出市拔尖人才宣传微信,累计发布推介各类信息 200 余条。

(二)城阳区"双招双引"工作中存在的主要问题

尽管城阳区"双招双引"工作呈现出良好的发展势头,但也存在以下不足。

1. "双招双引"工作融合互动还不够

各人才职能单位之间互动联动还不够紧密,在人才项目信息共享、人才政策衔接、资金作用发挥、联合服务人才的主动性等方面还存在一定的差距,上下联动、统筹推进的工作格局还没有完全形成。招才引智与大项目结合度不够。大项目或大院大所的引进,对人才工作有较强的促进作用,但周期普遍较长,工作信息的共享机制滞后,尤其是大项目的引进信息共享不及时,导致两项工作在政策、项目、信息、资源、队伍等工作方面的共享程度不够,在某些方面还存在"两张皮"现象。

2. 产业链"双招双引"转型还不够

创新链与产业链"两张皮"问题,一直是困扰产业发展的重要瓶颈之一。推动创新链与产业链有效对接和深入融合,是提升产业竞争力的重要手段。比如,深圳推动创新资源向企业集聚,实现 6 个 90%,即90%以上的创新型企业是本土企业、90%以上的研发机构设立在企业、90%以上的研发人员集中在企业、90%以上的研发资金来源于企业、90%以上的职务发明专利出自企业、90%以上的重大科技项目发明专利来源于龙头企业。城阳区 16.9% 以上的高新技术企业处于 1 亿元以上的产值规模，67% 的高新技术企业处于 5000 万元以内的产值规模，企业主体地位和作用还没有充分发挥，高层次人才的总体承载能力有待进一步提高，除轨道交通产业外，没有形成其他集中度高的先进制造业产业集群，具有国际竞争力的大企业和国际知名品牌较少，这都一定程度地影响了对先进制造业项目的吸引力，产业链"双招双引"转型还不够。

3. 项目承接能力还不够

项目用地需求急与盘活存量用地进度慢的矛盾较为突出，可用于制造业招商的土地载体有限，老旧工业园区不能适应先进制造业发展需求，工业楼宇处于发展起步阶段，制造业短期内见效较慢等一系列因素，导致先进制造业引进推进较难。特别是百亿元级项目需要比较多的用地，大多涉及拆迁腾地、规划调整等工作，需要平衡区政府、街道、社区和投资方各方利益，同时项目拟导入产业等内容又存在多变因素，导致项目谈判难度加大、招引周期拉长。百亿元级项目落户条件较为苛刻，大项目对土地、配套和政策等有较高要求，需要政府投入更多的精力和资源全力推进。

4. "双招双引"队伍建设有待进一步加强

招引的区内各职能部门虽然设有承担人才工作的科室，但人数少不稳定，且招才引智的专业化程度有待提高，对系统或行业内的人才需求掌握不透彻。此现象在街道更为突出。招商理念、方法、手段还比较传统单一，专业化程度不够强，服务水平不够高，对接跟踪成效不够扎实，离洞悉行业、把关项目的专业化要求还有一定距离，一定程度上存在能力不足的问题。此外，部分高层次人才落地条件超越现行政策，招才引智政策与部分高层次人才项目落地条件有一定差距，现有的人才政策虽具有一定的先进性，但无法满足土地需求量大、融资门槛高的人才项目。

二、城阳区"双招双引"工作发展预测

(一)影响 2020 年城阳区"双招双引"工作发展的因素分析

1. 有利因素分析

(1)宏观政策因素。一是宏观经济的稳定运行为"双招双引"提供了有力的环境保障。从 GDP 增速来看，前三季度同比增长 6.2%，其中第三季度增长 6.0%，尽管和上半年相比有所放缓，但仍处于宏观调控的目标区间之内。从横向看，这个速度和全球主要经济体相比，也属于

"排头兵"。总体来看,2019年以来经济增速总体保持平稳,经济结构不断优化,经济新动能不断增强,各项改革不断向纵深推进,这些都对形成稳定预期起到积极作用。二是政策红利。2019年以来,实施降准和更大规模更大力度的减税降费措施,使得营商环境逐步优化,微观主体发展信心有所增强。9月份,作为预期判断经济走势的重要先行指标,制造业采购经理指数PMI为49.8%,比上月回升0.3个百分点,这为"双招双引"工作创造了良好的条件。

(2)省、市发展战略带来的机遇。山东省要打造对外开放的新高地,青岛市的发展战略也很清晰,从全球来看,打造"一带一路"国际合作新平台。从国内来看,建设长江以北地区国家纵深开放的新的重要战略支点。从全省来看,建设山东面向世界开放发展的桥头堡。要切实发挥好在全省的龙头引领作用,对内与京津冀、沿黄流域、东北三省形成发展良性互动,对外面向东北亚、联通日韩,当好山东面向世界开放发展的桥头堡,勇当新旧动能转换的排头兵、主引擎,推动胶东半岛一体化发展。同时,2019年中国—上海合作组织地方经贸合作示范区正式获批、山东自贸试验区青岛片区落地挂牌,充分表明青岛发展正处在新的历史方位,青岛站到了国家新一轮纵深开放的"风口"上。城阳区作为青岛的地理中心、交通枢纽,承担着支撑青岛统筹发展的战略支点作用,"一台两区"国际合作平台为城阳区勾勒出新的发展蓝图,带来了新的发展机遇。如对城阳区智慧农业产业来说,依托国家"一带一路"建设和"上合组织"发展合作平台,可全力打造国际农业合作与产能互贸互通新模式,全面拓展智慧农业产业对外输出规模。

(3)历史传统优势。城阳区曾经创造了"韩资企业落户最多区域、韩国人居住生活最多区域、韩国料理店最多区域、出访韩国人员最多区域"四个全国第一,在中韩经贸合作的历史上,扮演着十分重要的角色,是"北方韩资密集第一区";在新一轮对外开放大背景下,城阳区吹响了抢占中日韩地方经贸合作先行区高地、建设对日韩开放的"桥头堡"的"冲锋号",探索日韩地方合作新模式、新路径,为中韩城市、产业合作、创新发展带来广阔的想象空间。

(4)"后机场时代"带来的机遇。2019年底,胶东国际机场将正式启用,城阳将进入"后机场时代"。大体量空域的释放,将带动城阳全域迸发出巨大的发展活力,特别是核心区33平方千米的土地可以得到充分利用。"充分体现创新活力"是这一区域更新改造的基本原则,而引进具有国际影响力的大品牌、大公司打造创新中心则是该区域主要定位之一。

2. 不利因素分析

(1)净载体不足。城阳区地处青岛市郊,本身就存在人多地少制约，一定程度上存在社区各自为政、土地利用效率不高的现象，有些工业园土地产出效益低，且还有一定的厂房闲置，现代产业尤其是先进制造业面临发展空间的瓶颈，产业集约集群发展难度较大。另外，以前传统的普遍撒网、村村点火、全民招商模式也导致土地逐年减少，"村村点火"的传统工业园区格局分散，难以集聚发展，升级改造难度不小。随着城阳区对批而未供土地处置力度的加大及原该地块的充分利用，净地存量逐年减少，收储的土地分布不均，可供开发的成片地块较少。

（2）周边市区竞争加剧的挑战。"高精尖"人才和"大好高"项目永远是稀缺资源，也从来都是各个城市争相竞逐的对象。目前，市南、市北、崂山、李沧、即墨、西海岸、胶州新区等区（市）把"双招双引"作为经济工作的主战场，举全力加以推进。如青岛西海岸新区出台《关于促进"双招双引"二十条政策》，明确提出对新引进的外资总部型企业，最高奖励1亿元；对新引进的内资总部型企业，给予最高4000万元奖励；对新设立或新迁入的法人金融机构，最高奖励1.5亿元；对2019年起新引进的重点产业项目，分别按当年实际到账外资金额的3％、2％、1％予以奖励。军民融合产业和海洋新兴产业项目，按照1.2倍系数予以奖励。李沧区高质量的"双招双引"让人才队伍的层次和结构不断改善，以青岛国际院士港为例，截至2019年上半年，院士港已累计签约引进21个国家的108名院士，其中外籍院士92名（含19名华裔外籍院士），占85％；中国籍院士16名（含3名长期在海外工作的中国籍院士），占15％，2018年，其产值突破100亿元、税收突破10亿元。城阳区与周边区（市）在扶持政策、发展载体上比较优势不明显，竞争激烈，挑战加大。

（3）东部规划限制、生态环境保护等因素，制约部分区域发展。首先是崂山风景区和崂山自然保护区的限制，城阳区东部山区大部分区域处于核心区（一级保护区）或缓冲区（二级保护区）；其次是土地规划的限制，东部山区大部分社区城镇建设用地较少且不集中；最后是区域内的崂山水库、书院水库均属饮用水水源地，很多社区处于饮用水水源地保护区内。这三方面的限制，导致城阳区王沙路以东区域无法发展产业项目，一些社区因规划受限难以启动旧村改造和产业开发。目前，这些限制仍然存在，且要求越来越严格，制约了区域产业提升。

（二）2020年城阳区"双招双引"工作发展预测

如上所述，城阳区"双招双引"工作发展既面临发展机遇，同时又将面对一定挑战。但应该看到，目前"双招双引"工作的浓烈氛围已经形成，各项工作全面起势，预计城阳区2019年全年完成以下目标：新设立外资企业 110 家,其中过 1 亿美元项目 3 个、过 1000 万美元项目 25 个,世界 500 强项目 3 个,实际利用外资稳定增长,预计增长率为 5% ~7%;新引进内资企业 300 家,实际利用内资 240 亿元,随着各项工作的推进,预计 2020 年增长率为 8%~10%;集聚各类人才 3 万人。2019 年第四季度和 2020 年,城阳区"双招双引"工作将呈现出以下特点。

1. "双招双引"工作理念和方法将会更加完善

日前,青岛市委正式出台《关于大力推进机关工作流程再造的指导意见》,包括建立顶格协调推进机制、建立部门协同联动工作机制、建立促进市场配置资源机制、建立平台整合资源要素机制、建立依法倒逼政策兑现机制等 9 项内容,通过流程再造必将创新"双招双引"工作机制体制,大幅调高工作效率。同时,强化平台思维做发展乘法,强化生态思维创发展环境,用市场化、法治化思维深入推进"双招双引"等工作方法将会成为"双招双引"的主要工作方法,有助于 2020 年"双招双引"工作的高质量发展。

2. 平台作用进入加速期

经过前期各项扎实深入的工作,各大"双招双引"平台将会在 2020 年迎来更为丰厚的回报。即将召开的 2019 日韩(青岛)进口商品博览会,将采取"日韩+深圳"的模式,增设深圳企业专场,在日韩地方经贸合作中融合深圳产品贸易,将深圳先进的企业和产品搬到家门口展示交流,必将搭建双向交流的产业、技术和贸易新的综合平台。把深圳这个改革开放特区的创新驱动资源,引到青岛这个国家新一轮大开放的战略支点上,外链世界,共创未来,这也是"南深圳,北青岛"的题中之义。日本京都市,韩国的釜山、大邱市等 10 余个城市表达了参加 2019 日韩(青岛)进口商品博览会的意向。预计 2020 年引进内外资增长在 5%~10%。城阳区还将陆续打造国际进口商品交易中心等项目载体,为日、韩两国企业入驻提供优惠条件和良好环境。再如博士后创新创业园,将会积极释放博士后创业无抵押贷款、安家补贴等政策"红利",进一步创新人才发展体制机制,不断集聚海内外高端人才创新创业,为全市"学深圳、赶深圳"、加快新旧动能转换提供有力支持。各类人才会聚集速度会加快,预计总量增长 5%~8%。

3. 招引产业布局粗具雏形

在产业布局方面,城阳全领域发力,引入深圳优势资源,提供了创新协同、产业合作的发展环境。在电子信息产业方面,城阳区将促进与深圳电子信息产业融合发展,瞄准华为、中兴等电子信息龙头企业,开展企业间深度合作,加快企业技术改造;在新材料领域,推进国恩科技新材料研发扩能、乾运高科锂电池等项目;在大数据领域,依托华为智慧城市产业联盟,开展技术交流,带动本地智慧产业发展;在物联网领域,依托全国土地数字化暨华为智慧农业物联网产业园,打造"农业沃土云平台体系"、盐碱地稻作改良示范中心、中国农业数字化技术创新中心和产业推广中心。此外,城阳区各街道产业布局明年会粗具雏形,城阳街道将重点打造深圳技术创新及贸易中心,推进正威全球供应链总部基地落户,打造深圳高新技术企业产业园区;流亭街道将依托"未来之城"的开发建设,重点打造青岛深商创新创业园;夏庄街道将强化与华为公司合作,重点打造智慧城市建设引领示范区,建设华为智慧城阳对外展示体验中心;惜福镇街道将加大与深圳文化创意产业的对接,重点打造文化创意产业新地标;棘洪滩街道将引进动力电池管理系统核心技术、人工智能、工业互联网以及与高铁相关的智能配套产业及科研项目,重点打造深圳新能源及智能制造示范基地;上马街道将重点打造深圳新一代信息技术产业示范区,依托全国土地数字化暨华为智慧农业物联网产业园项目,发展新一代信息技术新兴产业。

(三)加快城阳区"双招双引"工作发展的建议

1. 进一步优化招引的体制机制

按照青岛市《关于大力推进机关工作流程再造的指导意见》精神,进一步加大"双招双引"工作流程再造,聚焦提高效率、优化服务、落实责任,注重工作质效,坚持问题导向、目标导向、结果导向,推动体系重构和机制创新,最大化激活体制机制活力。在体制上,要按照"专业机构、专业队伍、力量集中、上下统一、权力下放"的思路,不断完善招引体制,建立健全区上下联系贯通的专门招引机构,让专业招引部门集中力量抓双招双引,同时压实"双招双引"一把手责任制。在机制上,积极探索完善"企业化管理、市场化运作"的双招双引机制,探索实行招商人员收入与招商业绩挂钩的办法,充分调动招引人员的积极性。

2. 聚部门合力完善信息共享机制

建议建立健全招商引资、招才引智服务管理综合平台,通过综合平台,投资者和人才可以更加高效便捷全面地获取政策发布、咨询交流、资源对接等服务,政府部门也可以从信息、政策、资源、管理等维度强化共建共享,为精准招引、科学招引提供决策依据,通过"双招双引"项目信息库,及时梳理归纳总结重要"资""智"信息,互相及时报送传递重大项目线索和高端人才信息。进一步加大人才工作与高铁创新中心、国科健康科技小镇等重大项目的融合,将驻外招商机构、招才引智工作站等资源统筹使用,推进院士、"千人计划"专家等高层次人才引进,积极将大项目带来的人才、科技优势转化为城阳区的发展优势。在引智方面,建议由区人才工作领导小组牵头,会同成员单位建立人才培养横向交流的工作机制,对招才引智工作进行全过程共享,增强各部门人才工作主责意识。对招才引智的考核内容进行精确分解,由各职能部门比对人才考核项目标准,摸清储备底数,加大精准引进力度,在各类考核项人才工程申报时,进行全过程调度和服务,最大限度确保获评。

3. 加强"双招双引"队伍专业化建设,提高社会化招引能力

围绕专人专事,提升队伍素质是贯彻"双招双引"新理念的重要举措。实现高质量"双招双引",就要"让专业的人干专业的事",加强牵头部门和职能部门招才引智力量的补充,选调一批优秀干部,选聘一批高素质专业人才,壮大专职招引队伍,专班专人专职抓推进,制定市场化的绩效激励政策,集中人财物力专攻招商,形成稳定的专业化队伍,同时加大招应队伍的专业化业务培训。壮大社会招引队伍,借力引商引才。实行以企业为主的市场化招商。在全国甚至全球范围内,与知名的中介机构进行对接联系,进一步建立完善招引代理机制。探索在设立招引联络点、聘用招引顾问或招引代理人等方式,招聘一批产业研究透彻、招商经验丰富的招引雇员,帮助搜集线索,拓宽招引渠道,提高招引成效。

4. 补足短板,充分发挥平台作用

高度重视建平台、用平台工作。充分发挥各类资源平台对"双招双引"工作的助力作用。针对老旧园区承载力差、产出效益低的情况,建议加快实施转型升级,实现"腾笼换鸟"。针对"基金招商"空白,建议尽快研究设立政府引导基金,发挥基金筛选项目、招大引强的聚合效应。针对新模式、新业态和专业性强的项目,各部门、各街道要加强学习研究,各部门要充分发挥行业主管优势,提前介入,做好项目的科学论证和研判推进。针对现有政策,与深圳对标区、兄弟区(市)和其他先进地区进行精细化对比,填补空白、补齐短板、扩大优势,完善扶持政策体系,更充分地发挥政策虹吸效应。集成人才政策和招商政策,形成"招商＋招才"对外宣传推介资料,统一印制《城阳区政策一本通》,作为参加展会、洽谈项目必备手册,充分释放人才政策红利,确保现有政策扎实落地。探索鼓励社会资本投资人才创业创新项目的政策措施,坚持政府引导、企业主体、市场运作的原则,尽快引进培育风险投融资机构、支持民营企业参股入股或牵头创建各类人才创业创新投资基金。

5. 持续优化营商环境

要高质量"双招双引",必须不断优化营商环境。良好的营商环境是吸引力、创造力,没有良好的发展环境,就没有干事创业的平台,也招引不来高质量的项目和人才。只有千方百计打造优质发展环境,才能为高质量发展提供良好支撑。持续优化政务环境,继续深化"一窗受理、一次办好"改革,更大力度放权力、减程序、减环节、减材料、压时限,

积极推行一网通办、智能审批、不见面审批、秒批、"一链办理",推动行政审批服务全面提速,着力打造审批事项少、办事效率高、服务质量优的政务环境。持续优化政策环境、法治环境、优化硬件环境,使城阳成为投资兴业的乐土。

（作者单位：中共城阳区委党校）

2019～2020年即墨区美丽乡村建设情况分析与预测

丁爱梅　刘　伟

　　党的十八大以来,以习近平同志为核心的党中央高度重视"三农"工作,农业农村发展取得了历史性成就、发生了历史性变革,为党和国家事业全面开创新局面提供了有力支撑。习近平总书记在2013年中央农村工作会议上强调:"中国要强,农业必须强;中国要富,农民必须富;中国要美,农村必须美。建设美丽中国,必须建好'美丽乡村'。"美丽乡村建设是美丽中国建设的重要组成部分,是全面建成小康社会的重大举措,是乡村振兴战略的主要载体和关键抓手。

　　近年来,即墨区始终坚持把美丽乡村建设作为统筹城乡发展、推进农村新旧动能转换、增进群众民生福祉的重要工作,按照"五美融合"要求,健全组织保障机制、产业支撑机制、多元投入机制,开创了美丽乡村建设新局面。

一、2019年即墨区美丽乡村建设基本情况

　　2019年,即墨区紧紧围绕青岛市委、市政府关于实施乡村振兴战略、推进美丽乡村建设的部署要求,确立了"党建引领、两区共建、产居融合、片区发展"的思路,以美丽乡村建设为突破口,全力发起乡村振兴攻势。

(一)2019年即墨区美丽乡村建设的主要特点

1. 农村人居环境显著改善

改善农村人居环境,是以习近平同志为核心的党中央从战略和全局高度作出的重大决策。2019年,即墨区认真贯彻落实关于改善民生、精准扶贫等方针政策,以解决广大群众关心的热点、难点问题为切入点,大力实施村庄规划、绿化美化等11项重点工程,村庄的水、路、房等基础设施有了明显改善。

即墨区按照青岛市农村人居环境整治三年行动实施方案要求,印发了《青岛市即墨区"千村万巷"农村人居环境集中整治百日攻坚行动方案》,以"洁净乡村美化家园"为主题,以农村垃圾清理、生活污水治理、村容村貌提升、长效机制建设为重点,在全区开展"千村万巷"农村人居环境集中整治百日攻坚行动。成立了"千村万巷"农村人居环境集中整治百日攻坚行动工作专班,由区委、区政府分管领导分别任组长、副组长,区委农办牵头抓总,区直有关部门按照职责分工负责、合力推进。2019年前三季度,即墨区18处镇街52%的村庄完成生活垃圾分类设施设置;规划新建16处农村污水处理设施,完成河道截污提升整治139.43千米;统筹实施了16项农村道路大中修工程,完成农村街巷硬化约50万平方米,80%以上村庄实现了户户通;农村自来水普及率和规模化集中供水管网覆盖率稳定在99%以上,完成年度农村清洁取暖改造约2700户;深入开展"绿满青岛 美丽即墨"国土绿化行动,完成新造林1.5万亩,圆满完成10个省级森林村居,2个省级森林乡镇的创建工作,绿化覆盖率达到25%以上,乡村人居环境得到有效改善。

2. 美丽乡村示范村建设梯次推进

2016年以来,即墨区在青岛市率先启动美丽乡村建设,累计投资9.5亿元,按照生态美、生产美、生活美、服务美、人文美"五美"融合要求,高标准建设美丽乡村示范村。打造了"中国最美休闲村庄"西姜戈庄村、"全国文明村"西扭河头村、"山东文化历史名村"凤凰村等62个亮点突出、特色鲜明的省、市级示范村,88个区级示范村和340个市级达标村。

2019年新创21个省、市级示范村,27个区级示范村和170个市级达标村,并将21个省、市两级示范村创建列入区级领导"三包三联"重点工作,在选点布局上注重与往年创建村庄成方连片,在建设推进上深化特色培育工程,做到"片区化打造、景区化建设、产业化带动"。截止到9月末,21个省、市两级示范村已完工20个,170个达标村全部建成完工。按照梯次培育、压茬推进的原则和成方连片的要求,新选取的27个区级示范村、170个市级达标村也已全部通过规划审批,为下年创建奠定基础。

3. 乡村振兴示范区建设重点突破

2019年,即墨区坚持新发展理念,全力打造乡村振兴示范区,将龙泉"莲花山·莲花湾"等5个片区作为重点突破片区,每个片区至少规划建设一个特色产业园,扶持发展一个或几个主导产业,以产业为带动,着力打造现代农业产业园和田园综合体。

灵山镇"花乡药谷"示范区被评为2019年山东省乡村振兴"齐鲁样板"示范区,为青岛入选两处示范区之一。"花乡药谷"示范片区按照

"一核、二廊、三谷、六园、九区"规划布局,以中医药、花卉种植和休闲农旅项目为支撑,大力推进农业特色化、规模化种植,推动三次产业融合发展,并以修正项目、同仁堂、九洲通、灵山花卉交易市场等重点项目为载体,实现项目区1.2万亩土地全部流转,完成3000亩修正药业种植基地、玫瑰小镇二期、中国香谷300亩薰衣草种植和500亩百合种植,致力于打造集休闲、旅游、健康、养生于一体的田园综合体,创建国家中医药健康旅游示范基地和中医药小镇。通过土地规模化流转,平均每村每年可增加集体收入10多万元,产业园区和龙头企业吸纳周边村庄1600多名农民常年就业,人均年工资超过2万元,构建了乡村振兴发展新模式,创建了全域旅游联动发展的新路径。

龙泉街道"莲花山蒲渠里乡村振兴示范片区",新建汪河水南、汪河水北、前蒲渠店、后蒲渠店等4个美丽乡村示范村,实施道路绿化提升、生态景观整治工程,完成莲茵河生态治理,沿莲花山、莲茵河打造美丽乡村群落和文化文创部落、艺术村落。积极与花样年集团、青特集团、海尔集团开展战略合作规划建设多彩生活智慧小镇,建设莲花山自行车道、莲茵河骑行道,打造田园骑行线,畅游龙泉山水画廊,提升全域宜居宜游品质,建成集农业观光、农耕体验、创意文旅、田园休闲于一体的田园文旅综合体。

4. 新型农业经营主体作用提升

新型农业经营主体是发展现代农业的主力军,是实施乡村振兴战略和美丽乡村建设的重要力量。2019年,即墨区多措并举加快新型农业经营主体培育,大力发展专业合作社、家庭农场、农产品加工企业等新型经营主体。截止到9月末,即墨区已发展农民专业合作社1720家,市级以上示范合作社101家;发展家庭农场1839家,市级以上示范家庭农场77家;发展市级龙头企业27家,省级龙头企业5家。

蓝村镇青香水稻种植专业合作社是青岛市首家专业从事水稻种植、技术服务、产品加工、线上线下销售的整产业链农民专业合作社,2011年注册了"青香"牌商标。该合作社现有社员505户,合作社种植面积1150亩,建设日产30吨精米的生产线1条,年产量达500吨,年销售额近500万元。产品以"商超+社区"销售为主,目前已同家乐福、利客来、大润发建立超市直供关系。该合作社在政府支持下,每年举办"蓝村大米文化节",大大提高了青香大米的知名度,促使销售渠道日趋完善。2014年获得青岛市农产品无公害产地认证,同年获得"国家级示范合作社"称号;2018年8月获得"绿色食品认证"。目前,该合作社已带动周边3家合作社、50余户农户种植水稻,并聘请多名农业专家举办培训班多期,免费为周边水稻种植户传授专业种植技术,在当地形成了较强的影响力。

段泊岚镇盛发农机专业合作社是即墨第一批五星级农机合作社，青岛市第一批农机实用人才培训基地，2014 年入选青岛市示范社，2015 年入选省级示范社，2018 年入选国家级示范社。该合作社主要从事农机深松作业，现有成员 102 户，拥有大中型拖拉机 77 台，收获机械 40 台，年作业面积达 5 万亩以上。该合作社是青岛市农机局建设的全市唯一一处农机实训基地，拥有大中型种植机械和畜牧养殖机械，建有机具维修中心、技术培训中心，硬件软件设施配套完善，每年利用农机培训中心培训农民机手 650 余人，已发展成为青岛市机械化程度最高，示范培训能力最强的龙头合作社。

为进一步提升农民合作社和家庭农场规范化水平，即墨区拟定了《即墨区农民专业合作社示范社创建标准》《即墨区示范家庭农场创建标准》等文件，将在 3～5 年内通过培育一批依法经营、管理规范、辐射带动力较强的示范合作社、示范家庭农场，为新型农业经营主体的运营提供操作样板，带动即墨区新型农业经营主体发展。

5. 合村并居试点稳步实施

2019 年，即墨区坚持组织统领、规划先行，积极稳妥推进合村并居工作，形成以合村并居中心村为支点的新型社区布局，积极发挥各类要素的聚合效能，不断提高农村居民的获得感、幸福感。

首先，本着"规划先行、分类实施，聚合政策、稳步推进"原则，对全区 1033 个村庄的人口、经济、产业、用地环境、基础设施、公共服务配套等进行调查摸底，建立完善农村规划资料信息库。在此基础上，结合统计数据和村庄实际，将全区 1033 个村庄划分为城郊融合类、集聚提升类、拆迁撤并类、特色保护类四大类，同步启动村庄布局概念规划、详细规划编制等前期工作，为合村并居全面展开奠定坚实基础。

其次，按照"合大、合强、合顺、合稳"要求先试后推，选取区位优势突出、发展趋势良好，特色产业明显、带动能力强劲，以及人口适中、基础设施完善、村级班子稳固的灵山、大信两个片区开展先行先试，在优化村庄规模上找方法、蹚路子。灵山镇按创新、协调、绿色、开放、共享发展理念，成方连片实施合村并居，推进产居融合新型社区建设。灵山镇从 2019 年 3 月开始，利用 50 多天时间，启动镇驻地周边上河北、卫东、河南一村等 7 个村庄、1440 户居民、1660 余处住宅房屋的新型社区建设，7 个村庄土地流转率达到 100%，流转土地 1.2 万亩。安置区房屋将建设 4～7 层电梯楼房，实行统一装修，村民拎包入住，并配套建设滨河公园、社区党群服务中心、幼儿园、社区卫生服务站、乡村记忆馆、颐养中心等服务设施。另外，大信镇付家屯等 5 个村庄也已完成拆迁，新村庄建设正在加快推进，相关配套工程同步展开，预计 2020 年 7 月完成回迁，合并后村庄组织体系、自治体系、村集体经济融合与管理等已形成初步方案,力争让群众合得放心、并得舒心,真正享受到合村并居带来的福祉。

(二)即墨区美丽乡村建设面临的困难与挑战

即墨区在美丽乡村建设上取得了一定的成效,同时还存在着长效管理机制不完善、内生动力不足、群众参与意识不高等问题。

1. 缺乏产业支撑

产业发展是乡村振兴的重要前提。没有产业支撑农村经济发展,没有产业发展创造更多就业岗位,仅仅靠财政资金投入改善乡村环境,美丽乡村建设难以为继。一是部分基层干部和群众对美丽乡村建设的认识仍停留在环境卫生整治层面,对于发展特色产业带动农民增收农业增效的认识不足,积极性不高。二是部分既没有区位交通优势又没有自然资源优势的村庄,过度依赖政府财政资金的投入,内生动力不足,无法产生造血功能。三是三次产业融合程度低、层次浅,农产品精深加工水平较低,链条短,附加值不高。

2. 缺乏人才支撑

实施乡村振兴战略,建设美丽乡村,离不开人才支撑。乡村振兴面临人才流失、后备建设力量不足的严峻挑战。一是随着城镇化的快速推进,越来越多的青壮年劳动力选择离乡进城务工,劳动力严重流失,乡村"空心化"现象日益严峻。二是部分留守乡村的村民由于子女已成家立业,家庭负担较小,提前进入安度晚年状态,无心投身乡村建设。三是新型职业农民、农村科技人才等专业和技术性人才匮乏,农业技术服务力量不足制约着农业现代化发展。

3. 乡风文明建设滞后

乡风文明是乡村振兴的"灵魂",决定着美丽乡村建设的品质品位。但是在推进美丽乡村建设过程中,部分基层干部仍然重经济发展、轻精神文明建设,制约了文明乡风的培育。一是农村文化基础设施利用率较低,特别是农家书屋、图书室书籍种类不全、数量不多,内容陈旧单一,更新较慢,吸引力不足。二是文化活动形式较为单一,面向群众的理论宣传宣讲活动较少,缺乏针对性,难以帮助群众解决实际问题,群众参与积极性不高。三是部分群众思想观念落后、文化素养不高,一些陈规陋习、封建旧俗难以根治。

4. 扶持政策倾斜力度不够

一是财政及金融机构支持美丽乡村建设的力度不够。现代农业投入大、周期长、见效慢,需要大量的资金支持,目前区级层面对农业产业在财政、金融等方面支持与实际需要尚有较大差距,影响经营主体的培育壮大和稳步发展。二是存在产业发展用地与耕地保护之间的矛盾。

农村建设用地控制严格,新型经营主体用于加工、仓储、农机具存放、旅游观光农业等方面的用地难以满足。

二、2019 年第四季度及 2020 年即墨区美丽乡村建设预测

2019 年第四季度及 2020 年,即墨区将深入推进乡村振兴战略,认真贯彻落实《青岛市乡村振兴攻势作战方案(2019—2022 年)》,强化规划引领,抓重点、补短板、强弱项,建设生产美产业强、生态美环境优、生活美家园好的美丽乡村。2019 年第四季度,预计 21 个省、市两级示范村建设将全部完工,年内改造提升 120 个村庄规模化供水改造,新硬化农村街巷 30 万平方米,规划新建 2 处农村污水处理设施,新造林 0.1 万亩,年内全区 40%的村庄实现冬季清洁取暖,农村社区服务规范化运行达标率达到 100%,农村污水处理率达到 40%以上。

2020 年是全面建成小康社会收官之年,即墨区将深入开展农村人居环境整治三年行动,预计年内新建农村污水处理设施 20 处,巩固城乡环卫一体化管理成果,扩大农村生活垃圾分类处理试点,建立无害化卫生厕所管护长效机制,完成村庄街巷硬化"户户通";统筹推进成方连片美丽乡村集聚区建设,新创市级示范村 20 个、区级示范村 30 个、达标村 170 个,探索建设农村中心社区,推动传统农村城镇化转变;重点培育带动力较强的示范合作社、示范家庭农场,预计年内新增市级以上示范合作社、家庭农场、龙头企业 80 家;进一步深化农业供给侧结构性改革,健全利益联结机制,发展适度规模种植,开展现代农业园区创建,引导农民流转土地、就地务工,增加财产性和工资性收入,全力促进农民增收致富。

(一)加大政策扶持力度,聚合发展动力

1. 加大财政资金投入力度

美丽乡村建设,离不开有效的资金投入。即墨区将进一步加大区、镇两级财政对美丽乡村建设年度预算的支持力度,财政资金每年投入只增不减,保证美丽乡村建设投入的刚性需要。科学、高效、合理使用建设资金,将国家、省、市、区、镇各级资金整合,实现涉农资金统一规划使用,深入剖析相关涉农政策,有效聚合各级财力,建立专项资金账户,集中使用,让有限的资金得到最大的发挥。

2. 进一步完善投入机制

将进一步完善"全方位整合、多渠道投入"的投入机制,加大对美丽乡村建设奖补、土地综合整治、农业综合开发、现代农业生产、农业科

技、新型农村经营主体发展、农民培训、农村危房改造、水利发展、旅游、交通、环境整治、乡村文明行动等涉农资金的整合力度,健全农业抵押贷款、担保贷款机制,设立农业发展基金,积极搭建多种形式的"农字号"平台,并通过企业联村、社会捐筹、群众投工投劳以及 PPP 模式,鼓励和引导社会力量参与美丽乡村建设。

(二)强化人才支撑,推动农村产业融合发展

1. 大力开展农民职业教育

全面建立职业农民制度,实施新型职业农民培育工程,优化农业从业者结构,改善农村人口结构。整合各渠道培训资金资源,建立政府主导、部门协作、统筹安排、产业带动的培训机制,充分利用山东大学县域发展研究院、山东大学青岛校区、青岛农业大学等高校及科研院所的便利,加强对新型职业农民、农村科技人才的培育,使他们能够适应农业产业政策调整、农业科技进步、农产品市场变化,推动农村产业融合发展。

2. 积极鼓励各类人才回归乡村

打好"乡情牌""乡愁牌",念好"招才经""引智经",想方设法创造条件,让农村的机会吸引人、让农村的环境留住人。出台相应的鼓励措施和优惠政策,吸引高校毕业生、各类科技人才到农村创业。通过财政补贴、租金补贴、专业人才补贴等方式,降低外部人才到农村创业的成本,吸引各种人才投身到农村产业的建设发展中来。

(三)培育文明乡风,提高农民思想文化素质

1. 重塑乡村文化现实价值

继承优秀的农耕文化、民俗文化,深入挖掘优秀传统农耕文化当中蕴含的思想观念、价值理念和人文精神,重塑乡村文化的现实价值,充分发挥其在凝聚人心、教化群众、淳化民风中的"心中的法律"作用。对"村规民约"等制度的修订完善,"从下到上"民主集中,广泛征求村民意见建议,把村民反对什么、喜欢什么、追求什么,都写进去,形成村民普遍认同自觉遵守的标准,让村规民约在日常生活中看得见、摸得着,真正将村规民约落到实处,让"村规民约"在基层自治中切实发挥作用。

2. 加强农村思想道德建设

加强孝道文化宣传教育,以身边人、身边事为教材,教育引导广大农民见贤思齐,崇德向善。充分发挥区、镇(街道)、村各级力量,引导干部群众注重在基层一线发现典型人物和典型事例,充分依托媒体力量,积极传递"凡人善举"的精神力量,充分发挥先进典型的示范引领和模范带头作用。加强文化惠民,结合地方实际,贴近农民生活习俗和当地风土人情,创新创作出农民喜闻乐见的文化产品,增强农民对党的理论

方针政策的认知认同。

3. 完善农村文化基础设施

进一步推进"文化大院"、文体活动室、电子阅览室、"农家书屋"、文体活动广场等文化阵地的建设,并注重结合农民的实际需求,为其提供服务于实际生产、生活的图书资料,以此来提升村民对图书资料的阅读兴趣,提高农村文化设施的利用效率,提升村民科学文化素质。

(四)强化产业支撑,增强乡村振兴内生动力

1. 优化产业布局

按照"特色引领、集群发展"的原则,根据全区不同区域农业发展状况和资源条件,对主导产业和特色产业进行统一整合,促进全区产业转型升级。东部依托山、泉、海、滩等全要素美丽发展带,重点打造果茶薯芋、水产养殖、农业旅游等农业产业集群;西部依托大沽河滨水生态景观长廊和富美乡村集聚带,重点打造蔬菜种植、现代种业等农业产业集群;南部围绕农产品加工、物流,重点打造加工、物流产业集群;北部依托现有畜牧养殖基地和园艺农业种植基地,重点打造现代牧业、中药材花卉、粮油等农业产业集群。通过优化产业布局,实现农业产业集聚发展,促进规模经济效益的提高。

2. 深化产业结构调整

构建农村三次产业融合发展体系,延长产业链、提升价值链、完善利益链,真正让农民分享到全产业链增值收益。实施农产品加工业提升行动,加强农产品产后分级、包装、营销,建设现代化农产品冷链仓储物流体系。实施特色优势农产品出口提升行动,支持农业"走出去"。实施休闲农业和乡村旅游精品工程,以休闲农业和乡村旅游为引领,创新传统农业种植养殖方式,对村庄生活设施等进行特色化改造。

3. 深化重点领域改革

确定农村改革的重点领域,进一步落实农村土地"三权分置",落实集体所有权,稳定农户承包权,放活土地经营权,激活农村沉睡资源。大力培育新型农业经营主体,引导多元融合发展,多路径提升规模经营水平,多模式完善利益分享机制,多形式提高发展质量。加大集体经济合作社扶持力度,引导农民将土地等资源作价入股在合作社内部进行流转经营,确保村民的主体地位,让村民获取更多的改革红利。

(作者单位:中共即墨区委党校)

2019～2020 年莱西市深化拓展 "莱西经验"情况分析与预测

孙玉欣

莱西市是"莱西经验"的诞生地。20 世纪 80 年代至 90 年代初,莱西市探索推行村级组织建设工作,围绕农业、农村和农民这一根本问题,着眼于加强和改善党对农村工作的领导,探索形成了加强农村党组织建设的"莱西经验"。"莱西经验"从理论和实践上回答了新形势下加强农村基层组织建设的一系列重大问题。党在农村基层的政治领导力、思想引领力、群众组织力、社会号召力不断加强,党的组织和工作全面覆盖。近年来,莱西市适应农村改革和发展的新形势,与时俱进地探索加强以村党支部为核心的农村基层组织建设,总结形成了 2000 年的"三结合"、2005 年的"三三制"、2010 年的"五化五机制"、2015 年的"三体系一机制"工作思路。

"莱西经验"的本质是农村党支部充分发挥组织群众、凝聚群众、领导群众的核心作用,解决的是党的建设、党的领导问题,巩固了党在农村的执政基础,在新时代具有宝贵价值。2013 年 11 月,习近平总书记在山东考察指出:"发端于莱西市的村级组织配套建设,在全国起到了很好的示范引领作用。希望山东增强进取意识,勇探新路。"强调要以组织振兴统领乡村振兴,加强和改善党对农村工作的全面领导,切实加强基层党组织建设,打造坚强战斗堡垒,增强乡村振兴的内生动力。

一、2019 年莱西市深化拓展"莱西经验"的基本做法

莱西市共有 861 个行政村,200 户以下的村庄占到几乎一半,村庄存在数量多、规模小、实力弱,且农村空间建制散乱、基础设施薄弱、公共服务欠缺等问题。为贯彻落实党中央战略部署和山东省委、青岛市委对深化拓展"莱西经验"的要求,2019 年,莱西市将深化拓展"莱西经验"作为"一号工程",坚持和加强党对农村工作的全面领导。按照"党建统领、全域统筹、融合发展"总体思路,结合青岛市发起的"乡村振兴

攻势"、"突破平度莱西攻势",坚持以镇为着力点、以村为操作点,以农村基层党组织统领发展融合、治理融合、服务融合,以村庄建制优化调整为切入口,全面构建农村基层区域化党建工作新格局,重塑农村基层组织体系,以组织振兴统领乡村全面振兴。

(一)组织先行,重塑农村基层组织体系

改革之初,首先要理清权责关系。莱西市明确"镇村"作为"主力部队"的攻坚力量。强化镇街党委龙头作用,推进"部门围着镇街转"改革,推动镇街转变职能、优化机构、赋权增能。同时,突出农村社区党委"主阵地"地位,推动镇级管理服务职能、干部力量下沉,因地制宜设置功能型、片区型党组织,建立起"镇党委—农村社区党委—村党组织—网格党支部(小组)—党员中心户"的组织链条。在村级,按照"三个不变"原则,即原村干部、村民的待遇不变,债权债务不变,资产资源资金不变,经镇街党委提出、村民代表会议表决,依法依规撤并村民委员会。

近年来,莱西市适应新时代农村经济社会的发展变化和农村基层治理需要,聚焦深化拓展"莱西经验",围绕以组织振兴统领乡村全面振兴,强化平台思维、生态思维,树立融合理念、共赢理念,打破"就村抓村"的传统方式,坚持抓镇促村、整镇推进、全域提升,优化农村基层党组织体系,构建以农村基层党组织统领发展融合、治理融合、服务融合的"一统领三融合"工作体系,初步构建起农村基层区域化党建工作新格局,探索出一条新时代农村基层党建工作的新路子。

一是以镇为着力点,昂起镇党委区域统筹的"龙头"。2019 年,莱西市将城乡规划建设、民生保障等方面的 17 项管理权限下放到镇街,全面建立健全镇街党委兼职委员、镇街区域化党建工作联席会议等机制,强化镇街党委统领地位,统筹管辖域内管理、服务、执法等各类资源,及时解决区域内重大问题。5 月份,姜山镇前垛埠村村民向镇里反映,村里一条河水出现臭味,怀疑有企业往河水里排污。接到群众反映后,姜山镇吹响了求助的"哨声",环保部门、动检站、畜牧站等部门接到"哨声"后,立即联合对河流周边的企业、养殖场进行检查,发现有养殖场存在雨污未分流的问题。经整治,河流问题得到了妥善解决。这是莱西市强化镇街党委龙头作用、推动"部门围着镇街转"改革的一个缩影。

日庄镇坚持党组织先行,村庄建制调整一步到位,议事监督机构同步建立,村庄治理体系统筹推进。镇党委不但将原 87 个村党支部调整为 34 个新村党支部,还配套成立了 34 个议事小组、34 个监督小组,制定了《日庄镇村级重大事项议事规程》,实现重大事项由新村党支部提

议,议事小组讨论通过,镇、社区把关,监督小组全程监督的工作机制。截至2019年9月底,日庄镇打破原网格的条块分割,以党组织为核心进行整合,设立网格党支部,建立起"镇党委—社区党委—网格党小组—党群服务员"四级架构,以党组织和党员队伍为主体,整合各部门各村庄分散投入到网格内的力量、资源。村庄所有涉及基层公共服务、公共管理、公共安全的事项,统一纳入网格服务管理内容;11个大类、52项便民服务事项集中下放到网格,这个"全科网格"实现了社会治理"上面千条线、下面一张网"。

2019年4月,马连庄镇的小屯村连同周边的高家草泊村、吕家草泊村等6个村的党支部被撤销,共同成立了草泊社区党委,下设组织管理、产业发展、综合治理、文明实践等7个党支部,原来的村支部改成党小组。马连庄镇的基层党建任务由之前的村党支部转为社区党委。原来传统的"镇党委—社区党委—村党支部—党小组"模式,被调整为"镇党委—社区党委—专业党支部—党小组"。这一模式打破了原来的行政界限和行业壁垒,重构了农村党组织架构,全面增强了基层党组织政治功能和组织力。

二是以农村社区为关键点,挺直农村社区党委区域统筹的"腰杆"。为解决镇级管理村庄数量多、管理难度大、服务半径大等问题,总结基层实践探索,联合区域内部分村党组织设立农村社区党委,作为村庄融合发展过渡期内的区域化统筹协调平台,主要负责统筹区域内各类资源,抓好各项工作。院上镇七岔村当家人强、班子壮,党支部带领村民发展无核葡萄800亩,成为村庄致富的支柱产业,仅用了一年多时间,带动辐射周边村庄发展无核葡萄200多亩,莱西市因势利导,将周边东老庄、西老庄、荆家庄三个村与七岔村合并成七岔社区,社区党委成了新时代引领乡村振兴的"领头雁"。河头店镇完善组织架构,探索建立区域化农村基层组织体系。依托全镇9个社区,成立9个农村社区党委,明晰组织架构,构建多方共同参与的"1+9+N"组织体系。以龙泉湖社区为典型引领,社区党委下设12个村庄党支部,3个从事公益服务、人力资源及生态农业发展的"两新"组织党支部和1个现代农创园功能型党支部。通过党建引领,推进域内产业振兴、人才振兴、文化振兴、生态振兴、组织振兴,实现融合发展。推动服务下沉,实行扁平化管理。全镇9个社区党委,采用"机关干部下沉、村干部上提"的方式,选拔农村工作经验丰富,敢担当、负责任的中层干部担任社区党委书记,威望高、能力强的村党支部书记担任社区党委副书记,强化农村社区党委职能,除重大开支、合同项目及党组织结构设置调整等重大事项外,下放54项直办代办类服务事项,强化工作力量配备,为每个农村社区配备5～8名专职工作人员,村干部到社区实行轮值坐班,进一步缩小为民服务半径,让农村社区党委成为日常决策中枢和工作落实阵地。

三是以村为操作点,延伸村党组织区域统筹的"触角"。为解决村庄规模小、数量多、布局散等问题,发挥农村社区党委的区域统筹作用,积极稳妥推动村庄结构优化调整,以组织融合推动村庄融合发展。2019年上半年,莱西市仅用3个月的时间,就把行政村数量从861个调整为142个,村民代表参与率达到80%以上,同意率达到95%以上,村均人口规模从512人扩大到2803人,优化了资源配置,有的已经实现了资产融合、居住融合。组织先行后,组织架构、工作机制、农村资源都得到了优化:一方面,便于统筹推进基础设施建设,集中人力、物力、财力抓大项目,打破农村分散的低层次发展格局。另一方面,降低了行政运行成本,提高了相关涉农资金的利用率。同时,这一举措还打破了农村根深蒂固的小农文化和家族宗派意识,找到了基层矛盾化解的有效抓手。

莱西市坚持大抓党建、抓大党建工作思路,全面构建农村基层区域化党建工作新格局,推动党建工作与中心工作深度融合,以组织振兴统领乡村全面振兴。突出农村社区党委"一线主阵地"地位,为农村社区赋权增能,除重大开支、合同项目等重大事项外,镇党委管理服务职能全部下放,以建强农村社区党委为重点,建立健全农村区域化组织体系,深化农村党员分类管理,全面建立农村社区共建议事会议机制,推进基层工会、共青团、妇联组织区域化建设,以党建统领区域内产业融合、治理融合、服务融合。在莱西市南墅镇,试点推动75项"一次办好"公共服务事项下沉社区,把农村社区建设成为领导区域发展、连接条块资源的决策中枢和工作落实阵地。

(二)选好基层带头人,"配"出组织新动力

村庄富不富,要看党支部,支部强不强,关键是"领头羊"。一个村庄发展好坏,关键要看党支部这个战斗堡垒是否坚强,看党支部能不能把村庄党员群众拧成一股绳,凝心聚力抓发展、促改革、保稳定。实践证明,建强村党支部班子,是健全乡村治理体系、实现乡村振兴战略的根本所在。新时代走好乡村振兴之路,加强党建统领是根本。莱西市围绕继承和发扬"莱西会议"精神,持续加强农村基层党组织建设,坚持抓班子、带队伍,进一步加强农村党支部书记队伍建设,积极吸引优秀人才回村任职,充分发挥党支部书记引领发展"头雁"功能;强化党员队伍教育管理,动员引导广大党员甘于奉献、埋头苦干,在改革发展中发挥模范带头作用,不断提升基层党组织凝聚力、战斗力;紧紧抓住农村基层党支部这个前沿阵地,不断健全党在农村的组织体系,教育管理好党员,组织服务好群众,认真落实好"三会一课"、主题党日等基本组织

生活制度,切实解决部分党组织软弱涣散问题。

建强基层党组织,核心是要有一个好党支部,特别是要有一个好村支书。为打破"村多、村小、村散、村弱"的格局,破解基层党组织功能弱化、村级组织"人难选"等难题,莱西市坚持"先选人,后建组织",优选出片区"想做事、能做事"的党支部书记,从"一人带动一个村"到"一人带动大社区"。群雁要靠头雁领,为选好"领头雁",莱西市贯彻落实中办、国办印发的《关于加强和改进乡村治理的指导意见》提出的"实施村党组织带头人整体优化提升行动"部署,提出探索建立"职业党建工作者"队伍:拓宽选人视野,注重从本村致富带头人、退伍军人、外出务工经商人员、大学生村官等优秀党员群体中选拔有觉悟、有能力的人员担任村党组织书记,打造一支 30~50 人适应新时代"三农"工作需要、有情怀有担当、素质过硬、本领高强、作风优良的职业党建工作者队伍,着力攻破部分村庄、农村社区治理不到位或发展乏力"山头"。把更多有能力、有抱负、想干事、能干事的基层能人用起来,从而提升村党组织书记整体素质,优化村级班子素质和结构。姜山镇垜埠社区由前垜埠村、后垜埠村等 5 个村庄优化成立。嵇境明作为前垜埠村的党支部书记,带领前垜埠村成为远近闻名的富裕村。社区党委成立,嵇境明被选举为社区党委副书记,上任后他迅速摸清另外 4 个村庄的基础情况,将其与前垜埠村的产业资源进行匹配推介,为村庄引入发展新动能,基层党组织建设进一步加强。

(三)土地规模化经营,带动乡村产业振兴

2019 年,莱西市坚持以党建引领乡村振兴为主线,聚焦"把农民组织起来",出台《关于推进整建制土地规模流转的实施意见》,以马连庄镇为试点,充分发挥党组织对农村经济发展的引领和带动作用,实施镇村组织管理体制改革和规模化土地流转制度改革,探索实施整镇制土地流转改革,建立"党组织＋镇农业公司＋村集体公司＋农户＋经营主体"的土地流转新机制,整合各类农村资源推动乡村产业发展,深化拓展"莱西经验"。由马连庄镇级财政注册资本 6000 万元,成立青岛马连庄镇农业发展有限公司,并与村集体公司、农户和经营业主共同形成一条完整的土地流转链条。农户将土地入股村农业公司,村农业公司按保底价整体打包给镇农业公司,镇农业公司整合土地后统一对外招商,并与企业签订土地流转协议。根据流转协议,流转土地农户实行干股分红,在运营主体投产的第 8 年开始,将利润的 5%分红给农户,且分红数额不少于土地租金的 10%,较以往个体流转或种植收益大幅提高。以格达村为例,过去流转给本村种植户每亩仅 200 元,通过新模式流转的土地每亩提高至 600 元,未来还能享受干股分红,效益增长了两

倍多。村集体按农户租金的 20％获得所有权收益金,同时享有"四荒地"等土地流转收益金及企业分红收益,是一条村集体稳步增收的新路径。全镇就流转土地 7500 余亩,规划建设 13 个现代农业园区,带动集体增收 100 多万元、群众增收 350 多万元,实现了集体经济增收和群众增收致富联动双赢。以朱耩村为例,该村原是经济薄弱村,2018 年通过新模式流转土地近 700 亩,村集体实现增收 10 万元,且长久持续。

作为全国养殖大市,莱西市奶牛存栏 8 万多头,但牧草缺口较大,马连庄镇流转的大量山岭地,不利于庄稼种植却适宜牧草生长。通过引进加拿大新品种牧草,吸引雀巢等大公司收购经营散户,建立牧草种植、奶牛养殖、奶制品加工全产业链条,引领当地由粮经两元模式向粮经饲三元模式发展,推动农业种植的结构性改革。2019 年计划推广牧草种植面积达到 5000 亩,年内实现增收 2500 万元。

推动三次产业融合发展。马连庄镇原先的销售模式是"产地—收购商—经销商—批发商—零售商",镇农业发展公司成立后,统一注册"马恋庄"农产品商标,与顺丰合作建设瓜果预处理中心,与利客来、北京物美、佳世客等大型物流商超开展甜瓜、苹果等销售合作,建立"产地—商超"直供式营销模式,实现"新六产"融合发展。以甜瓜销售为例,减去中间环节,费用最大可下降 50％。

助推农业新旧动能转换。流转的土地过去主要种植玉米、小麦等传统作物,效益低下。对此,马连庄镇通过大规模土地流转实现土地资源集约化的同时,坚持引进新品种、培育新产业,积极寻找适合大规模种植、产业附加值高、带动劳动力就业多的产业。2018 年与山东临沂九间棚集团合作,发展金银花种植 2000 亩,丰产后可实现亩均增收 5000 元。同时,充分运用莱西市"飞地"政策以及农村宅基地增减挂钩政策,积极拓展招商引资范围,推动镇域外项目要素集聚,实现镇域、镇外双开花。2018 年引进昌隆达爆破器材等过 1 亿元项目 5 个,现已开工建设 4 个。

有利于实现资源资产化资本化和投资企业稳固发展。镇农业公司通过土地议价权获得增值收益和注入自然资源等措施,不断壮大公司资产,实现农村资源的资产化,同时积极向外界融资或合作,实现资产资本化。此外,镇级公司通过掌握第一手土地资源,守住了农民的"命根子",牢牢掌控农村土地的公有制性质不变,规避了变相损失土地所有权风险。另外,通过与镇政府一家对接,投资企业就能得到大片可利用土地,有效节约了企业的时间成本,防范了后期不可控因素。同时,政府作为利益共同体,为企业发展提供长期政策、资金扶持,为企业的发展壮大提供了保障。通过改革,将单纯的"企业＋农户"模式改成镇、村、户、企"四位一体"模式,加速农业三次产业融合,实现农业新旧动能转换,为马连庄镇实现产业振兴打下了坚实基础。

(四)大规模合村并居,农民享改革红利

2019年,莱西市围绕深化拓展"莱西经验",坚持统筹平稳推进、多部门协调联动、考核督查倒逼等方式,以村庄建制优化调整为切入口,优化村庄布局推进乡村振兴。依法有序合并社区内原行政村的村民委员会,设立新的社区村民委员会,破解农村"空心化"、土地经营分散、基层治理乏力困局,提升基层党组织组织力,让人民群众共享改革发展成果。以区域化党建为抓手,综合考虑户籍人口、地理位置、历史沿革、产业布局等因素,打破原有村党支部设置壁垒,对软弱涣散和公共服务能力不足的党组织进行优化调整,建立功能性(片区化)党组织,配套改革村庄群团组织、新经济组织和社会组织。健全区域化党建协调议事机制,吸纳区域内行政村、企事业单位、社会组织等党组织负责人担任党委委员,开展共驻共建,推动事务共商、资源共用、成果共享,做实做优农村社区。立足发展实际,统筹优化村庄建制,按照边规划、边调整、边推进原则,科学合理推进行政村规模调整。目前,全市861个行政村已撤销村民委员会589个,新设立社区村民委员会80个,行政村数量减少68.4%。按"权随责走"原则,对社区党委赋权,除5万元以上资金及重要合同、项目、党组织结构设置调整等重大事项以外,村级财务、发展党员等管理服务职能全部下放。依托社区党群服务中心,配套设置基层党建工作站、产业发展工作站、基层治理工作站、便民服务工作站,推动公共服务事项下沉到社区,确保农村社区有权办事、百姓有求必应、服务有章可循,建强"一线主阵地",真正实现"一次办好"。强化工作力量配备,按每个农村社区3名标准,为12个镇街新增345名事业编制人员,确保每个农村社区专职工作人员不少于6名。南墅镇推动70名镇机关干部下沉农村社区办公,每个农村社区工作人员达到10人。发挥党组织引领产业发展优势,推广"党组织+公司+合作社、村集体、农户"土地运营模式,推行土地股份合作制改革,推进整村、整镇土地流转,实现产业融合化发展,释放农村改革发展红利。河头店镇龙泉湖社区通过整村搬迁的方式,安置邻近2个库区村、587户居民,形成集中化居住、规范化管理、社会化服务格局。院上镇七岌社区、日庄沟东片区正加快推进土地规划调整、旧房拆迁等新型集聚型社区建设前期准备工作。

针对村庄"空心化"、居住分散化、农村基础配套成本高等问题,在优化调整村庄建制的同时,莱西市还部署推进一项重要工作——集中居住,高标准建设、多设施配套集中居住示范片区。针对集中居住片区建设"钱从哪里来"的问题,莱西市坚持"用足用活、能用尽用"统筹上级

扶持壮大村集体经济专项资金、美丽乡村建设资金等,用好城乡建设用地增减挂钩节余指标省内有偿调剂使用政策,加快推动国开行等授信资金落地,着力破解优化村庄建制资金瓶颈。在姜山镇,村民不但能搬上楼,还能自己选楼,这里由专业设计团队规划了多层住宅和低层住宅两种住宅形式,如果村民还想延续以往"二层小楼"的居住习惯,也可在宅基地置换的基础上,再增加费用选择低层住宅。住进楼房后,老百姓远离了土地,生活方式也随之发生变化:在社区的对接下,人力资源公司将招聘大巴车开到社区,居民看到有意向的岗位,即可坐上大巴车去面试和工作,农民有了实实在在的获得感。

(五)存在的问题

"莱西会议"以来,随着工业化、城镇化的快速推进,农村的社会结构、经济结构、组织结构都发生了深刻变革,农村"空心化"、农户空巢化、农民老龄化日趋明显,农村新型农业经营主体和各类社会组织大量涌现。当前,各类组织、各类群体已打破地域限制、交织分布、相融共生的趋势日益明显,各种要素、各种资源已打破城乡限制、双向流动、合理配置的趋势愈加凸显。在这一过程中,少数农村基层党组织的组织力和政治功能有所弱化,主要表现在政治统领、引领经济发展、推动乡村治理、服务群众等方面的能力还不强。单纯依靠传统的理念和办法,已经难以从根本上解决这些问题,迫切需要以自我革命的精神,打破就农村抓农村、就党建抓党建、就村庄抓村庄的惯性思维和路径依赖,运用区域统筹的办法勇探新路。

二、2020 年莱西市深化拓展"莱西经验" 发展形势预测

2019 年第四季度和 2020 年,莱西市将进一步深化拓展新时代"莱西经验"、推进乡村振兴,以镇为着力点,以村为操作点,积极探索土地规模化经营、村庄布局调整、土地资源整理、美丽乡村、田园综合体建设与乡村"五个振兴"统筹推进模式,围绕整建制土地规模流转和合村并居两个方面工作,进一步推进城乡融合发展。经过撤销合并目前莱西市政村数量减少 68.4%,远期目标是打造 100 个左右大社区,推动社区内村庄逐步合并,形成村合心合、融合发展格局。到 2022 年,全市将基本完成整建制农村土地规模流转。同时,充分考虑集中居住后群众的个性化需求,灵活采取土地互换、协商转包等流转形式,满足新建集中居住区内农民个性化需求,实现有地可种、就近生产。

（一）稳步推进整建制土地规模流转工作

为优化土地资源配置,为村庄建制优化调整、美丽乡村示范片区建设奠定基础,2019年莱西市重点推进土地规模流转,选择适宜流转的土地,发展适度规模经营,出台《关于推进整建制土地规模流转的实施意见》,继续在水集街道、望城街道、院上镇、南墅镇、日庄镇、马连庄镇、河头店镇等7处镇街先行开展整建制土地规模流转,到2022年规模流转面积占适宜规模流转面积的比例达到70%。沽河街道已形成了以苹果、葡萄、地瓜、油桃、秋月梨、蔬菜等为支柱产业的8个农业发展示范区,培育出山后韭菜、沽河两岸果蔬、三赵缘地瓜、沽河红苹果、林邦葡萄、沙瓤蜜西红柿、迟家庄黄瓜、沽阳牌山楂、崔家埠油桃等农产品品牌20余个,发展苹果种植10600亩,地瓜种植3200亩,韭菜种植1500亩,藤稔葡萄种植7000亩,是全国面积最大的设施葡萄种植基地。沽河街道将围绕推进农业规模化、品牌化,不断加大土地流转及品牌建设力度,并积极深化拓展农业园区流转、农村合作社流转、种植大户流转、工农业项目流转、村集体组织流转、街道平台公司流转等6种流转新模式,依托广大果蔬、金妈妈种业、金丰公社等街、村两级农业公司进行学研产销模式创新和农产品加工项目基地建设,推进村庄土地整建制流转,到2019年底土地流转面积达到5.5万亩,力争到2020年土地流转面积达到7万亩。

在具体工作推进中,一是将通过农业领域"双招双引",吸引城市资本、人才下乡,引进一批带动作用强、影响力大的农业产业项目,鼓励工商企业到农村租赁土地发展良种种苗繁育、高标准设施农业、规模化种养业等,建设一批农文旅结合的田园综合体,形成项目带产业、产业聚规模的土地流转良性循环,确保土地流转社会效益、经济效益最大化。二是典型引路,将探索推广土地流转新模式,为土地流转注入活力。马连庄模式:马连庄镇成立镇村农业发展公司,作为连接各方、提供服务的"中介",为土地所有方(村集体)、实施方(村经济合作社)、承包方(农户)、受让方(经营主体)提供服务,实现土地资源效益最大化。东石格庄模式:南墅镇东石格庄村成立以村集体为主体、农户为成员的土地股份合作社,助力个体农户和村集体"双增收"。前我乐模式:沽河街道前我乐村以合作社做平台担保,为合作社成员提供土地置换服务和融资服务,让农民搭上高效农业"快车",增加了农民收入。三是政策扶持,为加快土地流转进度,2019年莱西市政府以城投借款的方式给7处镇街注入资金,用于启动土地规模流转工作,并且安排整建制土地流转专项资金,对整建制土地流转工作开展好的村庄和镇街进行奖励。为保证流转质量,设立专项风险保障金,用于流转风险防控,确保土地出让者利益不受损失。

(二)将大力推进合村并居工作

一是进一步优化调整行政村建制。在借鉴外地工作经验基础上,结合莱西市实际,印发《关于开展优化行政村建制工作的实施方案》《关于做实做优农村社区构建区域化党建工作新格局的实施方案》《优化村庄建制工作指南》,明确优化原则和目标,统筹部署推进全市村庄建制优化工作,确定2019年底前,基本消除200户以下行政村;2020年前,形成100个左右大社区,推动资源整合。在院上镇开展工作试点,总结形成4个阶段、10项工作流程,制定优化村庄建制工作指南,为全市面上推开积累经验。鼓励各镇街按照"积极稳妥、实事求是"原则,坚持"三个不变"(即原村干部、村民的待遇不变,债权债务不变,资产资源资金不变),综合考虑村庄户籍人口、地理位置、历史沿革、产业布局等多方面因素,研究制订村庄建制调整工作方案,实践创新了优化村庄建制的三种模式(一是马连庄、经济开发区、望城等镇整镇推进的"由面到片"模式,二是院上、沽河等镇成熟一个调整一个的"由片到面"模式,三是河头店镇龙泉湖社区先集中居住再村庄合并的"生活方式推动生产方式转变"模式)。

二是进一步稳妥推进集中居住。在迅速开展农村社区党委、社区村民委员会成立工作的基础上,莱西市借助农村宅基地改革,将结合美丽乡村建设,同步研究推进地理意义上的合村并居工作,积极探索村庄融合连片发展模式。在前期外出学习及实地调研的基础上,出台《关于强化片区示范引领深入推进美丽乡村建设的意见》。坚持因地制宜、以点带面、分类推进的原则,重点打造6个示范片区:以乡村旅游为主导的水集街道产芝片区,以特色农业为主导的院上镇"葡萄风情小镇"片区和日庄镇沟东片区,以集体经济为主导的南墅镇东石格庄片区,以红色文化为引领的马连庄镇河崖片区,以及社区集中居住型的河头店镇龙泉湖片区。同时,发挥姜山镇产业集聚和企业较多的优势,继续探索新形势下的村企合作模式。将有机结合土地规模流转和合村并居两项工作,以流转促产业振兴,以产业带动土地流转,以流转推动合村并居,以生产方式的转变促进生活方式的改变,打造"设施完善、生活宜居、环境优美、产业兴旺、发展可持续"的新型村居格局,实现生产和生活双提高,让广大村民有更多的获得感和幸福感。

乡村振兴,治理有效是基础。"莱西经验"是在改革开放的伟大实践中诞生的,为农村基层政权稳固和社会经济发展,发挥了"定海神针"的作用。莱西市将继承和发扬"莱西会议"精神,深化拓展"莱西经验",探索新时代基层治理新路径,从思想、工作等各个层面巩固党对农村工作的领导核心地位,增强党组织把方向、谋大局、定政策、促改革的能力和定力,以组织振兴统领乡村全面振兴,加快推进镇级职能、人员、服务"三下沉",推动基层治理能力现代化。

（作者单位：中共莱西市委党校）

全域旅游视角下崂山风景区与社区融合发展研究

牟明明

2019 年 9 月,文化和旅游部正式认定并公布了首批 71 个国家全域旅游示范区名单,青岛市崂山区成功入选。自 2016 年入选首批国家全域旅游示范区创建单位以来,崂山区牢固树立"崂山全域皆景区"的理念,推动旅游业从观光旅游向休闲度假转变、从景点旅游向全域旅游转变、从高速增长向优质发展转变,着力开创"全域共建、精明增长"的全域旅游崂山模式。

崂山风景区面积占崂山区全域面积、风景区内社区及人口数量占崂山区的社区及人口总数比重都较高。鉴于此,"把一个行政区当作一个旅游景区"全域旅游理念,对于崂山区持续推进旅游产业的全景化、全覆盖,构建资源优化、空间有序、产品丰富、产业发达的科学系统旅游格局,深挖崂山风景区与社区融合发展的内在动力与外在潜力,促进全社会、全民参与旅游业,从而进一步优化崂山区城乡二元结构,实现城乡一体化、景社一体化,全面推动景区持续健康发展、促进社区强居富民意义重大。

一、崂山风景区与社区融合发展的基本状况

(一)崂山风景区概况

崂山风景名胜区(5A 级)位于山东半岛南部的黄海之滨,青岛市区东北部,距离市中心 40 余千米,是 1982 年国务院首批审定公布的国家级风景名胜区。风景区规划面积为 471 平方千米,其中风景游览区面积 261 平方千米,绕山海岸线 87.3 千米。整个景区由巨峰、流清、太清、华严、仰口、九水、华楼 7 个游览区和外缘陆海景点组成,共包含220 多处景点。崂山东南部三面由大海包围,背靠平川,以雄伟壮观的山海奇观而著称,其主峰巨峰海拔 1132.7 米,系我国大陆海岸线上的

最高峰,有"海上名山第一"的美誉;崂山是道教名山,道教文化历史源远流长,有"道教全真天下第二丛林"之称。

1979年,邓小平同志到崂山考察,指出崂山发展旅游的优越自然优势和相对落后的基础设施条件之间存在较突出的矛盾,要求崂山区一定要以风景名胜资源为依托,全力抓好旅游业的发展。由此,崂山区开启了旅游资源的保护、恢复和开发利用工作。1982年,针对当时国家风景名胜区未建立统一的管理体系,许多重要风景名胜资源开发建设缺乏统一规划,并遭到不同程度破坏的状况,国家对风景名胜区的保护管理工作日渐重视。根据城乡建设部、环境保护部、文化部、国家旅游局等部门的提名,国务院审定公布了首批44处国家重点风景名胜区,崂山名列其中。2006年,国务院颁布施行《风景名胜区条例》,根据规定,崂山国家重点风景名胜区改称为崂山国家级风景名胜区。近年来,崂山区紧紧围绕"风景旅游度假区"建设,完成风景区"一票制"改革,成功入选国家蓝色旅游示范基地和全国通用航空旅游示范工程,荣获全国首批"中国天然氧吧"、全国"厕所革命最佳景区"和"厕所革命十大典型景区"称号,景区官方微博、微信入选"全国5A景区官博影响力Top10",崂山100千米国际山地越野赛被评为越野跑全国最具影响力赛事,景区美誉度不断提高。2018年,崂山共接待游客2020万人次,旅游总收入达到139亿元。

(二)崂山风景区内社区概况

崂山风景名胜区范围包括沙子口、王哥庄、北宅、惜福镇、夏庄等5个街道办事处的全部辖区,共有190个行政村,总人口25.71万人,农业人口占90%以上。其中,位于核心景区且在游览区售票口以内的社区15个,居民11000余人。如此密集的环景区村庄及人口分布,在全国风景名胜区中都是较为少见的。以上所提到的惜福镇及夏庄属于城阳区管辖,而本文所涉及的崂山风景区内社区,主要指位于崂山区所辖范围内的沙子口街道、王哥庄街道及北宅街道内。其中,核心景区及重要旅游设施所在地社区有35个,占崂山区农村社区总量的25.17%。依据景区生态资源环境保护及旅游秩序管理需要,崂山风景区内社区可划分为景区社区和关联社区两类。

1. 景区社区

景区社区为位于风景区核心景区内且在游览区售票口以内、旅游专用路两侧的13个行政社区,即青山社区、黄山口社区、黄山社区、长岭社区、返岭社区、雕龙嘴社区、曲家庄社区、观崂社区、河东社区、双石屋社区、西麦窑社区、东麦窑社区、流清河社区。

2. 关联社区

关联社区为位于风景区客服中心所在地及周边的行政社区和核心景区内的其他 22 个行政社区,即西登瀛社区、岭西社区、前登瀛社区、后登瀛社区、大河东社区、小河东社区、南窑社区、马鞍子社区、砖塔岭社区、栲栳岛社区、大石社区、大石头社区、东九水社区、西九水社区、竹窝社区、龙泉社区、孙家社区、我乐社区、卧龙社区、磅石社区、兰家庄社区、枣行社区。

崂山风景区内社区居民较多,景区内社区总人口约 3.4 万人(数据截至 2018 年底),占三个街道社区总人口的 25.46%,景区内社区人口主要分布在地形平缓的几个街道的中心区,景区内沿海一线居民也较多,村庄密度较大。山区除柳树台(自然村,属竹窝社区)外,其他地方居民较少,社区适宜建设的用地亦较少,居民聚居点对风景环境影响较大。在社区建设用地方面,自景区 1986 年规划实施后,风景游览区内的村庄得到了较好的控制。在风景区游览区外的平原地带,已经出现成片的房地产开发项目,绝大多数是出售给风景区外人员。以沙子口为例,由于过多的可建设用地的出让,使自身发展的储备用地不足。此外,风景游览区山地多,可建设用地少,而且还有资源保护的需要,因此其建设用地指标较低。

(三)近年来崂山风景区与景区内社区融合发展概况

近年来,崂山区积极探索景区内社区经济发展、民生改善的新途径、新模式,帮助居民增收,在景区社区双赢上进行了一系列有益探索,并取得了显著成效。

1. 体制改革方面

崂山风景区管理局(现为崂山区文旅委)于 2014 年 8 月成立社区工作处(现为社会事务处),主要负责制定景区与社区统筹发展规划,建立景区、街道、社区三级联动工作机制,指导景区旅游商会开展工作,组织开展生态资源保护奖补考核,推进景区与社区融合发展的各项工作,该机构在及时了解社区群众合理诉求、帮助解决实际困难、化解矛盾隐患的过程中,进一步增进了景区与社区间的了解与互信。此外,由崂山风景区管理局牵头,于 2015 年 3 月成立崂山风景区旅游商会,现有会员 400 余家,商会通过制订章程、组织开展规范经营服务培训、宣传,建立检查督导制度,加强动态监督等措施,保障了景区内社区的经营业主会员的依法合规经营和应有权益。

2. 制度保障方面

2015 年 1 月,崂山区委、区政府和崂山风景区管理局联合出台了《关于推动景区与社区融合发展的实施意见》,为景社融合发展提供了制度保障。同月,风景区管理局出台了《关于景区生态资源保护奖补办法》,建立奖补考核制度,在社区护林防火、资源保护、旅游秩序、景社配合和文明景区创建等五个方面对社区进行考核。

3. 共享发展方面

景区内社区中从事农家宴、住宿接待及其他旅游业相关工作的居民占较高比例,高端精品民宿快速发展。据不完全统计,景区内及周边从事农家宴与住宿接待的居民有五六百户,每户年收入少则十几万元,多者达数十万元,旅游业带动了景区内社区7000余名村民就业。为帮助景区内经营业户搭建多样化的营销平台,拓宽发展路子,2018年1月,崂山风景区推出"景区＋农户"特色一日游旅游产品,在300余家商会会员中筛选出第一批30家景区内社区农户,就餐饮、住宿、土特产等方面通过线上崂山全域旅游电商平台展开线上线下全面合作,对外销售"景区＋农户"系列产品,促进了景区内社区居民增收。

4. 全域旅游方面

在全域旅游的建设背景下,崂山风景区完成了加快建设太清海上游览线二期、大河东文旅小镇等30多个项目,飞"阅"崂山低空旅游获得航线批复,流清、太清、八仙墩、试金湾、华严寺、仰口等码头建设加快推进,完成极地海洋世界环境提升和仰口沙滩升级改造,流清至垭口旅游路整修、九水线缆下地等工程完工。深度挖掘海岸线旅游资源,谋划"上山下海"发展规划。以"仙居崂山"旅游品牌为统领,推动南北岭、青山和双石屋项目建设,东麦窑文化民宿二期投入运营,助力美丽崂山特色小镇建设和发展。

二、全域旅游视角下崂山风景区与社区融合发展的原则要求

以"崂山全域皆景区"的理念、全域旅游示范区的标准,实现崂山风景区与社区的融合发展,应遵循以下原则要求。

(一)坚持景社互动,共融共赢

长期以来,由于崂山风景区内社区、居民较多,景区旅游开发与社区居民利益之间的矛盾,成为困扰景区发展的重要因素。景区内社区多数居民成为开发崂山的旅游从业者,形成了"全民皆从旅"的自发意识,这让崂山区早期旅游发展有了较好的民众基础,但也产生了农民就业对旅游的依赖程度过高的问题,自发性的商业行为导致产品同质化、产业低端化,扰乱市场秩序,粗放式的旅游服务难以形成区域价值性成长。为改善这一状况,应立足经济发展、景区保护、民生改善等各个方面,坚持协同发展理念,以实现景区与社区一体化发展为目标,积极探

索景区与社区融合发展新模式,景区与社区共建、共融新路径,实现景区开发与社区建设的互利共赢、互促共进。

(二)坚持全区统筹,齐抓共管

坚持联动协作理念,建立区、街道、社区三级联动机制,发动社区群众,树立"人人都是崂山形象,事事都是旅游环境"的观念,促进辖区内旅游交通秩序规范化,努力营造安全、畅通、和谐、有序的景区旅游环境。统筹全区涉及社区发展政策,推动相关部门职能向景区内社区延伸,相关政策资金向景区内社区倾斜,加强部门间协作协商,提高景社融合整体工作合力。

(三)坚持生态保护,以人为本

生态是崂山区得天独厚的资源基础,在城市建设、产业集聚、人才招引上具有不可替代的竞争优势,但却面临着保护与开发的博弈。作为国家级风景名胜区、省级自然保护区,崂山风景区的发展代表着崂山区的发展质量和水平,同样对于开发强度和规划的控制,也从另一面制约着城市化进程。随着青岛城市化不断扩张,崂山风景区逐渐从近郊到与青岛市区相连,引发了城乡接合与景区发展的内部矛盾。在全域旅游示范区视角下,应坚持严格保护理念,以充分保护优良的自然生态环境为前提,兼顾社区居民生活持续改善,因地制宜,精准施力,大力发展特色乡村旅游,正确处理景区保护与社区发展的关系。

(四)坚持利益共享,风险共担

2016年起,崂山区对崂山景区内的35个社区均实行了护林防火奖补办法,充分调动起景区内社区群众参与景区建设、保护生态资源、维护旅游秩序的积极性,让3万余名社区居民在景区与社区融合发展的过程中,享受到了发展成果,以此为典型案例,促进全域旅游背景下景区与社区融合发展,应坚持利益共享、风险共担的原则。山海相依、山城一体是崂山区特有的资源禀赋,是崂山区高质量发展的基石,推动景区与社区融合发展是从高标准、可持续的发展理念出发,促进生态资源保护、维护旅游秩序、实现乡村振兴的推进手段。为此,应坚持权责一致理念,在分享区域经济社会发展成果的同时,科学考核保护管理责任,促进景区与社区优势互补、利益共享、风险共担。

三、崂山风景区与社区融合发展的典型模式剖析

近年来,围绕全域旅游示范区的创建,崂山区坚持因地制宜,一村

一品，深入挖掘资源，充分放大优势，不断彰显特色，让乡村"各美其美"，以风景区内社区为突破口，推进全面动员社区资源，全面创新社区产品，全面满足社区群众需求。崂山风景区内社区充分发挥乡村的自然之美、山海之美、本真之美，因地制宜规划、设计、发展每一个农村，重点打造流清河至仰口一线 8 个农村社区、南九水和北九水片区 10 个农村社区，使之成为生态美、生产美、生活美、服务美、人文美的美丽乡村，青山、雕龙嘴、双石屋等农村社区发展成为中国最美乡村新样板，走出了一条农旅结合、生态修复、环境整治、土地流转等具有崂山特色的乡村发展新路子。目前，在风景区与社区融合发展上，崂山区已经初步形成了几种模式。

（一）以东麦窑、凉泉社区为代表的生态修复型模式

沙子口街道东麦窑社区位于崂山南麓，地处崂山景区核心，三面环山，南部临海。社区自然资源丰富，植被覆盖面积大，拥有优质的沙滩资源，村里现存的老房子大多是 20 世纪七八十年代所建的石头老屋，经过多年沉积，形成了独具当地特色的景观。有利的地理位置加之独特的资源条件为东麦窑社区的旅游业发展奠定了基础，形成了独具特色的山—海—村的品质乡村空间布局。依托自然优势发展特色民宿项目，崂山旅游集团在东麦窑社区开发运营"仙居崂山"项目，该项目通过集中租赁村民自家原有的旧房（为房主提供每年约 3 万元租金收入），聘请中央美院的设计师对农房进行设计装修改造，交由崂山旅游集团进行统一规划设计、统一经营管理，打造了富有传统渔家风情和崂山民俗文化的旅游民宿项目，在丰富崂山景区旅游内涵的同时，增加了居民的收入。2018 年，东麦窑社区被授予首批"中国乡村旅游模范村"称号。

北宅街道凉泉社区紧邻崂山水库，生态修复、水资源保护任务艰巨，通过引进乡伴集团，采取整村改造方式，植入文创基地、森林人家、康养基地、高端民宿、郊野公园等新业态、新模式，推动生态资源转化为高质量的绿色生态产品和服务，打造凉泉乡伴理想村项目。该项目已于 2019 年 7 月开园运营，作为乡伴在全国第三个、北方第一个理想村项目，凉泉理想村走上了一条生态振兴、绿色赋能的乡村治理新路径。生态修复型模式既体现了对崂山风景区近郊环境生态的保护，更营造了景区内农村社区的生活氛围，是一种新型邻里关系、乡村社区关系的构建。社区规划基于环境的整治来带动社区的复兴和景区的带动，进而形成主动式治理，挖掘了生态振兴下环境信心、科普认知、绿色产业、归属荣誉，转变发展思路，依托绿水青山着力激发景区内社区的内生潜能。

(二)以晓望社区为代表的农旅结合型模式

王哥庄街道晓望社区位于崂山景区核心区,长期以来由于规划受限,区域开发建设受到一定影响。近年来,晓望社区依托二龙山风景区,以千亩茶产业为着力点,大力发展集观光、休闲、采摘、体验、康养于一体的休闲茶园、专业农庄和田园综合体,目前90%的社区居民加入了茶叶专业合作社,走出了一条富民强居的农旅结合新路子。在区、街道两级党委的指导下,社区发展提高至功能区建设的标准来执行,把社区一家一户作为景点来打造。将社区亮化、美化、绿化作为重点工作来抓,持续投入;突出地域特色,将村庄的个性风貌、品位特点进行提档升级;对传承乡村记忆的晓望社区中心商业街老石板路、老房子进行了修复,让群众看得见山,留得住乡愁,让原有的崂山乡土文化在这里得到延续。以新二十四孝、渔家风情等传统文化为内容,对街面进行美化,实施生活污水管网铺设和改厕治理工程。通过持续不断的努力,村庄实现了美丽蜕变,生态优势变成经济优势、发展优势,着力打造乡村旅游、崂山茶等特色产业,社区群众走出一条村美民富产业兴的新路。

(三)以青山社区为代表的文化传承型模式

王哥庄街道青山社区是崂山风景区内的一个传统渔村,已有600多年历史,至今仍保存着大量的明清时期古民居、古石桥、古石碾、石刻、祠堂门楼等古建筑遗迹。青山社区将文化振兴作为乡村振兴的突破口,投入2000余万元,对村庄的传统建筑、旅游码头、仿古"渔村特色一条街"等项目进行修复建设。社区先后被评为"国家级传统村落""山东省记忆乡村"。

(四)以唐家庄社区为代表的环境整治型模式

王哥庄街道唐家庄社区位于仰口隧道以北2千米处,距王哥庄街道办事处驻地4千米,村庄西、南、北三面倚山,东面迎海,景色宜人,交通便利。该社区是崂山区第一个综合管线一次性入地的社区,按照"先地下后地上"的原则,2017年美丽乡村一期工程投资4000余万元高标准实施污水、供水、强电、弱电及燃气等线缆入地工程,建设污水处理模块2座,对社区内的所有污水进行集中处理,达到规范化排放,对给水管网进行优化,对社区内电力、通信、有线等线缆进行统一整治,全部埋入地下,更换太阳能路灯,建设完善道路系统,美化村庄环境。2018年投资300余万元实施美丽乡村二期景观提升工程,对进村主入口及次路口进行景观提升,包括入口景墙、行道树、构筑物、绿化、附属景观,对社区东塘坝周边流域进行整治,对社区内道路两侧进行绿化及亮化。社区依靠"美丽资源"结出了"美丽经济"硕果,唐家庄社区被评为省级美丽乡村标准化示范村。

四、全域旅游视角下崂山风景区与社区融合发展的实施路径

(一)推动景区与社区旅游产业融合发展

树立"大旅游"发展理念,把景区旅游业发展与美丽乡村建设、旅游商品生产、农业林业开发等相结合,在景观设计、业态搭建、产品推介等方面整合资源,优化环境,拓展旅游服务功能,促进景区和社区旅游产业升级。

1. 发展崂山特色旅游村落

以"十村三带示范引领工程"("十村",即东麦窑、凉泉、解家河等10个农村社区示范点;"三带",即以东麦窑、西麦窑、流清河社区为中心的滨海度假风情带,以唐家庄、张家河、庙石社区为中心的乡村生活体验示范带,以凉泉区域为中心的文旅双创示范带)为抓手,推动崂山旅游由景区型向景区社区复合型转变,集中发展高品质乡村旅游项目,促进景区乡村游转型升级,扩展社区收入来源,丰富景区旅游内涵,把战略思维、品牌理念、市场意识导入乡村振兴和景社融合发展,超前做好项目策划设计、整体包装和宣传推介,把"崂山村落"品牌叫响做亮。以"一村一策,稳步推进"的发展思路,逐步发展山海旅居型、乡村人文型、民俗风情型旅游村落。推进旅游业与社区的传统农林渔、手工艺、乡村集市贸易等产业形态整合,形成以田园环境、农家住宿、民俗展演、农事体验等元素组合聚集的产品群体,打造完整的产业链条,不断提高景区旅游产业水平和社区综合实力,构建"景区游览、社区休闲"崂山旅游新格局。

2. 拓宽社区经营项目推广渠道

充分利用崂山文旅网——崂山全域旅游网、景区电商网站等网络平台,加大宣传崂山茶、大馒头等社区经营项目、农产品和旅游商品的推介力度。设立专项基金,对符合景区旅游发展战略、注册和经营达到标准的乡村游、生态游组织及经营、产品项目,给予专项奖励。采取门票优惠、项目整合等方式,为景区与社区商户联合推出"餐饮+门票""购物+门票"等旅游产品助力,增强乡村旅游吸引力,延伸乡村旅游产业链。培育特色经营及旅游项目典型,发挥示范引领作用,扩大社区旅游市场规模。

3. 创新景区与社区共赢模式

发挥崂山旅游集团品牌效应,鼓励景区农家宴、农家旅馆采用加盟、委托管理、参股等方式加入市场化经营管理,在规范管理、宣传营销、硬件设施配套等方面加大对社区的政策支持、资金资助和技术帮扶力度,提升社区旅游产业档次。围绕风景旅游度假区品质升级行动,改造提升一批特色"农家宴"、"渔家宴"和农家客栈,打造风情独特的餐饮、住宿品牌。探索采取市场化方式,引导社区居民和集体参与景区开发建设,促进景区和社区优势互补、共赢发展。

(二)完善景区内社区民生事业保障

满足景区内社区群众对美好生活的向往,应是景区与社区融合的核心要义,以解决社区群众实际问题为导向,深入研究社区民生问题,改善居民生活生产环境,提高居民收入,增强居民对景区管理和建设的认可和支持。

1. 健全社区奖励补助机制

继续完善优化景区生态资源奖励补助政策,落实《崂山省级自然保护区、崂山国家级风景名胜区农村社区居民生态补助意见》,结合社区居民人口、自然资源、地理位置等因素,每年向社区集体、居民发放奖补金。对有利于生态环境、居民生活改善和社区集体发展的社区主导项目给予适当补助和帮扶,让社区居民共享景区改革发展红利,强化"我是景区人、我为景区荣"的归属意识。

2. 加大社区居民就业创业扶持力度

制定定向用工办法,优先录用符合条件的社区居民。建立社区旅游从业人员培训制度,提升旅游服务业者整体素质。完善针对景区大学生、老年人、困难户等特殊群体的社会资助机制,制定更高比例系数的优待政策。加大经济落后社区扶持力度,对经济困难社区运行经费给予补助,减少经济薄弱社区。

3. 改善社区居民住房条件

针对社区多年未批宅基地、严禁景区内社区翻盖新房的政策实际,建议在景区外围相关街道划定社区居民住房建设区域。结合旅游小镇和旅游村落建设,探索改善居民生活条件新途径,按照"分类施策、转移升级"思路,启动景区内社区居民安居工程,集中建设安置房,逐步解决核心景区居民住房困难及外迁问题。

4. 完善核心景区公用基础设施

加大景区开发与社区发展的统筹力度,完善景区交通设施,在社区道路沿线增建一批停车场,增加停车容客能力,解决景区内社区群众停车问题,确保景区和社区交通顺畅。借助信息化手段建立社区居民通行管理系统,研究实行弹性交通管理模式,规范社区居民及来客通行。

(三)助力景区与社区文化繁荣共进

崂山的农村,绝大多数是明朝永乐年间开始发展起来的,历史大都在600年以上。崂山乡村是历史文化厚重之地,目前保留下来的古遗址、古建筑和人文古迹很多,如市级以上非物质文化遗产14项、文物保护单位7处,具有乡村振兴、非遗先行的条件。发挥崂山历史文化悠久,传统村落、古遗址众多,民间文化丰富多样,地域特色鲜明的优势,将景区与社区发展和保持原生态特色结合起来,推动传统文化与现代旅游共同繁荣。

1.培育发展崂山村落地域文化

充分挖掘崂山的生态、历史、民俗、养生等特色地域文化资源,做好文化＋精致农业、文化＋乡村旅游、文化＋休闲养生等特色文化嫁接、文化创意,培育一批具有崂山乡土特色的"山海村""茶叶村""艺术村"等特色村,发展一批高端民宿、亲子教育、极限运动、养生修禅等"粉丝村"。依托崂山文化研究会,提炼加工民间艺术,挖掘整理崂山故事、说唱、歌舞等,支持社区开展修史立志工作。组织举办传统戏曲、庙会、祭海、技艺表演等活动,促进优秀传统文化传承与发展。

2.扩大景区内社区文化影响力

坚持文化传承与开发同步,推动崂山非物质文化遗产节、北宅樱桃节、崂山茶文化节、沙子口鲅鱼节等特色节会与景区旅游协同发展,为景区旅游注入更多民俗文化内涵。深度开发推广剪纸、雕刻等特色工艺品、纪念品,繁荣旅游购物市场。拓展具有特色乡土题材的影视、出版等现代文化产业,发展文化创意、设计服务等新兴文化产业,打造文化特色鲜明、文化氛围浓厚的艺术创作基地、特色文化村居。

3.提升社区居民对景区文化认同度

树立"景社一家人"文化理念,积极开展文化进社区、进课堂活动,普及景区自然历史知识,让社区居民人人成为景区旅游的解说员和推介员。将传统民俗融入景区导游解说中,在景区内表演展示崂山道教武术、螳螂拳等,为地方特色文化提供保持活力的发展环境。弘扬社会主义核心价值观,积极开展精神文明创建活动,大力推进"四德"教育,倡导文明、健康、绿色的生产生活和行为方式,提升居民凝聚力和向心力。

(四)促进景区与社区生态环境融合保护

统筹做好景区与社区资源环境的可持续发展工作,建立健全护林防火、生态建设、环境整治等方面的联动共管机制,实现社区环境质量提升与景区生态资源保护双赢。

1. 严格风景资源保护

严格执行《青岛市崂山风景区条例》的相关规定,保护核心景区及周边山体岩石、海岸沙滩等自然景观和特色建筑、文物古迹等人文景观。加强景区及社区建设项目管理,确保建筑物设计与周边景观相协调,保护山体余脉、河流水系等生态缓冲区与景观廊道。景区与社区共同制订保护管理措施,实行风景资源划片联动保护。

2. 深化森林资源管控

按照全区森林防火工作部署,探索实行景区与社区森林防火"风险共担、利益共享"机制。建立森林资源动态监测系统,完善森防基础设施,加强联防联治和信息互通。加大宣传教育力度,提高社区居民的林木保护意识,完善护林防火奖补机制,将工作成效与社区居民权益、林木管护效益紧密挂钩,稳固景区和社区森林防火、森林病虫害防治和重大动物疫病防控"三条防线"。

3. 促进生态环境建设

景区与社区紧密配合,发挥联动效应,健全生态环境建设长效机制。综合使用本土树种和引进树种,推进植树造林和生态补植,扎实做好林木抚育,保证林木健康生长。健全完善生态环境监察机制,统筹考虑景区水环境保护和社区水源污染防治,加快推进生活污水的无害化收集处理进程,保护好崂山的青山绿水。

4. 开展环境综合整治

强化环境卫生清理,扩大绿化美化成效,提升村容村貌,使社区环境与周围景观、环境相协调,突出景区特色。加强日常巡查与联合行动,依法查处违法建筑和违法占地行为。倡导文明祭奠方式,推进公益性墓地和怀念堂建设,严格治理散乱坟头、乱埋乱葬及随意烧纸燃鞭,恢复公路和村庄周围自然景观,打造整洁、优美的景区环境。

(作者单位:中共崂山区委党校)

中国—上海合作组织地方经贸合作示范区建设研究

刘骏骎

 2018 年 6 月 10 日,国家主席习近平在上海合作组织第十八次元首理事会宣布中国政府支持在青岛建设中国—上海合作组织地方经贸合作示范区(以下简称"上合示范区")。上合示范区的前身是欧亚经贸合作园区,2016 年 1 月由青岛市政府向商务部致函申请建设。2018 年初,青岛市政府和山东省政府向商务部申请将欧亚经贸合作园区更名为上海合作组织地方经贸合作示范区,2018 年 4 月商务部正式复函同意更名。2019 年 7 月 24 日,在中央全面深化改革委员会第九次会议上,《中国—上海合作组织地方经贸合作示范区建设总体方案》获得审议通过。深改委会议后,山东省委、青岛市委迅速学习会议精神,分别对如何落实中央精神,建设好上合示范区迅速作出安排。2019 年 9 月,国务院正式批复了示范区建设的总体方案。按照方案要求,示范区将以共建"一带一路"为引领,充分发挥青岛的海港物流优势和产业优势,加强与上合组织有关国家的海陆联运合作,带动双向贸易投资,并与各国的产业园区对接互动,打造"一带一路"国际合作新平台。

 举办上合峰会,为青岛、为山东的发展带来了新的机遇,习总书记希望认真总结"办好一次会,搞活一座城"的有益经验,推广好的做法,弘扬好的作风,放大办会效应,开拓创新、苦干实干,推动各项工作再上新台阶。按照总书记指示和省委担当作为狠抓"工作落实年"八大发展战略的部署和青岛市委学深圳、赶深圳及落实"十五个攻势"的要求,上合示范区创新思路、方法和举措,在国际物流、现代贸易、双向投资合作、商旅文化交流等方面做了大量工作,正在奋力完成党中央交给的重大政治任务。

一、上合示范区前期工作进展情况

 上合示范区建设前期工作推进中,认真贯彻习近平总书记视察山东、青岛重要讲话、重要指示批示精神,青岛为主体,胶州市及各方积极担当作为,努力拼搏,各项工作有序推进,取得了较好的阶段性成果。

(一)主要进展

1. 建设规划逐步编制完善

在商务部、对外经贸大学、省商务厅支持下,编制完成总体建设方案。聘请清华大学建筑设计研究院编制核心区概念性总体规划、城市设计及生态规划。对标雄安新区、深圳前海等同期相似项目,核心区新增58.1平方千米生态新区,饱和性支撑上合示范区生态体系,打造生态智慧示范园区。建设规划已于2019年3月底前完成初稿。

2. 交通区位优势不断显现

上合示范区向北站前大道连接上合青岛多式联运中心和胶东国际机场,向南双积公路通达青岛前湾港,向东跨海大桥直通青岛主城区,跨海大桥胶州湾连接线将在2019年底正式通车,通车后通往青岛主城区只需要15分钟左右的车程。铁路方面,上合示范区整合山东济铁胶州物流园、中铁联集青岛中心站、青岛港、中铁国际多式联运有限公司"四方"资源,建成上合示范区多式联运中心,开通中亚、中蒙、中欧等16条班列,全面连通了"一带一路"的沿线国家。截至2019年9月底,完成集装箱作业量70.5万标准箱,增长43%。空运方面,4F级胶东国际机场2019年将正式转场运营。胶东国际机场是东北亚的门户机场,也是全国首个高铁、地铁同时穿过航站楼的机场,将完全实现零换乘。海运方面,前湾港是青岛港的四大港口之一,青岛港是世界第七大港口。陆运方面,示范区内部有传化公路港,将打造一个智能公路港平台,全面对接上合有关业务。

截至2019年9月底,胶州海关已经正式运营,多式联运平台公司注册成立。胶州对上合组织国家进出口实绩企业累计达348家,对上合组织国家进出口额4.87亿美元、增长27%。其中进口额2.1亿美元,增长71%。对"一带一路"沿线国家进出口额31.5亿美元,增长19.1%。2019年3月6日集中开工胶州湾保税物流中心(B型)等9个总投资53.1亿元的大项目。新港洲、中商民生等大宗商品贸易平台效应逐渐显现,仅新港洲2019年1月贡献外贸进出口总额4000万美元,预计2019年全年将突破5亿美元。

3. 高层次双向经贸合作平台不断打造

一是积极组织各类经贸活动。青岛是新亚欧大陆桥经济走廊主要节点城市、海上合作战略支点城市,与"一带一路"的联系非常紧密,与12个上合国家多个城市为友好伙伴关系。上合示范区积极组织各类经贸活动,成功举办了上海合作组织国际投资贸易博览会、上合+投资自由贸易便利化论坛、第二届"一带一路"青岛板桥镇论坛、上海合作组织国家进口商品展等活动。上合示范区分批次带领企业和单位代表去上合组织国家进行洽谈,增强政府间的双向交流,遵循"走出去"与"引进来"相结合的原则,不断打造高层次双向经贸合作平台。

二是积极拓展国际产能合作。在吸引投资方面,上合示范区落户了大批的优质项目。例如,上合嘉里物流山东区域运营中心项目,占地100亩,依托嘉里全球物流网络聚焦高端电子消费品、医疗器械、智能高端制造、进口食品、进口服装等客户,为"一带一路"及上合组织国家提供一站式多式联运物流服务。苏宁(上合)跨境电商智慧产业园项目,占地约341亩,面向上合国家开展跨境电商业务,建设电子商务运营中心、天天快递分拨中心、生鲜冷链中心、农村电商中心、跨境电商中心。上合国际贸易大厦项目,总投资6.7亿元,总占地24.9亩,总建筑面积12万平方米,作为承接贸易、金融企业的载体,将建成示范区联动上合组织国家及"一带一路"沿线国家的资本周转与融通中心、保险投资清算中心、金融资产标价中心和金融信息中心。

在对外投资方面,"走出去"与"引进来"并重,对"一带一路"沿线国家、上合组织国家累计投资项目分别达25个、13个。一年来,胶州对上合组织国家实际投资额5921.5万美元,增长84.5%;对"一带一路"沿线国家实际投资额1.03亿美元,增长190%。已开工嘉里物流、德国汉普森等17个总投资约130亿元的项目。目前有海尔集团建设鞑靼斯坦家电产业园,海信集团开始向俄罗斯市场直接出售产品,青岛双星收购韩国锦湖轮胎,中启控股集团建设柬埔寨桔井省经济特区项目,哈萨克斯坦PKOP炼厂项目二期工程4套工艺装置顺利中期交工。

4. 综合保障服务取得较大的进展

一是发挥专家智库作用提供智力支撑。成立了6个专家智库,先后举办上合示范区金融发展论坛等,邀请联合国前副秘书长沙祖康等国内外知名专家学者把脉示范区建设。二是发挥法律服务保障作用。与上海政法学院等高校合作,聘请10位学者担任法律服务智库专家。举办首届"上合示范区建设法治保障论坛"。2019年2月12日上合示范区被授予全国首批法律服务交流合作基地。胶州成为全国唯一拥有管辖一审涉外、涉港澳台民商事案件的县级市,已立案5起、审结1起。三是发挥金融服务支撑作用。成立上合示范区金融服务中心、胶州市未来金融研究院,制订上合金融保险发展研究院工作方案。与17家金融机构签订战略合作协议,中国银行、中信保等机构拟订《关于支持示范区建设金融服务方案》。举办金融服务中心揭牌仪式暨金融发展论坛,通过股权合作等方式与国开行等金融机构对接,上合1号基金、华润中科(青岛)人工智能产业基金注册设立。四在拓展发展空间方面,成立由胶州市委常委任总指挥的片区征迁专班,打响东西营征迁攻坚战,腾出土地 4868 亩,安置人员 2698 人。

(二)存在的主要问题

1. 上合示范区尚未成立专门管理机构

多元化主体管理体制尚未理清,一定程度上影响了工作推进。上合示范区管理体制中胶州、青岛、省级层面以及国家层面各自的分工不明确,难以形成合力。山东省上合示范基地成立推进领导小组由省委书记和省长担任组长,办公室设在省商务厅,厅长任办公室主任。青岛市也成立了有关机构,对上合示范区工作分了五个专班来推进,这些专班的牵头部门都由青岛市的部门担任,胶州的园区建设专班是其中一部分。2019 年 10 月 17 日,商务部新闻发言人高峰表示,上合示范区将着力推进四大中心建设:一是建设区域物流中心,提升区域内的互联互通水平;二是建设现代贸易中心,加强区域内贸易往来与合作;三是建设双向投资合作中心,强化区域内产能合作;四是建设商旅文交流发展中心,促进区域内商业、旅游、文化的融合发展。商务部将积极配合山东省,加强统筹协调,及时总结经验,为示范区建设发展营造良好环境。由上可见,国家、省、青岛、胶州这四个建设主体的具体职责仍旧不明晰,主体多元而没有协同,因而上合示范区体制机制创新力度不够。前期在招商引资、项目建设、贸易投资等方面着力较多,在体制机制方面突破不够,特别是管理模式、自由贸易、投资便利化、贸易便利化等方面探索还不够多。

2. 缺乏发展国际贸易条件

上合示范区核心区内尚没有海关特殊监管区域,也不是自贸区,一定程度上制约着核心区发展国际贸易。规划的中国(山东)自贸区青岛片区中的上合示范区物流先导区,位于中德生态园。上合示范区与中德生态园融合推进、互为飞地机制尚未建立。

3. 专业化高素质人才的智力支撑较为薄弱

尽管前期已与俄罗斯科学院毕业的贾松博士、张伟博士达成合作意向,但人才引进的柔性政策力度还不够大,导致高素质专业化人才不能就地落编。

4. 上合元素集聚度不够高

物流贸易类大项目带动性不够,产业合作缺少大项目支撑。

5. 硬件设施建设亟待加快步伐

上合所在地胶州市尚不具备承办国际展会的食宿行等硬件设施。

二、上合示范区建设的几点建议

(一)牢固树立创新理念,不断成就"上合示范"经验

示范区的弱势是无章可循,示范区的优势恰恰在于没有成规。因此,要抢先创新,或者说先行试验,再示范;边试验,边示范。上合示范区是以习总书记为核心的党中央赋予青岛的历史使命。上合示范区建设总体方案明确指出在青岛建设上合示范区,旨在打造"一带一路"国际合作新平台。"一带一路"体系是以中国为主导建立的独立于 WTO 体系之外的国际新平台,它涵盖欧亚大陆在内的世界各国,目标是要建立一个政治互信、经济融合、文化包容的利益、命运和责任共同体,是打造人类命运共同体的先行实践。在这种情势下,对山东省而言,要设立由主要领导和专家组成的专门协调机构,对上对接商务部,对下指导、帮助青岛市打通所有关隘,确保青岛市的各项创新顺利开展。上合示范区是中国对外开放的一个窗口和试验示范区,等和靠没有出路,努力实干才能创出经验。

(二)把平台建设放在首位,增强示范区高质量发展核心引擎功能

这个新平台应通过拓展国际物流、现代贸易、双向投资合作、商旅文化交流等文化合作,更好发挥青岛在"一带一路"新亚欧大陆桥经济走廊建设和海上合作中的作用,加强同上合组织国家互联互通,着力推动东西双向互促、陆海联动的开放格局。胶州市必须有国家战略意识,为"一带一路"沿线国家乃至更大范围,打造一个经济、文化、旅游等全方位深度合作、高质量发展的便利平台,为构建人类命运共同体作贡献。

第一,通过多办展会来推动硬件建设的提升。当前,上合示范区所在地胶州市承办国际展会的一大困境是住宿、餐饮、安保等硬件条件不足。但是,从来都不是先有条件再做事情。只有通过积极承办一些大的展会,才能推动各级各类投资来胶州,国内、国际的资源到这里聚集,就会加快克服当前硬件不足的缺陷。胶州仍旧属于没有开垦的处女地,土地、拆迁等成本仍旧处于低位,正是加快硬件建设,拉大发展框架的黄金时期。

第二,加快建设上合培训机构。目前,上合组织培训机构已经处于规划建设阶段,充分认识这个培训平台的作用,充分发挥这个平台民心相通的先行作用极为重要。"一带一路"作为中国首倡、高层推动的国家倡仪,契合沿线国家的共同需求,为沿线国家优势互补、开放发展开启了新的机遇之窗,是国际合作的新平台。"一带一路"建设在平等的文化认同框架下谈合作,体现的是和平、交流、理解、包容、合作、共赢的

精神,而建设这样一个培训平台,就是要把我们国家的这种思想、理念通过上合国家及"一带一路"沿线国家高层人士传播出去。

第三,不断促进平台链接,发挥集聚效应。上合示范区的发展定位是:"打造'一带一路'国际合作新平台,使其成为上合国家融入全球经济体系的连通器,我国经贸合作制度创新的试验田,山东新时代对外开放的新高地,青岛建设现代化国际大都市的突破口。"这是一个层层递进的逐步融合进入全球经济体系的载体。

一是迅速启动山东区域内其他平台的整合。山东要抓紧启动域内力量,尽快向这个平台靠拢、融入并发挥作用。从山东的长远发展来看,围绕"青岛城市圈",充分发挥青岛的"桥头堡"作用,进行"山东区域一体化"打造,形成对内经济协同发展和对外开放的合力,不断释放山东内存动能,确实是一个具有远见卓识的思路。

二是迅速启动与国内其他平台的联合。说到底,这个平台是为国家战略服务的。"风物长宜放眼量",山东和青岛要把山东的发展、青岛的发展放在世界的舞台上去衡量,要为国家谋划上合示范区与其他区域和平台相互连接的线路和端口,更好发挥山东在长江以北的带动作用,青岛在国家战略中的支点作用。山东要加强与其他省市的联合,要把自己放在国家战略这盘大棋上去谋划,真正发挥自己在国家中的"双支点"作用。

三是上合组织内其他国家平台的联合。上合示范区是"我国经贸合作制度创新的试验田",最终要"成为上合国家融入全球经济体系的连通器"。2019年10月13日,习近平在与尼泊尔总理会谈中强调,中尼要深入对接国家发展战略,加快提升国家联通水平,将共建"一带一路"与尼泊尔打造"路联国"的国策对接,促进贸易和投资,推进中尼跨境经济合作区建设,增进民心相通,促进教育、旅游等各方面的交往。这些都为我们与其他国家平台的交往指明了方向。我们坚信"抱团取暖"的上合组织国家会共同融入世界经济的滚滚浪潮中,为人类的和平与发展进程发挥重大作用。

(三)把贸易作为"突破点",带动体制机制创新等早出成效

所谓"突破点",就是要重点突破贸易,带动和促进物流发展和其他方面的合作与发展。当前上合示范区的发展路径"物流先导、贸易拓展、产能合作、跨境发展、双园互动",通过建设区域物流中心、现代贸易中心、双向投资合作中心和商旅文交流发展中心,打造上合组织国家面向亚太市场的"出海口"。

第一,以贸易为突破点推动体制机制创新。具体到物流与贸易的关系,应该说有贸易才有物流,物流为贸易服务,而物流是贸易的助推器,物流促进上合国家贸易发展,进而促进"一带一路"各国之间的贸易合作,并通过层层递进的纽带,融入世界经济的大潮之中。上合示范区初建时期强调物流,把设施联通放在第一位,现在已经完成了"物流先导"的初创时期,需要进入"贸易拓展"阶段。

第二,早布局服务贸易这个新风口。在上合示范区的贸易格局中,青岛当前"双枢纽"的着眼点仍旧以货物贸易为主。而据世界贸易组织(WTO)《2019 世界贸易报告》,服务贸易已成为国际贸易中最具活力的组成部分,占全球贸易的比重从 1970 年的 9% 增加至目前的超过20%,其作用在未来几十年里还将继续增强。服务贸易的发展能助推各国转变经济发展方式、优化产业结构、增加就业,加强服务贸易领域的国际合作尤为重要和紧迫。2015 年,世界发达国家服务贸易占 GDP比重已经超过七成,而这一比重在发展中国家也已经超过五成,服务贸易对经济转型升级的驱动性十分明显。为发展服务贸易,我国在 17 个省市(区域)设立了深化服务贸易创新示范点,31 个服务外包示范城市,13 个国家文化出口基地。青岛要密切跟随这一国际贸易的大趋势,从一开始就把服务贸易的作为发展的新风口,与国家试点城市紧密联合,把他们的成功经验拿来使用,把所有可以推动发展的经验都装进"示范"这个篮子里,推动青岛快速发展出成效。

(四)倾力打造便利的营商环境,实现贸易便利化

第一,抓紧建立国际化、法治化的国际投资贸易规则,不断提高贸易便利化水平。国际化才能吸引国际合作,法治化才是最硬的营商环境,只有国际化、法治化才能真正实现投资和贸易的便利化。应深入学习、研究国内外贸易先进城市的经验,抓紧建立国际化、法治化的国际投资贸易规则,逐步形成与国际接轨的规则体系和制度框架。实现营商环境的革新和革命,把发展交给市场。

第二,加强人才建设,塑造具有青岛气质的人文环境。在"学深圳、赶深圳"的一系列行动中,青岛分批赴深圳进行干部体悟实训显得格外引人瞩目。青岛市委书记王清宪要求赴深圳进行体悟实训的干部深刻体悟深圳发展背后的内在逻辑,把深圳好的做法、理念、经验真正学到手,成为"三化一型"(市场化、法治化、专业化、开放型)的高素质干部。回望深圳改革开放 40 年以来突飞猛进的发展成就,政策和机遇固然重要,而支撑深圳把识才、聚才、用才当作发展关键,从而使推进深圳创新创造发展的各类优秀人才不断涌现的城市精神和文化,才是青岛应该向深圳学习的"秘笈",也是当前青岛"学深圳、赶深圳"的灵魂工程。

(作者单位:中共胶州市委党校)

打好乡村振兴战役　助力突破平度攻势

贾晓峰

作为青岛市唯一的全省乡村振兴示范县创建单位，平度市在2018年初印发《平度市创建山东省乡村振兴示范县实施方案》，大力实施乡村产业提升、乡村人才培育、人文乡村发展、美丽乡村建设、乡村善治推进"五大行动"，为打造乡村振兴齐鲁样板提供平度模式。2019年7月29日，青岛市委、市政府发布了《青岛市突破平度莱西攻势作战方案》，为平度发展提供了前所未有之机遇。乡村振兴，是其中的重要一环。如何抓住良机，乘势发展，打好乡村振兴战役，助力突破平度攻势，是平度必须面对的重大课题，是事关平度长远发展的重大课题。

一、平度市打好乡村振兴战役的做法和经验

平度市在乡村振兴战役作战方案中明确指出，以习近平新时代中国特色社会主义思想为指导，全面贯彻党的十九大和十九届二中、三中全会精神，全面实施乡村振兴战略，围绕"1+4"目标体系，坚持以党建为引领，以改革为主线，以"双招双引"为抓手，以人民利益至上，以社会稳定为前提，以干部担当为保障，以创建全省乡村振兴示范县、做好全国新时代文明实践中心建设试点工作为抓手，聚焦"五大振兴"，打赢"农业产业提升、美丽乡村建设、涉农资金整合、涉农事项改革、基层建设提升"五场攻坚战，攻山头、炸碉堡、稳阵地、树典型，为打造乡村振兴齐鲁样板提供平度示范。

(一)产业振兴打牢乡村振兴基础

产业振兴是乡村振兴的基础。平度市不断强化农业品牌建设，推动乡村产业升级。发挥特色产业、特色资源等优势，努力破解产业发展难、农民增收难等瓶颈制约，推动产业富民、产业兴农，夯实乡村振兴产业基础。

1. 实施产业提升工程

一是示范推广"小麦—玉米周年滴灌水肥一体化栽培技术"。2018

年推广面积 1 万亩,2019 年新发展 5 万亩,总面积累计达到 40 万亩。已连续 14 年荣获"全国粮食生产先进县"称号,全年粮食总产仍居全省首位,进一步巩固了全省产粮第一大县地位。二是实施功能区平台建设项目。2018 年出台《关于建立粮食生产功能区的实施意见》,启动 124 万亩粮食生产功能区建设。2019 年,围绕国家现代农业示范区建设,集中打造绿色优质农产品供应基地。截至 9 月末,建成粮油、果菜基地 34 个,总投资 2000 万元以上。在果菜基地重点推广应用水肥一体化和绿色防控技术,示范带动周边农户升级更新技术模式,促进了果蔬产品提质增效。三是构建现代农业经营体系。2018 年全市通过工商注册登记农民合作社 3495 家、家庭农场 3427 家,7 家家庭农场获得了省级示范家庭农场资格,年销售农副产品 300 多万吨,带动农户近 12 万户;2019 年 1～9 月份,新增青岛市以上农业龙头企业 12 家,农产品加工转化率达到 65％以上,带动农户 20 万户;组建了 20 家农民合作社联社,成立了农联会、蔬菜流通协会、农民创新创业协会等 182 家农业服务型专业组织,服务农户 8500 多户,基本形成了以家庭承包经营为基础、合作与联合为纽带、社会化服务为支撑的立体式复合型现代农业经营体系。四是制定了《平度市创建国家农产品质量安全市实施方案》,"三品一标"农产品认证面积累计达到 152 万亩,占耕地面积的 55％,超过农产品质量安全市创建标准 15％。

2. 实施质量兴农工程

一是成功创建全国农产品质量安全市。截至 2019 年 9 月底,华睿弘光入选全国 110 家农产品及加工副产物综合利用典型模式,95 家农产品生产基地纳入青岛市追溯平台管理,完成农产品质量检测 6.2 万批次,合格率达到 99.2％,40 家村级检测室全部建设完成。二是加强农业污染防治和生态环境保护。截至 2019 年 9 月底,累计实施小麦"一喷三防"140 万亩,有机肥替代化肥 2 万多亩,主抓粮食作物主产区秸秆还田和秸秆生物处理、秸秆生产有机肥等技术推广,农作物秸秆综合利用率达到 95％以上。三是加快农业品牌培育。明村樱桃西红柿完成"生态原产地"注册,实现"生态原产地"零的突破。截至 2019 年 9 月底,平度市地理标志农产品累计达到 19 个、无公害认证农产品累计达到 116 个、绿色食品认证产品累计达到 28 个,占青岛市"三品一标"认证总数的 40％。

3. 实施科技助农工程

一是实施全面机械化战略。青岛弘盛公司"花生机械化播种与收获关键技术及装备"项目获国家科技进步二等奖,推广花生生产机械近 1000 台,花生机收率达到 90％,每亩节省成本 300 元,36 万亩花生共节本增效 1.08 亿元。推进农机化由粮食作物向经济作物的战略转移,在全国率先成功创造大葱全程机械化生产模式和"农创＋科技（农机）"样板，创建"大葱社会化服务体系"，每亩节约人工成本约 800 元。诞生于平度市凤台街道山水云创新工场的普惠三农智慧农业项目人工智能植保 APP，覆盖苹果、桃、梨等 17 种北方果树 800 余种病虫害，掌握资料照片 300 多万张，能识别并解决 4000 多种果蔬、大田作物的病虫害。二是开展农机化规模经营。至目前，培育"产、销、信"三位一体服务合作社 72 家。2019 年"三夏"期间共组织 500 多台联合收割机、700 余名机手赴河南、安徽、河北等小麦高产区开展机收作业，"三秋"期间组织 700 台以上秋收机械外出跨区作业，共为农民增收 4000 万元以上。三是加快农机化绿色发展。大力实施农机深松整地与保护性耕作，各类农作物平均每亩增产 10％以上。

4. 实施农旅融合工程

一是打造"食在平度"旅游目的地品牌。发挥平度现代农业优势，凸显"美食＋食材、美食＋食养、美食＋旅游"特色，在 2019 年举办的"顺时养生·食在平度"第二届中国养生美食文化节，围绕农产品销售开辟的首届全国养生食材交易会，吸引了国内外 200 余家采购商现场洽谈合作，直接带动当地农产品销售过 1000 万元，用"舌尖美食"为农业高质量发展赋予新动能。二是举办四季节庆活动。平度农业"四季节庆"文化活动上榜全国 100 个乡村文化活动名单，是山东省 4 个上榜文化活动之一。依托地标农产品品牌，以四季为时间节点兴办的云山樱桃节、明村西瓜节、大泽山葡萄节、马家沟芹菜节，已成为全国知名的农民丰收节庆活动。三是推进乡村休闲旅游发展。明村镇休闲采摘园等 2 家单位入选全国 100 条休闲农业和乡村旅游精品旅游线路，旧店镇方家等 4 处获评省级旅游特色村、大泽山镇洼子高家等 7 处获评青岛市旅游特色村，旧店镇小东山、东北山红色文化旅游区成功创建国家 3A 级景区，蓝树谷创建 4A 级景区工作全面启动。

（二）乡村人才裂变加速乡村振兴

"国以才立，政以才治，业以才兴。"平度市委、市政府立足长远，以乡情乡愁为纽带，多项措施加速乡村人才的培育培养。一是实施"雁归工程"，以引导平度籍高层次人才返平度创业为重点，引进平度籍国家领军人才、佛罗里达国际大学教授蔡勇博士在平度创业落户。以引导平度籍高校毕业生到平度就业为重点，先后组织开展"雁归工程"系列招聘会、"BACK 计划"首届平度籍大学生社会实践活动以及 2019 年高校毕业生就业服务季活动等系列招才引智活动 30 余场次，为 6000 余名平度籍高校毕业生提供双向就业选择、就业登记等各类服务，达成就业意向 1000 余人。自 2018 年 3 月"雁归工程"启动以来至 2019 年 9

月底,全市新增"雁归人员"返乡就业创业 3000 多人。二是利用"庄户学院"培育新型职业农民队伍。在市、镇街、村庄(管区或农民合作社)设立三级"庄户学院"。立足已确定的 50 个新型职业农民收入监测点,开展新型职业农民激励计划试点,截至 2019 年 9 月底,培训新型职业农民累计近 4000 人。

(三)文明新风尚助力乡村文化传承

乡村振兴要实现新发展,彰显新气象,传承和培育文明乡风是关键。一是建设文明乡风提升村民素质。2019 年,平度市启动"德润平度·福泽万家"主题实践活动,提升群众修养,涵养文明风尚。全市评选 2000 余户"文明家庭"、1600 多名"好媳妇"、1500 多名"好婆婆",村村设立"善行义举四德榜",强化身边典型引领。将移风易俗纳入村规民约,转变群众观念。二是推进村庄公共文化建设,丰富村民精神生活。2019 年持续推进村(社区)公共文化建设"六个一"工程,新建综合性文化活动中心 345 个、文化广场 208 处;为全市投资 125 万元,使 88 个贫弱村达到"六个一"标准,为丰富群众文化生活打下坚实基础;投资 50 余万元,采购"锣鼓家什"1200 套,实现文化娱乐器材所有村庄"全覆盖"。整合农家书屋图书资源,建成 18 个市图书馆分馆。实施"千场戏曲进乡村"工程,开展"送戏下乡"演出 1000 余场。全国首部反映乡村振兴题材的原创大型现代吕剧《菜王当家》创作演出获得成功。三是打造文明实践品牌。平度作为国家、省两级新时代文明实践中心建设试点市,按照"举旗帜、聚民心、育新人、兴文化、展形象"的要求,全面做好新时代文明实践工作。15 万名志愿者活跃在新时代文明实践一线,通过开展"知我平度·爱我家乡"主题教育活动,动员百万人民积极投身全市新一轮改革发展中。

(四)美丽乡村建设,实现乡村生态宜居

乡村振兴战略提出要建设生态宜居的美丽乡村,突出了新时代重视生态文明建设与人民日益增长的美好生活需要的内在联系。乡村生态宜居不再是简单强调单一化生产场域内的"村容整洁",而是对"生产、生活、生态"为一体的内生性低碳经济发展方式的乡村探索。生态宜居的内核是倡导绿色发展,是以低碳、可持续为核心,是对"生产场域、生活家园、生态环境"为一体的复合型"村镇化"道路的实践打造和路径示范。

1. 积极推进农村基础设施建设

一是完善农村生活污水处理配套。2019 年,建设 16 个美丽乡村示范村庄生活污水处理项目、16 个镇级污水处理站。实施国家畜禽粪

污资源化利用整市推进项目,项目总投资 2.42 亿元。二是实施农村"改房、改厕、改暖、改气"工程。2019 年,484 户农村危房改造任务全部完工,30.4 万余座农村厕所无害化改造后续管护有序运行,8999 户清洁取暖完成改造。敷设燃气管网 12 千米,城镇燃气普及率达到 99.87%。三是农村环境整治实现村民宜居。开展农村生活垃圾分类试点工作,制定"六个一"标准,推行"二次四分法"实现农户源头分类垃圾不落地,收集覆盖率达到 50%以上。鼓励村民"见缝插绿",打造"森林村庄",促进村容村貌持续改善。

2. 大力推进村庄"生态宜居"发展

2019 年出台《平度市美丽乡村标准化建设以奖代补资金管理办法》,突出建设重点、规范资金管理、注重目标实效。215 个村庄实施"一事一议",73 个社区服务中心新开工建设,高标准完成 25 个美丽乡村示范村、300 个美丽乡村达标村创建任务。其中,大泽山镇响山潘家村打造响山石城、亲子乡居,古岘镇二里村深挖历史文脉,农文旅一体化旅游观光成为平度市一大特色。

3. 积极推进生态修复系统工程

根据《青岛北部绿色生态屏障总体规划》要求,平度市分步实施了森林生态修复与保护、森林生态廊道建设、特色经济林产业工程等六大攻坚工程。出台《关于开展"绿满城乡·美丽平度"国土绿化行动的实施意见》,2019 年完成造林及林分改造 3.9 万亩,实施森林生态修复与保护工程造林 3.2 万亩,高标准农田防护林建设工程(新增)造林 0.4 万亩,森林生态廊道建设工程(新增)0.3 万亩。对青新高速(G2011)等 4条高速公路,海青、潍莱两条铁路和 G308 等 4 条国省道及泽河等 4 条主要河流两侧植树绿化,完成生态廊道新造林 2782 亩。全面完成林权制度改革,积极推进林园综合体、"林业+"模式,做好 11 个万亩林场养护工作。

(五)创新"164"治理模式,凝聚乡村组织力量

"164"治理模式,其中"1"即强化党建引领这一核心;"6"即实施小产业、小自治、小文化、小法治、小环境、小服务"六小工程";"4"即完善市、镇街、管区、村庄"四级联动"机制。通过提升村级组织战斗力,引领乡村发展,振兴农村基层党组织。

1. 发挥好基层党组织战斗力

一是深入开展"合格支部、过硬支部、示范支部"三级联创工程,从平度市直部门选派第一书记强力整顿了 47 个软弱涣散党组织。持续开展了"领头雁"工程、村干部"素质提升"工程,抓好村级组织规范提升。二是全面抓好党员队伍素质提升。研究制订了《关于开展农村、城

市社区党员集中培训的实施方案》,规范全部农村基层党员教育培训,并且 18 个镇街新任村党支部班子成员和农村党员全部完成轮训。三是抓好村级制度完善提升。深入推行"一定两议三监督"工作法,落实"三会一课"制度,健全完善谈心谈话制度,全面推行"主题党日"制度,建立村级"小微权力清单"制度,基层党建制度更加完善。

2.强化农村基层法治建设

一是全面推进公共法律服务。成立社区法律顾问人才库,为全市 183 个社区选配 180 名社区法律顾问,建立了社区法律顾问 AB 角制度和"互联网＋社区法律顾问"工作机制。2019 年 1～9 月份,开展法治讲座 100 余次,提供法律咨询 2000 余次,协助调解纠纷 300 余起,提供法律援助案件 20 余起。二是健全矛盾纠纷多元化解机制。充分发挥人民调解"1＋1＋N"纠纷排查化解机制作用,共排查调处各类纠纷达 974 起,调处成功率保持在 98％以上。三是深入开展法治宣传教育。蓼兰镇许家村入选第七批"全国民主法治示范村",创建"1＋5"法治宣传示范村庄(社区)30 个,打造云山小学、明村小学 2 个青少年法治教育基地示范点,建成法治文化广场(公园)8 个。四是推进平安乡村建设。大力推进"天网"工程建设,在全市建设 1794 个高清视频监控点和 27 处治安卡口。

3.健全农村基层公共服务体系

完善"164"乡村治理体系,印发《关于进一步提升乡村治理工作成效的通知》,打造李园街道东马家疃村(小文化、小法治)、东阁街道徐福村(小产业、小服务)、蓼兰镇杨家顶子村(小产业)、田庄镇南坦坡村(小自治、小环境)、大泽山镇东岳石村(小产业、小文化)、古岘镇二里村(小产业、小文化)等一批各具特色的乡村治理示范村。加强农村管区建设,依托中心村成立 167 个管区党委,每个管区配备 5～7 名机关干部,将 50 余项惠农政策的审批、办理权限下放到管区党群服务中心,建立"帮办代办"制度,所有审批事项实现就近、现场办理。

二、平度市突进乡村振兴战役存在的问题

(一)农村人口多,城镇化率相对较低

平度为农业大市,地域面积占青岛的 1/3、人口占青岛 1/6,农村人口占平度全市人口的 59.9％。城镇化率远低于青岛平均水平。农村基础设施和公共服务相对落后,农村"空心率"和老龄化程度较高,乡村振兴任重道远。

(二)产业支撑不足,发展后劲乏力

一是推进农产品深加工、延伸产业链不够,产品的附加值低,国家地理标志保护农产品规模带动效应仍然不够强,销售收入过 1 亿元的龙头企业仅有 19 家。二是大部分新型农业经营主体运行不规范,经营效益不稳,不具备开发新业态、新产品、新模式和新产业的能力。三是全市仍有 700 多个村庄没有集体经济收入,约占全市村庄的 40%,村庄为民服务能力较差,财政负担较重,村庄发展后劲乏力。

(三)农民素质较低,农村人才相对短缺

农村劳动力初中及以下文化程度的占劳动力总数的 70.7%,近年培育新型职业农民人数仅占劳动力总数的 2.79%,大多农户对乡村旅游、农村电商等新业态的认识不够。服务"三农"的人才不足,招人难、留人难问题突出。

(四)美丽乡村占比较低,村庄特色不鲜明

通过两年美丽乡村打造,建设高标准示范村 50 个,仅占全市村庄的 2.8%,建设达标村 600 个,占全市村庄的 33.5%。大多数村庄特色不突出,产业以传统种植业为主的仍占 60% 以上,历史文化、传统习俗、民间特色等大多还没有深度开发、充分利用,缺乏典型和亮点。

三、聚力推进乡村振兴,突破平度攻势的建议

在聚力推进乡村振兴、突破平度攻势的过程中,平度市应继续按照产业兴旺、生态宜居、乡风文明、治理有效、生活富裕总要求,努力创建首批全省乡村振兴示范县。

(一)实施乡村产业提升行动,推动产业振兴

1. 加快推进国家现代农业示范区建设,提高农业综合生产力

调整优化农业生产力布局,推动农业由增产导向转向提质导向,推进特色农产品优势区创建,建设现代农业产业园、农业科技园。创建国家级畜牧业绿色发展示范区,发展规模高效养殖,开展畜禽养殖标准化示范创建活动。

2. 打造"顺时养生·食在平度"旅游目的地品牌,在宣传推介平度市农产品区域公共品牌中打造全国养生美食文化之乡

依托全市丰富的旅游资源,打造一批休闲农业旅游示范点。传承红色基因,通过重点打造刘谦初红色文化园等,开辟红色精品线路,推

进"农创＋文旅"发展。实施食品安全战略,完善农产品质量和食品安全标准体系,加强农业投入品和农产品质量安全追溯体系建设,健全农产品质量和食品安全监管体制,重点提高基层监管能力。

3. 加快科技创新

实施"全程全面、高质高效"机械化战略,打造小麦、玉米绿色高效全程机械化试验示范区。同时,加快农机化向经济作物全面转移,建设大葱全程机械化生产示范区,探索大蒜、胡萝卜等机械化播种和收获。创新实施平度智慧农业"云"平台,实现咨询、投诉、监管和现场办公四大功能全承载。以标准化、品牌化和价值化为突破口,制定和实施质量兴农战略规划,建立健全质量兴农评价体系、政策体系、工作体系和考核体系。

4. 推动农村改革,激活农村发展活力

全面完成产权制度改革,推进"三权分置"有序实施。推进农村宅基地"三权分置"改革试点,盘活集体经营性建设用地和闲置宅基地,为创建现代农业园区、扶持传统特色产业以及培育新产业新业态等提供用地保障和承载空间。开展农村集体资产股权质押、承包土地经营权和宅基地使用权抵押贷款试点。以土地整治为平台,优化建设用地格局,推进存量用地挖潜,加大"空心村"治理力度。

(二)实施乡村人才培育行动,推进人才振兴

1. 加人新型农民培育力度

推进平度市、镇、村三级"庄户学院"建设和规范高效运转,推进乡土人才培育体制机制改革。采取沙北头蔬菜专业合作社模式建立庄户学院,邀请"致富能手""田秀才"等"土专家"为农民讲授农业生产经营技术,加大农民培训规模;发挥农业部农业科技网络书屋的"移动图书馆"作用,让农民通过专家在线、基层农技推广等专栏自主、实时学习掌握相关知识技能;用好国家"阳光工程""雨露计划",对农业实用人才、农业龙头企业负责人、农民合作社负责人和家庭农场主进行创业就业能力培训。加快推进国家新型职业农民激励计划和收入监测试点,落实新型职业农民优惠扶持政策。

2. 推进人才引育

通过实施领军人才引领工程、本科以上高校毕业生聚集工程、技能人才引进培育工程、企业家发展领航工程、优秀实用人才培养工程"五大工程",引进和培育农村人才。

3. 搭建人才平台

通过打造5个农民创业园示范点,抓好全国农民工返乡创业试点。积极搭建农民工返乡创业平台。引进高等院校。推动高校开展合作办

学,鼓励联合共建优势学科、实验室和研究中心。依托"青大—平度乡村振兴研究院""青岛农大乡村振兴研究院(平度)特派员工作站"等平台推进校地战略合作,充分发挥高校人才和科技优势,积极开展项目合作和成果转化。持续引进全国知名大学和特色学院,规划建设高等院校集聚区(大学城)。

(三)实施人文乡村发展行动,推动文化振兴

1. 通过示范引领提升文明素养

加强农村思想道德建设,利用市、镇、村三级党校、"庄户学院"等宣传文化阵地,把社会主义核心价值观体现到乡规民约和家规家训中。发挥新乡贤在促进乡村发展中的示范引领作用,推进移风易俗,推动红白理事会工作制度化、规范化。

2. 开展文明创建,传递正能量

继续深入实施"四德"工程,让更多的好人好事上榜,传递正能量。通过开展送戏曲、送电影下乡活动,开展民间艺术会演、广场舞大赛等群众文化活动,让村民在赏心悦目的环境中,受到法制、道德、文化熏陶,达到以良好的环境教育人、感染人的目的。

(四)实施美丽乡村建设行动,推动生态振兴

1. 继续推进农业污染防治工作

加快推进国家畜禽粪污资源化利用整县推进,持续推进果菜茶有机肥替代化肥工作,争取到 2019 年底,化肥使用量降低 2％以上,农药使用量降低 4％以上,示范区有机肥用量提高 20％以上。实施秸秆综合利用行动,在打造深翻还田、打捆直燃供暖等典型示范样板中,使农作物秸秆综合利用率达到 95％以上。

2. 有力保护乡村生态

推进青岛北部绿色生态屏障区建设,支持大泽山国有林场创建省级森林经营示范基地。以"绿满城乡、美丽平度"国土绿化行动为抓手,创建"森林乡镇""森林村庄"。旧店镇九里夼村为平度乡村生态保护提供了典范。在村党支部的引领下,党员干部主动出工出力,既做到保护好村庄的古树温泉绿色资源,又不断植树造绿,建设了一个让人流连忘返的美丽新农村,提供了示范和发展经验。

3. 提升环境整治水平

推进村庄"六小"工程建设,实现道路硬化、处理好垃圾、改好厕所、推进农村污水处理工程,争取实现镇(街道)污水处理全覆盖。鼓励村民"见缝插绿",促进村容村貌持续改善。

(五)实施乡村善治推进行动,推动组织振兴

1. 强化党建引领

发挥"第一书记"、乡村振兴工作队作用,运用"党建＋"思维,深入实施产业提升、宜居建设、助农增收、基层治理、增加集体收入等专项行动。借鉴日韩农会发展经验,探索建立粮油、蔬菜、果品、养殖、农机等新型农业经营主体组织体系。

2. 坚持"三治"结合

借鉴"枫桥经验",创新群众工作方法,善于用法治思维和法治方法解决涉及群众切身利益的矛盾和问题。通过推进村规民约的编制工作,促进村民自治。充分发挥调解"1＋1＋N"纠纷排查化解机制作用,用好家风淳民风正村风,实现村民德治,建设法治乡村。

(作者单位:中共平度市委党校)